Guido Knopp · Kanzler

Guido Knopp

Kanzler
Die Mächtigen der Republik

in Zusammenarbeit mit:
Alexander Berkel, Stefan Brauburger,
Christian Deick, Friederike Dreykluft,
Tim Geiger, Ricarda Schlosshan

Dokumentation:
Christine Kisler, Heike Rossel, Silke Schläfer

C. Bertelsmann

Umwelthinweis:
Dieses Buch und der Schutzumschlag wurden
auf chlorfrei gebleichtem Papier gedruckt.
Die Einschrumpffolie (zum Schutz vor Verschmutzung)
ist aus umweltschonender und recyclingfähiger PE-Folie.

4. Auflage
© 1999 by C. Bertelsmann Verlag, München,
in der Verlagsgruppe Bertelsmann GmbH
Umschlaggestaltung: Design Team München
Satz: Uhl + Massopust, Aalen
Druck und Bindung: Graphischer Großbetrieb Pößneck
Printed in Germany
ISBN 3-570-00138-5

Inhalt

Die Mächtigen der Republik............................ 7

Der Patriarch: Konrad Adenauer 17
Knopp/Deick

Der Optimist: Ludwig Erhard......................... 83
Knopp/Geiger

Der Vermittler: Kurt Georg Kiesinger................. 161
Knopp/Schlosshan

Der Visionär: Willy Brandt 227
Knopp/Dreykluft

Der Lotse: Helmut Schmidt........................... 289
Knopp/Berkel

Der Patriot: Helmut Kohl 359
Knopp/Brauburger

Kanzler-Leben 418
Literatur.. 421
Personenregister.................................... 429
Bildnachweis 432

Die Mächtigen der Republik

Kanzler ist ein knochenharter Job. Gewiß der mörderischste, den die nachkriegsdeutsche Demokratie zu vergeben hat. Nach acht Jahren Amtszeit – zwei normalen Legislaturperioden – sind selbst die Stärksten verbraucht. Das Glück der Einheit zur Halbzeit hatte nur einer als Stütze. Als Helmut Schmidt den Kanzlereid auf die Verfassung ablegte, war sein Haupthaar noch tiefschwarz. Das Kanzleramt verließ er mit schlohweißem Schopf.

Und dennoch hängen seine Inhaber an diesem Amt – so sehr mitunter, daß man sie, wenn nicht durch Volkes Stimme, höchstens durch Intrigen loswird: einen Partnertausch, ein Mißtrauensvotum oder durch einen Spion. Ist es der Geschmack der Macht, die Droge reifer Männer? Zu deren Genuß gehört auch Muße, die das Amt nicht bietet.

Pflichtethos setzen wir Wähler voraus. Ist es darüber hinaus die Verlockung, bei ein wenig Glück in den Geschichtsbüchern zu stehen, die alle sechs getrieben hat? Der siebte Kanzler, Gerhard Schröder, wird aus den Erfahrungen der Vorgänger hier seine Lehren ziehen können.

Fangen wir mit *Adenauer* an. Der Vergleich mit Bismarck drängt sich auf. Beide haben einen Staat geschaffen, der eine in Erfüllung nationaler Sehnsüchte, der andere als deren Bändiger. Bismarck schuf das Kaiserreich nach Jahrhunderten der Zerrissenheit, Adenauer die Demokratie nach Jahrzehnten der Katastrophe. Beide Kanzler mußten auf einem schmalen Grat zwischen internationaler Rücksichtnahme und nationalen Bedürfnissen wandeln. Und beide haben ihre Zeit so nachhaltig geprägt, daß Historiker eine »Ära« zu fassen suchten.

Doch hier enden schon die Gemeinsamkeiten. Bismarcks Reich bekam die ersten Risse, als der »Lotse« von Bord ging, und brach unter seinen wenig talentierten Nachfolgern endgültig in tausend Stücke. Adenauers Republik erwies sich – entgegen den fast panischen Befürchtungen des Kanzlers – als höchst langlebig. Selbst seine mit Ausbruch des Kalten Krieges zur Rhetorik erstarrte Hoffnung auf »Wiedervereinigung durch Stärke« wurde schließlich wahr. Bismarcks System hat sich nach dem Tod seines Schöpfers als höchst fragiles Gebilde erwiesen, während Adenauer 1989/90 posthum recht bekommen hat. Im Rückblick haben sogar seine schärfsten Widersacher eingeräumt, die Westbindung sei der einzig mögliche Weg für die Bundesrepublik gewesen – auch wenn die Teilung damit für mehr als eine deutsche Generation zur schmerzlichen Tatsache wurde. »Kanzler der Alliierten« hat Kurt Schumacher seinen Gegner Adenauer in der Hitze des parlamentarischen Gefechts genannt, worauf der SPD-Vorsitzende für 20 Sitzungstage vom Bundestag ausgeschlossen wurde. Doch Schumachers Verdikt trifft nicht den Kern, eher schon war Adenauer ein »Kanzler der Westdeutschen«. Das Kräftemessen der Sieger ließ keine andere Wahl.

Realismus in der Außenpolitik, »keine Experimente« im Innern – Adenauers Rezept war einfach. Vielleicht werden künftige Generationen als sein größtes Verdienst ansehen, die Demokratie in Deutschland heimisch gemacht zu haben, mit den Siegermächten und ihnen zum Trotz. Nach dem schlimmen Ende der Republik von Weimar war das alles andere als selbstverständlich. Gewiß hat auch der wirtschaftliche Aufschwung nachgeholfen. Doch vor allem der Kanzler selbst, seine untadelige Vergangenheit und seine Führungsstärke halfen mit, die Deutschen mit der Staatsform des Westens zu versöhnen. Demokratisch legitimiert erfüllte der rheinische Patriarch jenes latente Verlangen nach dem »starken Mann«, das nach dem Krieg trotz allem weit verbreitet war. Es ist eine ironische Wendung der Geschichte, daß gerade der Moment, in dem der Kanzler die Grenzen seiner Macht überschritten hatte, seinen eigenen Abstieg endgültig besiegelte. Die öffentliche Reaktion auf die *Spiegel*-Affäre zeigte, wie stabil die Republik geworden war. Am Ende war sie dem gestrengen Stammvater aus Rhöndorf entwachsen.

Sein Nachfolger hat es nicht vermocht, als starker Kanzler in die Geschichtsbücher Einzug zu halten. *Ludwig Erhard* ist den Deutschen fast nur als »Vater des Wirtschaftswunders« in Erinnerung geblieben. Tatsächlich blieb er der glücklose Kanzler einer Übergangsphase. Seine hohe Zeit war schon vorbei: Mutig entschied Erhard 1948 eigenmächtig, die Währungsreform mit einer Wirtschaftsreform zu verbinden. Hartnäckig verfocht er in den folgenden Jahren sein Konzept der Marktwirtschaft gegen alle Widerstände. Damit legte er, der Optimist, den Grundstein für den rasanten Wirtschaftsaufstieg der Bundesrepublik: Erhard gab die Parole aus, die zur Lebensphilosophie einer ganzen Generation wurde: »Wohlstand für alle!«

Die Deutschen liebten den gemütlichen Franken. Seine stets qualmende Zigarre erinnerte an die Schlote der boomenden Industrie, seine barocken Körperformen erschienen als die fleischgewordene Verkörperung des neuen Wohlstands. »Der Dicke« wurde Erhard liebevoll genannt. Nicht seine Fähigkeit trug ihn ins Kanzleramt, sondern seine immense Popularität – gegen Adenauers heftigen Widerstand. Der »Alte« aus Rhöndorf hatte nichts unversucht gelassen, um seinen langjährigen Wirtschaftsminister als Nachfolger im Palais Schaumburg zu verhindern. Doch trotz aller Intrigen und persönlichen Diffamierungen verlor der Rheinländer den »Kampf ums Kanzleramt«. Gleichwohl blieb Adenauers Überzeugung unerschütterlich: »Der Erhard schafft dat nich!« Denn, so Adenauer, dem Wirtschaftsprofessor fehle die wichtigste Voraussetzung zum Spitzenpolitiker: ein gesundes Verhältnis zur Macht.

Tatsächlich mangelte es Erhard am nötigen Quentchen Machiavellismus. »Der gute Mensch vom Tegernsee« war weder Ränkeschmied noch Machtpolitiker. »Seit Ludwig Erhard wissen wir, daß nicht nur Politik schädlich für den Charakter, sondern Charakter auch schädlich für die Politik ist.« Besser als der Publizist Johannes Gross kann man das Grunddilemma von Erhards Kanzlerschaft wohl kaum beschreiben. Als Kanzler war Erhard zu unentschlossen und zu wankelmütig – schließlich auch zu führungsschwach. Von »Kanzlerdemokratie« wie in der Ära Adenauer sprach niemand mehr. Statt dessen fragten viele – wie der Journalist Günter Gaus –, ob Bonn überhaupt noch eine Regierung habe.

Parteiarbeit hat Erhard nie interessiert. Lieber wollte er als »Volkskanzler« direkt mit den Bundesbürgern kommunizieren. Die ständigen Querelen in seiner eigenen Partei bekam er nie in den Griff, über eine eigene Hausmacht in der CDU verfügte er nicht. Doch »Mr. Wirtschaftswunder« konnte Wahlen gewinnen. Die Bundestagswahl 1965 bestätigte dies eindrucksvoll. Als im Jahr darauf der »Wahlkampflokomotive« Erhard der Dampf auszugehen schien, wurde er aufs Abstellgleis geschoben und rasch ausrangiert.

Auch die Außenpolitik barg wenig Ruhmreiches. Erhard verstand sich als »amerikanische Entdeckung«. Doch konnte seine schwärmerisch-naive Amerikaverehrung nicht verhindern, daß die USA infolge des Vietnamkriegs immer deutlicher ihr Interesse an Europa verloren. Die deutsch-französischen Beziehungen kühlten sich unter Erhard merklich ab. Das lag nur teilweise am Kanzler. Der französische Staatspräsident de Gaulle war ein eigenwilliger und schwieriger Partner, zu dem der »Atlantiker« Erhard weder politisch noch menschlich ein enges Verhältnis aufbauen konnte. Uneingeschränkte Anerkennung verdient Erhard jedoch für seine politisch mutige und moralisch richtige Entscheidung, 20 Jahre nach Kriegsende endlich diplomatische Beziehungen mit dem Staat Israel aufzunehmen. Dies war wohl die wichtigste Tat seiner glanzlosen Kanzlerschaft.

Am Ende stand eine Ironie der Geschichte: Ludwig Erhard, der Mann des »Wirtschaftswunders«, stürzte nicht zuletzt auch über eine leichte Abschwächung der Hochkonjunktur. Was heutige Finanzminister als paradiesische Zustände betrachten würden, erschien den ängstlichen Zeitgenossen damals als schwere »Wirtschaftskrise«, die dem Kraftakt einer großen Koalition den Weg bereitete.

Erhards Ruhm als Ökonom haben Kanzlersturz und Krise freilich nicht auf Dauer geschadet. Bis heute beanspruchen Politiker ganz unterschiedlicher Parteien im In- und Ausland sein Erbe für sich. Bis heute wird die Frage immer wieder neu gestellt: »Was würde Ludwig Erhard heute tun?« Welcher andere Politiker kann von sich behaupten, daß seine Ideen noch nach Jahrzehnten ähnliche Spannkraft besitzen?

Kurt Georg Kiesinger gewiß nicht. Er wird auch der »vergessene Kanzler« genannt. Zu kurz war seine Regierungszeit von Dezember 1966 bis September 1969, zu stark wurde er von dem ungewöhnlichen Gebilde, dem er vorstand, überragt und auch behindert: der großen Koalition – als Sündenfall der Demokratie geschmäht, als Zeichen der Eintracht gelobt. Zum ersten und einzigen Mal hatten sich die bislang gegnerischen Christdemokraten und Sozialdemokraten die Hände gereicht, um gemeinsam eine Regierung zu bilden. Kiesinger war dabei der ehrwürdige Retter in der Not. Er wurde Regierungschef in einer Zeit, in der die Bundesrepublik sich in der Krise wähnte: Im Pott standen die Zechen still, die Arbeitslosenzahlen kletterten im Januar 1967 auf 600 000 und ließen die Alarmglocken schrillen, die rechtsradikale NPD zog in die Landesparlamente ein. Der eloquente Schwabe, der in den fünfziger Jahren im jungen Bundestag als »Häuptling Silberzunge« und Adenauers »Parlamentsdegen« von sich reden machte, hatte sich schon als erfolgreicher Landesvater Baden-Württembergs seine Sporen verdient. Unverstrickt in den intriganten Sturz Erhards, schien der schöngeistige, gebildete Kiesinger der geeignete Mann, der kränkelnden Union wieder auf die Beine zu helfen. Die Sozialdemokraten dagegen wollten der Nation endlich ihre Regierungsfähigkeit beweisen. Nutzen wollten beide Parteien ihre Ehe auf Zeit, um so wichtige Vorhaben wie die Verabschiedung der Notstandsgesetze mit vereinten Kräften endlich vom Tisch zu bekommen.

Ehrfurchtsvoll nannte man Kiesingers hochkarätig besetzte Regierung das »Kabinett der Köpfe« – mit Willy Brandt, Herbert Wehner und Karl Schiller auf der einen, Franz Josef Strauß und Gerhard Schröder auf der anderen Seite. Den krönenden Abschluß klingender Namen bildeten die beiden Fraktionsvorsitzenden Helmut Schmidt und Rainer Barzel. Kiesinger war in dieser Runde die Sphinx in der Mitte, würdevoller Vorsitzender, Schlichter im Streit. Conrad Ahlers hatte Kiesinger einmal als »wandelnden Vermittlungsausschuß« bezeichnet. Als Kanzler der großen Koalition machte er diesem Spitznamen Ehre: Ihm kam es an auf Dialog, auf das Einbinden von Freund und Feind in Gesprächen »unter vier Augen«. Symbol seiner Regierung wurde das Bild einer lauschigen Kabinettssitzung unter grünen Platanen. Sein Regierungsstil brachte ihm allerdings den Vorwurf ein, nicht durchgreifen zu können, Entscheidungen auf die lange Bank zu schieben. Erfolg und Stagnation gingen unter Kiesinger Hand in Hand. Mit den vereinten Kräften von »Plisch und Plum«, Strauß und Schiller, war die Rezession bald Schnee von gestern, die Notstandsgesetze wurden durchgepaukt, die Beziehungen zu den Westpartnern USA und Frankreich normalisiert. Doch in der Ostpolitik wagte Kiesinger es nicht, die heiligen Kühe der Hallstein-Doktrin zu schlachten.

Kiesinger, groß, schlank, von eleganter Erscheinung und mit silbergrauem Haar, kurzum der »schönste Kanzler, den Deutschland je hatte«, der wie »Fürst Georg I.« seine Kanzlerschaft trug »wie einen Hermelin«, war ein Fossil in einer bewegten Zeit. Es war die Geburtsstunde der »68er«, die Zeit der »Go-ins«, »Sit-ins« und »Teach-ins«, die Zeit des Aufbruchs, in der die Ideale der Eltern verhöhnt, Idole wie Che Guevara und Ho Chi Minh verehrt wurden. Der Zeitgeist verlangte das Morgen, während Kiesinger das Gestern zu verkörpern schien. Als Parteimitglied der NSDAP und Mitarbeiter in Ribbentrops Auswärtigem Amt war Kiesinger für manche junge Menschen ein typischer »Nazi«, den es anzuprangern galt – und sei's mit einer Ohrfeige, die Beate Klarsfeld zum Medienereignis gestaltete. Als Kanzler der konzentrierten Kräfte war er für Kritiker der Repräsentant eines autoritären Staates, in dem die Demokratie gefährdet schien. Die »außerparlamentarische Opposition« (APO) versuchte dem lautstark abzuhelfen. Nach drei Jahren gewann Kiesinger die Wahl und verlor die Regierung. Er zog sich nach einer Karenzzeit zurück in seine schwäbische Heimat und ging damit auf räumliche Distanz zu Bonn, die er sich innerlich immer bewahrt hatte.

Völlig friedlich und ohne Turbulenzen hat die Bonner Republik 1969 ihre erste Bewährungsprobe als parlamentarische Demokratie bestanden. Die SPD löste nach 20 Jahren die CDU an der Regierungsspitze ab. Der Wechsel sorgte für frischen Wind, der die neue Regierung einerseits vorwärtsbrachte, ihr andererseits aber auch kräftig ins Gesicht blies. Die Zeichen, die *Willy Brandt* gesetzt hat, sind außenpolitischer Natur gewesen. Über die Stationen Moskau, Warschau, Erfurt führte er die Bundesrepublik in einen Dialog mit der nunmehr staatlich anerkannten DDR. Das Ausland honorierte seine Bemühungen mit dem Friedensnobelpreis. Im eigenen Land galt der Prophet weniger. Sein Weg nach Osten war es vor allem, der Brandt sein mageres Polster von nur zwölf Sitzen Mehrheit im Bundestag kostete. Er zementiere die deutsche Teilung, lautete der Vorwurf. Der Verlauf der Geschichte hat der Ostpolitik recht gegeben, wenn er auch so nicht vorhersehbar war. Brandts Ostpolitik war nicht das bloße Gegenstück zur Westintegration Adenauers. Sie vergrößerte den Spielraum der Bundesrepublik als europäische Mittelmacht. Außenpolitisch gesehen waren die beiden Kanzler, deren Regierungszeit man eine Ära genannt hat, damit auf ähnliche Weise weichenstellend.

Brandts Kanzlerschaft bleibt in Erinnerung als eine Reihe sinnfälliger Bilder und emotionaler Szenen wie dem Kniefall von Warschau oder dem Blick aus dem Fenster des Hotels Erfurter Hof. Brandt selbst verbarg seine Gefühle. Schweigsam, verschlossen, unnahbar wie er war, scheint ihn das Schwärmerische, das ihm seine Verehrer entgegengebracht haben, eher belastet zu haben. Es war dies ein Charakterzug, der sich in der zweiten Legislaturperiode verstärkte und ihn bis an den Rand der Regierungsunfähigkeit brachte. Das Ende der Kanzlerschaft Brandts war banal. Ein DDR-Spion im Vorzimmer des Kanzleramts, pikante Frauengeschichten im Hinterabteil des Kanzlerzuges – das schienen die Gründe des Rücktritts 1974 gewesen zu sein. Die wahren Motive für Brandts Demission lagen tiefer. Er war ein Mann der Visionen gewesen – die hatte er auf den Weg gebracht. Physisch und psychisch erschöpft, war er nicht mehr der Kanzler, der die drängenden innenpolitischen und vor allem wirtschaftlichen Probleme hätte lösen können. Im Hintergrund stand einer, der das besser konnte.

»Macher, Mütze, Mogadischu« titelte eine Zeitung vor Jahren über *Helmut Schmidt* – kürzer kann man ein Image nicht auf den Punkt bringen. Doch so griffig die Formel ist, den Mann und Politiker Helmut Schmidt bekommt man damit nicht vollständig zu fassen. Kratzt man an der Fassade der drei M, wird deutlich, daß der Macher mit der Mütze nicht nur über den Mogadischu-Erfolg zu definieren ist.

Helmut Schmidt war 1974 Mann der Stunde. Als er die Kanzlerschaft übernahm, trauten die Bürger dem kompetenten Ökonomen zu, die Wirtschaftskrise nach dem Ölschock von 1973 zu meistern. Er hatte so viel Erfahrung wie kein Kanzler vor ihm: Innensenator in Hamburg während der verheerenden Sturmflut, Fraktionsvorsitzender, Verteidigungsminister, Wirtschafts- und Finanzminister unter Brandt. Krisenmanagement nahm ihn auch weiterhin in Anspruch: Im Inneren wurde die Demokratie durch den RAF-Terror herausgefordert, außenpolitisch war es der Rüstungswettlauf, der das Thema »Frieden« in den Mittelpunkt der Tagespolitik rückte. Nachrüstung und Friedenssicherung, von Schmidt selbst als zentrale Schwerpunkte seiner Politik gesehen, sollten ihn schließlich seiner Partei entfremden. Dem Pragmatiker, geprägt von den Erfahrungen der Kriegsgeneration, blieben die idealistischen Patentrezepte und »Friedensengeleien« (Schmidt) linker Genossen immer suspekt.

Doch es war die Dauerkrise der Wirtschaft, die den »Weltökonomen« Schmidt schließlich die Kanzlerschaft kostete: Der Koalitionspartner ging von der Fahne. Dabei hatten Schmidts Rezepte lange das Schlimmste verhindert. Denn der Lotse des Staatsschiffs war kein Mann der einsamen Entschlüsse, sondern einer, der im Gespräch mit Unternehmern wie Gewerkschaftern um Konsens kämpfte. Er konnte zuhören, aber er verstand es auch, durch seine Kompetenz zu überzeugen. Doch der Konsens, den er herstellte, war der Konsens der Etablierten. Für Themen wie den Umweltschutz oder die Kritik an der Atomenergie, die von Randgruppen in die Gesellschaft getragen wurden, hatte er weniger Gespür – so ließ er zu, daß die grüne Protestbewegung an Profil gewinnen konnte.

Das Krisenmanagement ließ dem »leitenden Angestellten der Republik« kaum Raum für große Politikentwürfe – Kritiker warfen ihm den Mangel an Visionen vor. Doch die Jahre der visionären Politikarchitektonik waren ohnehin vorbei. Schmidt verschmolz Adenauers erfolgreiche Westpolitik und Brandts visionäre Ostpolitik zu einer selbstverständlichen bundesdeutschen Staatsräson. Er schützte diese Staatsräson vor allen Anfeindungen. Die breite Mitte des politischen Spektrums respektierte ihn, und so wurde er jenseits der Parteien zur zentralen Politikfigur seiner Zeit: »Kanzlerdemokratie« nicht als Ausdruck der persönlichen Machtfülle, sondern eines breiten Konsenses.

Zur zentralen Figur der Politik wurde er auch durch den souveränen Umgang mit dem Medium Fernsehen. Der nicht uneitle »Staatsschauspieler« wußte sich wirkungsvoll in Szene zu setzen. Da spielte es kaum eine Rolle, daß seine betonte Intellektualität ihn im persönlichen Umgang mit Menschen oft besserwisserisch erscheinen ließ. Oder daß seine Ungeduld ihm oft den ruppigen Charme eines »Feldwebels« verlieh. Die Herzen der Bürger erreichte der Hanseat selten, aber er erreichte ihre Köpfe – und das reichte dem Pragmatiker Schmidt.

Der sechste Kanzler erlebte das Ende einer Epoche, die zuvor fünf Kanzlerschaften prägte. Der Kalte Krieg ging vorüber, die alte Ordnung löste sich auf. Der Politik boten sich nach Jahren der Stagnation Chancen zum Handeln. *Helmut Kohl* ergriff sie. Kohl ist der Kanzler der Einheit. Als der Pfälzer 1982 durch ein konstruktives Mißtrauensvotum an die Macht kam, stand seine Popularität weit im Schatten seines Vorgängers. Es mangelte nicht an Spöttern, die in ihm einen Mann des Übergangs sahen. Tatsächlich aber wurde Kohl Akteur einer welthistorischen Wende. Der volkstümlichste von allen, der Patriot, durfte als Bundeskanzler Deutschland vereinen. Daß er lange vor der Einigung von »Vaterland« sprach, hatte ihm Häme eingetragen, doch die Spötter schwiegen schließlich.

Das »Vaterland« Kohls ist eines, in dem der Pfälzer, der Deutsche, der Europäer und der Weltbürger Platz haben. Drei amerikanische und zwei sowjetische Präsidenten, drei britische Premiers und zwei sowjetische Staatschefs waren die Zeugen, zollten ihm großen Respekt. Der »Kanzler des Übergangs« verwies vier Oppositionsführer in den Wartestand und amtierte von allen Regierungschefs am längsten.

In den 16 Jahren fügte sich so manches zusammen, was vorher schon da war. 1976 schrieb Johannes Gross geradezu prophetisch: »War Adenauer der Vater der Republik gewesen, Erhard ihr Ernährer. Wollte Brandt ihr Erlöser sein, Schmidt ihr Erhalter – so tritt mit Kohl ein neuer Typus hervor, der sich nicht eigenständig definiert, sondern Zukunft verheißt im Rückgriff auf den Anfang des Zirkels.« Doch Kohl nahm auf dem Weg zur Einheit von jedem Vorgänger etwas mit: Er knüpfte an Adenauers Politik der Stärke an, hielt an dem Glauben fest, nur ein entschlossener Westen werde Moskau zum Einlenken bewegen. Er erbte jedoch auch Willy Brandts Politik der Entspannung, Entgegenkommen für menschliche Erleichterungen. Der Honecker-Besuch geriet dafür zum Symbol. Den von Schmidt initiierten NATO-Doppelbeschluß setzte Kohl in die Tat um, ein wesentlicher Baustein im Wettrüsten, das Moskau schließlich zum Umdenken bewegte.

50 Jahre Bundesrepublik – und nur sechs Kanzlerschaften. Sie fügen sich im nachhinein zu einer logischen Kette geglückter Initiativen, hinter deren letztendlichem Erfolg der Streit verschwindet, den sie seinerzeit verursacht haben. Adenauer hat der alten Bundesrepublik die dringend notwendige Geltung verschafft durch Hinwendung zum Westen und Abkehr vom Osten – und den Schalmeienklängen von Einheit durch Neutralität. Brandt hat die einseitige Ausrichtung des Weststaates durchbrochen mit der Hinwendung zum Osten. Seither war die alte Bundesrepublik nicht mehr nur ein westeuropäischer, sie war ein europäischer Staat. Kohl hat die Früchte des Vertrauens, das der

Bonner Republik im Westen und im Osten zugewachsen war, in einem einmaligen glücklichen Moment genutzt und der Nation die kaum mehr für möglich gehaltene Einheit beschert.

Heute wird ja oft der Vorwurf formuliert, der ganze Einigungsprozeß sei viel zu überstürzt vorangegangen, er hätte viel mehr Zeit gebraucht. Das ist ökonomisch richtig und politisch falsch. Wir leben nicht auf einer ruhigen Insel, nur vom blauen Meer umgeben, sondern mitten in Europa. Die Tür zur Einheit stand nur einen Spaltbreit offen – und auch nur für kurze Zeit. Schon im November 1990, nach dem Rücktritt des sowjetischen Außenministers Schewardnadse, wäre manches schwieriger geworden, nach dem Sturz von Gorbatschow im Jahr 1991 sowieso.

Der vielzitierte Mantel der Geschichte wehte nur ein Weilchen. Und so konnte der bewußte Königsweg zur Einheit wohl nur so aussehen, mit angelegten Ohren erst einmal alles unter Dach und Fach zu bringen – wie der Bauer, der bei Blitz und Donner seine Pferde mit der Peitsche antreibt, um die Fuhre fünf vor zwölf noch in die Scheuer zu retten. Wie man dann die Ernte lagert, welche Mühlen weitermahlen, mahlen dürfen – das ist eine andere Geschichte.

Die Bundesrepublik hat Glück gehabt mit ihren Kanzlern. Und die Deutschen haben Glück gehabt mit ihrer Bundesrepublik – auch die Deutschen in der DDR. Uns allen ist gleichwohl zu wünschen, daß künftige Historiker nicht schreiben müssen: Diese 50 Jahre zwischen dem Regierungsantritt Adenauers und dem Umzug nach Berlin – diese 50 Jahre Bonner Republik waren die besten der deutschen Geschichte.

DER PATRIARCH
Konrad Adenauer

Wer die Rheinländer kennt, der weiß genau, daß sie nicht übermäßig höflich sind, wenn sie auch so tun. Ich bin Rheinländer

Ich bin so, wie ich bin

Ich habe das deutsche Volk in allen Situationen aufs tiefste geliebt. Und was die Gerissenheit angeht: Wenn sie nötig ist, muß man sie besitzen

Wie alt bin ich jetzt eigentlich? Ich weiß es manchmal gar nicht

Es ist ja nicht alles, was ich den Bürgern sage, gelogen

Natürlich achte ich das Recht. Aber auch mit dem Recht darf man nicht so pingelig sein

In der Politik handelt es sich gar nicht darum, recht zu haben, sondern recht zu behalten

Wir wählen Parteien, und Parteien überdauern den einzelnen

Adenauer

Ohne Zweifel ist Adenauer ein großer Mann... mittlerweile ist er der alte Kapitän geworden, der weiß, das eines wichtig ist, das Wichtigste von allem: Kurs halten. Und das Leben wäre ihm – und uns allen – leichter, wenn man wüßte, wer nach ihm das Steuer halten kann.

Robert Pferdmenges, Bankier

Wir machten uns lustig über den Kanzler seines eigenen Vertrauens. Adenauer mit einer einzigen Stimme Mehrheit, das war kein Ergebnis, das Stabilität oder langes Leben dieser Regierung erwarten ließ.

Egon Bahr, SPD-Politiker

Für Adenauers Innenpolitik überwog bei mir eine wenig positive Bilanz. Wir jungen, engagierten Demokraten empfanden diese Zeit als eine ausgesprochen restaurative und vermuffte Epoche, unfähig zu Veränderungen.

Hildegard Hamm-Brücher, FDP-Politikerin

Dieser Mann hat so viel Geist, daß er eine ganze Opposition im kleinen Fingernagel unterbringen kann.

Johannes Leppich, Jesuitenpater

Was für ein junger Mann, meine Güte, was für ein junger Mann – für dieses Alter.

John George Diefenbaker, kanadischer Ministerpräsident

Adenauer ist nicht am Ende seiner politischen Laufbahn. Der Doge Dandolo eroberte mit 90 Jahren Konstantinopel.

Karl Jaspers, Philosoph

Die Wiederauferstehung Deutschlands aus Schutt und Asche, die Wiederherstellung der deutschen Demokratie und der gewaltige Aufstieg der deutschen Wirtschaft sind durch die Initiative des Kanzlers zustande gekommen und waren weitgehend seinen Eigenschaften der Entschlossenheit, des Mutes und des Idealismus zu danken.

Harold Macmillan, britischer Premierminister

Als großer Deutscher und Europäer und als unerschütterlicher Verfechter des atlantischen Bündnisses, auf dem seit zwanzig Jahren Friede und Stabilität beruhen, wird er unvergessen bleiben.

Lauris Norstad, NATO-Oberbefehlshaber

Im Staat Israel sah er einen hervorragenden Ausdruck der Hoffnungen und Bestrebungen des jüdischen Volkes, und die Wiedererrichtung Israels auf seinem Heimatboden war ihm das sicherste Unterpfand seines Fortbestehens.

Levi Eschkol, israelischer Ministerpräsident

Mit seinem Beitrag zur Einigung Europas hat er dem wahren Geist des demokratischen Deutschlands Ausdruck verliehen.

Giuseppe Saragat, italienischer Staatspräsident

Sein Horizont ist ohne seine persönliche Schuld irgendwie eng geblieben. Er ist kraft eigener Einsicht ein guter Europäer. Aber sein Europa endet an den Grenzen des alten Römischen Reiches, unter Ausschluß eines großen Teils seines eigenen Landes.

Walter Lippmann, Publizist

Zunächst fiel es mir schwer, seine übereinfachen, nicht selten primitiven Darlegungen ganz ernst zu nehmen.

Willy Brandt

Adenauer war eine Persönlichkeit, deren geniale Eigenschaften sich wohl nur ganz zu entfalten vermochten, wenn sie dem Zwang normaler Verhältnisse entrückt war und mit Möglichkeiten rechnen konnte, vor denen durchschnittliche Tätigkeit ratlos steht. Dann erwachten in ihm die Phantasie des Taktikers und die Leidenschaft des großen Schachspielers.

Kurt Schumacher, SPD-Vorsitzender

Seine letzte Reise wurde zum Triumphzug. Drei Schnellboote der Bundesmarine geleiteten den Sarg des alten Kanzlers von Köln rheinaufwärts nach Rhöndorf. Zwölf »Starfighter« donnerten übers Rheintal, vier Feldhaubitzen feuerten Salut. Dem Trauerzug vom Kölner Dom zum Rheinufer hatten sich mehr als 15 000 Menschen angeschlossen, Wie viele jetzt entlang des Stromes Abschied nahmen, hat niemand gezählt. Es werden mehr als 100 000 gewesen sein. US-Botschafter McGhee fühlte sich an »eine gespenstische Szene, wie aus einer Wagner-Oper«, erinnert, »als das Schiff mit der Leiche im Nebel vor meinem Botschaftsgebäude vorüberzog«. Weltweit verfolgten 400 Millionen Fernsehzuschauer die feierliche Zeremonie am Bildschirm.

Staatsoberhäupter, Ministerpräsidenten, Minister und Botschafter aus aller Welt waren an den Rhein gekommen, um Konrad Adenauer die letzte Ehre zu erweisen, darunter der US-amerikanische Präsident Lyndon B. Johnson, Frankreichs General Charles de Gaulle und der britische Premier Harold Wilson. Selbst die sowjetische Botschaft, für den verstorbenen Kanzler stets so etwas wie eine Außenstelle des Leibhaftigen, hatte auf halbmast geflaggt. Den tiefsten Eindruck hinterließ jedoch die Anwesenheit David Ben Gurions, des gleichfalls legendären Gründervaters des Staates Israel. Zwei Jahrzehnte waren erst vergangen, seit Deutschland besiegt und aus der Völkerfamilie ausgestoßen in Trümmern lag – befleckt mit einem Verbrechen, das vielen unvorstellbar schien. Die Aufwartung der Großen dieser Welt und die Anteilnahme von Millionen zeigten jetzt, daß an diesem Apriltag des Jahres 1967 ein Mann zu Grabe getragen wurde, mit dessen Namen Außerordentliches verknüpft war. Die Nachrufe und Beileidsadressen schwelgten in Superlativen. Winston Churchill hatte schon 1953 in aller Ernsthaftigkeit bemerkt, Adenauer sei nach Bismarck der bedeutendste deutsche Staatsmann – was den derart Belobigten freilich zu dem trockenen Kommentar veranlaßte: »Bismarcks Stiefel sind mir viel zu groß.«

Eine Umfrage 1989, im Jahr des Mauerfalls, ergab, daß die Deutschen noch 20 Jahre nach dem Tod des ersten Kanzlers Churchills Einschätzung klar überboten. Auf die Frage, welcher Deutsche »das meiste für sein Land geleistet« habe, nannten 33 Prozent der Befragten Adenauer. Bismarck kam mit acht Prozent auf Platz zwei. Keine Rede von Stresemann oder Ebert, von Erhard oder Brandt – alles Männer mit unbestreitbaren Verdiensten, alle als Persönlichkeiten charismatischer als Adenauer. Worin liegt das Geheimnis seines in luftige Höhen entrückten Ansehens? Gewiß, eine ganze Riege parteipolitisch festgelegter Chronisten und natürlich auch die Traditionspfleger der CDU haben mit ihren Schriften und Jubiläumsreden das Ihre dazu getan. Sicher spielt auch die Sehnsucht eine Rolle, nach all den Finstermännern im deutschen Geschichtsbuch des 20. Jahrhunderts wenigstens eine Lichtgestalt zu ehren – einen Lenker, der das in ihn gesetzte Vertrauen nicht mißbraucht hat. Doch all das überzeugt nicht. Wie kann ein Mann, der zwar einen schlagfertigen Humor, aber nur wenig Esprit besaß, dessen rhetorische Armut von Parteianhängern mühsam als »geniale Einfachheit« verteidigt wurde, der immer wieder auch durch seinen unbefangenen Umgang mit der Wahrheit Kritik auf sich zog, derart beständig die Herzen seines Volkes gewinnen?

Die Antwort liegt in seinem ungeheuren politischen Erfolg. Westbindung und Marktwirtschaft, Parteiendemokratie und europäische Einigung – keiner seiner Nachfolger hat die von Adenauer festgezurrten Fundamente der Bundesrepublik auch nur ansatzweise in Frage gestellt. Das ist selten in der Politik. Noch seltener ist wohl, daß eine grundsätzlich anders eingestellte Oppositionspartei vor den Grundüberzeugungen der Regierung gleichsam kapituliert, wie die SPD in ihrem Godesberger Programm – was ihr freilich dann den Weg an die Macht ebnete. Natürlich war Adenauer nur einer der Väter des immensen Erfolgs, und auch den Zeitgenossen war schon klar gewesen, daß es von der Stunde Null an eigentlich nur noch aufwärtsgehen konnte. Doch daß es so rasant und überzeugend geschehen würde, hätte wohl niemand erwartet – auch Adenauer nicht. Golo Manns Feststellung trifft zu: »Das Maß an Erfolg war fast unbegreiflich.«

Als die Schnellboote am Rheinufer ablegten, führte ihr Weg sie noch einmal entlang der Achse seines Wirkens. Köln, die zweitausendjährige Metropole, war das geistige Zentrum, aus dem dieser Mann stammte. Die sprichwörtliche »rheinische« Mentalität, ein pragmatischer, aber allgegenwärtiger Katholizismus, ein ausgeprägtes kulturelles Selbstbewußtsein, das sich dem protestantischen Preußen überlegen fühlt – all das waren Grundwerte des waschechten Kölners Adenauer. In der Domstadt hatte er vor dem Krieg eigentlich schon ein politisches Lebenswerk als erfolgreicher Oberbürgermeister hinter sich gebracht. Als er nach 1945 seine zweite Karriere begann, half er listenreich, Bonn Bundeshauptstadt werden zu lassen – gegen das von den Amerikanern favorisierte Frankfurt. So konnte er weiter in seinem Rhöndorfer Haus wohnen, südlich von Bonn, am rechten Rheinufer. Morgens und abends überquerte er fortan nach getaner Arbeit mit der Fähre von Königswinter nach Godesberg den Rhein – jenen Strom, der durch ihn zum Zentrum und zum Orientierungspunkt bundesdeutscher Politik geworden war. Erst in unseren Tagen bewegt man sich wieder ostwärts.

Die Flottille passierte auch den Petersberg, hoch über dem Strom gelegen, von dem aus die alliierten Kommissare über die Bonner Anfänge zu wachen hatten. Droben auf dem »Monte Veto«, wie die Presse spottete, hat Adenauer oft stundenlang hartnäckig um mehr Eigenständigkeit gerungen – das Hauptziel der ersten Hälfte seiner Kanzlerschaft. Das Vertrauen, das er bei den Kommissaren erwerben konnte, wurde zum kostbaren Startkapital der jungen Republik. Dabei half ihm neben seiner untadeligen Vergangenheit in der NS-Zeit vor allem die christlich-katholische Prägung, die zumindest Berechenbarkeit zu versprechen schien.

Innenpolitisch bot dieser Katholizismus reichlich Angriffsfläche. Wie oft wurde vom »klerikalen Reaktionär« aus Rhöndorf gesprochen? Gewiß, es gab alle vier Jahre massive Wahlhilfe von katholischen Kanzeln für den Kanzler. Doch klerikal, also den Interessen des Klerus folgend, war er nie. Der Kölner Kardinal Joseph Frings, der das große Pontifikalamt für den verstorbenen Kanzler im Dom zelebrierte, wußte ein Lied davon zu singen. 1948, während der Beratungen des Parlamentarischen Rates, hatte der Kirchenmann versucht, über seinen alten Kölner Weggefährten Einfluß auf das Grundgesetz zu gewinnen. »Was Sie da mit Schule und Kirche vorhaben, das geht so aber gar nicht«, rügte Seine Eminenz den Plan, die Konfessionsschu-

»Ich bin so, wie ich bin... Bundeskanzler Konrad Adenauer

Wissen Sie, ich bin ursprünglich weich und empfindsam gewesen, aber der Umgang mit den Menschen hat mich hart gemacht.

Adenauer

Die Geschichte kennt nur wenige Beispiele dafür, daß der Wiederaufstieg eines Landes nach einem totalen Zusammenbruch mit dem Namen eines Staatsmannes so eng verbunden ist wie das Schicksal der Bundesrepublik Deutschland mit dem Namen Konrad Adenauer.

Helmut Kohl

Ich glaube, daß die Geschichte ihn zu den großen Männern unserer Zeit rechnen wird.

Jean Monnet, französischer Politiker

len abzuschaffen. Adenauer, der als Präsident des Parlamentarischen Rates auf Unabhängigkeit bedacht sein mußte, konterte unnachahmlich – und ohne auf die protokollarische Anrede zu achten: »Wissen Sie, Herr Frings, machen Sie man Ihre Kirche, und wir machen unsere Politik. Und wenn Sie Ihre Kirche so juut machen wie wir unsere Politik, dann wollen wir beide zufrieden sein.«

Ohne Frage war Adenauer ein gottesfürchtiger Mann, der jeden Sonntag die Messe besuchte; ein Mann auch, der die Irrwege deutscher Geschichte schlicht mit einem gravierenden Mangel an Religion zu erklären wußte. Kirchliche Moralvorstellungen bedeuteten ihm viel – als er einmal die Memoiren Casanovas geschenkt bekam, ließ er sie empört an den Absender zurückschicken. Doch dem Einfluß der hohen Geistlichkeit, den er im »Zentrum«, seiner Partei während der Weimarer Republik, zur Genüge erlebt hatte, trat er als Regierungschef der Bundesrepublik demonstrativ entgegen. Das Opfer war oft Joseph Frings. Wenn der Kanzler und der Kardinal gemeinsam im Auto fuhren, beanspruchte Adenauer wie selbstverständlich den Ehrenplatz hinten rechts in der Limousine. Den Ring des Patriarchen küßte er nicht – zumindest nicht öffentlich, weil ihm das zu »unhygienisch« schien. Nur den des Papstes hat er geküßt. Die überlieferten verbalen Angriffe auf Frings füllen ganze Seiten in Anekdotenbändchen. Eine Kostprobe: Der Kardinal erzählte Adenauer im Sommer 1945 stolz, daß zur ersten Fronleichnamsprozession nach dem Krieg von den verbliebenen 70 000 Einwohnern des zerstörten Köln 20 000 gekommen seien. Adenauer gab daraufhin den neuesten Witz von Tünnes und Schääl zum besten: Schääl trifft Tünnes nach der Prozession und fragt ihn vorwurfsvoll: »Sach ens, ich han dich nit in de Prozession jesenn.« Tünnes antwortet: »Dat han ich nit nüdich, ich wor nit in de Partei!«

Schlagfertigkeit und treffsicherer Humor blieben bis ans Ende seiner Zeit die Trümpfe, mit denen er festgefahrenen Diskussionen urplötzlich die Schärfe nehmen konnte. Dazu kam jene Eigenschaft, ohne die das Phänomen Adenauer überhaupt nicht verständlich ist: Er war alt, älter als jeder andere Politiker der Bundesrepublik und auch älter als alle Gesprächspartner, die er auf internationalem Parkett antraf. Als Bismarck zu Grabe getragen wurde, war Adenauer schon Referendar. Mit 73, wenn andere sich sterben legen, wurde er Kanzler. »Ein Felsblock, aus lang zurückliegender Zeit«, so charakterisierte ihn ein Beobachter der ersten Bonner Jahre. Sein Alter bescherte ihm nicht nur Autorität und Ansehen, es verleitete seine Umgebung auch zu notorischer Unterschätzung. Die Bemerkung vor seiner Nominierung zum Kanzlerkandidaten der Union, sein Arzt habe ihm signalisiert, er könne das Amt »wohl zwei Jahre« führen, trug maßgeblich zur Besänftigung der jüngeren Konkurrenz bei. So schickte sich ein Mann, der wegen seiner labilen Gesundheit vom Militärdienst befreit worden war, der achtundzwanzigjährig mit seinem Ansinnen, eine Lebensversicherung abzuschließen, wegen seiner »schwachen Lunge« abgewiesen worden war, an, als »der Alte« die junge Bundesrepublik mit auf den Weg zu bringen. Am Ende wurde daraus eine Amtszeit, die länger dauerte als die 21 Kabinette der Weimarer Republik und auch länger als das »Tausendjährige Reich«.

Dabei war sein Weg nach 1945 – wie so oft in der Geschichte – alles andere als vorherbestimmt oder gar vorhersehbar. Adenauer war bei Kriegsende in Deutschland weitgehend unbekannt. Nur in Köln und Umgebung hatten sich die Menschen seinen Namen gemerkt, allerdings war er hier durch Gerüchte um angeblichen Amtsmißbrauch als Oberbürgermeister vor dem Krieg, die von den Nazis gestreut worden waren, nicht gerade von glockenreinem Klang. Zwei Männer waren es dann vor allem, die – ohne es zu wollen – seinen Aufstieg in den kommenden vier Jahren möglich machten: Kurt Schumacher, aus dem KZ befreiter Märtyrer der deutschen Sozialdemokratie und bald darauf ihr unangefochtener Führer, sowie John Barraclough, Brigadegeneral der britischen Besatzungstruppen.

Adenauer war nach der Befreiung des Rheinlands durch die Amerikaner als Oberbürgermeister seiner Heimatstadt wiedereingesetzt worden. Seine erste Fahrt durch die Domstadt, die er während der NS-Zeit nicht betreten durfte, hinterließ bei ihm einen tiefen Eindruck: »Alles leer, öde, zerstört.« Es würde sehr lange dauern, bis Köln wieder im alten Glanz erstrahlte. Der Neunundsechzigjährige, von der Gestapo mehrfach für kurze Zeit verhaftet, ließ sich in einem US-Jeep zur ehemaligen Gestapo-Zentrale Kölns bringen. »Ich wollte die Räuberhöhle mir jetzt einmal ansehen«, notierte er später. In einem der durchwühlten Büros fand er einen Tischleuchter aus Bronze und nahm ihn mit, als Souvenir. Er stellte ihn in seinem Rhöndorfer

Haus auf – »er mahnt mich«. Die Episode ist typisch für ihn. Selbst in Momenten tiefer emotionaler Berührung kam seine pragmatische, eigentümlich bodenständige Ader nicht abhanden. Er selbst kommentierte die Geschichte mit dem Leuchter: »Der Mensch ist merkwürdig.«

Die ersten Wochen als Oberbürgermeister waren tastendes Zurechtfinden. Mit den amerikanischen Offizieren kam er gut zurecht. Er schätzte ihre zupackende Art und ihre Offenheit. Als er die unmenschlichen Zustände in den »Rheinwiesenlagern« kritisierte, riesigen Gefangenenlagern auf freiem Feld, kanzelten ihn seine Ansprechpartner nicht ab, sondern versprachen Besserung. Die guten Erfahrungen mit den Amerikanern sollten sich als prägend erweisen. Bald begann er, politische Fäden über den kommunalen Raum hinaus zu knüpfen. Dabei spiegelten seine ersten Gespräche noch die Orientierungslosigkeit der Stunde Null wider. Am 5. Mai, drei Tage vor der Kapitulation, vertraute er einem Freund an, Stalin sei »ein Freund der Deutschen«, Churchill dagegen »ein Deutschenhasser«. Als sich jedoch schon bald abzeichnete, daß die Freundschaft des Kremlherrn zu den Deutschen ihre Grenzen hatte, erkannte Adenauer als einer der ersten, daß der sowjetisch besetzte Teil Deutschlands »für eine nicht zu schätzende Zeit aus den Betrachtungen« ausscheiden werde, wie er im September 1945 formulierte. Dieser weltpolitische Realitätssinn sollte sich als kaum zu überschätzender Startvorteil erweisen.

Zunächst aber kehrte er zu Gedankenspielen zurück, die er nach dem Ersten Weltkrieg schon einmal entwickelt hatte. Er spann Fäden zu französischen Offizieren – hinter dem Rücken der Briten, die seit Juni 1945 die Verwaltung Kölns übernommen hatten – und schlug eine Dreiteilung des westdeutschen Gebietes vor, mit einem eigenständigen »Rheinstaat« im Westen. Dieses Gebilde sollte nur lose mit den anderen Teilstaaten verknüpft werden, als eine Art »Commonwealth«, und auf Dauer als Kernstück der »Vereinigten Staaten von Europa« fungieren – kein Wort mehr also vom »Reich«. Über diese Avancen des Kölner Oberbürgermeisters ist viel gestritten worden. Von »Dummheit« oder »Techtelmechtel« ist in den einschlägigen Biographien die Rede. Tatsächlich berührten die Gespräche mit den Siegern jenes hochgefährliche Terrain, das adenauerfreundliche Historiker für ihr Sujet gerne zur Tabuzone erklären möchten – den rheinischen Separatismus. Adenauer scheint zeitweise

»Ungeheuer schlagfertig...« Adenauer (o.) mit Freunden im Tennisclub »Pudelnaß«, 1900

Ich gehöre nicht zu Bismarcks Bewunderern, denn er ist der Hauptverantwortliche dafür, daß die Demokratie sich im deutschen Kaiserreich nicht entfalten konnte.

Adenauer

Also, meine Damen und Herren, es ist sehr gut, wenn Sie meine Methode kennenlernen; lernen Sie doch etwas dazu!

Adenauer

nicht nur die Parole »Los von Preußen«, sondern auch eine Abtrennung vom Reichsverband verfolgt zu haben. Ob dabei persönlicher Ehrgeiz, in einem solchen »Rheinstaat« eine führende Position zu übernehmen, eine Rolle spielte, mag dahingestellt bleiben. Deutlich wird aber, daß der Erhalt deutscher politischer Einheit für Adenauer damals schlicht nicht oberste Prämisse war. Was das noch recht unausgegorene Programm aus dem Sommer 1945 so erhellend macht, ist die Betonung eines deutsch-französischen Ausgleichs im Rahmen europäischer Einigung. Man mag das alles wegen der »Weststaat«-Gedanken Separatismus nennen. In Anbetracht der tatsächlichen Entwicklung in den kommenden Jahren war es jedoch vor allem erstaunlich hellsichtig. In Paris nahm im Oktober 1945 auch ein aufmerksamer Beobachter wie der General Charles de Gaulle diese bemerkenswerte »Haltung einer Persönlichkeit von der Bedeutung Adenauers« zur Kenntnis.

Für die britische Besatzungsmacht allerdings war ein Kölner Oberbürgermeister unerträglich, der entgegen dem noch geltenden politischen Betätigungsverbot für alle Deutschen auf eigene Faust mit den Franzosen Pläne schmiedete. Mittlerweile hatte das Königreich eine linksgerichtete Labour-Regierung, die lieber mit deutschen Sozialdemokraten kooperierte. Am 6. Oktober 1945 wurde Adenauer vom Militärgouverneur, Brigadegeneral John Barraclough, in rüder Form entlassen. Die Begründung, er habe seine »Pflicht gegenüber der Bevölkerung nicht erfüllt«, war wohl nur vorgeschoben. Adenauer selbst gab sich dennoch tief gekränkt. Als er später, längst schon Kanzler, den General bei einem Staatsbankett wiedersah, fragte ihn der Brite, was er denn damals mit dem Entlassungsschreiben gemacht habe. »Ich habe bei mir zu Hause ein Aktenstück ›Entlassung durch die Nazis‹«, antwortete ihm der »Alte«, »ich habe damals ein neues Aktenstück angelegt: ›Entlassung durch die Befreier‹.«

»Ich konnte also diese Stelle, deren Wiedererlangen all die Jahre hindurch mein Ziel gewesen war, nicht mehr bekommen und widmete mich nun völlig der politischen Arbeit, insbesondere der Gründung der CDU.« Adenauers Schilderung jener entscheidenden Weichenstellung seines Lebens entspricht der Gewohnheit, die Dinge im Rückblick ein wenig zurechtzurücken. Davon abgesehen, daß er erst nach der Gründung der Union zu ihr gestoßen ist, sind die Krokodilstränen um den Verlust des Oberbürgermeisterpostens bezeichnend. Denn er wußte schon am Tag der

Entlassung, daß ihm der Brigadegeneral einen großen Gefallen getan hatte. Der schweizerische Generalkonsul von Weiss, ein häufiger Gast, notierte, er habe »Herrn Adenauer selten in so guter Laune gesehen wie am betreffenden Tag«. Tatsächlich waren am Gängelband der Briten in Köln kaum politische Meriten zu verdienen, zumal der nahende Winter die Stadt vor unlösbare Probleme zu stellen schien. Außerdem wirkte das Prädikat »von den Besatzern entlassen« bei nicht wenigen im Nachkriegsdeutschland durchaus wie ein Ehrenzeichen. Als Adenauer 1962 in einem Fernsehinterview gefragt wurde, ob er ohne die Absetzung durch Barraclough denn auch Kanzler geworden wäre, antwortete er wie aus der Pistole geschossen: »Ganz sicher nicht, dann hätten sie sich einen anderen, vielleicht einen Besseren, vielleicht einen Schlechteren, suchen müssen. Anwärter waren da.«

Das zweite entscheidende Datum für den Aufstieg ist der 21. August 1949, ein brütendheißer Sommertag. Inzwischen war die Teilung Deutschlands eine Realität des Kalten Krieges, der Westen hatte die Berlin-Krise dank der Luftbrücke für sich entschieden, und aus den drei Westzonen war ein demokratischer Staat entstanden – unter Besatzungsstatut zwar, aber doch mit einer von Deutschen ausgearbeiteten vorläufigen Verfassung. Adenauer war mittlerweile eine bekannte Persönlichkeit in Deutschland. Als Vorsitzender der CDU in der britischen Zone und als Präsident des Parlamentarischen Rates galt er schon jetzt als der »starke Mann« in der Union – wenn er nur nicht schon so alt wäre! Im Kreis der Verfassungsväter hatte er zwar nicht gerade viel zur Arbeit am Grundgesetz beigetragen (Heuss:»Keine Zeile stammt von ihm«), doch durfte er die neue Verfassung qua Amt am 23. Mai 1949 feierlich verkünden.

Drei Monate später lud er jetzt die Granden der Union zu sich nach Rhöndorf ein, um Weichen für die Zukunft zu stellen. Es war kein legitimiertes Gremium, das an diesem heißen Augustsonntag zusammenkam, nicht die Fraktion und auch nicht eine Versammlung der Landesfürsten. Nein, Adenauer hatte taktisch eingeladen. Karl Arnold, der CDU-Ministerpräsident Nordrhein-Westfalens, in den Augen des »Alten« viel zu aufgeschlossen für Pläne zur Sozialisierung der Großindustrie, fehlte nicht zufällig. Dafür war schon ein junger Heißsporn aus Bayern dabei, Franz Josef Strauß.

Eine Woche zuvor hatte die CDU/CSU ziemlich überra-

»Ich glaube
nicht an die
Menschen...«
Adenauer im
Parlamentarischen Rat
mit Kurt
Schumacher
(l.) und Carlo
Schmid, 1948

Was uns beide unterscheidet, ist nicht nur das Alter, es ist noch etwas anderes: Sie glauben an den Menschen, ich glaube nicht an den Menschen und habe nie an den Menschen geglaubt.

Adenauer zu Carlo Schmid

Ich glaube nicht, daß Konrad Adenauer seine politische Rolle in der Bundesrepublik so schnell hätte spielen können, wäre er nicht zuvor Präsident des Parlamentarischen Rates gewesen.

*Carlo Schmid, SPD-Politiker und
Mitglied des Parlamentarischen Rates*

Adenauer verstand den Umgang mit Parteien im allgemeinen und mit befreundeten Parteien im besonderen. Er kannte ihre Vorzüge und Schwachstellen, wußte, wie sie zu behandeln und wie ihre Führer zu nehmen waren.

Franz Josef Strauß, CSU-Politiker

Als Konrad Adenauer 1949 Kanzler wurde, ging es ihm nicht nur darum, Krisen zu bewältigen. Er hat den Aufbruch zu neuen Zielen für unser Land gewagt; er hat Energien dafür in unserem Volke freigesetzt. Darum muß es uns allen auch heute wieder gehen.

Helmut Kohl

Für die Bundesrepublik dürfte die Entstehung einer patriarchischen Demokratie – nach der Hitlerschen Diktatur und dem Chaos der unmittelbaren Nachkriegszeit – die glücklichste Lösung gewesen sein.

Alfred Grosser, französischer Politologe und Publizist

Ich weiß, daß jede Regierung, insbesondere auch die von mir geführte, von einer klugen Opposition sehr viel lernen kann und lernen will.

Adenauer

»Die wichtigste Persönlichkeit ist der Bundeskanzler...« Bundestagspräsident Dr. Erich Köhler vereidigt den Bundeskanzler, 14. August 1949

schend die erste Bundestagswahl gewonnen. Mit 31 Prozent der Stimmen lag sie knapp vor der SPD, die 29 Prozent erreichte. Das Ergebnis war zwar noch um einiges von den Zahlen der späteren Jahre entfernt, was aber vor allem daran lag, daß noch viele kleine Parteien den Sprung in den Bundestag schafften. Noch gab es keine Fünfprozentklausel. Gemeinsam mit der FDP und der konservativen Deutschen Partei (DP) reichte es aber zu einer Mehrheit der Mandate.

Die Wahl war so etwas wie ein Plebiszit für die soziale Marktwirtschaft gewesen. Als zugkräftigste »Wahlkampflokomotive« der Union erwies sich nicht Adenauer, sondern der parteilose Ludwig Erhard. Mit dem Professor aus Franken verbanden die Deutschen die Währungsreform, das Ende der Zwangswirtschaft und den sich immerhin schon zart andeutenden wirtschaftlichen Neubeginn. Sein Konzept der Marktwirtschaft und auch sein rhetorisches Talent gaben den Ausschlag bei der ersten Bundestagswahl. Das war jedoch alles andere als vorhersehbar. Nach den katastrophalen Erfahrungen mit der Wirtschaftsordnung Weimars und der unausgesprochen guten Erinnerung an den Beginn der gelenkten Wirtschaft unter Hitler (»Autobahnen!«, »Vollbeschäftigung!«) hatten »gemeinwirtschaftliche« Vorstellungen, wie sie die Sozialdemokraten und auch die CDU in ihrem Ahlener Programm vertraten, noch immer große Anziehungskraft. Erst dank der vollen Regale nach der Währungsreform war Erhards Konzept konkurrenzfähig geworden.

Entscheidend für die erste Bundestagswahl war außerdem, daß die CDU auf einen ungeschickten Gegner traf. Der Parteiapparat der SPD galt eigentlich in puncto Organisation und Geschlossenheit als allen Mitbewerbern weit überlegen. Dazu hatten die Sozialdemokraten in Kurt Schumacher auch den mit Abstand populärsten Nachkriegspolitiker an ihrer Spitze. Doch Schumacher, gezeichnet von einer Kriegsverwundung aus dem Ersten Weltkrieg und von jahrelanger KZ-Haft, weckte mit seiner scharfen Agitation im Wahlkampf allzusehr Erinnerungen an die letzten Jahre Weimars. Seine bitteren Vorwürfe gegen die katholische Kirche etwa, die Formel von der »fünften Besatzungsmacht«, trieben alle auch nur halbwegs kirchentreuen Katholiken in die Arme der Union. Zudem gab sich der SPD-Chef in nationalen Fragen und auch im Festhalten an planwirtschaftlichen Wirtschaftsvorstellungen so starr, daß er die Mehrheit, die er 1948 wohl noch klar hätte gewinnen können, nun verlor.

Die Männer, die an jenem 21. August 1949 keuchend die Treppenstufen hinauf zum Haus Adenauers stiegen, hatten also nach dem knappen Wahlsieg richtungweisende Entscheidungen zu treffen. Kleine Koalition mit FDP und DP oder doch eine große mit der SPD? Wer soll Bundespräsident werden? Und wer Bundeskanzler? Am Ende dieses Nachmittags hatte sich Adenauer in allen Punkten durchgesetzt. Es war die Geburtsstunde seiner Kanzlerschaft. Zunächst sah es jedoch noch nicht danach aus. Der hessische Finanzminister Hilpert und auch der spätere Ministerpräsident von Baden-Württemberg, Gebhard Müller, argumentierten hartnäckig für eine große Koalition. Nur durch einen »enormen Block demokratischer Kräfte« sei den großen Problemen des Landes beizukommen. Ludwig Erhard wandte sich energisch dagegen, sah »seine« Marktwirtschaft in Gefahr. Strauß drohte mit der Aufkündigung der Fraktionsgemeinschaft, falls die SPD mitregieren dürfe. Adenauer selbst gab sich vorsichtig, obwohl er wußte, daß die konsequente Westbindung, die er anstrebte, ohne die SPD viel leichter zu erreichen sein würde. Noch konnte er sich nicht – wie später als Kanzler und Parteivorsitzender – mit einem Machtwort durchsetzen.

Erst einmal lud der Hausherr jetzt zum kalten Buffet. Es muß ein opulentes Mahl gewesen sein, zumindest für die karge Nachkriegszeit, denn fast alle Berichterstatter rühmten später die vortrefflichen Speisen dieses Nachmittags. Dazu spendierte der sonst notorisch sparsame alte Herr die besten Tropfen seines Kellers. »Das Edelste vom Edlen«, erinnerte sich Franz Josef Strauß, freilich von Haus aus eher Weißbierkenner, »Spätlesen, Auslesen, Weine, wie ich sie in meinem Leben noch nicht getrunken hatte.« Anschließend war die Stimmung gelockert. Adenauer steuerte nun zielstrebig auf das Thema Personalien zu. Seine Kandidatur war noch alles andere als eine ausgemachte Sache. Die Präsidentschaft im Parlamentarischen Rat hatte ein Beobachter mit den Worten kommentiert, sie sei »der krönende Abschluß einer langen Politikerlaufbahn«. Jetzt aber wollte er von »Abschluß« nichts mehr wissen und nutzte die Gunst der Stunde: »Die wichtigste Persönlichkeit ist der Bundeskanzler«, wandte er sich gegen den Vorschlag, er selbst solle für das Amt des Bundespräsidenten kandidieren, »Präsident soll ein anderer werden, ich will Kanzler werden. Ich bin 73 Jahre alt. Aber ich würde das Amt des Kanzlers annehmen. Erstens: Ich habe in der britischen Zone Autorität. Zweitens: Ich verfüge über eine gewisse Erfahrung in staatlichen Dingen und in der Verwaltung. Drittens: Habe stärkere Ellenbogen, als ich früher geglaubt hätte.« Im übrigen habe sein Arzt ihm versichert, er könne noch »zwei Jahre« das »Amt führen«. So macht man Politik! Weder an diesem Rhöndorfer Nachmittag noch in den kommenden Tagen regte sich ernsthafter Widerspruch gegen diese »Machtergreifung« – und das nicht nur, weil es tatsächlich keinen anderen Kandidaten gab, der seine eigenen Ansprüche geltend machte. Die Parteifreunde waren regelrecht überrollt worden vom Führungsanspruch dieses Mannes, der sich nicht einmal – wie es guter demokratischer Brauch ist – von einem Getreuen vorschlagen ließ. Freilich war nicht abzusehen, daß jetzt eine vierzehnjährige Ära beginnen würde. Die Kurzlebigkeit der Kabinette von Weimar und auch das gesegnete Alter Adenauers ließen eher den Schluß zu, daß nunmehr ein Übergangskanzler ans Werk ging.

Bei der ersten Fraktionssitzung der CDU gelang es Adenauer schließlich, die große Koalition mit der SPD weitgehend vom Tisch zu bekommen und auch seinen Favoriten für das Präsidentenamt durchzusetzen, den liberalen Theodor Heuss, einen echten Glücksgriff. Als der Abgeordnete Kurt Georg Kiesinger sich zu Wort meldete und Bedenken gegen Heuss geltend machte – »der Heuss, das ist doch ein liebenswürdiges Fossil aus der Weimarer Zeit« –, fragte ein anderer Teilnehmer: »Und was ist Adenauer?« Der erhob sich und antwortete: »Meine Herren, es ist mir gänzlich neu, daß Sie mich für liebenswürdig halten.« Das schallende Gelächter trug natürlich dazu bei, daß weiterer Streit gar nicht erst aufkam. Doch die Bemerkung Kiesingers lenkte zu Recht das Augenmerk darauf, daß es zwei Männer aus der Politikergeneration der Weimarer Republik waren, die jetzt dafür sorgen sollten, daß Bonn nicht Weimar werden würde. Weil es an Führungspersonal in den besten Jahren durch Krieg und NSDAP-Mitgliedschaften mangelte, waren die Gründerväter der Bundesrepublik naturgemäß ältere Herren.

Wie wenig gefestigt seine Macht noch war, wurde Adenauer am 15. September klar, dem Tag der Wahl des Bundeskanzlers durch das Parlament. Nur mühsam hatte er zuvor die Fraktion auf Linie halten können, wobei wieder ein Scherz die Situation gerettet hatte. »Ich bin diktatorisch«, rief er den Unions-Abgeordneten nach zäher Debatte zu, »nur mit stark demokratischem

Kanzler der Alliierten.

Kurt Schumacher, SPD-Vorsitzender

Sie regieren gestützt auf die Befehle der Besatzungsmächte. Ihre Einnahme- und Ihre Ausgabenpositionen regulieren sich vom Petersberg her. Sie sind nichts anderes als das Dekorum für einen Kolonialstaat.

Heinz Renner, KPD-Mitglied

Adenauer wußte, daß ohne die Zugeständnisse der Alliierten nichts zu machen war, und erkämpfte sich deren Zugeständnisse mit zähem Taktieren Millimeter für Millimeter.

Franz Josef Strauß, CSU-Politiker

»Geduld ist die stärkste Waffe der Besiegten...« Konrad Adenauer bei den alliierten Hohen Kommissaren auf dem Petersberg, 21. September 1949

Einschlag.« Die anschließende Wahl im Plenum ergab das legendärste Ergebnis aller Abstimmungen der Bonner Demokratie. Obwoh die Koalition rein rechnerisch über sieben Stimmen mehr als nötig verfügte, erreichte der Kanzler nur die nötige Mindestmehrheit von 202 Stimmen. Natürlich hatte er sich selbst gewählt, was er später auch unumwunden zugab. Ein paar unsichere Kantonisten in der eigenen Fraktion hätten beinahe den Kanzler Adenauer verhindert. Noch stand seine Macht also auf unsicheren Fundamenten. »Et hett noch immer jut jejange«, lautete sein erleichterter Kommentar.

Fünf Tage später gab er seine erste Regierungserklärung ab. Sie war, auch das sollte zur festen Gewohnheit werden, erst im letzten Moment fertig geworden. Doch wer eine packende »Blut-Schweiß-und-Tränen«-Rede erwartet hatte, war enttäuscht. Es hatte nur wenig Schwung, was Adenauer vortrug, und klang fast wie eine Pflichtübung: »Die Teilung Deutschlands wird eines Tages – das ist unsere feste Überzeugung – wieder verschwinden.« Die Himmelsrichtung, in die es weitergehen sollte, gab er allerdings schon unmißverständlich vor: »Es besteht für uns kein Zweifel, daß wir nach unserer Herkunft und nach unserer Gesinnung zur westeuropäischen Welt gehören.« Es gebe »keinen anderen Weg für das deutsche Volk«, mahnte er, als mit den Alliierten »wieder den Weg in die Höhe zu gehen«. Selten war eine Regierungserklärung eine derart ungeschminkte Willensbekundung, selten ist eine so unbeirrt verfolgt worden wie diese. Dabei fand die Westbindung 1949 weder in der Bevölkerung noch innerhalb der Parteien ungeteilte Zustimmung – im Gegenteil: Adenauer hatte ein kühnes Programm, und sein Erfolg würde mit den Ergebnissen der kommenden vier Jahre stehen oder fallen.

Erst jetzt wurde der »Alte« wirklich zur öffentlichen Figur. Zeitungen im In- und Ausland begannen zu fragen, was für ein Mensch die Geschicke der Westdeutschen in seine Hände genommen hatte. Die Vita Adenauers, das merkte die Presse jedoch rasch, eignete sich kaum für reißerische Storys. Sein Leben und seine Karriere hatten einen eher durchschnittlichen Verlauf genommen: die Familie – bürgerliche und strebsame Kölner mit beutepreußischem Pflichtgefühl; die Schulbildung – ohne besondere Vorkommnisse, nur durchschnittliche Begabungen; der Beruf – Jurastudium und anschließend städtischer Verwaltungsbeamter in Köln. Dann fügte sich einiges recht glücklich auf seinem Weg. Die Hochzeit mit Emma Weyer, die einer der angesehensten Familien der Domstadt entstammte, und die Vertretungsstelle beim Vorsitzenden des Kölner »Zentrums«, der dominierenden Partei am Rhein, ebneten den Weg für eine steile Karriere in der Stadtverwaltung. 1906 war er Beigeordneter, 1917 – mitten im Krieg – wurde er Oberbürgermeister. Bemerkenswert bei seinem Sprung ins höchste Amt der Stadt erscheint vor allem, wie es ihm gelang, eine Neuwahl noch vor Kriegsende herbeizuführen, von dem er wußte, daß es das Ende des Dreiklassenwahlrechts – und damit das Aus für die Dominanz des »Zentrums« – bringen würde. Zwölf Jahre betrug die Amtszeit des Stadtoberhaupts, was auch in der Republik nicht geändert wurde. Die Revolution 1918 überstand er glänzend, arrangierte sich mit dem Soldatenrat in Köln und ließ aus Furcht vor marodierenden Truppen mehrere hunderttausend Liter Branntwein in den Rhein gießen.

Als Oberbürgermeister zeigte er zum ersten Mal, was in ihm steckte. Das Kölner Stadtbild schaffte während seiner Amtszeit den Sprung vom Mittelalter in die Moderne. Durch Stadterweiterungen und großzügige Projekte im Straßenbau, in der Elektrifizierung und der Kanalisation erlebte die Domstadt eine neue Blüte. Die Neugründung der Universität, die Anlage des Grüngürtels und auch die Ansiedlung von Großindustrie, etwa der Autofirma Ford, hat Köln Adenauer zu verdanken. Er ging dabei freilich alles andere als maßvoll zu Werke. Großzügig nahm er eine Anleihe nach der anderen auf. Anfang der dreißiger Jahre war die Stadt bis zur Zahlungsunfähigkeit verschuldet. Trug er während der Hungerjahre des Ersten Weltkriegs den Spitznamen »Graupenauer«, so taufte ihn der kölsche Volksmund jetzt »Schuldenauer«. Durch die städtische Verfassung eigentlich dem Parteienstreit weitgehend entrückt, machte er sich immer mehr Feinde. Als er seinen Lieblingsentwurf für die Mühlheimer Brücke gar mit den Stimmen der Kommunisten durchsetzte, schien das Maß voll zu sein.

Daß er 1929 mit nur einer Stimme Mehrheit wiedergewählt wurde – Duplizität der Ereignisse: durch die Stimme der Stadtverwaltung, also seiner eigenen –, war für einen derart erfolgreichen Oberbürgermeister ein schmerzlicher Denkzettel. Fortan würde er mehr Aufmerksamkeit auf Wahlkämpfe legen müssen. Hätten freilich seine persönlichen Vermögensverhältnisse schon bei der Wiederwahl zur Diskussion gestanden und nicht erst ein paar Monate später, wäre an eine Fortsetzung der Karriere wohl nicht zu denken gewesen. Adenauer war in diesen Jahren ein Politiker mit der fatalen Neigung, sich mit allzuviel Engagement um die Höhe der eigenen Einkünfte zu kümmern. Im sprichwörtlichen Kölner Klüngel gelang ihm das meisterlich und lange Zeit auch unerkannt. Samt diverser Zulagen, einem üppigen »Wohngeld« und etlicher Aufwandsentschädigungen betrugen seine Einkünfte im Jahr 1929 rund 120 000 Reichsmark, »mehr als der Reichspräsident«, wie die politischen Gegner süffisant vorrechneten. Dabei stand er persönlich kurz vor dem Ruin. Weil er sich im Vorfeld des »Schwarzen Freitags« mit geliehenem Geld in Millionenhöhe verspekuliert hatte, mußte ihn die Deutsche Bank durch die Vermittlung eines Freundes, des Kölner Bankiers Louis Hagen, in einem höchst generösen Verfahren »entschulden«.

Zu Adenauers Erleichterung gelangten darüber nur Gerüchte an die Öffentlichkeit – was freilich nichts daran änderte, daß seine Einkünfte angesichts der hochverschuldeten Stadt nach Meinung der Zeitgenossen einfach viel zu großzügig bemessen waren. Nationalsozialisten und Kommunisten schlachteten das in ihren haßerfüllten Angriffen auf den Oberbürgermeister natürlich weidlich aus. Ein Wahlkampfzettel der NSDAP vom März 1933 forderte: »Fort mit Adenauer! Schluß mit der schwarz-roten Korruptionsmehrheit! Herunter mit den Riesengehältern!« Als ihn die Nazis 1933 aus dem Amt warfen, war sein Renommee ziemlich ramponiert. Ohne Hitler und das heraufdämmernde »Dritte Reich« wäre seine Karriere wohl ebenso bald zu Ende gewesen, zumal seine halbherzigen Ausflüge in die Reichspolitik als kurzzeitiger Kanzlerkandidat des »Zentrums« sang- und klanglos gescheitert waren.

Und das Private? Als Adenauer vor dem Bundestag seinen Amtseid ablegte, hatte er eine menschliche Tragödie hinter sich, an der viele andere wohl längst verzweifelt wären. Schon 1916 hatte er den Tod seiner ersten Fau Emma verkraften müssen. Das Paar hatte drei Kinder: Konrad, Max und Ria. Die Schwangerschaften und vermutlich eine Unterfunktion der Nieren waren für die junge Mutter zu kraftraubend gewesen. Adenauer hatte Abend für Abend als Krankenpfleger an ihrem Bett gewacht und sich dabei auf ihrem Leidensweg als fürsorglicher und geduldiger Gatte erwiesen. Es war vor allem sein Glaube, so

»Er hatte wenig Vertraute...« Bundespräsident Theodor Heuss im Gespräch mit dem Bundeskanzler

Adenauer hat einen Anti-Briten-Komplex, den Erhard, Schröder und Scherpenberg zu mildern suchen.

Theodor Heuss, Bundespräsident

Die Stellung, die Aufgabe und die Arbeit des Bundespräsidenten wird in der deutschen Öffentlichkeit zu gering eingeschätzt. Sie ist viel größer, als man schlechthin glaubt...

Adenauer

erklärte er später, der ihm half, den Verlust zu überwinden. 1919 heiratete er wieder, die 19 Jahre jüngere Gussie Zinsser, Tochter eines Medizinprofessors der Kölner Universität. Sie schenkte ihm weitere vier Kinder, Paul, Lotte, Libet und Georg, und alle Berichterstatter sind sich darin einig, daß auch die zweite Ehe Adenauers außerordentlich glücklich und harmonisch verlief. Doch schon 1948 starb auch Gussie Adenauer – an einer Blutkrankheit –, nachdem ihr Mann auch bei ihr unermüdlich am Krankenbett gewacht hatte. Besonders tragisch war, daß er die Ursachen ihrer Krankheit in einem Selbstmordversuch vermutete, den seine Gattin in Gestapo-Haft unternommen hatte. Der Zweiundsiebzigjährige fiel nach ihrem Tod in tiefe Depressionen. Als ihn der frühere Reichskanzler Heinrich Brüning in jenen Tagen besuchte, war er erschrocken über seine niedergeschlagene Gemütsverfassung und hielt die Bemerkung des Trauernden fest, »er habe eigentlich keine Wurzel mehr in dieser Welt«.

Es trifft wohl zu, daß diese menschliche Tragödie zusammen mit den Erfahrungen von Verfemung und Verfolgung in der NS-Zeit zu einer tiefgründenden Verbitterung geführt hat. Carlo Schmid erinnerte sich an eine Bemerkung des »Alten« bei einem ihrer ersten Zusammentreffen: »Was uns beide unterscheidet, ist nicht nur das Alter, es ist noch etwas anderes. Sie glauben an den Menschen, ich glaube nicht an den Menschen und habe nie an den Menschen geglaubt.« Die Früchte der persönlichen Erfahrungen dieses langen Lebens waren vor allem Mißtrauen und Distanz. Jener »menschenverachtende Zug«, den selbst wohlwollende Mitarbeiter und Weggefährten Adenauer attestierten, hatte seine tiefere Ursache in der Lebensgeschichte. Es ist gewiß keine allzu gewinnende Eigenschaft, doch befähigte sie auf der anderen Seite zu politischer und taktischer Meisterschaft. Gemildert wurde sie jedoch durch immer wachen Humor und besonders tief verwurzeltes Christentum.

Adenauer selbst hat den Vorwurf, sein Weltbild bestehe aus simplen Schwarzweißmustern, als Vorzug gepriesen. »Je einfacher denken, ist oft eine wertvolle Gabe Gottes«, lautete eine seiner Weisheiten, die bisweilen ihren tiefen Sinn durch die schiefe Grammatik noch zu betonen schienen. Ebenso einfach stellte sich seine Erklärung für die Katastrophe der Hitler-Zeit dar: Das deutsche Volk habe über Jahrzehnte »den Staat zum Götzen gemacht und auf den Altar erhoben«, führte er vor 4000

Zuhörern in der Aula der halb in Ruinen liegenden Kölner Universität aus, »die Einzelperson, ihre Würde und ihren Wert hat es diesem Götzen geopfert«. Das war ein simples, aber den Umständen nach höchst attraktives »weltanschauliches« Programm: die Absage an alle ideologisch-kollektivistischen Versuche des Jahrhunderts. Die Würde des einzelnen stand im Vordergrund, und daraus leiteten sich sämtliche Grundsätze der Erziehung, der Demokratie und der Wirtschaft ab. Es war ein Programm zur Heilung offener Wunden.

21. September 1949: Adenauer erschien auf dem Petersberg zum Antrittsbesuch bei den drei Hohen Kommissaren. Den Alliierten galt er zunächst als »das kleinere Übel«. André François-Poncet, der französische Hochkommissar, hatte ihn kurz zuvor kritisch charakterisiert. Der Bundeskanzler sei weder ein »Mann von erstklassigem Kaliber noch völlig aufrichtig«. Er sei »klug, aber intrigant« und im übrigen »ein Separatist«. Doch die Westmächte wußten sehr wohl, die Alternative wäre Schumacher gewesen – und das hätte grundsätzliche Auseinandersetzung bedeutet. Bei Adenauer war wenigstens sicher, daß von ihm keine nationalistischen Eskapaden zu befürchten sein würden. Außerdem schien der »Alte« auf informelle Kontakte und einen direkten Draht zu den Besatzungsmächten großen Wert zu legen.

Schon am 17. August, also noch vier Tage vor dem Treffen der Unionspolitiker auf Adenauers Terrasse, war man in Washington und London im Bilde, daß er Kanzler werden wolle. Jetzt kam er eine Woche nach der Wahl zum Amtssitz der Kommissare, um das Kabinett vorzustellen und die ersten Bundesgesetze unterzeichnen zu lassen. Der Amerikaner John McCloy, der Brite Brian Robertson und der Franzose André François-Poncet standen zur Begrüßung auf einem edlen Teppich. Den Deutschen wurde bedeutet, vor dem Teppich Aufstellung zu nehmen. Adenauer dachte nicht daran, trat ebenfalls auf den Teppich und begann, seinen vorbereiteten Text zu verlesen. Die Szene ist zu einiger Berühmtheit gelangt. Tatsächlich hatte der Kanzler mit einer Geste mehr gesagt, als in einer langen Debatte möglich gewesen wäre.

In den folgenden Jahren hieß das große, mitunter leidenschaftlich verfolgte Ziel: auch die Bundesrepublik wieder »auf den

Teppich« der großen Mächte zu führen. Als Liebesgaben bot Adenauer dafür an: konsequente Westbindung, europäische Integration und einen deutschen Wehrbeitrag. Diese Politik in einem tragfähigen Korsett aus internationalen Verträgen dauerhaft gemacht zu haben, kann mit Fug und Recht als sein Lebenswerk bezeichnet werden. Der Weg dahin war steinig, voller Umwege und bisweilen einsam. Oft verlief er so, daß die deutsche Öffentlichkeit besser nicht erfuhr, was der Kanzler gerade trieb. Die Außenpolitik beanspruchte in der ersten Hälfte seiner Amtszeit einen Großteil seiner Kräfte. Bis 1955 lenkte er sie in Personalunion als Regierungschef und Außenminister. Angetrieben wurde er dabei von der Angstvorstellung, er selbst könnte vor Vollendung des Zieles ausfallen – und auch von der Furcht vor der Unberechenbarkeit seines Volkes. »Helfen Sie, schnell zu Resultaten zu kommen«, mahnte er den Weggefährten Hans von der Groeben noch 1958 voller Inbrunst, »nach dreißig Jahren fängt alles wieder an.«

Im Bundestag begann die Zeit der großen Redeschlachten. Noch war das politische Bonn keine Fernseh-Demokratie, wie sie sich am Ende der Ära Adenauer abzuzeichnen begann. Noch wurden Debatten im Bundestag mit aller Leidenschaft stundenlang ausgefochten – oft bis in die tiefe Nacht hinein. So auch der Streit um das »Petersberger Abkommen«, in dem die Bundesregierung die von den Alliierten eingesetzte Ruhrbehörde nachträglich anerkannte und im Gegenzug dazu Reduzierungen bei den Demontagen erhielt. Für die SPD und vor allem ihren Vorsitzenden Schumacher kam das der Preisgabe nationaler Grundpositionen gleich. Die Debatte in der Nacht vom 24. auf den 25. November 1949 eskalierte, als Adenauer am Rednerpult stand. Wenn die Opposition bei ihrem Nein bleibe, so der Kanzler provozierend, »dann weiß sie aufgrund der Erklärungen, die mir der General Robertson abgegeben hat, daß die Demontage bis zu Ende durchgeführt wird«. Das Bundestagsprotokoll vermerkt an dieser Stelle: »Erregte Zurufe von der SPD und KPD – Glocke des Präsidenten – Zurufe links: ›Sind Sie noch ein Deutscher?‹ – Abgeordneter Dr. Schumacher: ›Der Bundeskanzler der Alliierten!‹« Die Sitzung löste sich in tumultartigen Szenen auf. Schumacher erhielt eine Rüge des Bundestagspräsidenten und wurde »wegen gröblicher Verletzung der Ordnung« für 20 Sitzungstage vom Parlamentsbetrieb ausgeschlossen.

*»Alles andere als ein Vergnügen...«
Mit Nikolaj Bulganin (l.) und Nikita Chruschtschow während des Moskau-Besuchs 1955*

Die Reise nach Moskau ist alles andere als eine Prestigeangelegenheit und als ein Vergnügen.

Adenauer

Wenn man Adenauers Wirken genauer betrachtet, muß man schon sagen, daß er so gut wie keine Aussichten hat, ins Paradies zu kommen. Für solche Taten ist nach dem Sagen des Evangeliums ein ganz anderer Ort bestimmt: die feurige Hölle!

Nikita Chruschtschow, sowjetischer Staats- und Parteichef

Chruschtschow kann schon deswegen kein gescheiteltes Haar mehr tragen, weil er überhaupt keine Haare mehr hat.

Adenauer

Der tiefe Graben zwischen ihm und Adenauer sollte bis zum Tod des SPD-Vorsitzenden nicht mehr überwunden werden. Den Hunderttausenden, die ihn 1952 zu Grabe tragen, blieb der Kanzler demonstrativ fern. Hätte Schumacher freilich in jener berühmt gewordenen Nachtsitzung 1949 von Adenauers Berlin-Politik der vergangenen Wochen gewußt, wäre die Bemerkung vom »Kanzler der Alliierten« wohl kaum derart gerügt worden. Der Sturm der Entrüstung hätte sich dann gegen den »Alten« selbst gerichtet.

Was war geschehen? Nach der Gründung der DDR im Oktober 1949 hatten die Sowjets Ostberlin zur Hauptstadt der DDR erklärt, ohne gemäß Viermächtestatut dazu die anderen Alliierten zu konsultieren. Das State Department in Washington, noch angriffslustig nach dem Triumph der Luftbrücke, hatte sofort reagiert und darauf gedrängt, die drei Westsektoren gemäß Artikel 23 des Grundgesetzes der Bundesrepublik beitreten zu lassen. Dadurch bot sich eine einmalige Chance, die in den folgenden Jahren dem Westen im Berlin-Konflikt wohl eine erheblich bessere Ausgangsposition verschafft hätte. Doch zu ihrer Überraschung mußten Amerikaner und auch die rasch für den Plan gewonnenen Briten feststellen, daß der Kanzler nicht mitziehen wollte. Die lärmenden Forderungen der SPD, Berlin zum zwölften Bundesland zu machen, nannte er vor den drei Hochkommissaren »billigen Nationalismus« und lobte sich, daß es »einer ganzen Menge Mutes« bedürfe, um sich diesem Verlangen zu widersetzen.

Wollte er die Westmächte weiter in der Pflicht halten für Berlin? Fürchtete er die zusätzlichen SPD-Abgeordneten, die in den Bundestag einziehen könnten? Schlug seine Antipathie gegen Berlin wieder durch, das er einmal als »heidnische Stadt« bezeichnet hatte? Auf jeden Fall trug Adenauer dazu bei, den amerikanischen Plan zu Fall zu bringen. Nach außen freilich deckten ihn die Hochkommissare und hielten den Eindruck aufrecht, nur ihr eigenes Zögern habe schließlich jede Initiative verhindert. Nicht auszudenken, wenn die Öffentlichkeit erfahren hätte, daß der Kanzler Berlin nicht haben wollte! Schon hier, im ersten Amtsmonat, wurde jenes grundlegende Moment Adenauerscher Außenpolitik sichtbar, ohne das viele seiner Schritte nicht erklärbar sind: die latente Furcht, jede Veränderung des Status quo in Deutschland oder Berlin könnte die Grundlage der Westorientierung gefährden. London, Washington und Paris erkannten darin freilich bald ein wertvolles Muster an Verläßlichkeit, das es zu belohnen galt.

Jüngste Forschungsergebnisse haben ein Bild revidiert, das sich fest in die deutsche Nachkriegsgeschichte eingeprägt hat. Erst der Koreakrieg, so hieß es lange Zeit, habe den Kanzler die Frage eines deutschen Wehrbeitrags in die Debatte werfen lassen. In Wahrheit antichambrierte der ungediente Adenauer bereits mit deutschen Soldaten, als die überwiegende Mehrheit der Deutschen noch durch und durch pazifistisch eingestellt war. Schon im Sommer 1948, unter dem düsteren Eindruck unmittelbarer Kriegsgefahr durch die Berlin-Blockade, liebäugelte er mit einer stattlichen westdeutschen Armee von 80 Divisionen. Rudolf Augstein, der damals noch auf gutem Fuß mit ihm stand, nannte er immerhin 30 Divisionen als angemessene Größenordnung. Als aus Washington dann aber Signale kamen, daß die Sieger vorläufig keinesfalls beabsichtigten, Deutsche wieder mit Waffen auszurüsten, stellte er seine Pläne erst einmal zurück. Doch die Grundüberzeugung blieb, daß deutsches Militär im bevorstehenden Kampf mit der Sowjetarmee, an den er fest glaubte, vonnöten sein würde. Außerdem waren Truppen natürlich auch politisch von Gewicht – gemäß Machiavellis Einsicht: »Immer, wenn man ein tüchtiges Heer hat, hat man auch zuverlässige Bundesgenossen.« Alle militärischen Gedankenspiele hinderten ihn freilich nicht daran, der Mehrheitsstimmung nach außen hin Rechnung zu tragen und noch im Dezember 1949 im Brustton der Überzeugung zu versichern: »In der Öffentlichkeit muß ein für allemal klargestellt werden, daß ich prinzipiell gegen eine Wiederaufrüstung der Bundesrepublik Deutschland und damit auch gegen die Errichtung einer neuen deutschen Wehrmacht bin.«

Ein halbes Jahr später, noch vor dem nordkoreanischen Angriff auf den Süden, unternahm er einen erneuten Anlauf. Mit einer konzertierten Aktion im Juni 1950 versuchte der Kanzler, die Hohen Kommissare endlich von der Notwendigkeit einer deutschen Armee zu überzeugen. Sein besorgter Hinweis auf die 70 000 Mann der »Kasernierten Volkspolizei« (KVP) in der DDR belegt, wie ernst es ihm wieder um die Abwehr eines Angriffs aus dem Osten war. Er wußte von den Geheimdienstlern der »Organisation Gehlen«, daß die Strategie des Westens allenfalls auf eine Verteidigung am Rhein ausgelegt war. Einen Monat war es erst her, seit der französische Außenminister

Robert Schuman angeboten hatte, über eine gemeinsame Kontrolle von Kohle und Stahl nachzudenken – ein alter Lieblingsgedanke Adenauers, der darin einen ersten Schritt zu einem vereinigten Europa erkannte. Endlich schien also Bewegung ins politische Getriebe des Westens zu kommen.

Wenig später brachte dann der Ausbruch des Koreakriegs vollends Schwung in die Sache. Aufgescheucht von kommunistischer Aggression in Asien, entwickelten Briten und Amerikaner im Sommer 1950 atemberaubende Vorstellungen zur deutschen Wiederbewaffnung und erinnerten sich auf einmal an die Avancen des deutschen Kanzlers. Verlockend für die alliierten Planungsstäbe war natürlich vor allem das große Potential an ausgebildeten und erfahrenen Soldaten der einstigen Wehrmacht. Das Pentagon forderte zehn bis fünfzehn Divisionen, der britische Generalstab gar zwanzig, dazu noch 2000 Kampfflugzeuge – alles unter alliiertem Oberbefehl. Die meisten dieser Pläne liefen zwar zunächst an Adenauer vorbei, doch sah der Kanzler klar die Chancen, die in der gemeinsamen Kriegsfurcht lagen.

Wie aber sag ich's meinem Volk? Gegenüber den Hohen Kommissaren legte er die schwierige psychologische Verfassung der Deutschen dar. Die meisten Städte waren noch immer von Ruinenfeldern entstellt. Einige hunderttausend Männer wurden noch in sowjetischer Gefangenschaft vermutet. Die »Verteidigungsbereitschaft« war demgemäß gering. Am besten, schlug er allen Ernstes vor, sollte der Westen große Flugzeuggeschwader über der Bundesrepublik kreisen lassen. Besser als alle guten Worte könnte das Dröhnen alliierter Bomber der Bevölkerung die drohende Gefahr demonstrieren.

Wie heikel die Frage der Wiederbewaffnung allerdings in Deutschland war, wurde am 19. August 1950 schlagartig klar. Ein sorgsam in der *New York Times* lanciertes Kanzlerinterview kündigte an, aus Sorge um einen Angriff aus dem Osten müsse die deutsche »Verteidigungskraft« wiederhergestellt werden. Das Echo in den bundesdeutschen Blättern war verheerend. Die überwiegende Mehrheit wollte fünf Jahre nach Kriegsende einfach noch nichts wissen von Waffen und Uniformen. Selbst im eigenen Kabinett wurde Widerspruch laut, vor allem durch Innenminister Gustav Heinemann, der im Streit um die Wiederbewaffnung sein Amt im Oktober aufgab. »Gott hat uns die Waffen zweimal aus der Hand genommen«, mahnte der Minister, gleichzeitig Präses der Evangelischen Kirche in Deutschland, »wir dürfen sie nicht zum dritten Mal in die Hand nehmen, sondern müssen geduldig zuwarten.« Adenauer hatte in ein Wespennest gestochen. Das Interview in der *New York Times* löste die erste bundesdeutsche Friedensbewegung aus. Ihr Motto lautete »Ohne mich«. Carlo Schmid formulierte: »Uns ist es lieber, es werden heile Menschen in heilen Häusern bolschewisiert als Krüppel in Erdlöchern.« Adenauers Popularitätspegel sank auf katastrophale 20 Prozent.

Doch noch lösten Meinungsumfragen keine Panik aus. Die nächste Wahl war erst in drei Jahren. Im Gegenteil, der Kanzler nahm jetzt einen zähen Überzeugungskampf auf. Dabei schien er selbst herbe Rückschläge wegstecken zu können – wie etwa das Scheitern der New Yorker Konferenzserie vom September 1950, als die drängenden US-Forderungen nach einem deutschen Verteidigungsbeitrag am eisernen Nein der Franzosen scheiterten. Weil fast gleichzeitig einer großen US-Streitmacht die vorentscheidende Landung an der koreanischen Küste bei Inchon glückte, verschwanden die deutschen Rüstungspläne vorläufig in den Schubladen der Militärbürokratie. Der direkte Weg zu Wiederbewaffnung und Westbündnis war durch französische Befürchtungen erst einmal blockiert – wie sich herausstellen sollte, nicht zum letzten Mal. In Paris würde also der Schlüssel zum außenpolitischen Ziel liegen, das war zumindest klar. Ob ein Beginn bundesdeutscher Rüstung in der gespannten Atmosphäre des Jahres 1950 wirklich einen sowjetischen Präventivangriff ausgelöst hätte, wie manche Historiker meinen, muß das Objekt von Spekulationen bleiben.

Das einzige, was von den New Yorker Konferenzen in Bonn ankam, waren die dürren Worte einer militärischen Garantie für Westdeutschland. Im Oktober durfte Adenauer immerhin das »Amt Blank« einrichten, die Keimzelle des späteren Verteidigungsministeriums – benannt nach dem Gewerkschafter und späteren ersten Minister auf der Hardthöhe, Theodor Blank, der demonstrativ den Vorzug vor Militärs mit Wehrmachtsvergangenheit erhalten hatte. Die Kontaktaufnahme des gänzlich unmilitärischen Kanzlers mit dem Führungspersonal der künftigen Armee lief nicht ohne Komik ab. Nach seinem ersten Gespräch mit dem ehemaligen Panzergeneral Graf von Schwerin bemerkte der »Alte«: »Dat is ja gar kein Soldat, dat is ein ganz nor-

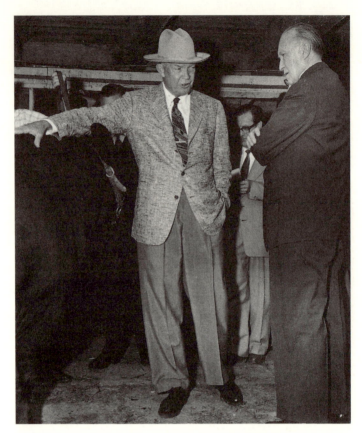

»Er wußte, was er wollte...« Adenauer und der amerikanische Präsident Dwight D. Eisenhower auf einer Ranch bei Gettysburg, 1953

Ein Großteil des Verdienstes an diesem Wiederaufstieg Westdeutschlands ist dem harten Willen des Kanzlers Dr. Adenauer zu verdanken.

Dwight D. Eisenhower, amerikanischer Präsident

Ich habe sicher mehr Pulverdampf gerochen als mancher von Ihnen. Unsere Freunde, die Amerikaner, haben piksolo auf mich allein drei Granaten abgeschossen.

Adenauer

*»Große Männer unserer Zeit...«
Konrad Adenauer und Charles de Gaulle*

Ich fühle mich in Paris wohler als in Bonn. An der Seine habe ich nur Freunde, am Rhein aber hauptsächlich Feinde.
Adenauer

In meinem Leben habe ich nur zwei wirkliche Staatsmänner kennengelernt: Adenauer (86) und Kennedy (44). Aber Adenauer ist zu alt, und Kennedy ist zu jung.
Charles de Gaulle, französischer Staatspräsident

Diese Briten sollten endlich lernen, daß sie den Kontinent nicht mehr führen können. Deutschland und Frankreich sind die Führer des Kontinents.
Adenauer

maler Mensch.« Als er während einer Pressekonferenz gefragt wurde, ob die neue Armee denn überhaupt auf hohe Offiziere der Wehrmacht zurückgreifen werde, auf Hitlers Krieger also, antwortete er schlagfertig und im Bewußtsein der Brisanz des Themas: »Achtzehnjährige Jeneräle wird mir die NATO wohl nicht abnehmen.«

Jene für viele Beobachter so überraschende Unbefangenheit des Kanzlers im Umgang mit der Schreckensvergangenheit seines Volkes war eines seiner Erfolgsgeheimnisse. Neben der Aufnahme von Millionen Flüchtlingen und Vertriebenen war die Integration der vielen Mitläufer des NS-Regimes tatsächlich eine Grundvoraussetzung für den Wiederaufbau. Adenauer hielt nichts von pathetischen »Schuldbekenntnissen«, wie sie die beiden Kirchen nach dem Krieg formulierten, und auch nichts von den großen Umerziehungsanstrengungen der Amerikaner. Mehrfach hat er sich für das Ende der Entnazifizierung ausgesprochen. Nur die Verfolgung der wirklich schuldig Gewordenen erschien ihm sinnvoll. Das Festhalten an Mitarbeitern wie dem Kommentator der »Nürnberger Rassegesetze«, Hans Globke, oder dem von ihm selbst als »tiefbraun« apostrophierten Minister Theodor Oberländer hat ihm öffentlich viel Kritik eingebracht. Wieviel stiller Beifall damit verbunden war, läßt sich nur mutmaßen.

Adenauers berühmter Ausspruch »Man schüttet kein schmutziges Wasser weg, wenn man kein sauberes hat« umreißt aber nur einen Ausschnitt des Problems. Denn im noch fragilen Parteiengefüge der Nachkriegszeit ging es natürlich auch im entscheidenden Maße darum, keine rechtsradikalen Parteien aufkommen zu lassen. Die von ihm sporadisch eingestreuten nationalen Töne zielten deshalb mit kühler Berechnung auf den Beifall des »rechten Randes« – etwa die Rede in Bern am 23. März 1949, in der er ein »Wiedererwachen« eines deutschen »Nationalgefühls« herbeiwünschte und forderte: »Man soll uns nicht immer diese nationalsozialistischen Jahre und den Krieg für alle Ewigkeit vorhalten.« Man schrieb das Jahr 1949! Wenn etliche Zeitungen anschließend über den »Herrn Adenauer aus dem Vierten Reich« schimpften, konnte das dem Kanzler nicht viel anhaben. Denn seine weiße Weste, die er in den Hitler-Jahren hatte wahren können, schützte ihn wie eine Imprägnierung vor den Geistern der Vergangenheit.

Dabei hatte zu Beginn des »Dritten Reiches« auch Adenauer

die Gefahr kraß unterschätzt. Wie viele seiner Parteifreunde aus dem »Zentrum« hielt er noch im August 1932 eine »Zähmung« der Nazis in einer Koalition mit den bürgerlichen Parteien für möglich. Im Juni 1933 schrieb er noch an eine Freundin, daß »unsere einzige Hoffnung« darin bestehe, wenn Hitler als »Reichspräsident auf Lebenszeit« oder besser noch als »Monarch« die »Bewegung in ruhigeres Fahrwasser« führen werde. Zuvor hatte er freilich schon im Februar bei einem Wahlkampfauftritt Hitlers in Köln Rückgrat bewiesen, sich geweigert, den »Führer« zu empfangen, und die von der NSDAP geforderte Hakenkreuz-Beflaggung der Stadt verboten. Kurz darauf war er mit Schimpf und Schande aus dem Amt gejagt worden.

Daß er die folgenden zwölf Jahre vergleichsweise glimpflich überstand, verdankte er vor allem zwei Umständen: Erstens empfand ihn der Diktator nicht als Bedrohung, sondern rühmte einmal sogar »die Leistungen Adenauers« als Stadtoberhaupt. Zweitens stellte er sich trotz mehrerer Werbeversuche dem Widerstand nicht zur Verfügung. Man mag das als »mangelnden Heldenmut« anprangern, wie es einige Kritiker nach dem Krieg taten, doch nüchtern betrachtet rettete ihm das Fehlen seines Namens auf den Listen der Verschwörer das Leben. Bei Kriegsende hatte er so nur mehrere Wochen Gestapo-Haft hinter sich, doch ohne bleibenden Schaden davongetragen zu haben. Auch der Selbstmordversuch seiner Frau, aus Verzweiflung darüber begangen, daß sie im Verhör das Versteck ihres Mannes preisgegeben hatte, schien zunächst keine Folgen hinterlassen zu haben.

Mit dem Einzug der Amerikaner in Rhöndorf wurden Adenauer dann schmerzlich die Augen geöffnet, welche ungeheuren Verbrechen in den Lagern und auch hinter der Front geschehen waren. Seine unmittelbare Reaktion ist nicht überliefert, auch nicht, wieviel er schon im Krieg von den Morden gewußt hat. Doch eine seiner ersten Amtshandlungen als Oberbürgermeister war, Busse in die Konzentrationslager der Umgebung zu schicken, um die Überlebenden nach Hause zu holen. Der starke Drang, wenigstens irgend etwas zu tun, blieb bezeichnend für seinen Umgang mit dem Holocaust. Nur so ist auch die spontane Zusage einer Wiedergutmachung in Höhe von anderthalb Milliarden Dollar zu verstehen, die er dem Vorsitzendes des Jüdischen Weltkongresses, Nahum Goldmann, bei einem Treffen in London gab. Das war eine ungeheure Summe, mehr als die Hälfte dessen, was die Bundesrepublik insgesamt aus dem Topf des Marshallplans erhalten hatte, und in Bonn mußte sich der Kanzler von seinen Beratern wegen seiner Großzügigkeit einiges anhören. Der Vorwurf des zügellosen Schuldenmachens stand wieder im Raum. Instinktiv aber hatte Adenauer erfaßt, daß Sparsamkeit in diesem Fall besonders fehl am Platz gewesen wäre. Denn hier ging es nicht nur um eine Frage von höchstem moralischen Gewicht, es stand auch internationale Glaubwürdigkeit auf dem Spiel. »Das Weltjudentum ist eine jroße Macht«, belehrte der Kanzler einmal – halb spöttisch, halb ernst – seine Vertrauten, und tatsächlich schuf erst die immense internationale Wirkung der Wiedergutmachung an Israel die politische Kreditwürdigkeit, die für die Außenpolitik so dringend vonnöten war.

Wieviel zähes Verhandeln allerdings noch vor ihm liegen würde, ahnte Adenauer am 11. April 1951 bei seiner Ankunft in Paris. »Mein Empfang«, ärgerte er sich noch in seinen Memoiren, »war sehr unzeremoniell. Ich war das erste Mitglied der deutschen Bundesregierung, das seit Kriegsende Paris besuchte.« Kein Minister erwartete ihn am Flugfeld, nur Jean Monnet, die rechte Hand von Außenminister Schuman. Die Rückkehr in die Völkerfamilie war von Ressentiments geprägt. Dabei lag die historische Bedeutung des Besuchs auf der Hand. Erst drei deutsche Kanzler hatten die Stadt an der Seine besucht: Bismarck 1871 als strahlender Sieger in schimmernder Rüstung, Brüning 1931 um Anleihen bettelnd, und 1940 Hitler – verstohlen im Morgengrauen, ein neurotischer Sieger auf Zeit. Adenauer dagegen reiste insgesamt sechsundzwanzigmal an die Seine und legte schon allein durch die Anzahl seiner Besuche das Kernziel bundesdeutscher Außenpolitik fest – ein für alle Mal einen Schlußstrich unter die »Erbfeindschaft« der beiden benachbarten Völker zu ziehen. Washington bereiste er mit zehn Visiten am zweithäufigsten.

Abgesehen von der herablassenden Haltung der Gastgeber genoß der Kanzler seinen Auslandstrip. Aufmerksam nahm er zur Kenntnis, daß ihm die Franzosen auf seinen Spaziergängen in den Tuilerien und bei der Besichtigung des Louvre und von Notre-Dame ohne eine Spur von Feindseligkeit begegneten. Sein Vertrauter Herbert Blankenhorn fand heraus, daß der

»Alte« Champagner und Austern zu schätzen wußte, und machte gallische Gaumenfreuden fortan zum festen Programmpunkt von Paris-Aufenthalten. Besonders berührt war Adenauer, als ihm eine französische Studentin als Zeichen der Versöhnung das »Croix de Guerre« schickte, das ihr verstorbener Vater im Ersten Weltkrieg erhalten hatte. Nach dem Tod des »Alten« fand man den Kriegsorden des »Erbfeindes« in seinem Schreibtisch.

Dann begannen die Verhandlungen, an deren Ende die Gründung der Europäischen Gemeinschaft für Kohle und Stahl stand – mit der Bundesrepublik als protokollarisch gleichberechtigtem Mitglied. Einen Monat zuvor schon war das Besatzungsstatut erheblich gelockert worden. Wie selbstbewußt der Kanzler diese frühen Früchte seiner Außenpolitik registrierte, zeigt eine Bemerkung gegenüber Journalisten wenig später in Rhöndorf: »Wenn ich wieder eine Großmacht werden will – und das müssen wir Deutsche werden –, muß ich anfangen, aufzutreten wie eine Großmacht.« Welcher der ihm nachfolgenden Kanzler hätte den Begriff »Großmacht« so unbeschwert über seine Lippen gebracht?

In den darauffolgenden Monaten zeichnete sich nach zähem Tauziehen dann ein Vertragswerk ab, das zwar nicht gerade Großmachtsträume wahrmachte, aber doch einen gewaltigen Schritt vorwärts darstellte. Deutschland sollte im Rahmen einer »Europäischen Verteidigungsgemeinschaft« (EVG) eigene Truppen aufstellen und dafür ein erhebliches Maß an staatlicher Souveränität zurückerhalten. Das Besatzungsstatut würde durch einen »Deutschlandvertrag« abgelöst werden. Im Klartext hieß das: deutsche Truppen unter westlichem Oberbefehl im Tausch gegen weitgehende Wiederherstellung bundesdeutscher Eigenstaatlichkeit. Daß dies im Gegenzug für Frankreich einen Verlust an eigener staatlicher Souveränität – und damit einen gravierenden Pferdefuß – bedeuten würde, sah Adenauer noch nicht so klar. Denn jetzt war in der Bundesrepublik der Streit um das Bündel der »Westverträge«, die im Sommer 1952 unterschriftsreif sein sollten, voll entbrannt.

Am 10. März 1952 hatte die Sowjetunion mit einer als sensationell empfundenen Note den Kampf um die öffentliche Meinung angefacht. In dieser als »Stalin-Note« in die Geschichte eingegangenen Offerte bot der Kreml dem Westen die deutsche Wiedervereinigung und – unter noch unklaren Bedingungen – freie Wahlen für Gesamtdeutschland an. Der Haken an der Sache: Das neue Deutschland sollte strikte Neutralität wahren – ein abruptes Ende für die gerade so schön ins Rollen gekommene Westpolitik. Kein Moment in der Kanzlerschaft Adenauers ist so umstritten wie dieser. Zum festen Repertoire der kritschen Erinnerung an ihn gehört die Behauptung, er habe im Sommer 1952 verhindert, mit der Sowjetunion ins Gespräch zu kommen. Der Vorwurf der »verpaßten Chance« blieb wie ein Stigma an ihm haften. Am Fortbestand der Teilung, der Unfreiheit von 17 Millionen Landsleuten, trage demnach der Gründungskanzler ein gehöriges Maß Mitverantwortung. Eine schwere Anschuldigung, die auf seine im Grunde feindselige Haltung gegenüber »Preußen« zurückgeführt wurde. Immer wieder werden zum Beleg dafür Äußerungen Adenauers angeführt, wie das Bonmot aus der Zeit von Weimar, er ziehe beim Überqueren der Elbe gen Osten »immer die Vorhänge zu«, oder die Anmerkung: »Asien fängt an der Elbe an.«

Davon abgesehen, wie ernsthaft das Angebot Stalins wirklich gemeint war – worüber trefflich gestritten werden kann, solange sowjetische Archive nichts Substantielles preisgeben –, ist die Stilisierung Adenauers zum Verhinderer der Einheit freilich eher ein Produkt innenpolitischer Grabenkämpfe denn ernsthafter historischer Betrachtung. Die Vorstellung, ein zur Wiedervereinigung entschlossener Kanzler hätte damals die tektonischen Kräfte des Kalten Krieges für Deutschland einfach außer Kraft setzen können, wenn er nur willens gewesen wäre, ist ein Wunschtraum. Tatsächlich hatte die Bundesregierung im Sommer 1952 überhaupt nicht den Spielraum, auf eigene Faust sowjetische Angebote »auszuloten«. Noch war das Besatzungsstatut in Kraft. Vor allem aus Washington, aber auch aus London kamen überdeutliche Signale, daß man an Verhandlungen nicht interessiert war. US-Außenminister Dean Acheson drängte vielmehr darauf, die Unterzeichnung der Westverträge nicht zu verzögern. Denn darin stimmten die führenden Männer des Westens mit Adenauer völlig überein: Westeuropa konnte ohne Westdeutschland nicht verteidigt werden. So stellten die Hohen Kommissare befriedigt fest, daß auch der Bundeskanzler schon in seiner ersten Stellungnahme ein klares »Nein« formulierte: »Der Kreml wünscht, daß der gesamte deutsche Raum ein Vakuum sei, in dem die Sowjetunion dann

Ihr Bundeskanzler ist bereits zu einer historischen Gestalt geworden, zu der alle von uns, die fest an die Freiheit glauben, gerne kommen, um ihr Achtung zu erweisen.

John F. Kennedy, amerikanischer Präsident

Daß er sich den Respekt, die Achtung, die Freundschaft Charles de Gaulles gewonnen hatte und daß ein Mann ins Weiße Haus gekommen war, auf dessen Bündnistreue er vertrauen konnte, hat ihm den Abgang erleichtert.

Carlo Schmid, SPD-Politiker und Mitglied des Parlamentarischen Rates

»Immer viel Familiensinn...« Adenauer mit Kennedy und Präsidentensohn John, 1962

dank ihrer geographischen Nähe und ihrer Machtmittel den entscheidenden Einfluß ausüben könnte.« Bemerkenswert ist, daß – zumindest vor Ausbruch des innenpolitischen Orkans – die SPD ähnlich zurückhaltend reagierte. Am 11. März, einen Tag nach Eingang der Note, signalisierte der Abgeordnete Herbert Wehner gegenüber dem Hochkommissar McCloy, daß er selbst im Fall von Verhandlungen mit den Sowjets keinerlei Ergebnis erwarte.

Die Antwort der Westmächte – an die Stalin seine Note gerichtet hatte – forderte die Entsendung einer UN-Kommission zur Überprüfung der Möglichkeit freier Wahlen in der DDR, was nichts anderes als eine verklausulierte Ablehnung bedeutete. UN-Prüfer für die Demokratietauglichkeit der Sowjets waren natürlich ein berechneter Affront. Auch die zweite sowjetische Note wurde negativ beantwortet. Durch die deutsche Öffentlichkeit fegte ein Sturm nationaler Entrüstung. Nach Kurt Schumachers beschwörendem Brief an den Kanzler, für Viermächteverhandlungen einzutreten und die vielleicht einmalige »Chance« zu nutzen, war das Terrain im Bundestag abgesteckt. Doch nicht nur die Opposition verurteilte Adenauers Haltung. Zum Sprachrohr einer eher national-konservativen Gruppierung wurde die *Frankfurter Allgemeine Zeitung* mit ihrem Herausgeber Paul Sethe an der Spitze – der dafür später seinen Posten nach einem diskreten Wink aus dem Kanzleramt räumen mußte. Er und der Nestor der deutschen Historiker, Gerhard Ritter, versuchten erbittert, den »amerikahörigen« Kanzler zum Kurswechsel zu bewegen. Ihre Argumente erreichten dabei sogar schrillere Tonlagen als die Debatten im Bundestag – so unterstellte Sethe dem überwiegenden Teil der deutschen Presse, der sich seinen Leitartikeln partout nicht anschließen wollte, er sei durch »amerikanische Kredite« zum Stillhalten gezwungen.

Adenauer widerstand allen Anfeindungen, auch im eigenen Kabinett, wo vor allem der Berliner Jakob Kaiser eine andere Politik forderte. Der Kanzler registrierte erleichtert, daß Umfragen zufolge eine wachsende Mehrheit der Bundesdeutschen seine Politik befürwortete. Und er merkte sich, welche Wellen das Thema Wiedervereinigung schlagen konnte. Das meistgeklebte Wahlplakat der CDU ein Jahr später zeigte eine Schwurhand mit dem Text: »Diesen Schwur lege ich ab für das ganze deutsche Volk. Wir werden nicht ruhen und nicht rasten, bis ganz

Deutschland wiedervereint ist in Frieden und Freiheit.« Adenauer wiederholte die Formel fortan gebetsmühlenhaft: »In Frieden und Freiheit.« Auf keinen Fall aber: Wiedervereinigung gekoppelt mit Neutralisierung, weil dann ganz Deutschland über kurz oder lang dem Einfluß des Ostblocks erliegen würde. Der Westen müsse nur stark genug sein, dann würden die Sowjets ihre Zone irgendwann freiwillig wieder hergeben. »Magnettheorie« haben wohlmeinende Interpreten das genannt. »Lebenslüge der jungen Republik« lautete die Entgegnung von weniger Wohlmeinenden. Die gewiß unvoreingenommene *New York Times* kommentierte allerdings schon im Jahr 1952 nüchtern, die Strategie des Bundeskanzlers und der Westmächte sei ein Kurs, »der allen Hoffnungen, Deutschland in unmittelbarer Zukunft ohne Krieg wiederzuvereinigen, ein Ende machen wird«.

Waren die Beschwörungen des »Alten« also nur die kollektive Rhetorik eines bundesdeutschen »Konsumvereins«, der sein Gewissen beruhigen mußte – wie etwa Rudolf Augstein sinnierte? Oder hat der Kanzler wirklich an eine Möglichkeit zur Wiedervereinigung durch die »Politik der Stärke« geglaubt? Sind dann der Mauerfall und das Ende der Teilung 1989/90 ein später Triumph des »Alten«? Wenn ja, dann hat er sich zumindest gewaltig verrechnet. Als er auf dem Höhepunkt der Notenkrise von englischen Journalisten spöttisch gefragt wurde, ob denn der Zeitpunkt des sowjetischen Rückzugs aus der DDR in 25 oder in 100 Jahren zu erwarten sei, antwortete er mit ernster Miene, seiner Auffassung werde dies »in fünf bis zehn Jahren« geschehen.

Tatsächlich aber machte die Konsolidierung der Blöcke auch Adenauer bald klar, daß die »Politik der Stärke« nicht wie erhofft zum schnellen Sieg führen würde. Kurz vor seinem Tod räumte er dies auch ein. Ein Implodieren des Sowjetblocks, wie es 1989 zu beobachten war, lag außerhalb seiner Vorstellungswelt. Seine Hoffnungen gründeten eher auf einer Eskalation des Konflikts zwischen Moskau und Peking, in dessen Verlauf der Kreml vielleicht zu Konzessionen an den Westen gezwungen sein würde. Eine Vision, die bis ins Jahr 1989 reicht, war das nicht. Es führt wohl kein gerader Weg von der Ablehnung der Stalin-Noten zum Besuch des »Enkels« Helmut Kohl im Kaukasus. Adenauer war kein Prophet mit seherischen Fähigkeiten, der sich nur um ein paar Jahrzehnte verkalkuliert hat. Statt dessen handelte er durch und durch als Realist, der den Gegebenheiten entsprechend höchst erfolgreich agierte – und Realität waren in erster Linie die Interessen der Besatzungsmächte. »Die Vorstellung, das Vertrauen der Amerikaner zu verlieren«, resümierte Franz Josef Strauß die Möglichkeiten der frühen Bonner Außenpolitik, »war absolut tödlich.«

Gleichwohl sind Spekulationen auch in der Geschichtsschreibung erlaubt. Was wäre gewesen, wenn – etwa die Briefbombe, die jüdische Terroristen am 20. März 1952 gegen Adenauer richteten, nicht einen Beamten des Entschärfungskommandos, sondern den Kanzler zerfetzt hätte? Wäre die Geschichte anders verlaufen? Wohl kaum. Denn auch ein Jakob Kaiser oder ein Eugen Gerstenmaier hätten die Westalliierten nicht von ihrem Kurs abbringen können. Selbst wenn ein anderer Bundeskanzler den Sirenenklängen aus Moskau erlegen wäre und gut patriotisch das »Ausloten« des sowjetischen Angebots verlangt hätte, wäre die Teilung Deutschlands und Europas eine Tatsache geblieben. Die einzige Änderung wäre wohl ein schlechteres Verhältnis der Bundesrepublik zu den westlichen Siegermächten gewesen. Ob sich die Wiederherstellung der Souveränität für Bonn dann ebenso reibungslos vollzogen hätte, ist zumindest fraglich. Auch ob die Wirtschaft so rasch wieder auf dem Weltmarkt hätte Fuß fassen können, erscheint ungewiß. Vollends bedrohlich wird das Szenario, wenn die Reaktion in der Bundesrepublik am 17. Juni 1953 anders als unter Adenauer ausgefallen wäre – etwa mit Solidaritätskundgebungen und Massendemonstrationen zugunsten des Volksaufstands im anderen Teil Deutschlands.

8. April 1953. Bei seiner ersten USA-Reise legte der Kanzler auf dem großen Soldatenfriedhof bei Arlington einen Kranz am Grabmal des unbekannten Soldaten nieder. Es war der emotionale Höhepunkt des Staatsbesuchs. Einträchtig wehte das Sternenbanner neben der schwarz-rot-goldenen Flagge. Adenauer schilderte die Szene in seinen Memoiren mit für ihn seltener Emphase: »Eine amerikanische Militärkapelle spielte die deutsche Nationalhymne. Ich sah, wie einem meiner Begleiter die Tränen herunterliefen, und auch ich war von tiefer Bewegung ergriffen. Es war ein weiter und harter Weg von dem totalen Zusammenbruch des Jahres 1945 bis zu diesem Augenblick des Jahres 1953.« Die Bilder vom alten Kanzler auf dem US-Helden-

»Die Zügel fest im Griff...« *»Friedrich Konrad der Große«* warnt vor Experimenten

Wenn man galoppiert, weiß man oft nicht, wohin das Pferd einen trägt; ich bin kein Reiter, meine Damen und Herren, aber ich habe mir das sagen lassen.

Adenauer

Nichts war mir mein Leben lang so unsympathisch wie ein preußischer General.

Adenauer

Ich bin kein Raufbold, sondern ein Fechter.

Adenauer

friedhof gingen um die Welt. Das Bundespresseamt sorgte dafür, daß sie auch in der Heimat rege Verbreitung fanden. Denn im September wurde ein neuer Bundestag gewählt. Dankbar nahm Adenauer die Wahlhilfe des US-Präsidenten Eisenhower an. Doch sein Besuch in der Neuen Welt unterstrich auch, daß die Bundesrepublik den Sprung vom besiegten Land zum Juniorpartner geschafft hatte. Die Unterzeichnung der Westverträge in Bonn am 26. Mai 1952, das Londoner Schuldenabkommen vom 27. Februar und auch das Wiedergutmachungsabkommen mit Israel vom 10. September 1952 wurden in Washington als hinreichende Belege des guten Willens gewertet. Adenauer verfolgte genau die Stimmung in der US-Öffentlichkeit, auch mittels einer amerikanischen PR-Beratungsfirma, deren Chef pikanterweise ein jüdischer General namens Klein war. So nahm der Kanzler freudig zur Kenntnis, daß er von einem großen US-Magazin zum »Mann des Jahres« 1953 gekürt wurde.

Derart mit Rückenwind versehen, war der Wahlkampf eine wahre Freude. »Der Durchschnittswähler denkt primitiv«, hatte Adenauer nach der ersten Wahl 1949 vor Vertrauten geäußert, »und er urteilt auch primitiv.« Also galt es nur noch, die Bilanz der letzten vier Jahre in packende Formeln zu gießen. Nach einem quälenden Tief im Winter 1951/52, in dem die Arbeitslosenzahl auf fast zwei Millionen gestiegen und plötzlich sogar ein Mangel an Getreide und Zucker aufgetreten war, boomte die Konjunktur seit dem Herbst 1952. Noch sprach zwar niemand vom »Wirtschaftswunder«, doch es herrschte die einhellige Meinung, daß es aufwärtsging. Der Volksaufstand vom 17. Juni in der DDR wirkte da wie eine Bestätigung des Kurses. Unnachahmlich formulierte Adenauer jetzt in seinen Reden, der Wahltermin sei ein »Schicksalstag für Deutschland und Europa« – ja sogar ein »Schicksalstag der christlich-abendländischen Kultur«. Niemand schien ihm übelzunehmen, daß er entgegen dem Rat seiner Vertrauten nach der Niederschlagung des Aufstands gezögert hatte, nach Westberlin zu kommen. Seine von Pathos getränkte Rede am Tag der Beisetzung der Opfer wischte alle Bedenken hinweg. Mehr als 100 000 Berliner hörten zu, als der Kanzler mit fester Stimme mahnte: »Neben der Trauer, neben das Mitleid tritt der Stolz auf diese Helden der Freiheit, der Stolz auf alle, die sich auflehnten gegen diese seit nunmehr acht Jahren währende Sklaverei.« Wie nie zuvor und auch niemals wieder während seiner Amtszeit sprach Adenauer an diesem

Tag als Kanzler aller Deutschen. Wer wollte ihm jetzt noch widersprechen, wenn er die kommende Wahl zur Entscheidung zwischen »Freiheit oder Sozialismus« stilisierte? Plakate, die Rotarmisten vor dem Kölner Dom zeigten, und der griffige Slogan »Alle Wege des Sozialismus führen nach Moskau« sollten auch die letzten Zweifler überzeugen.

Am Wahlsonntag ging der Kanzler, wie es sich gehörte, zuerst zum Gottesdienst und dann ins Wahllokal. Noch war die Zeit der Hochrechnungen nicht angebrochen, erste Ergebnisse wurden erst nach Mitternacht erwartet. So verbrachte Adenauer einen ruhigen Tag, den der alte Herr nach den Anstrengungen des Wahlkampfs auch nötig hatte. Am Abend ging er früh zu Bett. Am nächsten Morgen um sechs rief Bundespressechef Felix von Eckhardt an und gab die Ergebnisse durch: 45 Prozent für die CDU und ihre Schwesterpartei CSU. Ein Erdrutschsieg! Adenauer antwortete trocken: »Vielen Dank!« Kurz darauf im Bundeskanzleramt blieb es bei der Nüchternheit: »Diese Sache ist ja nun ganz gut erledigt«, erklärte er seinen Mitarbeitern, »nun müssen wir wieder neu an die Arbeit gehen.« Nein, diesem Mann stieg der Erfolg offenbar nicht zu Kopf. Dabei war die Wahl 1953 in erster Linie eine »Adenauer-Wahl«. Selbst die *Frankfurter Allgemeine Zeitung*, die des Kanzlers Deutschlandpolitik so vehement bekämpft hatte, mußte feststellen: »Dies ist Konrad Adenauers Sieg.«

Von »zwei Jahren« Amtszeit war jetzt natürlich keine Rede mehr. Die Erfolge der vergangenen Legislaturperiode und auch die Bestätigung des Westkurses durch die Eskalation des Kalten Krieges von Korea bis Ostberlin hatten diesen Wahlsieg möglich gemacht. Außenpolitisch konnte das Motto für die Zukunft also nur lauten: »Weiter so.« In der Innenpolitik aber setzte sich jetzt endgültig jene Form der Machtausübung durch, die als »Kanzlerdemokratie« ins Geschichtsbuch eingegangen ist.

Es gehört zu den bemerkenswertesten Entwicklungen der frühen Bonner Demokratie, daß die im Grundgesetz sorgsam ausbalancierte Verteilung der Macht von Adenauer nahezu unwidersprochen durch ein patriarchalisches Regiment ausgefüllt wurde, in dem der Kanzler ungestörter seine Ziele verfolgen konnte als jeder seiner Nachfolger. Eine Grundlage dieser Macht war die unangefochtene Stellung in der Partei. Bis zum Beginn des »Erbfolgekriegs« mit Ludwig Erhard nach der Wahl

1957 trug die CDU nicht ganz zu Unrecht die Bezeichnung »Kanzlerwahlverein«. Selbst die später zur lieben Gewohnheit gewordenen Störfeuer der Schwesterpartei aus München hatten in den Jugendjahren der Republik allenfalls die Qualität von Irrlichtern. Die Protokolle der Fraktionssitzungen lesen sich mitunter wie Belehrungen einer Schulklasse durch einen gestrengen Lehrer. Am kurzen Zügel von ergebenen Fraktionsvorsitzenden wie Heinrich von Brentano und Heinrich Krone verstanden sich die Unionsparlamtarier in erster Linie als Knappen des Kanzlers. Bezeichnenderweise verlor Adenauer seine erste Abstimmung in der Fraktion erst 1962.

Nur im Kabinett gab es ab und zu Krach. Wiederbewaffnung, Westbindung und auch die Wirtschaftspolitik waren hier heftig umstritten. Dann war der Überredungskünstler Adenauer gefragt. Mit enormer Ausdauer konnte er seinen Standpunkt immer wieder darlegen, getreu seinem Motto: »Um in der Politik Erfolg zu haben, muß man länger sitzen können als andere.« Dabei bevorzugte er – auch das ein bewährtes Politikerrezept – beschwörende Formeln, anstatt auf Argumente einzugehen. Wer ihm dann immer noch beharrlich widerstand, der lief Gefahr, als »Dummkopf« oder »Verräter« beschimpft zu werden, der den »Untergang Deutschlands« betreibe – wie er den Gegnern der Wiederbewaffnung entgegenschleuderte. Ein Mann der leisen Töne war der Kanzler ohnehin nie, doch wenn es darum ging, sich durchzusetzen, konnte er alles andere als zimperlich sein. Auch ein erfolgreicher Minister wie Erhard wurde in solchen Kontroversen das Opfer harscher Rüffel. »Sie haben offenbar«, so Adenauer wenige Wochen, bevor die Konjunktur im Herbst 1952 zum Höhenflug ansetzte, »die wirtschaftliche Entwicklung schon seit geraumer Zeit nicht erkannt.« Bisweilen wähnte er sich in Phasen, in denen alles schiefzulaufen schien, von Versagern und Feinden umgeben. »Was soll ich mit diesem Kabinett machen«, schimpfte er einmal gegenüber einem Mitarbeiter, »der einzige, auf den ich mich verlassen kann, ist der Außenminister.« Der war er selbst.

Wenn besonders viel auf dem Spiel zu stehen schien, war der Kanzler auch zu echter Ruchlosigkeit fähig: etwa im August 1951, nachdem er den Westmächten deutsche Truppen angeboten hatte, ohne seine Minister zu informieren. Als Innenminister Heinemann den Braten roch und verlangte, Adenauer solle das entsprechende Memorandum im Kabinett vorlesen, trug der

Kanzler einfach nur die Passagen vor, die keinen Konfliktstoff boten. Jakob Kaiser fragte wenig später nach, ob es denn nicht wenigstens möglich gewesen wäre, den Ministern Abschriften anzufertigen. Adenauer antwortete in der ihm eigenen Mischung aus Unaufrichtigkeit und Unverfrorenheit: »Ich selbst besitze keine Abschrift. Es gibt nur ein Exemplar, das liegt im Geldschrank bei Herrn Blankenhorn.«

Zehn Jahre später stand der Kanzler Bundespräsident Heinrich Lübke gegenüber und besprach mit ihm die Besetzung des Außenministeriums. Die Regierungsbildung gestaltete sich wieder einmal außerordentlich mühsam, was Adenauer zu einem Stoßseufzer veranlaßte: »Lieber dreimal Wahlkampf als einmal Koalitionsverhandlungen.« Lübke favorisierte den international erfahrenen Bankier Hermann Josef Abs, Adenauer wollte seinen bisherigen Innenminister Gerhard Schröder durchsetzen. Aus dem Nachlaß Lübkes geht hervor, daß der »Alte« in diesem Moment mit der vertraulichen Bemerkung, Abs habe im Krieg zum »Freundeskreis Heinrich Himmlers« gehört, dessen Kandidatur vom Tisch wischte. Tatsächlich war das frei erfunden. Der Name Abs ist zwar immer wieder mit unrechtmäßigen Finanzaktionen der Deutschen Bank während des »Dritten Reiches« in Zusammenhang gebracht worden, SS-Förderer war er jedoch nie. Der derart zu Unrecht Beschuldigte, dem Adenauer seit dessen Verhandlungserfolgen bezüglich der deutschen Auslandsschulden in Freundschaft verbunden war, wurde nicht Minister. Das oft zitierte Bonmot des Kanzlers, er kenne nun einmal »drei Arten von Wahrheit: die einfache, die reine und die lautere«, kann den Eindruck einer solchen Entgleisung nur unzureichend mildern.

Der häufig erhobene Vorwurf, Adenauer habe seine Regierungstätigkeit in schöner Regelmäßigkeit auch »etwas außerhalb der Legalität« ergänzt, ist freilich weitgehend aus der Luft gegriffen. Von der *Spiegel*-Affäre einmal abgesehen, die zu Recht als Tiefpunkt seiner Kanzlerschaft gilt, legte der studierte Jurist Adenauer großen Wert auf die Einhaltung der Gesetze – und das wohl weniger aus Furcht vor öffentlicher Enthüllung als vielmehr getragen von einem Selbstverständnis, das aus der Zeit als preußischer Staatsbeamter stammte. Sein Gegner Gustav Heinemann hat als Bundespräsident den Satz geprägt: »Ich liebe nicht den Staat, ich liebe meine Frau.« Adenauer wäre das nie über die Lippen gekommen. Er war sich bewußt, daß die Überhöhung des Staatsgedankens in Deutschland schlimme Folgen gezeitigt hatte, doch respektierte er das auf dem Grundgesetz stehende Gemeinwesen durchaus als ethische Größe. »Ich habe den Wunsch«, verriet er in einer seiner Wahlreden, »daß später einmal, wenn die Menschen über den Nebel und den Staub dieser Zeit hinwegsehen, von mir gesagt wird, daß ich meine Pflicht getan habe.«

Nein, Sendungsbewußtsein oder der Anspruch, auserwählt zu sein, war diesem Beamtensohn völlig fremd. Das »faustisch Schweifende« der deutschen Seele, auch jegliche sehnsuchtsvolle nationale Romantik blieben ihm zeitlebens verdächtig, am Ende sogar verhaßt. Gerade sein demonstratives Pflichtgefühl sicherte ihm ein großes Maß an Autorität. Die Kehrseite der Medaille war dabei freilich eine beträchtliche »Einsamkeit der Macht«. Jener auffallende Mangel an Bereitschaft, Kompetenz zu teilen, entsprang besonders beim notorisch mißtrauischen Adenauer dem Gefühl, höchstselbst und ausschließlich allein im Besitz der Wahrheit zu sein.

»Ich habe Angst vor den Deutschen«, verriet er einmal einem Freund mit Blick auf die vermeintliche Verführbarkeit seines Volkes. Das Bild des treusorgenden Vaters, der die Flausen seiner Schäflein kennt und in den Griff zu bekommen versucht, haben die meisten seiner Biographen als grundlegenden Wesenszug hervorgehoben. Und in der Tat gelang ihm gerade durch sein patriarchalisches Auftreten, die Deutschen mit der Demokratie zu versöhnen. Konnte überhaupt sinnfälliger demonstriert werden, daß starke Führung und Demokratie einander nicht ausschließen, als durch die legendären Kanzlergeburtstage, die Adenauer regelmäßig wie einen Staatsakt inszenierte? Ein britischer Beobachter stellte nüchtern fest, daß gerade jene Auftritte Adenauers, die ihn zu einer Art Wahlmonarchen stilisierten, am meisten dazu beigetragen haben, die »Sehnsucht der Deutschen nach dem ›starken Mann‹ zu stillen«.

Die Schilderungen der Vollendung der Adenauerschen Außenpolitik im Jahr 1955 durch den NATO-Beitritt der Bundesrepublik und die weitgehende Wiederherstellung der Souveränität sind ein gutes Beispiel dafür, wie langlebig Maskeraden sein können. Am 30. August 1954 scheiterte die Ratifizierung des zwei Jahre alten EVG-Vertrags in der französischen Nationalversammlung. Der Verlust nationaler Souveränität durch die

Der Besuch in Israel hat mir gezeigt, was Hoffnung und Glaube eines Volkes auszurichten vermögen. Israel setzt ein großes Beispiel.

Adenauer

Im Staat Israel sah er einen hervorragenden Ausdruck der Hoffnungen und Bestrebungen des jüdischen Volkes, und die Wiedererrichtung Israels auf seinem Heimatboden war ihm das sicherste Unterpfand seines Fortbestehens.

Levi Eschkol, israelischer Ministerpräsident

»Von Tag zu Tag klüger…« Adenauer mit Doktorhut in Israel, 1966

Aufstellung einer »Europa-Armee« fand in Paris, wo die neue Regierung unter Pierre Mendes-France sich nicht mehr sonderlich an die Unterzeichnung durch den Vorgänger im Sommer 1952 gebunden fühlte, keine Mehrheit. Adenauer gab sich tief bedrückt. Sofort war von einem »schwarzen Tag für Europa« die Rede, und einer seiner Mitarbeiter notierte: »Niemals vorher oder nachher habe ich Adenauer so verbittert, so deprimiert erlebt.«

Tatsächlich aber war der Eindruck des geknickten Europäers kalkuliert. Gewiß bedeutete das Ende der EVG-Lösung wieder einen von Paris ausgehenden Aufschub, doch der Kanzler hatte längst einen verlockenden Ausweg anvisiert. Washington, London und auch Bonn gingen bereits seit einem halben Jahr davon aus, daß die Agonie der EVG in Paris endgültig mit einem »*Non*« der Nationalversammlung besiegelt werden würde. Alternativlösungen waren deshalb schon ausgearbeitet. Dabei erwiesen sich diesmal die Briten als treibende Kraft. Außenminister Anthony Eden spekulierte bereits im Juni 1954 bei einem Washington-Besuch mit dem direkten NATO-Beitritt der Bundesrepublik – ohne EVG. Um die immer noch vorhandenen Ängste vor einer deutschen Nationalarmee, einer Nachfolgerin der unseligen Wehrmacht also, zu vertreiben, sollte der alte »Brüsseler Pakt« zwecks Rüstungskontrolle reaktiviert und in »Westeuropäische Union« umgetauft werden.

Adenauer kannte diese Vorschläge und zog sie schon am Morgen nach der »Hiobsbotschaft« aus Paris in seinem Urlaubsdomizil im Schwarzwald gleichsam aus dem Hut. Das Papier skizzierte bereits genau, wie es weitergehen würde: »1. Fortsetzung der Politik der europäischen Verteidigung. 2. Volle Souveränität. 3. Eintritt in die NATO. 4. Abschluß von Verträgen über Aufenthalt von Truppen anderer Länder in der Bundesrepublik.« Keine Spur also vom enttäuschten EVG-Jünger! Nur für die Öffentlichkeit in Deutschland und vor allem in Frankreich war ein um die Europa-Armee trauernder Kanzler natürlich erheblich weniger verfänglich als einer, der die Aufstellung nationaler Streitkräfte vorantrieb. Die Devise lautete also: auf diplomatischem Parkett die Ernte – Bundeswehr und NATO-Beitritt – möglichst geräuschlos in die Scheuer fahren und gleichzeitig öffentlich um die »Chance für Europa« trauern. Diese Camouflage betrieb Adenauer so geschickt, daß sie noch lange in den Geschichtsbüchern für bare Münze genommen wurde.

Gleichwohl sah er die NATO-Mitgliedschaft mit einem lachenden und einem weinenden Auge. Natürlich empfand der in erster Linie auf Wiederherstellung der Souveränität bedachte Kanzler einen womöglich französischen Oberbefehl über deutsche Soldaten als Diskriminierung. Innerhalb des Verteidigungsbündnisses würde die Bundeswehr dagegen viel mehr Eigenständigkeit besitzen. Auf der anderen Seite mußte er sich eingestehen, daß der Traum von Europas Einigung – der auch sein Traum war – erst einmal an Schwung verloren hatte. Außerdem wurden jetzt wieder alte Ängste vor deutscher Unberechenbarkeit wach. Noch einen Monat später gab er in einem nächtlichen Gespräch mit Belgiens Außenminister Paul-Henri Spaak, das ein deutscher Journalist belauschte, düstere Visionen von sich: »Ich bin fest überzeugt, hundertprozentig davon überzeugt, daß die deutsche Nationalarmee, zu der uns Mendes-France zwingt, eine große Gefahr für Deutschland und Europa werden wird – wenn ich einmal nicht mehr da bin, weiß ich nicht, was aus Deutschland werden soll, wenn es uns nicht doch noch gelingen sollte, Europa rechtzeitig zu schaffen.« Hier wird wohl ein Stück Innerstes des Politikers Adenauer offenbar: Im gleichzeitigen Offenhalten mehrerer Lösungen ein Meister, blieb er doch tief gequält von der Furcht vor einer ungewissen Zukunft. Will man das einem Mann verdenken, der schon zweimal erlebt hatte, wie eine Welt um ihn in Trümmer fiel?

Jetzt ging es schneller als erwartet, vor allem weil Briten und Amerikaner Druck ausübten. Erst in London und dann in Paris verhandelten die NATO-Staaten über die Modalitäten der deutschen Aufnahme. Zunächst verlief alles nach Plan. Am 22. Oktober, dem vorletzten Verhandlungstag in der französischen Hauptstadt, verkündete Adenauer: »Einigung in allen Punkten. Ich bin befriedigt. Morgen wird die letzte Formulierung gebilligt. Die Saarverhandlungen gehen weiter.« Tatsächlich war über die Zukunft des Saargebiets noch nichts entschieden. Paris wollte das Gebiet, das seit Kriegsende de facto unter französischer Kontrolle stand, »europäisieren« und die Bevölkerung in einem Plebiszit darüber abstimmen lassen. Auch Adenauer war im Grunde für das Europa-Statut, doch forderte er statt einer Volksabstimmung zuerst einmal freie Wahlen. Er wußte, welche Emotionen die Saarfrage in der Heimat auslöste, und brauchte deshalb einen Verhandlungserfolg. Doch Mendes-France verhandelte ebenfalls mit der Öffentlichkeit im Nacken. Das kleine

Saargebiet wurde so zum Zankapfel, an dem noch einmal die gesamte Frage der deutschen Westintegration zu scheitern drohte. Es ging in der Tat um alles oder nichts. Erst tief in der Nacht fiel die Entscheidung. Die Franzosen setzten sich durch. Die Abtrennung des Saargebiets von der Bundesrepublik sollte durch eine Volksabstimmung bestätigt werden. Mendes-France mußte nur den Vorbehalt hinnehmen, daß ein Friedensvertrag für ganz Deutschland – der ganz offenbar in weiter Ferne war – auch den Status des Saargebiets noch einmal endgültig entscheiden sollte.

Adenauer hat in seinen Memoiren treuherzig versichert, er sei stets davon überzeugt gewesen, »daß die Saarländer gute Deutsche waren. Sie würden wissen, wie sie stimmen müßten.« Doch hier war wohl einmal mehr der Wunsch Vater des Gedankens. Experten in Paris und Bonn erwarteten in den Tagen der Entscheidung, daß die Saarländer für das Statut – und damit gegen die Zugehörigkeit zur Bundesrepublik – stimmen würden. In Bonn machte die Opposition dem Kanzler deshalb schwere Vorwürfe, das Gebiet »preisgegeben« zu haben, um endlich seine Westpolitik unter Dach und Fach zu bringen. Daß die Saarländer schließlich doch mehrheitlich gegen das Statut – und damit für einen Anschluß an die Bundesrepublik – votierten, ist zu Recht als »wundersames Debakel« bezeichnet worden. Als Adenauer dann am 1. Januar 1957 zum Staatsakt anläßlich des Beitritts des Saarlands zum Bundesgebiet in Saarbrücken eintraf, demonstrierte er in aller Ungeniertheit, daß ein Politiker durchaus auch dort ernten kann, wo er nicht gesät hat. Im Brustton der Überzeugung verkündete er vor den Mikrofonen: »Das ist der schönste Tag meines Lebens.«

5. Mai 1955. Die Westverträge traten endlich in Kraft. An diesem Tag endete die durch die Hohen Kommissare ausgeübte Kontrolle der Bundesregierung. Fast auf den Tag genau zehn Jahre nach Ende des Krieges war die Bundesrepublik – mit gewissen Einschränkungen – ein gleichberechtigter Staat im westlichen Bündnis. Wenn es nach Adenauer gegangen wäre, hätte eine große Feierstunde im Bundestag das historische Ereignis gewürdigt. Doch weil die Sozialdemokraten die Westverträge ablehnten (SPD-Chef Erich Ollenhauer: »Deutschland ist nach wie vor gespalten!«), wurden im Parlament nur Erklärungen verlesen. So ließ der Kanzler im Garten des Palais Schaumburg wenigstens eine kleine Feier inszenieren. Ein Beamter des Bundes-

Es muß gekämpft werden. Das ist so erquickend. Ich freue mich auf ein Wahljahr. Das tue ich doch lieber, als hier in Bonn zu sitzen und alle Akten zu bekommen.

Adenauer

Adenauer imponierte mir schon durch sein souveränes, selbstbewußtes Auftreten. Er strahlte Persönlichkeit, Charakterstärke und Führungskraft aus, und er vermochte, im großen wie im kleinen, kraftvoll mit dem politischen Handwerk umzugehen.

Franz Josef Strauß, CSU-Politiker

Herr Strauß ist ein vorwärtsdrängender, dynamischer Mann. Es kann sein, daß es jetzt auf dem Schlachtfeld viele Tote und Verwundete gibt, und vielleicht bin eines Tages sogar ich unter den Leichen.

Adenauer

»Von Wahlen versteh' ich was...«
Mit Franz Josef Strauß bei einer Wahlkundgebung in Nürnberg, 1965

grenzschutzes – mit einem alten Wehrmachtsstahlhelm auf dem Kopf – hißte die Bundesflagge, und Adenauer hielt vor den Kameras und Mikrofonen einer kleinen Schar von Reportern eine kurze Ansprache. Irgendwie wollte keine Festtagsstimmung aufkommen. Im folgenden Jahr würden im Osten wie im Westen Deutschlands Rekruten eingezogen und fortan darauf gedrillt werden, im Ernstfall aufeinander zu schießen.

Den Deutschen im Osten, »die gezwungen sind, getrennt von uns in Unfreiheit und Rechtlosigkeit zu leben«, rief der Kanzler in seiner Rede zu: »Ihr gehört zu uns, wir gehören euch. Die Freude über unsere wiedergewonnene Freiheit ist so lange getrübt, als diese Freiheit euch versagt bleibt.« Manche der versammelten Journalisten hätten diesen Teil der Rede wohl auswendig mitsprechen können. Dennoch bekam das Bekenntnis zur deutschen Einheit an jenem Tag eine neue Bedeutung. Die Westpolitik Adenauers, das schon 1945 von ihm ins Auge gefaßte große Ziel, war abgeschlossen. Nur in Sachen Europa sollte in den verbleibenden acht Jahren Kanzlerschaft noch wirklich Neues auf den Weg gebracht werden. Deutschlandpolitisch jedoch war der angestrebte Zustand hergestellt. Nach der Lesart der »Politik der Stärke« hieß es jetzt: abwarten, bis der Osten nachgibt. Und mit jedem Jahr, in dem sich in der anderen Wagenburg partout keine Kapitulationsbereitschaft andeutete, geriet der Westen mehr und mehr in die Defensive. Die Initiative lag jetzt beim Gegner. Der erste Vorstoß aus Moskau ließ nicht lange auf sich warten.

Am 7. Juni 1955 schreckte die Nachricht das politische Bonn auf, daß der Kreml eine Einladung an den Bundeskanzler übermittelt hatte, nach Moskau zu kommen. Die *Süddeutsche Zeitung* kommentierte erwartungsvoll, es handle sich um einen »sensationellen Schritt«. Immerhin stand ja im Juli eine jener Viermächtekonferenzen bevor, die wie stets trügerische Hoffnungen auf ein Ende der Teilung weckte. Wünschte der Kreml also wirklich ein Treffen mit Adenauer, um »die mit der deutschen Frage zusammenhängenden Probleme zu erörtern«, wie es in der Einladung hieß? Der Kanzler sah die Lage von Beginn an realistischer. Der sowjetische Wunsch, »die Beziehungen zwischen den beiden Regierungen zu normalisieren«, hieß nichts anderes als die Aufnahme diplomatischer Beziehungen. Weil es aber in Moskau schon eine deutsche Botschaft gab, die der DDR nämlich, bedeutete der Botschaftertausch auch eine indirekte Anerkennung des zweiten deutschen Staates. Die Völkerrechtler im Beraterstab des Kanzlers rieten deshalb von der Reise ab. Bonn beanspruchte ja das »Alleinvertretungsrecht« für alle Deutschen, und das war jetzt in Gefahr. Doch Adenauer wollte trotzdem in die Höhle des Löwen reisen – vor allem wegen der noch immer festgehaltenen Kriegsgefangenen. Wie viele in den sowjetischen Lagern überlebt hatten, war nicht genau bekannt, manche Zeitungen spekulierten mit knapp 100 000 ehemaligen Angehörigen der Wehrmacht, die längst zu Geiseln des Kalten Krieges geworden waren. Ihr Schicksal hatte sich als schmerzender Stachel ins Bewußtsein des »Wirtschaftswunderlands« gebohrt. Der öffentliche Erwartungsdruck wog deshalb stärker als juristische Einwände.

8. September 1955. Adenauers »Super-Constellation« landete auf dem Flughafen Wnukowo, 30 Kilometer vom Kreml entfernt. Am Rande des Flugfelds wartete nach einer überraschend freundlichen Begrüßung Kanzlerchauffeur Klockner neben dem vertrauten schwarzen Mercedes 300. Adenauer hatte die Limousine aus Angst vor »Wanzen« nach Moskau bringen lassen. Am nächsten Morgen begannen die Verhandlungen in einem Moskauer Patrizierpalast. Die Atmosphäre hier war frostig. Als der sowjetische Ministerpräsident Nikolaj Bulganin dem Nichtraucher Adenauer eine Zigarre anbot, lächelte der Kanzler kühl: »Da sind Sie aber im Vorteil, Herr Bulganin. Da können Sie Ihrem Gegenüber immer blauen Dunst vormachen.« In solchen Momenten konnte sein mongolenhaftes Gesicht zu Eis erstarren. Der Dolmetscher übersetzte. Dann wurde es ernst.

Schnell zeichnete sich ab, wie unversöhnlich sich die beiden Delegationen gegenüberstanden. Die Sowjets forderten diplomatische Beziehungen »ohne Bedingungen«, der Kanzler bestand darauf, die Verhandlungen über die Gefangenen mit einem Ergebnis in der Deutschlandfrage zu verknüpfen. Die Last des ungeheuren Leids, das der Krieg auf beiden Seiten verursacht hatte, schien schon bald unüberwindbar zu sein. Vor allem Bulganin hielt den Deutschen immer wieder die Vergangenheit vor. Als die Rede auf die Gefangenen kam, polterte er los: »In der Sowjetunion gibt es keine Kriegsgefangenen. Hier befinden sich nur noch die deutschen Kriegsverbrecher aus der Hitler-Armee. Das sind Menschen, die ihr Menschengesicht verloren haben.« Die Deutschen waren zwar im Bilde, das sich tatsächlich unter den Häftlingen auch problematische Figuren wie Hitlers Kammerdiener Linge befanden, für die Mehrzahl galt allerdings, daß sie genauso schuldig oder unschuldig war wie alle ehemaligen Soldaten der Wehrmacht. Adenauer ergriff das Wort und unterstrich, daß er nicht im Büßerhemd nach Moskau gekommen sei. »Es ist wahr: Es ist viel Schlechtes geschehen. Es ist aber auch wahr, daß die russischen Armeen dann – in der Gegenwehr, das gebe ich ohne weiteres zu – in Deutschland eingedrungen sind und daß dann auch in Deutschland viele entsetzliche Dinge im Krieg vorgekommen sind.« Das war natürlich Salz auf noch nicht verheilte Wunden. Chruschtschow sprang auf und drohte mit den Fäusten. Auch der Kanzler schnellte von seinem Stuhl. Wutschnaubend und nach Worten ringend standen sich die beiden gegenüber. Die Gespräche schienen vor dem Abbruch zu stehen.

Adenauer ließ über eine nicht abhörsichere Leitung die Lufthansa-Maschinen für den Rückflug bestellen. Er spielte mit hohem Einsatz, denn es würde in der Heimat schwerfallen zu erklären, weshalb ein Botschafter wichtiger sein sollte als die Freiheit der Gefangenen. Für den Kreml dagegen stand erheblich weniger auf dem Spiel. Schon am 14. Juli hatten die Sowjets ihren Statthalter in Ostberlin, Walter Ulbricht, informiert, daß die Gefangenen bald freigelassen würden. Die ersten Transporte in Sammellager rund um Moskau hatten bereits begonnen. Wenn Adenauer also hartnäckig blieb – nun, dann würde eben Ulbricht die Gefangenen bekommen. Für die Ostberliner Selbstdarstellung wäre das mit Sicherheit willkommene Schützenhilfe. Daß es dann doch anders kam, ist wohl neben dem vielgerühmten Verhandlungsgeschick Adenauers vor allem seinem Realitätssinn zu verdanken.

Am Abend des 12. September hatten die Gastgeber zum großen Bankett in den Sankt-Georgs-Saal des Kreml geladen. 700 Gäste drängten sich an einem 40 Meter langen, üppigen Buffet voll von erlesenen Speisen, Kaviar und beeindruckenden Flaschenbatterien. Kanzlerberater Blankenhorn wähnte sich »irgendwo im fernen Asien im Zelt des großen Khan«. Wie schon an den Abenden zuvor jagte ein Trinkspruch den anderen, und Adenauer stellte einmal mehr unter Beweis, daß er trotz seines Alters gewaltige Mengen vertragen konnte. In der wodkaseligen Atmosphäre unterbreiteten dann Bulganin und Chruschtschow noch einmal ein leicht modifiziertes Angebot: Botschaftertausch gegen die Freilassung der Gefangenen, allerdings ohne schriftliche Vereinbarung. Das Ehrenwort der Kremlherren müsse ausreichen.

Die Mehrheit der bundesdeutschen Delegation sprach sich in der anschließenden nächtlichen Runde gegen den Tauschhandel aus. Dabei spielte weniger die Verläßlichkeit des »Ehrenworts« eine Rolle als das völlige Fehlen eines Fortschritts in der »deutschen Frage«. Doch Adenauer entschied am Ende gegen das Votum der Berater – mit sicherem Gespür für die Wirkung in der Öffentlichkeit. Die Deutschlandpolitik mußte also einmal mehr in den Hintergrund treten, und der »Vorbehalt« in Sachen Einheit und Ostgrenzen, den die Kanzlerdelegation am Ende des Besuchs noch in Briefform im Kreml abgab, hatte dann auch in der Zukunft – wie zu erwarten – keine realpolitische Bedeutung mehr.

Dafür schnellte nach der Rückkehr die Popularitätskurve des Kanzlers in ungeahnte Höhen. Die Szenen der Ankunft der letzten Gefangenen im Auffanglager Friedland prägten sich als emotionaler Höhepunkt der Adenauer-Ära tief ins Bewußtsein der Bevölkerung ein. Die »Heimkehr der Zehntausend« schätzen die Deutschen nach Umfragen bis heute als sein »größtes Verdienst« ein. Daß die Reise, gemessen an ihrer Zielsetzung, ein deutschlandpolitischer Fehlschlag war, nahm die Mehrheit überhaupt nicht zur Kenntnis. Kritiker waren von nun an einsame Rufer – Marion Gräfin Dönhoff etwa, die in der *Zeit* bitter kommentierte: »Die Freiheit der Zehntausend besiegelt die Knechtschaft der 17 Millionen.« Die Mehrheit der Bundesdeutschen hatte sich demgegenüber längst mit der Teilung als vorläufig nicht zu ändernde Realität abgefunden. Es waren ja in der Tat »geschichtliche Mächte, ungleich stärker als Adenauer«, am Werk, wie Golo Mann treffend formulierte.

Der Kanzler hatte den Zenit erreicht. Nach einer leichten Flaute 1956 erntete er bei der Wahl 1957 den Dank der Bundesdeutschen. Unter dem Motto »Keine Experimente« erreichte die CDU mit ihrem wie immer unermüdlich Wahlkampf betreibenden Vorsitzenden 50,2 Prozent der abgegebenen Stimmen. Keiner frei gewählten Partei war das bislang in Deutschland gelungen. Die Weltkrise mit dem Ungarnaufstand und dem Krieg am Suezkanal im Jahr zuvor hatten die Wähler um den Mann geschart, der Sicherheit zu verheißen schien. Wer jedoch annahm,

»Oft eine harte Sprache...« Adenauer im Kreis seiner Mitarbeiterinnen im Bundeskanzleramt

Ich hoffe jedenfalls, daß die Güte das ist, was die Frauen auszeichnet. Denn wir wollen mit ihrer Hilfe die Wahlen gewinnen.

Adenauer

Seine Vorzimmerdamen, die er höflich-väterlich behandelte, schwärmten alle für ihn, schmolzen vor dem großen alten Herrn geradezu dahin. Es war ihnen eine große Ehre, und sie sahen es als einen historischen Verdienst an, für Adenauer zu arbeiten.

Franz Josef Strauß, CSU-Politiker

Es war eine gewisse Distanziertheit zu den ihn umgebenden Menschen, auch Distanziertheit zu den Situationen, in denen er stand, und wohl auch eine gewisse Distanziertheit zu sich selbst. Doch diese Distanziertheit wurde immer überbrückt durch seinen Humor.

Anneliese Poppinga, Adenauers Sekretärin

Aber nun trage ich das Handicap mit mir herum, daß es heißt, ich klebe am Stuhl, und was nicht alles!

Adenauer

Er liebte einen überschaubaren Schreibtisch, seine Akten unter Kontrolle, alles mußte übersichtlich sein.

Anneliese Poppinga, Adenauers Sekretärin

Er hatte wenig Vertraute, an deren Urteil ihm lag. Ihre Meinung hörte er an, aber die Entscheidungen traf er allein.

Carlo Schmid, SPD-Politiker und
Mitglied des Parlamentarischen Rates

»Die Richtlinien bestimme ich...« Adenauer in seinem Arbeitszimmer im Bundeskanzleramt

der »Alte« könnte nach getaner Arbeit nun auf die Idee kommen, in aller Gelassenheit das Haus für den Nachfolger zu bestellen und sich nach und nach aus dem Alltagsgeschäft zurückzuziehen, der irrte. Das »Toxikum der Macht«, wie sein Biograph Hans-Peter Schwarz formulierte, hatte ihn weiter fest im Griff. Von der Macht lassen zu können, war auch diesem großen Politiker bis zum Schluß nicht gegeben.

So begann der seit dem 5. Januar 1956 im neunten Lebensjahrzehnt stehende Bundeskanzler weiter jeden Morgen sein Tagespensum um fünf Uhr, indem er die Beine nach der Kneipp-Methode in einer mit kaltem Wasser gefüllten Badewanne ein paar Minuten hin und her bewegte. Er liebte diese frühen Morgenstunden, wie er einmal seiner Sekretärin Anneliese Poppinga verriet: »Am Morgen unmittelbar nach dem Aufwachen ist man am klügsten.« Wenn das Wetter es zuließ, spazierte er ein paar Minuten lang im Garten, entlang der Rosen, die er liebte, aber nie gezüchtet hat. Bei der anschließenden Lektüre von Zeitungen und Morgenpost konnte es vorkommen, daß er plötzlich zum Telefon griff und einem seiner Mitarbeiter in aller Herrgottsfrühe Anweisungen erteilte. Gegen acht Uhr machte sich der Autokonvoi des Kanzlers dann auf den Weg nach Bonn – voran ein Porsche mit Sicherheitsbeamten, dann Adenauers großer Mercedes 300 und dahinter ein weiterer Mercedes mit einer Funkanlage. Die Fähre hatte Anweisung, jeweils so lange zu warten, bis Adenauer eintraf, und dann sofort abzulegen. Um neun Uhr begannen die Besprechungen und Sitzungen im Palais Schaumburg, unterbrochen nur von einer Mittagspause gegen eins. Um acht Uhr abends erst ging es zurück nach Rhöndorf, wohin er regelmäßig noch Akten und Briefe mitnahm. Neue Mitarbeiter staunten regelmäßig, wie enorm das Arbeitspensum ihres Chefs war, und sie erfuhren meist am eigenen Leib, daß er einen entsprechend großen Krafteinsatz auch von seinen Untergebenen forderte.

Seiner alten Leidenschaft, dem Erfinden, konnte er zu seinem großen Bedauern kaum noch Zeit widmen. So gesellten sich zu Adenauerschen Geistesblitzen – wie dem von innen erleuchteten Stopfei oder einer Einrichtung zur Beseitigung von Ungeziefer mittels Elektroschocks – keine weiteren Errungenschaften für die Menschheit. Selbst während des allsommerlichen Urlaubs in Cadenabbia am Comer See kam er nicht richtig zum

»Herr Brandt, alias Frahm...« Konrad Adenauer mit Außenminister Willy Brandt

Die SPD an der Regierung – das hätte in seinen Augen den Verlust der Westbindung der Bundesrepublik bedeutet, böse Versuchungen eines deutschen Neutralismus und damit die akute Gefahr, in den sowjetischen Sog gezogen zu werden.

Franz Josef Strauß, CSU-Politiker

Adenauers tatsächliche Politik basierte auf der Dauer der Teilung

Willy Brandt

Die Hauptsache ist, daß man zusammenarbeitet. Ob man das in der einen oder in der anderen Form tut, spielt keine Rolle. Europa kann nur langsam heranreifen, und der größte Fehler wäre: zu schnell – zu schnell – zu schnell, keine Geduld – keine Geduld – keine Geduld.

Adenauer

Ausspannen. Die beschaulichen Bilder vom Boccia spielenden Kanzler täuschten darüber hinweg, daß sein Urlaub nichts anderes war als eine »Verlegung der Arbeitsstätte vom Rhein an den Comer See«, wie Adenauers Sekretärin Anneliese Poppinga es beschrieb.

Vergleicht man den zweiten Teil seiner Kanzlerschaft mit den Jahren bis 1955, so drängt sich das Bild eines langen und quälenden Abstiegs auf. Waren die außenpolitischen Weichenstellungen der frühen fünfziger Jahre noch regelmäßig vom Adjektiv »historisch« umkränzt, so schien jetzt der politische Alltag eingekehrt. Selbst die »Sternstunden« der zweiten Hälfte der Ära Adenauer, die Unterzeichnung des EWG-Vertrags 1957 und die Besiegelung der deutsch-französischen Freundschaft mit Charles de Gaulle 1963, kamen nicht an die Dimension der frühen Jahre heran. Denn gerade durch de Gaulles Beschwörung stolzer Traditionen der »*Grande Nation*« war die Europäische Wirtschaftsgemeinschaft vorläufig nicht viel mehr als ein Wechsel auf die Zukunft. Adenauer ahnte das schon kurz vor der Unterzeichnung, als er vor Journalisten in seiner traditionellen »Teerunde« weissagte, höchstwahrscheinlich »werden erst unsere Enkel die Früchte dessen ernten, was jetzt beschlossen worden ist«.

Zu den spärlicher werdenden Glanzpunkten gesellten sich zunehmend Pannen und Pleiten. Die deutschlandpolitische Konzeptionslosigkeit der Bundesregierung seit der Eskalation der Berlin-Krise durch das Chruschtschow-Ultimatum schien in der Untätigkeit Adenauers in den Stunden des Mauerbaus 1961 zu gipfeln, als er, anstatt das Wort für alle Deutschen zu ergreifen, sich beeilte, bei Sowjetbotschafter Smirnow ein Beschwichtigungspapier zu unterzeichnen. Am 14. August, einen Tag danach, vermittelte er in einem Fernsehauftritt völlige Hilf- und Ratlosigkeit. Dann verunglimpfte er noch obendrein Berlins Regierenden Bürgermeister als »Herrn Brandt, alias Frahm« – in Anspielung auf dessen uneheliche Geburt. Diesmal, anders als 1953, nahmen ihm die Berliner sein Zögern übel, und als der Kanzler dann schließlich doch noch in die geteilte Stadt kam, gellten die Pfiffe.

Als sich Jahr für Jahr die Teilung weiter zu zementieren schien, reagierten Adenauer und sein Stab mit einigen halbherzigen Manövern hinter den Kulissen. Weitgehend unbemerkt von der Öffentlichkeit offerierte der Kanzler etwa Verhandlungen über eine »Österreich-Lösung« für die DDR, was freilich von den Sowjets nur mit einem Achselzucken beantwortet wurde – ebenso wie das Angebot eines »Burgfriedens« an den Kreml nahezu ignoriert wurde. Bemerkenswert an der fruchtlosen Diplomatie jener Jahre war vor allem, daß sich mit ersten vagen Überlegungen zur schrittweisen Anerkennung der DDR schon die Entspannungspolitik der sozial-liberalen Koalition der frühen siebziger Jahre andeutete.

Innenpolitisch richtete Adenauer mit seinem Zickzackkurs in der Frage der Präsidentenkandidatur 1959 wohl den größten Schaden an. Die Zurücknahme seiner schon öffentlich bekräftigten Kandidatur für das Amt des Bundespräsidenten – mit dem Ziel, um jeden Preis den ungeliebten Erhard als Nachfolger auszuschalten – ließ viele Kommentatoren zweifeln, ob er seinem Amt noch gewachsen sei. Zum Bild der »Kanzlerdämmerung« fügte sich auch der in der Öffentlichkeit höchst umstrittene Versuch des »Alten« und seines Verteidigungsministers Strauß, die Bundesrepublik in die Reihe der Atommächte einzureihen. Vollends geriet die ungleiche Partnerschaft des alternden Rheinländers und des dynamischen Bajuwaren ins Zwielicht, als Strauß im August 1962 mit Billigung Adenauers – wegen des Verdachts auf Landesverrat – strafrechtliche Schritte gegen die Redaktion des *Spiegel* einleiten ließ. Die Vorwürfe gegen das unbequeme Magazin waren völlig aus der Luft gegriffen. Am Ende weigerte sich der Bundesgerichtshof, überhaupt ein Verfahren zu eröffnen, und Strauß sah sich gezwungen, seinen Hut zu nehmen.

Daß Adenauer keine direkten Konsequenzen aus dem Vergehen seines Ministers erwuchsen, kann wohl nur durch die vielen angesammelten Verdienste erklärt werden. Außerdem hatte er nach dem Stimmenverlust bei der Wahl 1961 (45 Prozent für CDU und CSU) ohnehin versichern müssen, im Laufe der Legislaturperiode einem Nachfolger Platz zu machen. So räumte er am 15. Oktober 1963 das Palais Schaumburg, nicht ohne zuvor noch einmal alles zu versuchen, einem anderen als Ludwig Erhard sein Amt zu überlassen – vergebens. Seine fast panischen Befürchtungen, der ungeliebte Nachfolger könne die Bundesrepublik ins Unglück stürzen, erfüllten sich zum Glück nicht. Doch als der »dünnhäutige Dicke« (Adenauer über Erhard) schon 1966 den Kanzlersessel wieder räumen mußte, ließ der »dickhäutige Dünne« (Adenauer über Adenauer) diebische Schadenfreude vernehmen.

In seinen letzten Jahren erlebte der »Alte«, wie die nach ihm benannte Ära einer neuen Zeit wich. In der Weltpolitik standen die Zeichen auf Entspannung und Annäherung, und mit der großen Koalition schien auch in Bonn die Zeit der erbitterten Grabenkämpfe vorbei. Die Jugend der Bundesrepublik rüstete für den Sturm auf die Welt der Eltern, auf den »Muff«, den viele mit der Zeit des Rhöndorfers assoziierten. Adenauer scheint dieser Protest nicht mehr getroffen zu haben, obwohl er die ersten Anzeichen noch registrierte. Warum auch? Hatten sich die Nachkriegsdeutschen nicht selbst unter jene geistige und moralische Glasglocke begeben, die der neuen Generation jetzt zu eng vorkam? »Geistige Führerschaft« verstand Adenauer nie als seinen ersten Auftrag. Andere fühlten sich da eher zuständig, etwa Heuss. Politik war für den Gründungskanzler zuallererst die Kunst des Möglichen, Pflichterfüllung und ein hohes Maß an Nüchternheit. Von einer Mission, sein Volk auch geistig aus tiefer Finsternis zurück ans Licht zu führen, fühlte er sich nie durchdrungen. Vielleicht lag darin der Schlüssel zu seinem Erfolg.

Die Dankbarkeit der Deutschen war enorm. Mehr als 80 000 Briefe von Verehrern und Bewunderern des Kanzlers lagern noch in den Archiven, darunter auch zahlreiche Heiratsanträge. Nach der Heimkehr der letzten Kriegsgefangenen etwa erhielt der alte Herr körbeweise Dankesschreiben und Geschenke: ein Stück Seife, Schokolade, Obst oder Kaffee mit Begleitkärtchen wie »Nur für Dich, sonst zu teuer«. Mitarbeiter des Kanzlers erzählen gerne die Geschichte der »Frau vom Stein«, einer alten Dame, die vom Niederrhein ins Siebengebirge gezogen war, um ihrem Idol näher zu sein. Sie saß bei jedem Wetter täglich stundenlang auf einem Felsbrocken am Zennigsweg, in dem das Haus Adenauers steht, und war glücklich, wenn sie den Hausherrn nur einmal von weitem sehen konnte. Jeden Tag schickte sie Blumen und schrieb lange, persönliche Briefe. Nach dem Tod des Kanzlers trug sie täglich Rosen zum Waldfriedhof von Rhöndorf. Als die Blumen verwelkten, wußten die Friedhofsgärtner, daß sie nun auch für die »Frau vom Stein« ein Grab ausheben mußten.

Nur wenigen demokratischen Politikern ist die Liebe ihres

»Was soll nur aus Deutschland werden...?«
Adenauer bei seinem letzten Geburtstagsempfang mit Helmut Kohl, 5. Januar 1967

Ich werde jetzt neunzig Jahre alt. Man kann mit neunzig Jahren körperlich und geistig noch so frisch sein – man muß doch damit rechnen, daß es heute oder morgen einmal aufhört. Jedem ist ein Schluß gesetzt. Ich will nicht mehr Vorsitzender meiner Partei bleiben. Es ist doch gut, daß mal ein anderer drankommt.

Adenauer

Adenauer sollte für uns alle ein sehr gegenwärtiges, uns alle angehendes Vermächtnis sein. Adenauer hat sein Erbe dem ganzen deutschen Volk als längst selbstverständlich gewordenen Besitz hinterlassen.

Helmut Kohl

Volkes zuteil geworden, etwa Kennedy, de Gaulle, Churchill – und auch Adenauer. Der »Alte« war ein Glücksfall für die junge Bundesrepublik. Im Rückblick weichen viele seiner schroffen Seiten einem eher milden Bild. Sein Andenken beginnt sich zu verklären, jenseits des politischen Gezänks, dessen erster wahrer Meister nach dem Krieg er war. Der letzte Deutsche, dem das widerfuhr, war Bismarck.

DER OPTIMIST
Ludwig Erhard

Ursprünglich war ich kaum zum Politiker geboren

Ich habe keinen politischen Ehrgeiz und am wenigsten einen solchen parteipolitischer Art

Viele glauben, der Politiker müßte mit Taktiken und Praktiken arbeiten und müßte mit allen Schlichen bewandert sein.
Das ist nicht mein Stil

Die Macht ist in meinen Augen immer öde, sie ist gefährlich, sie ist brutal, und sie ist im letzten Sinne sogar dumm

Es gibt keine Wunder

Ein Kompromiß, das ist die Kunst, einen Kuchen zu teilen, daß jeder meint, er habe das größte Stück bekommen

Ich habe es nicht nötig, den Menschen etwas zu versprechen.
Was ich tat, ist steingewordenes Wort

Erhard

Zur Vorbereitung der Wirtschaftsreformen in unserem Land habe ich als erstes das Buch von Ludwig Erhard gelesen.

Boris Jelzin, russischer Präsident

Seit Ludwig Erhard wissen wir, daß nicht nur Politik schädlich für den Charakter, sondern auch Charakter schädlich für die Politik sein kann.

Johannes Gross, Journalist

Ludwig Erhard hat den Königsweg zwischen Kapitalismus und Sozialismus begründet.

Heiner Geißler, CDU-Bundestagsabgeordneter

Was Karl Marx für das 19. Jahrhundert, das war Ludwig Erhard für das 20. Jahrhundert – mit dem entscheidenden Unterschied, daß Marx sich irrte, Erhard aber recht behielt.

Philipp von Bismarck,
ehemaliger Vorsitzender des CDU-Wirtschaftsrates

Kraftvoll war er, zäh, gerade und knorrig; mit klaren Augen und redlicher Sprache. Man spürte, der glaubt, was er sagt.

Rainer Barzel, ehemaliger CDU/CSU-Fraktionsvorsitzender

Er war fleißig und unsäglich gutwillig. Er blieb, was er war: ein Leuchtturm über der niemals glatten See der deutschen Politik.

Eugen Gerstenmaier, ehemaliger Bundestagspräsident

Wo Erhard sich in die Politik begibt, merkt man, daß er kein Politiker ist.

Heinrich Krone, ehemaliger CDU-Parteivorsitzender

Erhard begegnete uns jungen Abgeordneten mit einer natürlichen Aufgeschlossenheit und Kollegialität, die mich beeindruckte und für meine politische Entwicklung viel bedeutete.

Gerhard Stoltenberg, ehemaliger Bundesminister und MdB

Ich stehe zur Regierung Erhard – auch wenn ich wieder Meinungsverschiedenheiten mit Erhard haben werde.

Konrad Adenauer

Ich trete ihm nicht zu nahe, wenn ich ihm – allen Verdiensten um die deutsche Wirtschaft zum Trotz – ein erhebliches Maß an politischer Unsicherheit attestiere.

Willy Brandt

Der Erhard schafft dat nich.

Konrad Adenauer

Ludwig Erhard hat den dritten Weg zwischen Liberalismus und Sozialismus erfolgreich beschritten.

Rainer Eppelmann, CDA-Bundesvorsitzender

Ein einzigartiger Mann, voll von Willen, Phantasie und Sensibilität; einer, der lachen und traurig sein konnte; kein Diplomat, kein Anpasser; keine Vaterfigur – ein männlicher Mann, der sein Wort abwog, bevor es ihm über die Lippen kam; der die Schultern einzog, wenn Feindseliges ihm galt oder Mißtrauen ihn beschlich.

Rainer Barzel, ehemaliger CDU/CSU-Fraktionsvorsitzender

Zuversicht und Mut, Gemeinsamkeit und Partnerschaft: Das hat Ludwig Erhard ausgestrahlt und angestrebt, und das brauchen wir gerade heute wieder.

Norbert Blüm, ehemaliger Bundesminister

Ludwig Erhard steht für mich gegen Gefälligkeitspolitik und für den klaren Kurs marktwirtschaftlicher Ordnungspolitik.

Guido Westerwelle, Generalsekretär der FDP

Für Ludwig Erhard war die soziale Marktwirtschaft kein statisches Konzept. Er hielt sie für eine Aufgabe, die nie ganz vollendet werden konnte. Dies hat er uns als Erbe, als Auftrag, als bleibende Herausforderung hinterlassen.

Helmut Kohl

Weltweit existieren nur wenige Politiker und Ökonomen, die ich so schätze wie Ludwig Erhard.

Václav Klaus, ehemaliger tschechischer Ministerpräsident

Glücklicherweise gab es einen so mutigen Mann wie Ludwig Erhard, der den drohenden Rückfall in Bewirtschaftung und Devisenkontrolle verhinderte. Mehr Mut zum Markt möchte man sich heute auch im Einigungsprozeß wünschen.

Karl Otto Pöhl, ehemaliger Präsident der Deutschen Bundesbank

Ludwig Erhard war der Motivator eines ganzen Staatsvolkes, indem er die Freiheit einführte, von der damals kaum jemand etwas wissen wollte. Sie hat den einen Angst eingejagt und anderen Hoffnung gegeben. Erhard ist dabei ein Kunststück gelungen. Er hat es geschafft, beide zu motivieren: die Ängstlichen und die Hoffnungsvollen.

Johannes Gross, Publizist

Wenn Erhard das Desaster auf dem Arbeitsmarkt und das Schulden-, Steuer- und Rentenchaos seiner politischen Erben heute erleben würde, müßte ihm die Zigarre aus dem Mund fallen.

Renate Schmidt, Vorsitzende der SPD Bayern

In majestätischer Ruhe floß der Rhein dahin. Silbrig spiegelten sich seine Wellen im Mondlicht wider. Die hohen Bäume im Park rings um das Kanzleramt warfen lange, dunkle Schatten. Schemenhaft zeichnete sich das Palais Schaumburg vor dem Nachthimmel ab. In der stuckverzierten Villa aus der Kaiserzeit, die jetzt als Amtssitz des Bundeskanzlers diente, waren schon vor Stunden die Lichter erloschen. Kurt Georg Kiesinger, der neue Hausherr, war bereits nach Hause gegangen.

Nur einen Steinwurf davon entfernt, im »Kanzlerbungalow«, einem schlichten Neubau aus Backstein und Glas, versammelte sich zu später Stunde eine kleine Schar Getreuer um einen müde und erschöpft wirkenden älteren Mann – einen Geschlagenen. An diesem Tag war Ludwig Erhard, der zweite Kanzler der Republik, morgens noch als Regierungschef aufgestanden; am Abend war er nur noch einfacher Abgeordneter. Man schrieb den 1. Dezember 1966.

Es war ein historischer Tag in der Geschichte der jungen Bundesrepublik. Ein Denkmal war vom Sockel gestürzt, ein Kanzler abserviert worden. Die lebende Legende Ludwig Erhard, der Mythos aus Wirtschaftswundertagen, war an diesem Tag vernichtet worden. Noch kurz zuvor hatten ihn ganze Auditorien umjubelt. Nun war er einsam. Mit einem Verlierer wollten auch »politische Freunde« nichts mehr zu tun haben.

Außer Ludwig Erhard hatten es sich nur noch seine Frau Luise, seine Tochter Elisabeth, ihr Mann, die Enkeltöchter, Erhards Neffe, die langjährige treue Hausdame Elisabeth Quistorp, die Referenten Sven Simon und Hans Klein sowie die fünf Leibwächter des Exkanzlers rund um die große Sitzecke aus Leder eingefunden. Der Hausherr qualmte eine seiner geliebten Zigarren. Sekt und Schnittchen wurden gereicht, doch die gedrückte Stimmung wollte nicht weichen. Außer den Kindern konnte keiner der Anwesenden die Verletzungen und Schmähungen der letzten Tage und Wochen völlig verdrängen. Als besonders bitter, meinte der Geschaßte, empfinde er, daß zusammen mit ihm auch seine getreuen Bewacher ins Abseits befördert würden: Die weltgewandten *Bodyguards* sollten in Zukunft einfache Wach- und Schließdienste verrichten. Ihr Versetzungsschreiben hatten sie schon am Morgen erhalten. Das war schofel – wie so vieles in diesen Tagen. Doch nicht Groll war das Gefühl, das den Raum erfüllte, es waren eher Wehmut und Melancholie. Anekdoten aus vergangenen Jahren machten die Runde. Ludwig Erhard stand kurz vor seinem siebzigsten Geburtstag und konnte zurückblicken auf ein bewegtes Politikerleben. An einem Datum blieb er hängen. Damals, im April 1945, hatte alles begonnen...

18. April 1945. Das »Dritte Reich« stand vor dem Untergang, der Zweite Weltkrieg vor dem Ende. Die Brandfackel des Krieges, die einen ganzen Kontinent in Flammen gesetzt hatte, war längst auf deutschen Boden getragen worden. Die Rote Armee hatte zum Sturm auf Berlin angesetzt. Noch predigte Hitler aus seinem Bunker unter der Reichskanzlei fanatische Durchhalteparolen.

Fern der umkämpften Reichshauptstadt, im mittelfränkischen Fürth, rasselten an diesem Tag schwere amerikanische Sherman-Panzer durch die Straßen. Die Menschen atmeten auf. Für sie war der Krieg vorbei. Einer von ihnen war Ludwig Erhard, der mit seiner Familie im Haus der Großeltern Unterschlupf gefunden hatte. »Unsere Zeit wird kommen!« hatte Erhard schon Monate zuvor seiner Tochter geschrieben. Nun war sie da, die Stunde der Befreiung und des Neubeginns. Erhard verstand es, die Gunst der Stunde zu nutzen. »Ursprünglich war ich kaum zum Politiker geboren.« Das betonte der Franke in unzähligen Reden und Interviews später immer wieder. »Soweit es meine politische Laufbahn betrifft, bin ich eine amerikanische Entdeckung!« Dieser Anspruch ist richtig und falsch zugleich. Denn Erhard hatte seinem Schicksal ein wenig nachgeholfen.

Schon am Tag nach dem Einmarsch der Amerikaner, am 19. April, bot Erhard sich Major Cooper, dem Kommandeur und ranghöchsten Vertreter der amerikanischen Besatzungsmacht in Fürth, als Experte für Wirtschaftsfragen an. Es stimmt daher nicht, wenn später verschiedentlich behauptet wurde, die Amerikaner seien von sich aus auf Erhard zugekommen. Sie sollen ihn, sagt diese moderne Legende, als Verfasser einer wirtschaftspolitischen Denkschrift geschätzt haben. Als Leiter des privatwirtschaftlichen Instituts für Industrieforschung in Nürnberg hatte Erhard 1944 eine Studie über »Kriegsfinanzierung und Schuldenkonsolidierung« verfaßt. Darin ging er unverblümt von einer Niederlage des »Dritten Reiches« aus. Wer derlei Gedanken offen äußerte, riskierte in der NS-Diktatur leicht Kopf und Kragen. Doch Erhard ging unbekümmert mit seiner Denkschrift hausieren. Ein Exemplar schickte er Carl Goerdeler, von dessen Verbindungen zum Widerstandskreis des 20. Juli er freilich nichts ahnte. In einer seiner letzten Aufzeichnungen vor seiner Verhaftung durch die Gestapo, dem Schauprozeß vor Freislers Volksgerichtshof und der barbarischen Hinrichtung äußerte sich Goerdeler gegenüber seinen Mitverschwörern äußerst positiv über Ludwig Erhard: »Doktor Erhard hat über die Behandlung der Schulden eine sehr gute Arbeit geschrieben, der ich im wesentlichen beistimme. Er wird Euch gut beraten.« Wäre der Brief den Nazi-Schergen in die Hände gefallen, hätte diese Aussage für Erhard leicht das Todesurteil bedeuten können.

Wie lebensgefährlich die Gedanken von Erhards Denkschrift damals waren, berichtet Theodor Eschenburg, nach 1945 Professor für Politikwissenschaft an der Universität Tübingen. Der Bombenkrieg führte im Oktober 1944 zufällig Eschenburg und Erhard im Haus von Erhards Schwager Dr. Karl Guth in Berlin zusammen. Als Eschenburg in der Nacht den ihm von Erhard zugesteckten Text durchlas, wollte er das brisante Papier keine Minute länger als notwendig in Händen behalten. Er klopfte den bereits zu Bett gegangenen Erhard aus seinem Zimmer und erteilte ihm den dringenden Rat, die gefährliche Studie schnellstmöglich verschwinden zu lassen. Erhard, ein Mann mit großem Schlafbedürfnis, brummte nur unwillig, das sei doch kein Grund, ihn zu wecken. Befolgt hat er Eschenburgs Anregung keineswegs, sondern schleppte mehrere Exemplare dieser Denkschrift in seiner abgeschabten Aktenmappe mit sich durch das marode Reich. Ein Widerstandskämpfer ist Ludwig Erhard nie gewesen. Aber kompromittiert hat er sich während der Zeit des Nationalsozialismus nicht. Er trat weder der Partei noch einer ihrer Organisationen bei. Erhard hielt sich heraus. Das war mehr, als die meisten Deutschen nach 1945 von sich sagen konnten.

Doch von all dem wußten die Amerikaner nur wenig. Ihnen imponierte Erhards Eigeninitiative, seine Selbstbewerbung.

»Charakter ist schädlich für die Politik...« Ludwig Erhard, der neue Kanzler

Ich möchte sagen, die größte Ehre ist es für mich, daß meine Person und meine Arbeit vom deutschen Volk anerkannt werden.

Erhard

Der Fürther Ludwig Erhard hat endgültig über den Trierer Karl Marx gesiegt.

Theo Waigel, ehemaliger Bundesfinanzminister

Sowohl die deutsche als auch die europäische Politik sollten sich im Geiste Erhards um Lösungen bemühen, die den Kräften des Marktes genügend Spielraum geben.

Hans Tietmeyer, Präsident der Deutschen Bundesbank

Den Besatzern gefiel der dynamische und politisch unbelastete Mann mit den tiefliegenden blauen Augen. Er war ein Wirtschaftsexperte, und die wurden gebraucht. Bald sahen die Besatzer ihn für Größeres vor.

Am Morgen des 18. Oktober 1945 hielt ein Jeep der amerikanischen Militärpolizei mit quietschenden Reifen vor der Forsthausstraße 49, Erhards Fürther Domizil. Ein junger Offizier sprang heraus und verlangte in forschem Ton Dr. Erhard zu sprechen. Nach kurzer Feststellung der Personalien wurde ihm befohlen mitzukommen – ohne Angabe von Gründen. Frau Luise und Tochter Elisabeth blieben voller Angst zurück. Erhard selbst erfuhr erst auf dem Weg nach München, um was es eigentlich ging. Auf Wunsch der Amerikaner sollte er Wirtschaftsminister im Freistaat Bayern werden. Erhard stimmte erfreut zu, der sozialdemokratische Ministerpräsident Wilhelm Hoegner ebenfalls. Dieser hatte vergeblich nach einem geeigneten Kandidaten Ausschau gehalten. Keiner wollte angesichts des allgegenwärtigen Chaos und der verheerenden wirtschaftlichen Situation das Wirtschaftsministerium übernehmen. Diese Aufgabe glich in frappierender Weise dem Werk des Sisyphos in der antiken Mythologie. Jeder Amtsinhaber würde vor einem Berg voll Arbeit und Mühsal stehen und konnte mit an Sicherheit grenzender Wahrscheinlichkeit damit rechnen, trotz noch so großer Anstrengung an der gigantischen Aufgabe zu scheitern, die Wirtschaft wieder in Gang zu bringen. Ludwig Erhard aber war ein notorischer Optimist. Er glaubte an sich und seine Fähigkeiten. Auch Ministerpräsident Hoegner war froh, endlich seinen Kandidaten gefunden zu haben, doppelt froh, daß dieser zugleich der Besatzungsmacht genehm war. »Später ist mir auch klargeworden, warum die amerikanische Militärregierung sich bei mir so stark für die Besetzung des bayerischen Wirtschaftsministeriums mit Dr. Erhard einsetzte«, erinnert sich Wilhelm Hoegner 27 Jahre danach. »Er war Anhänger der freien Marktwirtschaft. Ich aber war Sozialdemokrat.« Die SPD trat damals für eine planwirtschaftliche Lenkung ein, was weder den Amerikanern noch Erhard schmeckte.

Als bayerischer Wirtschaftsminister ist der später so erfolgreiche Bundeswirtschaftsminister Erhard 1945/46 gescheitert. Das war nicht nur seine Schuld, sondern lag auch an den Zeitumständen. In der chaotischen Nachkriegszeit hatte organisierte Mangelverteilung Vorrang. Die lag Erhard nicht. Wie er überhaupt der Überzeugung war, Wirtschaftspolitik könne mit Erfolg nur in Großräumen betrieben werden. Eine autonome bayerische Wirtschaftspolitik sei angesichts der Zersplitterung der Wirtschaft in einzelne Zonen, ja sogar in einzelne Länder, völlig sinnlos. So verkündete er im November 1946 selbstbewußt: »Bayern ist für einen Wirtschaftsmann meines Kalibers zu klein.« Ganz unrecht hatte er damit nicht. Doch zeigte seine kurze Zeit als bayerischer Wirtschaftsminister schon Erhards Achillesferse: Er haßte Aktenarbeit. Für einen Politiker ist die Beschäftigung mit Schriftangelegenheiten eigentlich unumgänglich, genauso wie juristische Detailarbeit. Konkrete Ausgestaltung von Projekten überließ Erhard aber zeit seines Lebens lieber anderen. Ihm kam es allein auf die großen Linien, auf Visionen an. Infolgedessen war er kein guter Verwaltungschef. Er zauderte, zögerte und änderte wiederholt einmal getroffene Entscheidungen. Das bayerische Wirtschaftsministerium jedenfalls bekam er nicht in den Griff. Die Zeitungen schmähten Erhard als »Mißwirtschaftsminister«. Nach der Landtagswahl im Oktober 1946 mußte er seinen Hut nehmen.

Der neue Landtag setzte einen Untersuchungsausschuß ein, um »Mißstände im bayerischen Wirtschaftsministerium zur Zeit Erhards« aufzudecken. Das war der erste Untersuchungsausschuß in der Geschichte des westdeutschen Parlamentarismus überhaupt! Zwar wurde Erhard volle moralische Integrität bescheinigt, aber das Urteil über die organisatorischen Mängel des Ministeriums fiel verheerend aus. Es war nicht gerade der beste Auftakt für eine glanzvolle Politikerkarriere. Doch geschadet hat diese Episode Erhard keineswegs – im Gegenteil.

Im Februar 1947 ernannte ihn die Universität München zum Honorarprofessor – wegen seiner praktischen Erfahrung auf dem Gebiet der Wirtschaftspolitik. Doktor der Nationalökonomie war Erhard schon seit 1924. Mit den Worten »Ich verleihe Ihnen den ›höchsten‹ akademischen Grad« hatte Erhards Doktorvater Franz Oppenheimer lachend die letzte mündliche Prüfung beendet, denn diese fand während einer Bergwanderung in den Engadiner Alpen in 2500 Meter Höhe statt. Welche Anstrengung dies den seit einer Kinderlähmung leicht gehbehinderten Erhard gekostet haben muß, kann man sich gut vorstellen. Gleichwohl bewahrte Erhard seinem Doktorvater ein treues Angedenken. Sein Bild schmückte all die Jahre das Amtszimmer des Bundeswirtschaftsministers in Bonn. Ein Habilitationsversuch in den frühen dreißiger Jahren war gescheitert, ob aus wissenschaftlicher Unfähigkeit, wie Volker Hentschel, Erhards kritischer Biograph, meint, oder aus politischen Gründen, weil Erhard sich weigerte, dem NS-Dozentenbund beizutreten, mag dahingestellt bleiben. Seit 1947 jedenfalls durfte Erhard dank des Entgegenkommens der Münchener Universität den Professorentitel führen. Seitdem ist die Bezeichnung »Professor« untrennbar mit Erhards Namen verbunden. Sich selbst verstand Erhard ohnehin primär als Wissenschaftler. Der Wissenschaft glaubte er alles zu verdanken, denn: »Die Liebe zur Wissenschaft lehrte mich vor allem die Kunst, folgerichtig zu denken.« Doch es war die Politik, in der er Karriere machte – und Geschichte.

Die nächste Sprosse der Karriereleiter wurde der Vorsitz der »Sonderstelle Geld und Kredit«. Dieses Amt hatten die Westalliierten in Bad Homburg eingerichtet, um deutsche Experten über die Grundlagen einer dringend gebotenen Währungsreform, die unabdingbare Voraussetzung für den wirtschaftlichen Neubeginn, beraten zu lassen. Die alte Reichsmark war wertlos, auf dem Schwarzmarkt zählte allein die »Zigarettenwährung«. Die deutschen Experten erarbeiteten fleißig Pläne, aber ihre Bemühungen blieben folgenlos. Denn in aller Stille und unter höchster Geheimhaltung hatten die Alliierten die Währungsreform bis ins kleinste Detail vorbereitet – allein, ohne deutsche Beteiligung.

Am Sonntag, dem 20. Juni 1948, war es soweit: Der seit langem mit Spannung erwartete Tag X brach an, der Tag der Währungsreform. Kein Ereignis der frühen Nachkriegszeit hat sich tiefer in das kollektive Gedächtnis der Deutschen eingeprägt. In langen Schlangen warteten die Menschen, um das neue Geld in Empfang zu nehmen: 40 Mark Kopfgeld für jeden. Über Nacht füllten sich wieder die Schaufenster – ein »D-Mark-Wunder«. Bis heute sehen viele Bürger Erhard als den Vater der Währungsreform an – zu Unrecht. Mit der Währungsreform im eigentlichen Sinne hatte Erhard ebensowenig zu tun wie irgendein anderer Deutscher. Es klingt unglaublich und ist doch historische Wahrheit: Die D-Mark, der deutsche Nachkriegsmythos, hatte keine deutschen Eltern, sondern war ein Retortenbaby der Alliierten.

Trotzdem muß Erhard im Zusammenhang mit der Währungsreform genannt werden. Denn eigenmächtig beschloß er, die

»Er war fleißig und unsäglich gutwillig...«
Der junge Erhard im August 1915

Wenn ich an diese Zeit zurückdenke, dann kommen mir weniger die Grauen zum Bewußtsein, die ich im Krieg erlebt habe, sondern deutlicher sind mir die heiteren Erlebnisse der Soldatenzeit.

Erhard

Ich wuchs in der Atmosphäre bürgerlicher Beschaulichkeit und Sorglosigkeit auf, die keine Zweifel an einer festgefügten gesellschaftlichen Ordnung ließ.

Erhard

Die Liebe zur Wissenschaft lehrte mich vor allem die Kunst, folgerichtig zu denken.

Erhard

grundlegende Wirtschaftsreform mit der Währungsreform zu verknüpfen. Erst dadurch wurde die neue Währung zum Erfolg. Nur so konnte die Währungsreform tatsächlich zur Initialzündung für das oft bestaunte »Wirtschaftswunder« werden.

Seit Anfang März 1948 bekleidete Ludwig Erhard eines der höchsten Ämter, die im staatlichen Fragment Westdeutschland zu erlangen waren: Direktor der Verwaltung für Wirtschaft der Bizone. So lautete die Bezeichnung für den Zusammenschluß der amerikanischen und der britischen Besatzungszone. Das allgegenwärtige Chaos in Deutschland sollte durch einen gemeinsamen Kraftakt, wenn schon nicht überwunden – daran glaubten damals nur unverbesserliche Optimisten –, so doch wenigstens gemindert werden. Die Deutschen sollten »mithelfen«, wenn auch unter strenger Aufsicht der Alliierten. Die Bizone wurde zum Vorläufer der Bundesrepublik, zum »Staat« im Embryonalzustand. Freilich durfte er so nicht tituliert werden. Denn die Angloamerikaner bemühten sich, nach außen jeden Anschein der Staatlichkeit zu vermeiden. Das ohnehin gespannte Verhältnis zur sowjetischen Besatzungsmacht sollte nicht noch weiter strapaziert werden. Darum hieß das Bizonen-Parlament nur Wirtschaftsrat, die Regierung Verwaltungsrat, und statt von Ministern sprach man von Verwaltungsdirektoren.

Der Posten des Verwaltungsdirektors für Wirtschaft wurde für Ludwig Erhard zum Amt seines Lebens, zum Sprungbrett seiner Politikerkarriere, die ihn bis ins höchste deutsche Regierungsamt führen sollte. Daß er dieses schicksalhafte Amt erhielt, verdankte er dem historischen Zufall – und amerikanischem Mais.

»Die Amerikaner schicken uns Hühnerfutter und erwarten auch noch, daß wir uns bedanken!« Johannes Semler, Erhards Amtsvorgänger, wähnte sich in der Münchener CSU-Versammlung unter seinesgleichen, als er über die amerikanischen Maislieferungen frank und frei und dabei gänzlich undiplomatisch vom Leder zog. Doch die Amerikaner bekamen von dieser »Hühnerfutter«-Rede Wind. Kritik seitens der Deutschen an der Besatzungsmacht war unerwünscht. Vor allem empfanden die Amerikaner, die mit ihren Maislieferungen den Hunger der Deutschen lindern halfen, die Äußerungen Semlers als grob undankbar. Sie handelten umgehend: Semler wurde gefeuert.

Man brauchte einen Nachfolger. Die Wahl fiel auf Ludwig Erhard. Vorgeschlagen hatte ihn die Fraktion der Liberalen. Sie war auf den bisherigen Leiter der Sonderstelle für Geld und Kredit durch Erhards offen zur Schau getragenen Bekenntnisliberalismus aufmerksam geworden. Die CDU, für die Erhard in fünf Bundestagswahlen von 1949 bis 1965 so viele Stimmen einfahren und für die er schließlich Bundeskanzler werden sollte, stimmte Erhards Wahl nur zögernd und aus koalitionspolitischen Gründen zu.

Erhard trat von Beginn an entschieden für die Einführung einer Marktwirtschaft ein. Nicht Plan, Zwang und Kollektivismus, sondern Angebot und Nachfrage sollten künftig soweit wie irgend möglich die Wirtschaft regeln. Mit der von den Alliierten eingeleiteten Währungsreform sah Erhard seine Stunde gekommen. Er war entschlossen, gleichzeitig mit der Währungsreform eine Wirtschaftsreform durchzuführen. Dafür sollten schlagartig die bisherige Bewirtschaftungspraxis für Konsumgüter aufgehoben und die Preise als wichtigstes Steuerungsmittel der Marktwirtschaft freigegeben werden. Heute würde man dies als Schocktherapie bezeichnen. Wenige Stunden vor Bekanntgabe der Währungsreform gelang es Erhard, den Wirtschaftsrat zur Verabschiedung eines entsprechenden Gesetzes zu bewegen. Das sogenannte »Leitsätzegesetz« stellte eine weitgehende Lockerung der Preiskontrollen in Aussicht. Doch noch fehlte die Zustimmung der Alliierten, ohne die das Gesetz nicht in Kraft treten konnte.

Dies war nun Erhards historische Tat. In einer Rundfunkansprache am Abend der Währungsreform ließ der Professor eigenmächtig bekanntgeben, in Kürze werde eine Fülle von Bewirtschaftungsmaßnahmen und Preisbindungen aufgehoben. Das war bewußt mißverständlich formuliert. Die Zuhörer mußten davon ausgehen, all die angekündigten Maßnahmen seien bereits gültig. Die von Erhard beabsichtigte Wirkung blieb nicht aus. Am nächsten Morgen bogen sich die Regale der Geschäfte unter der Last bislang zurückgehaltener und gehorteter Waren – der allen Zeitgenossen unvergeßliche »Schaufenster-Effekt«.

Erhards Tat war unter den Zeitumständen revolutionär. Denn planwirtschaftliches Denken beherrschte nicht nur die SPD und weite Teile der CDU. Auch zwei der drei westlichen Besatzungsmächte neigten ihm zu. In Frankreich war die Sympathie für Wirtschaftsplanung seit den Tagen des Sonnenkönigs Ludwig XIV. ohnehin längst eine nationale Tradition, und Großbritannien verstaatlichte gerade unter der Labour-Regierung seine

Kohle- und Stahlindustrie. Nur die USA traten uneingeschränkt für die Marktwirtschaft ein. Insofern war Erhards eigenmächtiges Handeln außerordentlich mutig. Denn wie die Besatzungsmächte mit unliebsamen deutschen Amtsträgern umzugehen pflegten, hatte gerade erst der Sturz seines Vorgängers gezeigt.

Daß Erhard schon am nächsten Morgen unverzüglich ins Frankfurter IG-Farben-Haus, das Hauptquartier der Alliierten, kommandiert wurde, versprach nichts Gutes. Zornbebend erwartete ihn General Lucius D. Clay, der US-Militärgouverneur und wenige Wochen später gefeierte Held der Berliner Luftbrücke. Herrisch und drohend schleuderte er Erhard entgegen: »Wie kommen Sie dazu, alliierte Bestimmungen zu ändern?« Erhards Antwort war ebenso trocken wie forsch: »Herr General, ich habe sie nicht geändert, ich habe sie abgeschafft.« Ob derlei Unverfrorenheit verschlug es Clay zunächst die Sprache. Doch ihm gefiel der freche Deutsche, dessen Glaube an die heilsame Kraft des freien Wettbewerbs der Amerikaner im Grunde seines Herzens teilte. Das war Erhards Glück. Sein *Fait accompli* blieb ungeahndet. Er blieb im Amt – und mit ihm die marktwirtschaftliche Öffnung.

Zunächst jedoch drohte die Entwicklung aus dem Ruder zu laufen. Die Preise explodierten. Zar gab es wieder jede Menge Waren zu kaufen, doch was nutzte dies, wenn sie zum Teil unerschwinglich waren? Sollten am Ende doch die Anhänger der Bewirtschaftungstheorie, Erhards Gegner, recht behalten? »Wenn Deutschland nicht schon ruiniert wäre, dieser Mann mit seinem absurden Plan, alle Bewirtschaftung aufzuheben, würde es gewiß fertigbringen. Das wäre nach Hitler und der Zerstückelung Deutschlands die dritte Katastrophe.« An Heftigkeit war diese Kritik der *Zeit*-Journalistin Marion Gräfin Dönhoff an Ludwig Erhard kaum zu überbieten. Nur die Gewerkschaften setzten noch eins drauf. Für den 12. November riefen sie zum eintägigen Generalstreik gegen Ludwig Erhard auf. Dies war in doppelter Hinsicht eine »Premiere«: Es war nicht nur der erste Generalstreik der Nachkriegszeit, sondern auch der erste, der sich seit dem unseligen Kapp-Putsch von 1920 gegen eine Person richtete. 9,25 Millionen Beschäftigte legten in der Bizone ihre Arbeit nieder. Im Wirtschaftsrat beantragte die SPD Erhards Absetzung. Im Dezember ergaben Umfragen, daß sich rund 70 Prozent der Deutschen wieder Preiskontrollen wünschten.

Laut den Allensbacher Demoskopen war Erhard der unpopulärste Mann in Deutschland.
All dies focht den Professor nicht an. Von der Richtigkeit seines Kurses war er felsenfest überzeugt. Jeden Morgen mußte ihm seine Sekretärin Ella Muhr über das ständig wachsende Warenangebot in den Schaufenstern der Geschäfte Bericht erstatten. Denn allmählich entwickelte der Aufschwung seine eigene Dynamik. Um die Jahreswende 1948/49 stabilisierten sich die Preise.

Doch der Kampf um die Marktwirtschaft war noch keineswegs beendet. Erst die Bundestagswahl vom 14. August 1949 sollte die endgültige Entscheidung bringen. Die künftige Wirtschaftsordnung war das vorrangige Wahlkampfthema. Markt oder Plan, darum ging es. Ludwig Erhard wurde ein Frontkämpfer in der Auseinandersetzung. Der Mann, der das folgende Jahrzehnt prägen sollte, stand 1948/49 noch hinter ihm zurück: Konrad Adenauer. Für Ludwig Erhard sollte dieser Mann zum Schicksal werden, im guten wie im schlechten. Am 21. April 1948 begegneten sich die ungleichen Gründerväter der Bonner Demokratie zum ersten Mal. Beide erkannten den Nutzen, der sich aus einer Zusammenarbeit mit dem anderen gewinnen ließ. Adenauer brauchte Erhard als überzeugenden wirtschaftspolitischen Denker und als zugkräftige »Wahlkampflokomotive« für die Unionsparteien. So wurde Erhards marktwirtschaftliche Konzeption zum Programm der Volkspartei CDU. Erhard wiederum brauchte den Parteipolitiker Adenauer, um seine wirtschaftliche Konzeption langfristig durchzusetzen und abzusichern. »Ich habe keinen politischen Ehrgeiz, und am wenigsten einen solchen parteipolitischer Art«, beteuerte der Professor am 21. Juni 1948. Ein Jahr später übernahm er für die CDU einen Wahlkreis in Ulm. Wir erinnern uns: Erhard hatte ursprünglich als Mann der FDP gegolten. Doch er wußte, daß mit dem kleinen Fähnlein der Liberalen seine marktwirtschaftliche Vision allein nicht durchzusetzen war. So entschied er sich für die stärkeren Bataillone der Union. Der Partei beigetreten ist Erhard übrigens erst im Frühjahr 1963. Da hatte er die CDU schon 14 Jahre als Wirtschaftsminister vertreten und sollte wenige Monate später für sie Bundeskanzler werden. Es war kein Wunder, daß der Parteibeitritt heimlich auf das Jahr 1949 zurückdatiert wurde.
Bei der ersten Bundestagswahl gewannen die Anhänger der

Marktwirtschaft. CDU/CSU, FDP und die kleine Deutsche Partei bildeten die erste Bundesregierung. Konrad Adenauer wurde Bundeskanzler. Daß er Ludwig Erhard zu seinem Wirtschaftsminister machte, überraschte niemanden.

Als Wirtschaftsminister wurde Erhard schon während seiner Amtszeit zur Legende. Denn die Zeitgenossen erlebten einen nie gekannten, in diesem Umfang völlig unvermuteten Aufschwung. Die westdeutsche Wirtschaft boomte. Ein Produktionserfolg jagte den nächsten. Die Bundesrepublik wurde zum Exportweltmeister, zur drittgrößten Industrienation. Aus Trümmern schwang sich Nachkriegsdeutschland zu Rekorden auf. Hohe Produktivität, stabile Preise und ständig sinkende Arbeitslosigkeit ermöglichten einen stetig wachsenden Wohlstand. Die Deutschen staunten, konnten es kaum fassen. Das Wort vom »deutschen Wirtschaftswunder« machte die Runde. Ludwig Erhard gilt bis heute als sein Vater.

Aber Wunder fallen nicht vom Himmel, sie haben gewöhnlich höchst irdische Ursachen. Das wußte auch Ludwig Erhard. »Wir glauben nicht an Wunder und dürfen solche auch nicht erwarten«, verkündete er schon 1948. Den Begriff »Wirtschaftswunder« mochte Erhard nicht. Er hat ihn stets abgelehnt. »Ich kann den Begriff nicht gelten lassen«, so Erhard 1954, »weil das, was sich in Deutschland in den letzten sechs Jahren vollzogen hat, alles andere als ein Wunder war. Es war nur die Konsequenz der ehrlichen Anstrengung eines ganzen Volkes, das nach freiheitlichen Prinzipien die Möglichkeit eingeräumt erhalten hat, menschliche Initiative, menschliche Freiheit, menschliche Energien wieder anwenden zu dürfen.«

Erhard hatte recht. Der Aufschwung war kein Wunder, sondern das Ergebnis harter Arbeit, ein Resultat der Erfindungsgabe und des Fleißes vieler Menschen. Doch es war Ludwig Erhards Verdienst, daß die Rahmenbedingungen stimmten und diese Anstrengungen ertragreiche Früchte brachten. Er hatte die Weichen in Richtung freier Wettbewerb und Marktwirtschaft gestellt. Leistung lohnte sich wieder. Mit seinem Konzept der sozialen Marktwirtschaft sorgte Erhard gleichzeitig dafür, daß manche sozialen Härten des freien Wettbewerbs abgefedert und Spannungen zwischen Markt und sozialer Absicherung ausgeglichen wurden.

Das Konzept der sozialen Marktwirtschaft wurde von Erhard

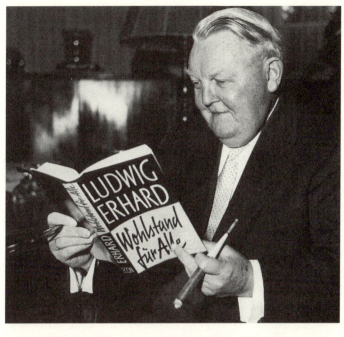

»Talisman der Deutschen...« Erhard und sein Buch, 1957

Die Qualifikation eines Wirtschaftsministers leitet sich nicht nur aus der Fähigkeit des Organisieren-Könnens ab. Es gibt Aufgaben, die nur aus der Souveränität eines »freischaffenden Künstlers« zu lösen sind.

Erhard

Gute Zigarren und gute Wirtschaftspolitik haben eines gemeinsam – sie brauchen ein gutes Klima.

Friedrich Zimmermann, CSU-Politiker

Unter allen Ökonomen, die ich gekannt habe, bin ich keinem begegnet, der einen solchen Instinkt für das Richtige gehabt hat wie Ludwig Erhard.

Friedrich August von Hayek, Nobelpreisträger Wirtschaftswissenschaften

freilich nicht allein entwickelt oder gar erfunden. Vorgedacht hatten dies bereits andere, die neoliberale »Freiburger Schule« um Walter Eucken und Wilhelm Röpke oder so bedeutende Ökonomen wie Alexander Rüstow und Alfred Müller-Armack. Von Müller-Armack, der später Erhards Staatssekretär im Bundeswirtschaftsministerium werden sollte, stammte auch der Begriff »soziale Marktwirtschaft«. All das schmälert Erhards ökonomische Verdienste nicht – ebensowenig die Tatsache, daß viele Dinge, die heute zur Grundausstattung der sozialen Marktwirtschaft gehören, nur gegen seinen Widerstand oder erst nach seinem Rücktritt zustande kamen. So kämpfte Erhard 1957 bis zuletzt vergeblich gegen die Dynamisierung der Rente (also deren automatische Anpassung an die Bruttolöhne), die künftig durch den Generationenvertrag finanziert werden sollte. Er hielt dies für eine falsche Entscheidung, nicht nur im Hinblick auf das demographische Problem, sondern auch weil er eine soziale Überregulierung der Wirtschaft und ein unkontrollierbares Anspruchsdenken befürchtete: »Nichts ist«, so hob er warnend den Zeigefinger, »unsozialer als der sogenannte Wohlfahrtsstaat, der die menschliche Verantwortung erschlaffen und die individuelle Leistung absinken läßt.« Hätte man seinerzeit auf Erhard gehört, gäbe es heute keine Debatte über die Reform der Renten und des Sozialstaats. Dann hätte sich Erhard jedoch kaum einer so hohen Popularität erfreuen können, wie sie ihm damals zuteil wurde.

Für die Deutschen war Wirtschaftsminister Erhard nicht nur der Vater, sondern zugleich auch die Verkörperung des Wirtschaftswunders, das fleischgewordene Symbol des Wohlstands. Mit seinen rundlichen Körperformen lag der Wirtschaftsminister ganz im Trend seiner Zeit. Nach den Entbehrungen und Hungerjahren der Nachkriegsära schlugen sich nicht wenige Bundesbürger in den fünfziger Jahren wieder mit Genuß und im Übermaß die Bäuche voll. Auf Kalorien wurde wenig geachtet – im Gegenteil: Fettreiche Speisen, wie Eisbein und Sahnetorte, standen hoch im Kurs. Die Freßwelle überrollte das Land. Ein gewisser Bauchansatz war nicht verpönt, denn er demonstrierte sichtbar, daß man es »zu etwas gebracht« hatte. So war es durchaus liebevoll gemeint, wenn die Deutschen Ludwig Erhard »den Dicken« nannten.

Dabei war Erhard gar nicht sonderlich dick. Bei einer Körpergröße von 1,76 Metern schwankte sein Gewicht zwischen 170 und 180 Pfund. Aber sein rundes Gesicht, die hochgezogenen Schultern und der kurze, stämmige Hals, der unter einem ausgeprägten Doppelkinn verschwand, verhalfen ihm rasch zu seinem Spitznamen. Gestört hat er sich daran nie.

Mindestens ebenso symbolträchtig wie Erhards Äußeres war sein untrennbares Attribut, die qualmende Zigarre. Darin glaubte mancher Zeitgenosse die rauchenden Schlote der boomenden deutschen Industrie wiederzuerkennen. Ludwig Erhard war leidenschaftlicher Raucher. Zwölf bis 15 Zigarren verbrauchte er täglich, sehr zum Leidwesen seiner Frau Luise. Dabei war er erst durch sie 1930 zum Raucher geworden, denn Frau Erhard fand, daß Zigarre rauchen »so gemütlich« sei. Die britische Zeitung *Daily Mail* nannte Ludwig Erhard wegen Figur und Zigarre einmal den »deutschen Churchill«. Die deutsche Zigarrenindustrie griff dies auf, rechnete aber stolz vor, daß der britische Kriegspremier in 60 Jahren lediglich 22 Kilometer Zigarren verqualmt habe, der deutsche Wirtschaftsminister dagegen 21,5 Kilometer in nur 27 Jahren. Erhards Zigarren trugen stolze Namen, etwa »Schwarze Weisheit« oder »Deutsche Einheit«. Eine bestimmte Lieblingsmarke hatte Erhard nicht. Er rauchte, was er gerade vorfand. Zigarren selbst kaufen mußte Erhard seit 1948 kaum noch. Vielmehr überschwemmten ihn in- und ausländische Bewunderer damit als Zeichen ihrer Hochachtung. Sie konnten sicher sein, mit ihrem Geschenk gut anzukommen, denn Erhard fiel es schwer, auf den Tabakgenuß zu verzichten.

Erich Mende, in Erhards Regierung von 1963 bis 1966 Minister für gesamtdeutsche Fragen und Vizekanzler, mußte seinen Chef einmal dezent darauf hinweisen, daß sich das Abschreiten der Bundeswehr-Ehrenformation mit der obligatorischen Zigarre nicht zieme. Als ehemaliger Offizier und Ritterkreuzträger achtete Mende streng auf solche Fragen militärischer Etikette.

Auch im Plenarsaal des Bundestags herrschte striktes Rauchverbot. So war Erhard beim Gang zur Regierungsbank häufig gezwungen, seine gerade glimmende Zigarre heimlich in einer Zimmerlinde der Bundestagslobby verschwinden zu lassen.

Derlei menschliche Schwächen sahen die Deutschen Ludwig Erhard gerne nach. Schließlich galt er als ihr Glücksbringer, als

Talisman der Bundesrepublik. Mit ihm identifizierte man die Parole, die zur Lebensphilosophie einer ganzen Generation wurde: »Wohlstand für alle!«

»Wohlstand für alle« war auch der Titel eines Buches, in dem Erhard sein Konzept der sozialen Marktwirtschaft darstellte. Auch diese griffige Formel stammte freilich nicht von Erhard selbst. Sie geht auf einen weinseligen Abend zwischen Erhards Ghostwriter, dem *Handelsblatt*-Journalisten Wolfram Langer, und dem Verleger Erwin Barth von Wehrenalp zurück. Doch »Wohlstand für alle« brachte all das auf den Punkt, was Erhard für die Deutschen verkörperte.

Die eingängige Parole machte das Buch zum Bestseller. Binnen kurzer Zeit wurde es nicht nur ins Englische, Französische und Spanische übersetzt, sondern auch ins Russische, Schwedische, Japanische, selbst ins Vietnamesische. Als Ludwig Erhard das erste Exemplar seines Buches in russischer Übersetzung in Händen hielt, meinte er: »Hoffentlich ist kein Druckfehler drin. Es wäre peinlich, wenn statt sozialer Marktwirtschaft da stünde soziale Marxwirtschaft.«

»*Wohlstand für alle*« war nicht nur ein Bucherfolg. Das Schlagwort verhalf der CDU, die sich mit ihm im Wahlkampf schmückte, 1957 zur absoluten Mehrheit. Dafür wurde Ludwig Erhard mit dem Posten des Vizekanzlers belohnt. Der Professor stand im Zenit seines Ansehens. Jetzt wollte er mehr.

Weniger vom eigenen Ehrgeiz als von seiner Umgebung getrieben, setzte sich Erhard in den Kopf, Adenauer im Kanzleramt zu beerben. Doch der über achtzigjährige »Alte von Rhöndorf« dachte nicht daran, irgendwann freiwillig seinen Sessel zu räumen. Eigentlich wollte er gar keinen Nachfolger – und Ludwig Erhard erst recht nicht. Was folgte, war ein jahrelanger erbitterter Kampf ums Kanzleramt.

Ohne Zweifel zählt Ludwig Erhard neben Konrad Adenauer und Theodor Heuss zu den wichtigsten Gründervätern der Bundesrepublik. Adenauer hatte als Bundeskanzler die feste politische und militärische Verankerung des jungen Staatswesens im westlichen Bündnis betrieben, gegen alle Widerstände der Opposition. Damit hatte er zumindest dem westlichen Teil Deutschlands die Freiheit gesichert – wenn auch um den Preis der deutschen Teilung. Ludwig Erhard hatte Adenauers Politik wirtschaftlich abgesichert. Ohne den wachsenden Wohlstand

Herr Erhard, in diesem Amt werden Sie ein schlechtes Gewissen haben: Sie werden nie all die Dinge lesen, die Sie eigentlich lesen müßten.

Konrad Adenauer

Der Bundeskanzler ist nicht allmächtig. Das letzte Wort muß der Bundestag sprechen.

Erhard

Den krieg' ich auch noch auf Null.

Konrad Adenauer

Die Partei hatte ihm – wider bessere Einsicht – den Weg zum Kanzlersessel geebnet, auf dem er dann thronte wie der gute Mensch im Richterstuhl, eine Libussa der Bundesrepublik.

Ludolf Herrmann, Journalist

»Der Erhard schafft dat nich...«
Der Kanzlerwechsel 1963

hätte sich die Demokratie in der Bundesrepublik wohl kaum so ruhig und stabil entwickeln können.«Adenauer lieferte das politische Gerüst, Erhard besorgte die Innenausstattung«, meint Günter Diehl, damals im Bundespresseamt. Die Ära Adenauer war stets auch eine Ära Erhard.

Das wußte Adenauer – und ebenfalls, daß sich Erhard für die Regierung und die CDU als wichtiges Zugpferd erwiesen hatte. Erhard war eben ein begnadeter Propagandist der sozialen Marktwirtschaft.

Eine gute Fee mußte ihn mit seiner sonoren, tiefen Stimme, dem angenehm »fränkelnden« Idiom und der Fähigkeit zur freien Rede beschenkt haben.»Weil ich frei spreche, bekomme ich Kontakt, weil ich natürlich spreche, finde ich das Gehör der Menschen – und wohl auch meist ihre Zustimmung«, so Erhards Selbsteinschätzung in einem Fernsehinterview 1963.»Es ist gar nicht nötig, daß ich lange rede. Sie sollen mich sehen.« Das traf den Nagel auf den Kopf. Genau darin lag Erhards Stärke. Von seiner Ausstrahlung als Redner weiß auch Elisabeth Noelle-Neumann zu berichten, die *Grande Dame* der deutschen Demoskopie.»Mir hat mal jemand gesagt: Ich habe in Kanada unter Kanadiern, die kein Deutsch konnten, einen Vortrag von Erhard gehört. Doch die Kanadier sagten: ›Wir verstehen ihn.‹«

Die Art und Weise seines Vortrags war oft überzeugender als der eigentliche Inhalt seiner Reden. Denn da machte es Erhard – ganz Professor – seinen Zuhörern nicht leicht. Seine Rhetorik war ausladend, wolkig, bisweilen schwer verständlich.»Seine Reden spickte er häufig mit ökonomischen und statistischen Worteskapaden in einer Begriffshöhe knapp über den Köpfen des Publikums«, berichtet sein letzter persönlicher Mitarbeiter Horst Friedrich Wünsche, heute Geschäftsführer der Ludwig-Erhard-Stiftung. Doch den Zuhörern gefielen die Verwendung seltener Worte und die gehobene Ausdrucksweise. Erhard profitierte von dem ungebrochen hohen Ansehen, das damals noch jeder Professor in Deutschland besaß.

Als »Wahlkampflokomotive« für die CDU hatte er sich jedenfalls bislang in allen Wahlkämpfen als unentbehrlich erwiesen. Erhard erfreute sich einer weit über die Regierungsparteien hinausreichenden Popularität. All das machte ihn in Adenauers Augen um so gefährlicher. Denn nicht nur Erhard selbst, auch die eigene Partei, die CDU, deren potentieller Koalitionspartner, die FDP, und weite Teile der Öffentlichkeit sahen in dem langjährigen Wirtschaftsminister und Vizekanzler den natürlichen Kronprinzen. Für sein Vorhaben, dem greisen, aber keineswegs amtsmüden Kanzler Adenauer im Palais Schaumburg nachzufolgen, fand Erhard überdies publizistische Unterstützung. Seit Jahren pflegte er engen Kontakt zu einem Kreis engagierter Journalisten, die sein wirtschaftspolitisches Konzept unterstützten. Dazu gehörten etwa Hans-Henning Zencke, der streitbare Gerd Hassenkamp, Kurt Steves und Antonius John von der *Welt*, Klaus Emmerich und Fritz Ullrich Fack von der *Frankfurter Allgemeinen Zeitung,* im weiteren Sinne auch Gert Bucerius, der Herausgeber der *Zeit.* In ironischer Anspielung auf das nur phonetisch gleichklingende Freikorps, das im März 1920 beim Kapp-Putsch eine unrühmliche Rolle gespielt hatte, wurde der kleine Journalistenkreis »Brigade Erhard« genannt.

Doch Erhard dachte nicht daran, sich an die Macht zu putschen. Das hätte allen Wesenszügen seines Charakters widersprochen. Er wollte Adenauer nicht gewaltsam vom Regierungssessel stoßen. Schließlich bewunderte und verehrte er den »Alten«. Es war freilich eine einseitige Zuwendung, denn umgekehrt galt sie keineswegs. Rainer Barzel, der CDU/CSU-Fraktionsvorsitzende von 1964 bis 1973, berichtet, daß Adenauer Erhard schlicht für unfähig hielt. Sei es Mißachtung oder Perfidie, bis in die sechziger Jahre hinein konnte Adenauer den Namen seines langjährigen Ministers nicht richtig buchstabieren. In handschriftlichen Briefen redete er ihn mitunter in der Schreibweise des beliebten Komikers an: »Lieber Herr Erhardt.« Im tiefsten Inneren ahnte Erhard Adenauers Abneigung. Schon 1950 hatte er betrübt in einem Brief bekennen müssen: »Adenauer mag mich nicht.« Trotzdem ließ er zunächst nichts unversucht, Adenauers Wohlwollen und seine Unterstützung für die geplante Kanzlernachfolge zu erhalten. Dies sollte ihm freilich nie gelingen.

Bis zum bitteren Ende hat sich Adenauer mit allen ihm zur Verfügung stehenden Mitteln gegen Erhard als Nachfolger gewehrt. Vor Ränken und Intrigen, Gemeinheiten und Schlägen unter die Gürtellinie schreckte der »alte Fuchs« nicht zurück. Dabei hatte er eigentlich nichts gegen Erhard persönlich, um so mehr jedoch politische Bedenken, etwa in der Europapolitik.

Erhard war nämlich, was man heute einen »Euroskeptiker« nennen würde. Die Gründung der Europäischen Wirtschaftsgemeinschaft (EWG) hatte er bis zur Unterzeichnung der Verträge von Rom im März 1957 zu verhindern versucht. Er hatte Adenauers Haltung beklagt, »die alles gutheißt, was nur überhaupt ›europäisch‹ verbrämt werden kann«. »Wirtschaftliche Fehler und Sünden werden nicht dadurch geheilt, daß man sie als europäisch proklamiert«, warnte der besorgte Wirtschaftsminister den Bundeskanzler.

Dabei war er alles andere als ein Nationalist. Er besaß ein ökonomisches Weltbild, dachte in Kategorien, die man am besten mit dem Begriff »Globalisierung« umreißen kann. Erhard wollte den Abbau von Grenzen, einen freien Austausch und Warenfluß in einem geographisch möglichst weitgefaßten Rahmen. So schwärmte er von der notwendigen »atlantischen Gemeinschaft« zwischen Nordamerika und dem ganzen freien Europa. Die mit der EWG angestrebte europäische Sechsergemeinschaft zwischen Deutschland, den Beneluxstaaten, Italien und Frankreich dagegen war ihm zu klein, vor allem nach innen zu dirigistisch, nach außen zu protektionistisch. Er verglich die Gemeinschaft daher mit einem gepanzerten Automobil, das überdimensionierte Bremsen, aber nur einen unterentwickelten Motor besitze und möglichst oft stehenbleibe. Anstelle eines Klein-Europas gelte es, ein geeintes (West-)Europa zu schaffen. So erschien ab 1957 häufig in den überregionalen Tageszeitungen eine ganzseitige Werbeseite mit dem Konterfei des Bundeswirtschaftsministers und dessen europapolitischer Zauberformel: »6 + 7 + 5 = 1« Die sechs Staaten der EWG, die sieben Staaten des konkurrierenden wirtschaftlichen Zusammenschlusses EFTA und die fünf ungebundenen europäischen Nationen Griechenland, Türkei, Island, Irland und Spanien sollten eins werden, zum »Europa der Gleichen und Freien« verschmelzen. »Die europäische Wirtschaft«, schrieb Erhard in seiner Anzeige, »rollt auf vielen Rädern und hat mehr als nur eine Achse.«

Erhard neigte von seinem ganzen Naturell, seinem bisherigen Werdegang und seiner freihändlerischen Gesinnung her mehr den Angelsachsen zu. Den Franzosen stand er wegen ihres Hangs zur Wirtschaftsplanung skeptisch gegenüber. Damit geriet er in einen Konflikt mit Bundeskanzler Adenauer, der immer deutlicher seine Vorliebe für eine deutsch-französische Achse erkennen ließ. Der verärgerte Kanzler versuchte Erhards Anzeigenkampagne höhnisch herunterzuspielen: »Der Mann kann ja nicht einmal rechnen!«

Doch Adenauers Mißtrauen und Abneigung gegen Erhard wuchsen. Außenpolitisches Verständnis gehe dem Wirtschaftsminister vollständig ab, lautete das vernichtende Urteil des Kanzlers. Erhard habe eine naive Weltsicht. Im Dunstkreis des Kanzleramts sprach man daher nur von »Ludwig dem Kind«. Gerade außenpolitisches Geschick aber hielt Adenauer für eine unverzichtbare Voraussetzung für das Amt des Bundeskanzlers. Allein darum dürfe Erhard nie sein Nachfolger werden. »Es kann jemand der beste Wirtschaftsminister sein, ohne daß er deswegen für die politischen Fragen dasselbe Verständnis aufbringt.« Dies verkündete Adenauer allerorten laut und vernehmbar. Fürs Kanzleramt sei Erhard schlichtweg ungeeignet. In seinem rheinischen Dialekt brachte es Adenauer auf den Punkt: »Der Erhard schafft dat nich.« Ihm fehle die wichtigste Gabe des Politikers, das Verhältnis zur Macht.

»Daß Politik ein Machtkampf ist, daß dabei auch Härte unvermeidlich ist, war Erhard intellektuell natürlich klar, aber er zog aus dieser Erkenntnis nicht immer die notwendigen Folgerungen«, schrieb Karl Carstens, später Bundespräsident und während Erhards Kanzlerschaft Staatssekretär im Auswärtigen Amt. »Macht ist in meinen Augen immer öde, sie ist gefährlich, sie ist brutal, und sie ist im letzten Sinne sogar dumm«, verkündete Erhard. »Viele glauben, der Politiker müßte mit Taktiken und Praktiken arbeiten und müßte mit allen Schlichen bewandert sein. Das ist nicht mein Stil.« Gerhard Stoltenberg, der 1965 der jüngste Minister unter Erhard wurde, bestätigt das: »Erhard hatte einen gewissen Glauben an das Gute im Menschen, der in der Politik manchmal zu Illusionen führt. Druck ausüben, Kulissen aufbauen, ein bißchen mit Raffinesse arbeiten, das konnte und wollte Erhard nicht.« Das Quentchen Machiavellismus, das jeder Politiker zum Erfolg und Überleben braucht, fehlte Erhard weitgehend. Adenauer konnte man derlei Skrupel freilich nicht unterstellen. Tatkräftig machte er sich daran, Erhard zu demontieren, seinen langjährigen treuen Mitarbeiter und nunmehrigen Rivalen um die Macht.

Der offene Kampf ums Kanzleramt begann mit der sogenannten Präsidentenkrise. Im September 1959 lief die Amtszeit von Theodor Heuss aus. Der erste Bundespräsident hatte sich als Glücksfall für die Bundesrepublik erwiesen. Er verkörperte das deutsche Bildungsbürgertum in Perfektion und erfreute sich als

»Papa Heuss« allgemeiner Beliebtheit. So tauchten in Bonn Überlegungen auf, das Grundgesetz zu ändern, um ihm eine dritte Amtszeit zu ermöglichen.

Doch derlei Gedankenspielen machten die Sozialdemokraten schließlich einen Strich durch die Rechnung, indem sie Carlo Schmid als Präsidentschaftskandidaten nominierten. Das war ein äußerst kluger Schachzug, denn Schmid galt wie Heuss als liberaler, gebildeter, redegewaltiger Politiker, der auch von anderen Parteien Stimmen erhalten könnte. Die CDU stand unter Zugzwang. Sie brauchte nun einen geeigneten Gegenkandidaten. Den präsentierte Adenauer am 24. Februar 1959, wie aus dem Zylinder gezaubert, der verblüfften Öffentlichkeit: Es war kein anderer als Ludwig Erhard! Der staunte darüber nicht minder.

Erhard weilte gerade zur Kur im Schwarzwälder Glottertal, als ihn ein Anruf Adenauers überraschte. Ob er Bundespräsident werden wolle. Erhard fühlte sich überrumpelt, wollte Bedenkzeit und wich einer eindeutigen Festlegung aus. Unter bestimmten Voraussetzungen schließe er eine Übernahme des Bundespräsidentenamts im Prinzip nicht aus, so Erhards vage Antwort. Wenige Stunden nach dem Telefonat gab Adenauer eigenmächtig bekannt, Erhard stehe als Präsidentschaftskandidat der Union zur Verfügung. Die Verlockung, Erhard als Bundespräsidenten wegzuloben und damit als künftigen Bundeskanzler zu verhindern, war einfach zu groß. So machte Adenauer Nägel mit Köpfen. Doch die Resonanz auf seinen Vorstoß war überraschend negativ. Allzu durchsichtig erschien das Manöver, Erhard elegant aufs politische Abstellgleis schieben zu wollen. Umgehend machte das Wort vom »Kronprinzenmord« die Runde. Erhard sah das letztendlich auch so. Er erklärte schließlich am 2. März seinen Verzicht auf eine Präsidentschaftskandidatur.

Vermutlich war das ein Fehler. Denn eigentlich entsprachen die Anforderungen des Präsidentenamts Erhards Naturell. Die Rolle des *Elder Statesman,* der redet, reist und repräsentiert, der über den Parteien steht, das allseits geachtete Gewissen der Nation, diese Rolle schien Erhard wie auf den Leib geschneidert. Doch er hatte es sich in den Kopf gesetzt, Kanzler zu werden. So wankelmütig und entscheidungsschwach Erhard auch sonst sein konnte, hatte er einmal einen Entschluß als richtig erkannt, hielt er zäh und stur daran fest – auch gegen alle Widerstände. So war

»Eher ein Morgenmuffel...« Erhard betritt das Palais Schaumburg

Nie ist die Sorge der Erhard-Anhänger um die Kronprinzenzukunft ihres Pausbacks drückender, als wenn der Thronfolger selbst zur politischen Aktion schreitet.

Der Spiegel

Mir steht das Kanzleramt zu, weil ich neben Konrad Adenauer in den Gründerjahren die schwerste Last getragen, die höchste Risikobereitschaft gezeigt und die wichtigsten Fundamente mitgelegt habe.

Erhard

es bei der Einführung der Marktwirtschaft 1948 gewesen, und so war es jetzt. Dafür ertrug er manche Verletzung und Demütigung. Adenauer ließ nichts unversucht, um Erhards Ansehen in der Öffentlichkeit zu demontieren.

Demontiert wurde freilich zunächst Adenauer selbst – durch eigenes Verschulden. Nach Erhards Verzicht hatte der Kanzler vorschnell angekündigt, nun selbst Bundespräsident werden zu wollen. Doch bald erkannte er, welch geringe machtpolitische Kompetenzen dieses Amt birgt. Schlimmer noch, ginge er jetzt, würde der ungeliebte Erhard mit Sicherheit sein Nachfolger im Palais Schaumburg. So zog er seine Kandidatur wieder zurück. Begründung: Die angespannte weltpolitische Lage – man stand wieder einmal vor einer Berlin-Krise – erlaube es nicht, das Geschick Deutschlands in unerfahrene Hände zu legen. Dies war eine offene Kampfansage an Erhard. Der weilte gerade in den USA und konnte sich schlecht wehren. Für die Öffentlichkeit war der Fall klar: Erhard war das Opfer einer gehässigen Kampagne Adenauers. Der spielte mutwillig mit dem Ansehen des höchsten deutschen Staatsamts. Heftige Kritik blieb nicht aus. Adenauers bislang unangefochtene Autorität war seitdem dauerhaft erschüttert.

Doch die Präsidentschaftsposse war erst der Anfang vom Ende der Ära Adenauer. Es kam noch schlimmer. Am 13. August 1961 trennten DDR-Einheiten West- und Ostberlin durch eine Mauer. Die deutsche Teilung wurde zementiert. Es war die Stunde der großen deutschlandpolitischen Desillusionierung. Adenauers Politik, über die Westintegration der Bundesrepublik und eine Politik der Stärke die Wiedervereinigung zu erzwingen, schien gescheitert. Bei der Bundestagswahl im September 1961 wurden er und seine Partei dafür mit dem Verlust der absoluten Mehrheit bestraft.

Offen wurde nunmehr zum Kanzlersturz geblasen. Der Alte soll weg! Das forderte längst nicht nur der Koalitionspartner FDP. »Mit der CDU, aber ohne Konrad Adenauer!« lautete die Parole der Liberalen. Und: »Wer Erhard will, wählt FDP!« Einen Kanzler Erhard wollten aber auch immer mehr Politiker aus den Reihen der Union. Grollend hatte »der Alte« hinnehmen müssen, daß die CDU mit ihm *und* Erhard gleichermaßen um die Wählergunst warb: »Adenauer, Erhard und die Mannschaft.« Neben dem Kopf des Kanzlers prangte jetzt auch Erhards Konterfei – auf demselben Plakat. Trotz aller gegenteiligen Bemühungen war Erhards Position stärker geworden. Doch noch immer scheute Erhard vor dem Kanzlersturz zurück. Der »gute Mensch vom Tegernsee« lehnte eine offene Kampfabstimmung gegen Adenauer ab. Der innerparteiliche Putschversuch wurde abgeblasen. Noch einmal gelang es Adenauer, Kanzler zu bleiben.

Doch er war nur noch ein »Kanzler auf Abruf«. 1962 mußte er sich im Gefolge der *Spiegel*-Affäre zum Rücktritt im kommenden Jahr verpflichten. In den ihm verbleibenden zwölf Monaten versuchte Adenauer freilich zielstrebig, Alternativen zum ungeliebten Erhard aufzubauen. Wen holte er dabei nicht alles aus der Trickkiste: Franz Etzel, den Finanzminister von 1957 bis 1963; Heinrich Krone, den CDU-Fraktionsvorsitzenden und Sonderminister mit besonders gutem Draht zu Adenauer; Eugen Gerstenmaier, den langjährigen Bundestagspräsidenten; schließlich Gerhard Schröder, den ehemaligen Innenminister und seit 1961 Außenminister. Aber alle diese Gegenkandidaten wiesen ein Manko auf: Keiner hatte eine dem Bundeswirtschaftsminister vergleichbare Beliebtheit. Erhards Popularitätswerte lagen noch immer sensationell hoch. Als Adenauer die jüngsten Umfrageergebnisse vernahm, kommentierte er diese gallig und voller Ingrimm mit der düsteren Prophezeiung: »Den bringe ich auf Null.«

Das gelang ihm nicht. Landtagswahlen zeigten es 1963 noch einmal überdeutlich: Als »Wahlkampflokomotive« war Ludwig Erhard unschlagbar und damit für die Union unersetzlich. Erhard garantierte Wählerstimmen und infolgedessen die Regierungsverantwortung für die Partei. Und allein das zählte. So bestimmte die Fraktion im Frühjahr 1963 trotz aller Warnungen und gegen den erklärten Willen ihres Parteivorsitzenden Adenauer Ludwig Erhard offiziell zum Nachfolger.

Es wirkte gekünstelt, als Bundestagspräsident Eugen Gerstenmaier bei der offiziellen Verabschiedung Konrad Adenauers im Bundestag einen Vergleich mit Bismarck zog, der schiefer nicht hätte ausfallen können: »Im Unterschied zu Ihnen schied er in Unfrieden aus dem Amt, so glanzvoll sein Abschied auch aussah.« Gerade der ungewollte, für falsch und verhängnisvoll gehaltene Rücktritt war doch die stärkste Gemeinsamkeit zwischen dem Reichskanzler aus Preußen und dem rheinischen Bundeskanzler. »Ich gehe nicht leichten Herzens.« Das erklärte Adenauer offen und ohne zu zögern. An seiner Ablehnung Erhards hatte sich nichts geändert. Sein Groll war ungebrochen. Das verhieß für Erhards Zukunft nichts Gutes.

Ein eher schlechtes Omen war es auch, daß Erhard bei seiner Wahl zum Bundeskanzler am 16. Oktober 1963 etliche Stimmen aus dem Regierungslager fehlten. Die Vorboten künftiger Schwierigkeiten mit der eigenen Partei kündigten sich an. Doch all das zählte für Erhard im Moment des Triumphs nicht. Strahlend und sichtlich glücklich nahm er den Platz des Bundeskanzlers ein. Er war am Ziel, er hatte es geschafft. Sein großer Widersacher war unterlegen. Daß Erhard nur einen Pyrrhussieg errungen, daß ihn das Ringen mit Adenauer ungemein Kräfte gekostet hatte und er letztendlich bereits erschöpft ins Palais Schaumburg einzog – all das war ihm 1963 ebensowenig bewußt wie seinen Zeitgenossen.

Erhards lange Regierungserklärung – sie dauerte über zwei Stunden – fand ein durchgängig positives Echo im Parlament, in der Presse und in der Öffentlichkeit. Der Kanzler versprach eine »Politik der Mitte und der Verständigung«, kündigte den Aufbruch in eine neue, große, liberale Ära an. Das Wort vom »Ende der Nachkriegszeit« fiel zwar erst 1965, in Erhards zweiter Regierungserklärung. Doch viele Zeitgenossen sahen diesen Einschnitt schon 1963 gekommen. Ein neuer Wind schien durch die Republik zu wehen, den Mehltau der späten Adenauer-Zeit zu vertreiben.

Schon äußerlich war der Wandel an der Regierungsspitze unübersehbar. Auf den hageren, asketischen Rheinländer Adenauer mit dem skeptischen Menschenbild folgte der gemütlichrunde, lebensfrohe Franke Erhard mit seinem grenzenlosen, ja naiven Glauben an das Gute im Menschen.

»Adenauer ist gotisch, ich bin barock.« So charakterisierte Erhard nicht nur die Optik, sondern auch die unterschiedliche Persönlichkeitsstruktur. Tatsächlich hatten die Deutschen in Adenauer einen Patriarchen gesehen, streng, ernst, respekteinflößend. Der »alte Fuchs« galt als gewiefter Taktiker, raffiniert und bisweilen verschlagen. Erhard hatte dies lange genug selbst erfahren müssen. Von der Bevölkerung wurde Adenauer geachtet, aber kaum geliebt. Bei Erhard war das anders. Ohne seine immense Popularität wäre ihm der Einzug ins Kanzleramt nie gelungen. Der »Vater des Wirtschaftswunders« und neue Regierungschef galt als Mann des Volkes, als »Mensch wie du und ich«. Das begann schon beim Hobby, das der neue Kanzler mit Millionen seiner Landsleute teilte: der Fußballbegeisterung. In Bundesliga und Regionalliga wußte Erhard gleichermaßen Bescheid. Der *Kicker* war an jedem Montagmorgen Pflichtlektüre. Sein Pressereferent Hans Klein, später Regierungssprecher von Helmut Kohl, berichtete, daß Ludwig Erhard sich bis zu seinem Lebensende Woche für Woche über die Ergebnisse »seiner« Mannschaft, der Spielvereinigung Fürth, auf dem laufenden hielt. Auf die Freundschaft mit Bundestrainer Sepp Herberger war Erhard besonders stolz.

Skatspielen war Erhards andere Leidenschaft. Ihr ging er zunächst häufig zusammen mit Bundespräsident Lübke nach. Das änderte sich freilich bald nach Erhards Wechsel ins Kanzleramt, denn Lübke war Anhänger einer großen Koalition, Erhard deren erklärter Gegner. Das Zerwürfnis war unvermeidlich. Später soll Lübke gar gesagt haben, er wolle gar kein politischer Bundespräsident sein, aber einen unfähigen Kanzler wie Erhard müsse er doch absetzen können. Das ging verfassungsrechtlich nicht, dennoch legte Lübke Ludwig Erhard während dessen kurzer Kanzlerschaft so manchen Stein in den Weg. So mußte sich der Regierungschef für seine Skatrunden nach anderen Mitspielern umtun.

Die fand er vor allem im Kreis seiner Familie. Ludwig Erhard war ein leidenschaftlicher Familienmensch. Seine eigene wohlbehütete Kindheit hatte ihn geprägt. »Ich wuchs in der Atmosphäre bürgerlicher Beschaulichkeit und Sorglosigkeit auf, die keine Zweifel an einer festgefügten gesellschaftlichen Ordnung ließ«, meinte Ludwig Erhard von sich selbst. Am 4. Februar 1897 war er als drittes Kind des Kaufmanns Wilhelm Philipp Erhard und dessen Frau Augusta im fränkischen Städtchen Fürth geboren worden. Seine Eltern betrieben dort ein florierendes kleines Geschäft. Drei Geschwister hatte Erhard, eine Schwester und zwei Brüder.

Ein besonders enges Verhältnis entwickelte Ludwig zu seiner älteren Schwester Rose. Über sie sollte er bereits in frühen Kinderjahren Luise Lotter kennenlernen, seine spätere Ehefrau. Dann verloren sich die beiden aus den Augen. 1919 traf Ludwig die vier Jahre ältere einstige Nachbarstochter und Spielkameradin wieder, denn beide studierten gemeinsam Volkswirtschaftslehre an der Nürnberger Handelshochschule. Inzwischen hatte der Erste Weltkrieg schwer in das Leben beider eingegriffen:

Ludwig, selbst schwer verwundet, hatte seinen älteren Bruder Max verloren, Luise ihren Mann und damit auch den Vater ihrer kleinen Tochter. Vor allem über ihr gemeinsames Interesse an der Volkswirtschaftslehre fanden Ludwig und Luise zueinander. Bald nannten sie einander zärtlich »Lu« und »Lulu«.

Im Dezember 1923 wurde geheiratet. Um seine Stieftochter Lore kümmerte sich Erhard ebenso liebevoll wie um seine 1926 geborene Tochter Elisabeth. Auch später genoß Erhard das Zusammensein mit seinen Töchtern und deren Ehemännern. Freie Stunden verbrachte er besonders gerne mit seinen kleinen Enkelinnen. Eine glückliche Familie – ganz nach dem Idealbild der Zeit. Dazu paßte auch, daß Frau Luise stets dezent und bescheiden im Hintergrund blieb. In der Öffentlichkeit sah man sie meist nur beim Einkauf auf dem Bonner Wochenmarkt, sorgsam die Preise vergleichend. Eine ganz gewöhnliche Familie eben. Privates Glück, nach außen unauffällig.

Unauffällig war auch Ludwig Erhards Bonner Wohnung, ein bescheidenes Sechszimmermietshaus von 200 Quadratmetern in der Schleichstraße 8 auf dem Venusberg, einer gutbürgerlichen Wohngegend. Erst 1964 zog die Familie Erhard in die neuerrichtete Dienstwohnung des Regierungschefs um, den »Kanzlerbungalow« im Garten des Palais Schaumburg. Bis dahin pendelte der Regierungschef, wenn er in Bonn war, jeden Tag zum Mittagessen zurück ins traute Heim. Voll Verwunderung notierte die Presse, daß sich der neue Kanzler dabei strikt an die Verkehrsregeln halte: »Jeder roten Ampel wird Referenz erwiesen. Das kategorische Blaulicht ist abgeschafft.« Das war neu: Amtsvorgänger Adenauer hatte es auch mit Geschwindigkeitsbeschränkungen nicht so genau genommen. Erhard dagegen wollte in dieser Hinsicht ebenfalls ein vorbildlicher Staatsbürger sein. Durch Privilegienverzicht versuchte er, Volksnähe zu demonstrieren – und das nahm ihm die Bevölkerung durchaus ab. Schon wenige Tage nach seinem Amtsantritt gab Erhard ein eindrucksvolles Beispiel seiner Popularität: bei einer Tragödie, welche die Republik erschütterte – dem Grubenunglück von Lengede.

Am 24. Oktober 1963, genau um 19.30 Uhr, verschüttete ein plötzlicher Schlammeinbruch 129 Kumpel, die in die Eisenerzgrube »Mathilde« im niedersächsischen Bergbauort Lengede eingefahren waren. 15 Bergleute ertranken, 80 konnten sich ins Freie retten. Eine fieberhafte Suche nach den anderen begann – eine dramatische Rettungsaktion. 14 Bergleute wurden rasch

»Eine amerikanische Entdeckung...« Erhard auf der Ranch von US-Präsident Lyndon B. Johnson, 1963

Als ich die Tore zur Welt aufstieß, da prophezeite die Opposition, das werde in einer Katastrophe enden.

Erhard

Ein Mann meines Herzens.

Lyndon B. Johnson, amerikanischer Präsident

Wir haben die Bundesrepublik in die Gemeinschaft der freien Völker eingebettet, damit die Deutschen ruhig schlafen können.

Erhard

gefunden. Aber die Hoffnung, die anderen noch lebend bergen zu können, sank mit jeder Stunde, die verstrich. Doch drei Tage nach dem Unglück stieß die Rettungsmannschaft beim Bohren auf eine Luftblase, in der drei Kumpel hockten. Man holte sie herauf. Es war das erste, kleine Wunder von Lengede. Das große geschah 14 Tage später. War es Zufall oder höhere Fügung, daß durch eine Verkettung glücklicher Umstände das Bohrgestänge bei elf Bergleuten ankam, die tagelang in 62 Meter Tiefe bei absoluter Dunkelheit und mit einer immer geringer werdenden Chance auf Rettung ausharrten? Für die *Bild*-Zeitung war der Fall klar: »Gott hat mitgeholfen.« Die Nation fieberte an Radios und Fernsehapparaten mit, als die »Dahlbusch-Bombe« einen Verschütteten nach dem anderen ans Tageslicht beförderte. Millionen Menschen erlebten dabei auch einen Bundeskanzler, der mit dem Hubschrauber an den Unglücksort geflogen kam, um den Eingeschlossenen Mut und Zuversicht durch das Bohrloch zuzusprechen. In Erhards Mitfühlen an Ort und Stelle sahen viele ein Symbol hilfreicher Menschlichkeit.

So gut Erhard bei den einzelnen Bürgern auch ankam, sein Verhältnis zu den Parteien gestaltete sich schwierig. Denn der Professor hatte eine gewisse Aversion gegen alle »Parteiungen«, wie er die Parteien nannte – nicht zuletzt auch gegen seine eigene. Parteien sind unverzichtbare Elemente jeder modernen Demokratie, doch Erhard blieben sie ihrem Wesen nach fremd, wenn nicht zuwider. Das sah auch sein ehemaliger Pressereferent Hans Klein so: »Erhard empfand Parteien als Schranke zwischen sich und dem Volk. Parteimeinungen erschienen ihm weniger als Postulate politischer Willenseinheiten denn als unzulässige Gedankenfilter.« Erhard wollte keine trennende Schranke zwischen sich und dem Volk. Er verstand sich als »Volkskanzler«, er wollte direkten Kontakt mit den Menschen. Parteiarbeit interessierte ihn nicht. Daher überließ er seinem alten Rivalen und Gegner Adenauer weiterhin den CDU-Parteivorsitz – ein verhängnisvoller Fehler.

Als ebenso folgenschwer erwies sich das Versäumnis, eine eigene Hausmacht innerhalb der Partei aufzubauen. So blieb das Verhältnis zwischen dem Kanzler und der ihn tragenden Partei kühl, sachlich, funktional. Denn die CDU kürte ihrerseits Erhard nur, um die außergewöhnliche Popularität des »Mr. Wirtschaftswunder« für eigene Wahlerfolge zu nutzen. Blieben die Erfolge der »Wahlkampflokomotive« aus, war die Partei nur allzu schnell bereit, Erhard fallenzulassen. Nur drei Jahre später, nach der Landtagswahl in Nordrhein-Westfalen im Juli 1966, sollte genau das geschehen.

Überhaupt begann die Union, befreit von der Knute des gestrengen Regierungschefs Adenauer, sich während der frühen sechziger Jahre in eine wahre Mördergrube zu verwandeln. Die innerparteiliche Geschlossenheit, welche die CDU/CSU in den fünfziger Jahren und auch später so auffällig von ihren Konkurrenten unterschied, verschwand gleichsam über Nacht. Jeder schien gegen jeden zu intrigieren. Anhänger der großen Koalition stritten mit Verfechtern eines bürgerlichen Bündnisses mit der FDP, Befürworter des Mehrheitswahlrechts mit dessen Gegnern. Heftige Kontroversen tobten zwischen den verschiedenen Flügeln der Union, dem süddeutsch-katholischen, dem norddeutsch-protestantischen, dem wirtschaftsliberal-»erhardischen« und dem christlich-sozialen Flügel.

Vor allem der Streit zwischen »Atlantikern« und »Gaullisten« drohte die Partei in zwei feindliche Lager zu spalten. »Atlantiker« und »Gaullisten« – dahinter verbarg sich die Auseinandersetzung um den richtigen außenpolitischen Kurs der Bundesrepublik. Für die »Atlantiker« hatte das Bündnis mit der Schutzmacht USA absoluten Vorrang. In den frühen sechziger Jahren betrieben die USA eine aktive Entspannungspolitik gegenüber dem Ostblock. Auf ihren deutschen Verbündeten übten sie Druck aus, sich dieser Politik anzuschließen. Die »Atlantiker« waren dazu bereit, die »Gaullisten« nicht. Ihnen galt jedes Abweichen von der bis dahin vertretenen harten Linie als gefährlicher Verrat. Keine Gespräche mit kommunistischen Machthabern ohne vorherige Zugeständnisse des Ostens! Den USA glaubten die »Gaullisten« nicht mehr uneingeschränkt trauen zu können. Folglich traten sie für eine größere deutsche und europäische Eigenständigkeit auch gegenüber dem amerikanischen Freund und Verbündeten ein. Das Bündnis mit der Schutzmacht jenseits des Atlantiks wollten auch sie freilich nicht in Frage stellen. Doch als noch wichtiger als gute Beziehungen mit den USA erachteten die »Gaullisten« den engen Schulterschluß Westdeutschlands mit dem Frankreich des Staatspräsidenten Charles de Gaulle. Altbundeskanzler Adenauer, Franz Josef Strauß und Karl Theodor Freiherr von und zu Guttenberg galten als die Exponenten der »Gaullisten«. Die bekanntesten »Atlantiker« waren Bundeskanzler Erhard, Außenminister Gerhard Schröder und Verteidigungsminister Kai-Uwe von Hassel.

Noch komplizierter wurde die Lage dadurch, daß sich der parteiinterne Streit über Sachthemen mit persönlichen Rivalitäten und Querelen vermischte. Das steigerte zusätzlich das Chaos, in dem sich die Regierungsparteien CDU und CSU während der Kanzlerjahre von Ludwig Erhard befanden. Nicht wenige aufstrebende Politiker glaubten wie Adenauer, daß Erhard als Bundeskanzler überfordert und zum Scheitern verurteilt sei. So hofften diese potentiellen Diadochen heimlich, daß Erhard ein kurzer »Übergangskanzler« bleiben werde, und standen schon scharrend in den Startlöchern, bereit für die Zeit danach. Es galt, frühzeitig mögliche Rivalen auszuschalten und sich selbst ins beste Licht zu setzen. Das war der eigentliche Grund für die innerparteilichen Querelen dieser Jahre, die häufigen Angriffe auf den Kanzler aus den eigenen Reihen und die ständigen Profilierungsneurosen, die notwendigerweise zu Lasten Erhards gehen mußten.

Wer waren die Männer, die als Erhards potentielle Nachfolger angesehen wurden? Viele könnten genannt werden, doch wir wollen uns mit wenigen begnügen. Etwa mit Franz Josef Strauß, dem CSU-Vorsitzenden, der seit seinem wenig ruhmreichen Abgang im Gefolge der *Spiegel*-Affäre einen neuen Ministerposten in Bonn anstrebte. Oder mit Rainer Barzel, dem einflußreichen Vorsitzenden der Bundestagsfraktion. Er habe die potentiellen »Königsmörder« stets aus seinem Amtszimmer geworfen, erklärt der *Elder Statesman* heute. Es war freilich offenkundig, daß der ambitionierte Fraktionsvorsitzende »bei allen Loyalitätsbekundungen gegenüber dem Kanzler einen betont eigenständigen Kurs steuerte«, wie Gerhard Stoltenberg in seinem Buch »*Wendepunkte*« schreibt. Zu nennen wären ferner Bundestagspräsident Gerstenmaier, der oft laut über seine Befähigung zum Kanzleramt nachdachte, aber auch Außenminister Gerhard Schröder. Der spekulierte freilich darauf, seinen Anspruch auf den Kanzlersessel durch betont zur Schau getragene Loyalität gegenüber Bundeskanzler Ludwig Erhard sichern zu können.

Kurz gesagt, die Partei lief dem Regierungschef aus dem Ruder. Erhard bekam sie einfach nicht in den Griff. Wer aber in der Bundesrepublik über keinen parteipolitischen Rückhalt ver-

»Im Glanzlicht der Monarchie...« Deutschland-Besuch von Queen Elizabeth II., 1965

Was tue ich denn? Ich treibe täglich Politik, im wahrsten Sinne des Wortes.
Erhard

Die Landesmutter Erhard – politisch mag das eine Karikatur sein, menschlich hingegen hat dies Bildnis Vorzüge.
Hermann Schreiber, Journalist

Wir sind wieder jemand.
Erhard

fügt, kann als Kanzler im Volk noch so beliebt sein, er hat auf Dauer keine Chance. Das mußte 1966 nicht nur Erhard leidvoll erfahren, sondern in den frühen achtziger Jahren auch der Sozialdemokrat Helmut Schmidt. Einer, der beim Fall von Ludwig Erhard eine wichtige Rolle spielte, hat aus dieser Erkenntnis Konsequenzen gezogen: Helmut Kohl. Der Pfälzer achtete immer auf engste Rückkoppelung mit seiner Partei – und wurde nicht zuletzt dadurch zum bislang am längsten amtierenden Kanzler. Die Bundesrepublik ist in erster Linie eine Parteiendemokratie, weit mehr noch als eine Kanzlerdemokratie.

Die war während Adenauers Kanzlerschaft oft beschworen worden. Nach Erhards Amtsübernahme 1963 sprach bald kaum einer mehr davon – im Gegenteil: Viele fragten wie der Journalist Günter Gaus, ob Bonn überhaupt noch eine Regierung habe.

Laut Grundgesetz bestimmt der Bundeskanzler die Richtlinien der Politik. Adenauer hatte daran nie irgendeinen Zweifel aufkommen lassen. Mit strenger Hand und unangefochtener Autorität regierte er Kabinett und Fraktion. Andere Meinungen hörte Adenauer sich zwar an, blieb aber gewöhnlich bei seinem persönlichen Standpunkt. Größere Diskussionen vermied er. All das änderte sich mit dem neuen Kanzler.

»Ich kreiere keinen neuen Stil wie eine neue Mode, sondern ich bin ich selbst. Ich lebe so, wie es meiner Art gemäß ist. Das ist der beste Stil. Aber ich darf sagen, daß es jetzt im Kabinett kollegialer zugeht und daß es mehr Diskussionen gibt«, erklärte Erhard nach wenigen Monaten im Amt. Das war zweifelsohne richtig. »Erhard liebte die Diskussion. Das entsprach auch seinem Hintergrund als Wissenschaftler und Akademiker«, bestätigt sein ehemaliger Minister Gerhard Stoltenberg. In Erhards gemütvollerem Tabakskollegium – der Zigarrenfreund hatte das lang geltende Rauchverbot für Kabinettssitzungen aufgehoben – ging es entspannter und demokratischer zu als unter seinem Vorgänger. Es wurde mehr und vor allem länger geredet. Entschieden wurde dafür allerdings weniger. Bald machte in Bonn das Wort von Erhards Führungsschwäche die Runde.

Unübersehbar war, daß die Ressortchefs viel selbständiger agierten als je zuvor. Das galt vor allem für Außenminister Gerhard Schröder. Seine Stellung in Erhards Regierung war so stark, daß ihn die *Stuttgarter Zeitung* einmal gar den »Außenkanzler« nannte. Doch die Ansichten von Schröder, dem seine zahlreichen Gegner nachsagten, er sei ein »menschlicher Kältestrahler mit dem Charme eines Elektronengehirns«, deckten sich weitgehend mit denen des Bundeskanzlers. Schröder war Erhards engster Bundesgenosse. Ja, seine Beziehung zu Erhard trug, so Schröder 1989 kurz vor seinem Tod, »sehr stark freundschaftliche Züge«. Das war ungewöhnlich, denn die meisten Kontakte zwischen Erhard und seinen Ministern blieben rein sachlicher Natur. Mit keinem von ihnen duzte sich Erhard – von einer Ausnahme mal abgesehen: dem ehemaligen Bundesfinanzminister Fritz Schäffer, seinem alten Kollegen aus den Jahren als Wirtschaftsminister. Doch wenn die beiden Krach hatten – das kam in den fünfziger Jahren recht häufig vor –, gingen sie für kurze Zeit wieder zum »Sie« über.

Es klingt erstaunlich: Ludwig Erhard, der von den Massen umjubelte Sympathieträger, dem die Herzen der Menschen wie von selbst zuzufliegen schienen und der bei jedem Auftritt zum Publikumsmagneten wurde – dieser Mann hatte nur wenige persönliche Freunde. Das lag wohl daran, daß Erhard von Natur aus eigentlich ein schüchterner und auf sich selbst bezogener Mensch war. »Erhard war oft in sich gekehrt, weil er mitten im lauten und dichten Getümmel nachdenken, ungestört sein wollte«, bestätigt Günter Diehl vom Presse- und Informationsamt der Bundesregierung. »Dieses Verhalten nahm manchmal sehr skurrile, professorale Züge an. Einmal, als die ganze Bundesregierung und das diplomatische Korps bei einem Staatsbesuch in Frack und Orden in dem Geschirre und Gewirre miteinander das gewohnte Spiel spielten, stand Erhard ganz allein, groß, massig, hin und wieder mit einem Zug seine Zigarre in Gang haltend. Er sprach mit niemandem, und als zwangsläufige Folge sprach nach einer Weile auch niemand mit ihm. Mich störte das, weil ich nicht wollte, daß in dieser doch wichtigen Gesellschaft der Eindruck entstehen könnte, der Bundeskanzler sei isoliert. Das diesbezügliche Geraune wollte ja nicht verstummen. Also ging ich zum Bundeskanzler, begann ein Gespräch und hielt so lange durch, bis auch andere Gäste hinzutraten. Erhard war auf seine gutmütige Art sehr freundlich, aber ich wurde das Gefühl nicht los, daß er gerade über etwas ihm Wichtiges nachdachte und am liebsten allein geblieben wäre.« So wahrte Erhard selbst zu seinen engsten Mitarbeitern eine gewisse Distanz.

Diese bildeten das sogenannte »Küchenkabinett«, einen Stab

von Personen, die Erhard bereits aus den langen Jahren im Wirtschaftsministerium kannte und die er mitnahm ins Palais Schaumburg, seinen neuen Amtssitz. Der persönliche Referent Dankmar Seibt gehörte dazu, auch Ministerialdirektor Karl Hohmann, der Leiter des Kanzlerbüros wurde, und vor allem Ludger Westrick. Dieser hochgewachsene Westfale mit kantigem Kopf, lebhaften graublauen Augen und streng zurückgekämmtem, ein wenig schütter wirkendem Haar war Erhards Staatssekretär im Wirtschaftsministerium gewesen und auf diesen Posten ausgerechnet von Adenauer berufen worden. Der hatte in ihm zunächst einen eigenen treuen Anhänger vermutet und gehofft, Westrick werde ein Gegengewicht zu Erhard bilden. Diese Rechnung war jedoch nicht aufgegangen. Westrick wurde Erhards loyaler und wichtigster Mitarbeiter. Und das blieb er auch. Erhard wußte das und machte Westrick prompt zum Chef des Bundeskanzleramts.

Mit 69 Jahren war Ludger Westrick zwei Jahre älter als Erhard, doch er wirkte jünger und vitaler als der Bundeskanzler. Er galt als weltläufiger, kontaktfähiger und an Personalien interessierter als der ehemalige Professor. Anders als der Kanzler wußte Westrick mit Bürokratie umzugehen. So wurde er, der stets im Hintergrund blieb, bald zu einem der wichtigsten Männer in Bonn. »Nebenkanzler«, schrieben die Zeitungen. »Mir kommt es oft so vor«, vertraute Horst Osterheld, unter Adenauer und Erhard Leiter des außenpolitischen Büros im Bundeskanzleramt, seinem Tagebuch an, »als versuche Westrick zwei Aufgaben gleichzeitig zu erfüllen, nämlich die des Chefs des Bundeskanzleramts und die des Bundeskanzlers selbst. Das aber würde die Kraft jedes Menschen übersteigen. Er weiß, daß er keine besondere Rednergabe hat und vor der Öffentlichkeit nicht so eindrucksvoll auftreten kann wie Erhard. Aber er wäre wohl gerne die bewegende Hand, derjenige, der die Fäden zieht.«

Zu viele Köche verderben den Brei. Diese alte Binsenweisheit gilt auch für die Führung eines modernen Staates. Und zu viele Personen wollten während Erhards kurzer Kanzlerschaft Chefkoch sein! Erhard unternahm nichts dagegen. Er versäumte es, gelegentlich mit der Faust auf den Tisch zu hauen und unmißverständlich klarzumachen, daß er Bundeskanzler war und damit Herr im Hause. Aber so etwas lag Erhard nicht, das war nicht seine Art. Dafür war er, Adenauer hatte es geahnt, zu weich, zu kompromißbereit, zu unentschlossen. Allzu leicht ließ er sich von außen beeinflussen. Das meinte auch Horst Osterheld, der Chronist aus dem Innersten des Kanzleramts:»Schon die Tatsache, daß Westrick, Hohmann, Seibt und die Vorzimmerdamen ständig unangemeldet von hinten in Erhards Arbeitszimmer schlüpfen können, ist sehr ungut. Jeder redet auf ihn ein, wenn er seiner habhaft werden kann. Oft habe derjenige recht, sagen die Damen, der zuletzt bei ihm war; und so sind die Genannten, zumal wenn sie uneinig sind, bestrebt, den Kanzler nicht aus den Augen zu lassen.«

Erhards Führungsschwäche trat bald offen zutage. Sein Amtsantritt im Oktober 1963 war geradezu euphorisch begrüßt worden. Um so größer waren nun Ernüchterung und Enttäuschung. Als Wirtschaftsminister hatte Erhard überzeugt durch ein klares Konzept, eine konsequente Politik, für die er hartnäckig und unerschrocken kämpfte. Wenn nötig, setzte er sich dabei auch gegen große Widerstände durch, ganz gleich, ob diese aus den Reihen der Opposition, der wirtschaftlichen Interessenverbände oder vom Regierungschef Adenauer kamen. Als Bundeskanzler gab Erhard dagegen ein ganz anderes Bild ab. In seinem neuen Amt wirkte er planlos, getrieben, schwankend, geradezu überfordert.

Besonders große Erwartungen an den neuen Kanzler hegte die Öffentlichkeit hinsichtlich der Innenpolitik. Ihr hatte Ludwig Erhard in seiner Regierungserklärung absoluten Vorrang eingeräumt. Vieles lag im argen.»Reformstau«, lautete die Diagnose kritischer Zeitgenossen. Da war zunächst die ausstehende Regelung der Notstandsverfassung, eines der großen Themen der sechziger Jahre. Die Notstandsverfassung wurde während Erhards kurzer Kanzlerschaft freilich nicht verabschiedet, denn dies setzte eine Verfassungsänderung voraus. Die dafür notwendige Zweidrittelmehrheit im Parlament fand sich erst unter Erhards Nachfolger Kiesinger und der Regierung der großen Koalition. Doch sieht man von diesem Sonderfall ab, klingen die meisten anderen Themen, die während Erhards Kanzlerschaft heftig diskutiert wurden, für heutige Ohren überraschend vertraut: Da wurde der erschreckend schlechte Zustand der deutschen Hochschulen beklagt, das Menetekel einer deutschen »Bildungskatastrophe« an die Wand gemalt. Laut gefordert

*»Erhard ist und bleibt unser Bundeskanzler...«
Ludwig Erhard im Gespräch mit dem Fraktionsvorsitzenden Rainer Barzel*

Der herausragende Erfolg seines politischen Wirkens hat diesen Grund: die völlige Übereinstimmung zwischen seiner Theorie, seiner Praxis und seiner urtümlichen Persönlichkeit. Diesen Gleichklang habe ich in meinem politischen Leben ganz, ganz selten erlebt.

Rainer Barzel, ehemaliger CDU/CSU-Fraktionsvorsitzender

Die Richtlinien der Politik bestimmt der Bundeskanzler. Und Sie können überzeugt sein, daß ich davon vollen Gebrauch mache.

Erhard

Er war ein kooperativer Mann. Ich habe nie gesehen, daß Eifersucht und Rivalität ihn heimgesucht hätten.

Eugen Gerstenmaier, ehemaliger Bundestagspräsident

*»Ohne Hausmacht...«
Barzel, Erhard und Adenauer auf dem CDU-Parteitag 1966*

Ich habe mich für diese Partei aufgeopfert, und daher habe ich ein Recht auf Genugtuung.
Erhard

Er wurde als Mann ausgewiesen, der im Unterschied zu Adenauer die Technik der Teamarbeit beherrschte.
Hans Georg von Studnitz, Publizist

Ich fühle mich nicht unbedingt zum Parteivorsitzenden geboren.
Erhard

Gehen Sie lieber zur CDU. Die braucht Sie. Die FDP unterstützt Ihre Marktwirtschaft und Politik ohnehin.
Theodor Heuss, Bundespräsident

wurde eine Generalüberholung des Strafrechts, der Finanzverfassung und des Krankenversicherungssystems. Gestritten wurde um die Lohnfortzahlung im Krankheitsfall und den Umbau des Sozialstaats. Ein neues »Sozialpaket« sollte geschnürt werden. Die Themen sind so aktuell, daß man bei der Lektüre der damaligen Debatten bisweilen meint, die Tageszeitung von heute zu lesen.

Die meisten der genannten Reformvorhaben blieben während Erhards kurzer Kanzlerschaft unvollendet. Er konnte sie nur in die Wege leiten – etwa den Ausbau des Hochschulwesens, um nur ein Beispiel zu nennen. Die Ernte eingefahren haben seine Nachfolger. Das ist zwar nicht gerecht, aber in der Geschichte gang und gäbe. Nur Erhards Kanzlerschaft erscheint dadurch in vielem erfolgloser, als sie tatsächlich war.

Als »Vater des Wirtschaftswunders« lag Erhard besonders die Sicherung des Sozialstaats am Herzen. »Wohlstand zu bewahren«, so Erhard, »ist noch schwerer, als ihn zu erwerben.« Bedroht sah Erhard »sein« großes Werk vor allem durch den Egoismus von Interessengruppen und eine überzogene, mit dem wachsenden Wohlstand ständig steigende Erwartungshaltung gegenüber dem Staat. Diese Entwicklung hielt er für grundverkehrt: »Der Staat ist nicht die Kuh, die im Himmel grast und die auf der Erde gemolken wird.« Zudem setzte der liberale Denker Erhard sein Vertrauen in die Kraft des einzelnen, nicht in die Allmacht und Vorsorge des Staates. »Ich vertraue der privaten Initiative. Sie ist die stärkste Kraft, um aus den jeweiligen Gegebenheiten den höchsten Effekt herauszuholen.« Das war sein altes marktwirtschaftliches Credo: Nur wo das Individuum sich frei und ungestört entfalten kann, sind Wachstum und Wohlstand gesichert.

Doch neben der Freiheit für den einzelnen verlor Erhard nie die soziale Verantwortung der Gesellschaft insgesamt aus den Augen. Wohlstand als Selbstzweck, eine solche Sichtweise lehnte er stets ab: »Wohlstand ist eine Grundlage, aber kein Leitbild für die Lebensgestaltung.« Dieser Auffassung stand freilich die tatsächliche Entwicklung im »Wirtschaftswunderland« entgegen. In den Jugendjahren der Republik schienen für viele von Erhards Landsleuten Reichtum, Wohlstand, Geldausgeben zum eigentlichen Lebenssinn geworden zu sein. Die Deutschen steigerten sich in einen wahren Konsumrausch. Man hatte den Krieg überstanden, nun galt es, das Leben zu genießen. Erhard hielt diese Entwicklung für gefährlich und warnte seit Mitte der fünfziger Jahre vor einer Überhitzung der Konjunktur: »So komme ich immer wieder auf das Maßhalten als volkswirtschaftliches Gebot«, verkündete er am 7. September 1955 in einer Rundfunkansprache. Die berühmten Maßhalte-Appelle waren geboren. Erhard sollte sie als Wirtschaftsminister und Bundeskanzler unzählige Male wiederholen. Er vertraute dabei auf die Einsicht und den guten Willen seiner Mitbürger. Das war menschlich sympathisch, aber politisch naiv. Denn die von ihm erhoffte Wirkung blieb aus. Vielmehr wurden Erhards Mahnungen, Maß zu halten, als Aufforderung zum Bierkrugstemmen verulkt. Man lächelte über ihn und hörte immer weniger hin. Befolgt wurden die Maßhalte-Appelle jedenfalls nicht. Sie stießen auf taube Ohren.

Ebenso erfolglos blieb Erhards Kampf gegen die Interessenverbände. Sollte ihr Einfluß zu groß werden, würde die Demokratie Schaden nehmen – das war Erhards Befürchtung, und dem wollte er als Kanzler entgegenwirken.

Eines seiner innenpolitischen Leitthemen wurde darum ab 1965 das Konzept einer »formierten Gesellschaft«. An die Stelle von konkurrierenden, widerstreitenden Klassen und Interessengruppen sollte eine kooperative Gesellschaft treten, die sich »nicht durch autoritären Zwang, sondern aus eigener Kraft, aus eigenem Willen, aus der Erkenntnis und dem wachsenden Bewußtsein der gegenseitigen Abhängigkeit« bilden sollte. Das Ergebnis dieses freiwilligen Interessenausgleichs sei die Abkehr von der Gefälligkeitsdemokratie, verkündete Erhard. Dadurch würden langfristig soziale Stabilität, wirtschaftliche Leistungssteigerung und die Zukunft insgesamt gesichert. Das klang wirr, utopisch und sozialromantisch. Und genau das war es auch. Daß gerade die Vielzahl einander entgegengesetzter, miteinander ringender Interessen, vertreten durch Verbände, Parteien und Einzelpersonen, das Wesen der Demokratie ausmachen, schien Erhard nicht begriffen zu haben. Kein Wunder, daß die Reaktionen auf seine Idee einer »formierten Gesellschaft« überwiegend negativ ausfielen. »Formierte Gesellschaft« – allein schon der Begriff war unglücklich gewählt, auch wenn er von Friedrich Schiller stammte. Er klang allzusehr nach Uniform und Gleichschaltung, obwohl Erhard gerade das ja nicht wollte. Böse Zungen sprachen gar von einer Wiederauflage der nationalsozialistischen »Volksgemeinschaft«. Bleibender Erfolg war Erhards Konzept der »formierten Gesellschaft« nicht beschieden.

Eigentlich hätte Erhard gewarnt sein müssen. Schon 1963 hatte er einmal vergeblich versucht, ein Zeichen gegen ausufernde Forderungen von Interessenverbänden zu setzen. Unmittelbar nach seinem Amtsantritt sah sich der Kanzler nämlich mit finanziellen Ansprüchen der Kriegsopfer konfrontiert. Ausgerechnet an dieser Gruppe beschloß Erhard ein Exempel zu statuieren. So lehnte er die Forderung nach einer pauschalen Erhöhung der Pensionszahlungen als überzogen ab.

Dabei gehörte Erhard selbst zu den Kriegsgeschädigten. Im September 1918, nur zwei Monate vor Ende des Ersten Weltkriegs, war er schwer verwundet worden. An der Westfront, in der Nähe von Ypern, hatte ihm eine feindliche Artilleriegranate die linke Schulter zerfetzt. Sieben Operationen waren damals notwendig gewesen, um ihn wieder zusammenzuflicken. Zwischenzeitlich hatte ihm gar die Amputation des Armes gedroht. Erhard genas, aber sein linker Arm blieb immer schwach und etwas kürzer als der rechte.

Gerade weil er selbst ein Betroffener der Kriegsopferregelungen war, glaubte Erhard 1963, gegen Kritik an seiner Entscheidung gefeit zu sein. Und so verkündete er, die Entschädigungshöhe müsse immer erst im Einzelfall geprüft werden. Nun brach in der Öffentlichkeit ein Sturm der Entrüstung los. Die Kriegsbeschädigten konnten sich des Mitleids und der Unterstützung breiter Bevölkerungskreise gewiß sein. Am 10. Dezember 1963, einem eisigen und trüben Wintertag, zogen mehr als 30 000 Demonstranten durch die Straßen der Bundeshauptstadt Bonn. Auf Transparenten forderten sie »Gerechtigkeit für die Kriegsversehrten« und warnten: »Ludwig, denk an die nächsten Wahlen!« Der Druck auf Erhard, auch aus den eigenen Reihen, wuchs und zwang ihn schließlich zum Nachgeben. Der Kanzler war »eingeknickt«, hatte seine einmal getroffene Entscheidung revidieren müssen. Das Bild des strahlenden, erfolgreichen Kanzlers bekam schon nach wenigen Wochen erste Risse. Weitere kamen hinzu: so beim Streit um die Telefongebühren.

Das Staatsunternehmen Deutsche Bundespost schrieb seit Jahren rote Zahlen. Ein bedrohliches Defizit hatte sich angehäuft. Gleichzeitig mußte die Post paradoxerweise eine Abgabe von sechseinhalb Prozent ihrer Einnahmen an den Fiskus

»Eigentlich ein schüchterner Mensch...« Kanzler Erhard empfängt die Bonner Presse

Seine rhetorische Ausstrahlungskraft ist erotisch genannt worden.

Hans Georg von Studnitz, Publizist

Denn weil ich frei spreche, bekomme ich Kontakt, weil ich natürlich spreche, finde ich das Gehör der Menschen und wohl auch meist ihre Zustimmung.

Erhard

leisten. Doch statt kurzerhand diese Abgabe zu streichen, sollte eine Erhöhung der Telefongebühren die entstandene Finanzlücke schließen. So beschloß die Bundesregierung, die Gebühren für eine Telefoneinheit von 16 auf 20 Pfennige zu erhöhen. Dagegen entfesselte die Erhard ohnehin kritisch gesonnene *Bild*-Zeitung ein wahres Trommelfeuer des Protests. Ihre Kampagne schuf einen Zustand allgemeiner Erregung und vergiftete die öffentliche Atmosphäre. Postminister Richard Stücklen und seine Familie mußten sogar für den sonntäglichen Kirchgang unter Polizeischutz gestellt werden.

Am 24. Juli 1964 forderte das Boulevardblatt unmißverständlich: »Schluß mit der Postdiktatur! Holt den Bundestag aus dem Urlaub!« Die Opposition griff diese Forderung auf. Die SPD beantragte eine Sondersitzung des Parlaments. Damit wurde das verträumte Bonn jäh aus seinem alljährlichen Sommerschlummer gerissen. Sämtliche Bundestagsabgeordneten wurden für den 29. Juli aus ihren Sommerferien zurückbeordert. Das hatte die Bundesrepublik bis dahin nur ein einziges Mal erlebt, im August 1961, nach der nationalen Katastrophe des Mauerbaus! Es war ein gefundenes Fressen für das Sommerloch.

Mit der überwältigenden Mehrheit der bürgerlichen Regierungsparteien wurde der Antrag der SPD auf eine Rücknahme der Gebührenerhöhung abgelehnt. Spektakulär wurde diese Episode, die man sonst schnell unter der Rubrik »Sommertheater« hätte abheften können, erst durch eine weitere Kehrtwende Erhards. Der Kanzler wollte den noch immer massiven Protest durch eine Kompromißlösung entschärfen. Die Gebührenerhöhung wurde teilweise zurückgenommen, das heißt um zwei Pfennige auf die Hälfte reduziert. »Ein Kompromiß, das ist die Kunst, einen Kuchen so zu teilen, daß jeder meint, er habe das größte Stück bekommen«, hatte Erhard einmal verkündet. Doch dies war ein fauler Kompromiß, der niemanden zufriedenstellte. Schlimmer noch, die Konsequenzen für das inzwischen ohnehin sinkende Ansehen des Kanzlers waren verheerend. Der Abgeordnete Schmidt aus Wuppertal, der sich in der Debatte besonders stark auf seiten Erhards engagiert hatte, brachte es auf den Punkt, als er dem Kanzler schrieb: »Es ist mir nicht wichtig, daß ich durch Ihre Entscheidung, die Telefongebühren wieder zu senken, desavouiert worden bin. Mir ist allein wichtig, daß und in welchem Maße der Glaube an Ihre politische Führungskraft dadurch gemindert worden ist.«

Was von diesem Glauben an Erhards Führungsqualitäten noch übriggeblieben war, wurde durch sein Verhalten während der sogenannten Verjährungsdebatte noch weiter erschüttert. Dabei versuchte Erhard eigentlich wieder einmal nur, fair und menschlich nobel zu handeln. Doch in der Öffentlichkeit wurde ihm das erneut als Führungsschwäche angekreidet. Worum ging es?

Im Frühjahr 1965 drehte sich die innenpolitische Debatte vor allem um ein Thema, das sich wie ein roter Leitfaden durch die gesamte deutsche Nachkriegsgeschichte zieht: die heikle Frage nach dem richtigen Umgang mit der nationalsozialistischen Vergangenheit. Genau zwei Jahrzehnte nach dem Zusammenbruch des »Dritten Reiches« drohte 1965 still und leise eine heimliche Amnestie für alle bislang unbehelligt gebliebenen NS-Verbrecher. Denn nach 20 Jahren verjährte die Möglichkeit einer Strafverfolgung für Mord. Das bedeutete konkret: Wen die deutsche Justiz bis dahin von einer Anklage als Täter verschont hatte, der würde auch künftig straffrei bleiben können, ganz gleich, welcher Greueltaten und Verbrechen er sich während der Nazi-Herrschaft schuldig gemacht haben sollte. Nichts anderes besagte das Prinzip der Verjährung. Das war der Rechtsstaat. Und der mußte für alle gleichermaßen gelten. Doch war Straffreiheit für die Schergen des Holocaust etwa Gerechtigkeit? Denn nach einer langen Zeit des Verschweigens und Vertuschens in den fünfziger Jahren begann erst jetzt so richtig die Aufarbeitung der Vergangenheit durch die Justiz. In Frankfurt war gerade der sogenannte Auschwitz-Prozeß zu Ende gegangen. Er hatte deutlich gemacht, wie tief der Abgrund menschlicher Verworfenheit sein kann, was Menschen ihresgleichen antun können. Jetzt gleichsam einen Schlußstrich unter die Vergangenheit zu ziehen, Verbrechen ungesühnt zu lassen, obwohl man der Täter habhaft werden könnte – hieß das nicht, der Gerechtigkeit hohnzusprechen, ja die Opfer nochmals zu verhöhnen? Sollte man allein die Bestimmungen eines formalen Rechtsstaatsbegriffs gelten lassen, wo die Nazis doch selbst das Recht tausendfach gebrochen und in den Schmutz gezogen hatten? Rechtsstaat oder Gerechtigkeit? Man stand vor einem Dilemma, einer Frage, auf die es keine einfachen Antworten geben konnte. Gute Argumente ließen sich für beide Positionen anführen. So spaltete die Verjährungsdebatte die juristischen Experten, die Politiker, die ganze Nation.

Bundeskanzler Erhard sprach sich von Anfang an gegen die Verjährung aus, das heißt, er befürwortete die Verfolgung von NS-Verbrechern auch in der Zukunft. Er hielt es freilich für richtig, in dieser hochsensiblen Frage jeden nach seinem eigenen Gewissen abstimmen zu lassen. Zudem wollte er Rücksicht nehmen auf den liberalen Koalitionspartner, denn die FDP trat geschlossen für eine Verjährung ein. So verzichtete der Kanzler darauf, im Kabinett eine Richtlinienentscheidung zu treffen – und wurde mit seiner Position von der Mehrheit seiner Minister überstimmt.

Das war insofern nicht weiter tragisch, als sich in der Praxis Erhards Meinung letztlich durchsetzte. Nach einer emotionalen und doch sehr sachlichen Debatte, die zu den Sternstunden des deutschen Parlamentarismus gehört, stimmte eine Mehrheit im Bundestag dafür, die Verjährung zunächst für drei Jahre auszusetzen. Erst später wurde die Verjährung für Völkermord ganz aufgehoben. Die Abgeordneten waren bei der Entscheidung von Vorgaben ihrer Partei frei. Auch im Bundestag war der Fraktionszwang aufgehoben worden. Das entsprach eigentlich genau Erhards Linie im Kabinett. Und doch sah man in seiner moralisch sicher einwandfreien Entscheidung erneut einen Beweis für seine Führungsschwäche. Das war in diesem Fall nicht fair, aber aufgrund der sonstigen Erfahrungen mit Erhard als Bundeskanzler kaum überraschend.

Auf außenpolitischem Gebiet galt Erhard zu Beginn seiner Kanzlerschaft als besonders unerfahren. Diese Unerfahrenheit hatte Adenauer in der Öffentlichkeit stets als Hauptargument gegen einen Kanzler Erhard angeführt. Tatsächlich verschlechterten sich seit 1963 die Beziehungen zu Frankreich rapide. Daran war Erhard sicher mitschuldig, aber allein verantwortlich war er gewiß nicht.

Das deutsch-französische Verhältnis hatte schon in den letzten Monaten der Regierung Adenauers seinen Zenit überschritten. Die Umarmung der beiden großen alten Männer Adenauer und de Gaulle nach der Unterzeichnung des deutsch-französischen Freundschaftsvertrags in den prunkvollen Räumen des Elysée-Palasts ist in die Geschichtsbücher eingegangen. Das Foto wurde legendär. Wie keine zweite wurde diese Geste zum Symbol einer gelungenen Annäherung, ja engen Freundschaft zwischen zwei Völkern, die sich in der Vergangenheit allzuoft

»Von Intimität kann keine Rede sein...« Erhard im Arbeitszimmer des umstrittenen Kanzlerbungalows

Im übrigen paßt dieser Kanzlerbungalow zu den Erhards wie das Olympiastadion zu Turnvater Jahn.

Hermann Schreiber, Journalist

Sie lernen mich besser kennen, wenn Sie dieses Haus ansehen, als etwa wenn Sie mich eine politische Rede halten sehen.

Erhard

gegenseitig auf blutigen Schlachtfeldern erbittert bekämpft hatten. Doch dieses schöne Bild von Eintracht täuschte. Beinahe wäre der Freundschaftsvertrag im Bundestag gescheitert. Auch Erhard, damals noch Wirtschaftsminister, hatte ihn heftig angefeindet. Das lag nicht daran, daß die deutschen Kritiker des Vertrags gegen eine Versöhnung mit Frankreich waren. An eine Fortführung der unsäglichen »Erbfeindschaft« dachte keiner! Der Protest gegen den Elysée-Vertrag hatte andere Gründe.

Wenige Tage vor der Unterzeichnung hatte der französische Staatspräsident de Gaulle am 14. Januar 1963 in einer spektakulären Pressekonferenz sein Veto gegen einen Beitritt Großbritanniens zur Europäischen Wirtschaftsgemeinschaft ausgesprochen. Diesen strebte die Regierung in London damals gerade an. Ohne vorherige Rücksprache mit seinen Partnern in der EWG schlug de Gaulle den Briten die Tür vor der Nase zu. Die Briten galten ihm als »Trojanisches Pferd der Amerikaner«. De Gaulle aber wollte mehr europäische Eigenständigkeit, ein Europa ohne die USA. Das widersprach jedoch wiederum den Europavorstellungen von Ludwig Erhard und vielen anderen. Mußte der deutsch-französische Freundschaftsvertrag in diesem Zusammenhang nicht wie die Begründung einer exklusiven Achse Bonn–Paris und damit wie eine Zustimmung zu de Gaulles antibritischer und antiamerikanischer Politik wirken? Genau das befürchteten Erhard und andere Gegner des Vertrags.

Zum ersten Mal flammten nun die Kämpfe zwischen »Atlantikern« und »Gaullisten« auf. Der Bundestag stimmte dem deutsch-französischen Freundschaftsvertrag erst zu, als diesem eine Präambel vorangestellt wurde. Darin wurde das enge Bündnis der Bundesrepublik mit den USA bekräftigt und der Hoffnung Ausdruck gegeben, in der Zukunft die EWG zu erweitern, vor allem um Großbritannien. Erhard war hoch zufrieden, der französische Staatspräsident empört. Durch die Präambel sei der ganze Vertrag wertlos, klagte de Gaulle. Auf die kurze Euphorie in den deutsch-französischen Beziehungen folgte der Katzenjammer.

All das war kein günstiger Auftakt für eine harmonische Zukunft. In Paris nahm man Erhards Amtsübernahme daher eher skeptisch auf. Doch zunächst bemühten sich beide Seiten redlich um gute Beziehungen. Erhards erste Auslandsreise als Bundeskanzler führte zu dem Mann im Elysée-Palast. Offiziell äußerten

Erhard und de Gaulle Zufriedenheit über den Verlauf der Gespräche. Doch in Wirklichkeit war man sich in strittigen Fragen kaum nähergekommen. Man hatte aneinander vorbeigeredet.

Das lag zum Teil an Erhards schon erwähntem Sprachstil. In hochkomplexen Fragen der Außenpolitik genügte Ausstrahlung nicht, hier kam es auf Präzision an. Die lag Erhard aber nicht. Hermann Kusterer, damals Dolmetscher im Auswärtigen Amt, weiß über Erhard in erster Linie ein Klagelied zu singen: »Ein generell für wortgewaltig gehaltener ›Kunde‹, mit dem ich meine liebe Not hatte, war Ludwig Erhard. Oft habe ich geschwitzt, weil er vor allem dann, wenn es kritisch wurde, seine Sätze nicht fertig machte, sondern mit einem ›aber‹, das gar kein ›aber‹, sondern eine Verlegenheitslösung war, zum nächsten Satz weitereilte. Dem Dolmetscher aber nimmt man keine halben Sätze ab. Bei Erhard waren indes die Unfertigkeiten keine Frage der sprachlichen Unbeholfenheit, sondern sie waren ein Problem der Inhalte, des Nicht-eindeutig-Stellung-nehmen-Wollens und -Könnens.«

Gravierender war freilich, daß Erhard und de Gaulle weder sachlich noch persönlich einen Draht zueinander fanden. Sie waren vom Typ her zu unterschiedlich, ihre politischen Positionen zu entgegengesetzt. De Gaulle wollte die *Gloire* der *Grande Nation* verkörpern, er liebte das Pathos, dachte in Kategorien des Nationalstaats und neigte zum Etatismus. Erhard dagegen stand für biedere Beschaulichkeit, glaubte an eine Verschmelzung der Nationen in einer globalen Freihandelsgemeinschaft und haßte jede Form von wirtschaftlichem Dirigismus. Vor allem unterschieden sich der deutsche Kanzler und der französische Staatspräsident in ihren Vorstellungen über Europa und die Rolle der USA. De Gaulle wollte Frankreich durch ein enges Bündnis mit Westdeutschland zur stärksten Macht in Westeuropa machen. Die USA und Großbritannien hatten daher in seinem Europa nichts verloren. Erhard jedoch war ein Mann der Amerikaner und verfocht seine Idee eines »Europas der Gleichen und Freien«. Darin gab es keinen Platz für irgendwelche Exklusivbündnisse, auch nicht für ein solches zwischen Deutschland und Frankreich. Erhard wollte allen europäischen Nachbarstaaten in gleicher Weise ein guter Partner sein. Er kümmerte sich daher besonders intensiv um die deutschen Beziehungen zu Großbritannien und den kleineren Staaten, etwa den Niederlanden oder Dänemark, denn diese hatte Adenauer eher links liegen gelassen. Der niederländische Ministerpräsident Joseph

Luns schätzte Erhard so sehr, daß er meinte: »Dieser Bundeskanzler hätte ein Niederländer sein können.« Bei de Gaulle traf Erhard mit dieser Politik freilich auf nicht so großes Verständnis. Nach einem Bonn-Besuch de Gaulles im Juni 1964 kam es zum offenen Zerwürfnis.

Vorausgegangen war ein Regierungstreffen von packender Dramatik. In ergreifenden Worten und mit großem Pathos hatte General de Gaulle sein Herzensanliegen einer engen deutsch-französischen Zusammenarbeit in allen Bereichen der Politik, vielleicht sogar des Militärs, vorgetragen. Er schlug eine Art deutsch-französischer Union vor – eine einmalige historische Chance, wie später viele meinten. Doch diese Vision steckte voller Ungewißheiten und Widersprüche. Und sie paßte weder Bundeskanzler Erhard noch seinem Außenminister Schröder ins politische Konzept. Darum ließen sie de Gaulle gleichsam auflaufen. Horst Osterheld, Augenzeuge dieser Sitzung, berichtet: »Nach diesen eindringlichen, bewegenden Ausführungen de Gaulles schauten alle auf den Kanzler. Der aber schwieg. Verwunderung, Beklommenheit breiteten sich aus, fast Lähmung, bis Schröder die peinliche Stille unterbrach und die Dolmetscherin, Frau Bouverat, aufforderte, den [vor de Gaulles Rede vorgetragenen] Bericht des französischen Bildungsministers, zu Ende zu übersetzen. Manchen Besprechungsteilnehmern ist diese Szene unvergeßlich geblieben. Sie meinten, Zeuge des Zerbrechens einer zukunftsträchtigen Freundschaft zu sein.«

Mit dieser Einschätzung sollte der Leiter des außenpolitischen Büros im Kanzleramt recht behalten. Fortan blieb das Verhältnis zu Frankreich ausgesprochen unterkühlt. De Gaulle hat Erhard diesen diplomatischen Affront niemals verziehen. Auf dem Rückweg nach Paris verkündete der enttäuschte Staatspräsident jetzt laut, die im Elysée-Vertrag in Aussicht gestellte deutsch-französische Ehe sei niemals vollzogen worden. De Gaulle klagte: »*Je suis resté vierge.*« (Ich bin Jungfrau geblieben.) Das wirkte für die »Gaullisten« wie ein Signal zum Aufstand. Lautes Zeter und Mordio erhob sich. Neben Außenminister Schröder geriet auch Bundeskanzler Erhard unter den schweren Beschuß der »Gaullisten«, die der »atlantischen« Bundesregierung ein Desaster bei den deutsch-französischen Beziehungen und die einseitige Fixierung auf die USA vorwarfen. In diesem Vorwurf lag mehr als nur ein Körnchen Wahrheit.

*»Besser ist der Ludwig...«
Ludwig Erhard bei Willy Brandt*

Ich bin nicht so dumm, wie die SPD glaubt.

Erhard

Ich habe schon an der Deutschen Mark und ihrer Stabilität gearbeitet, als Herr Brandt überhaupt noch nicht wieder deutschen Boden betreten hatte.

Erhard

Man kann es mir nicht zumuten, daß ich mich an Brandts Seite stelle, denn schließlich bin ich ja der Kanzler.

Erhard

Erhard war überzeugter »Atlantiker«. Er schwärmte für die USA, verehrte aus tiefster Seele das Land der unbegrenzten Möglichkeiten. »Ich fühlte mich von der Haltung dieses Volkes unmittelbar angesprochen. Ich spüre etwas Geistesverwandtes.« Schließlich war Erhard, wie er nicht müde wurde zu beteuern, »eine amerikanische Entdeckung«. Mußten nicht alle Deutschen tiefe und aufrichtige Dankbarkeit gegenüber den Vereinigten Staaten empfinden? Amerikanische CARE-Pakete hatten so manchem aus der bitteren Not der Nachkriegszeit geholfen. Wo wäre die deutsche Wirtschaft ohne das Startkapital aus dem Marshallplan? Wie würde es in Berlin und in der Bundesrepublik aussehen ohne den mächtigen Arm Amerikas? Wo wären Wohlstand, Sicherheit und Demokratie in Deutschland ohne die schützende und hilfreiche Hand der Vereinigten Staaten? Solange vom Ostblock eine ständige Bedrohung ausging, solange das geteilte Deutschland potentielles Schlachtfeld eines atomaren Krieges blieb, solange stellte das feste Bündnis mit Washington das Herzstück deutscher Außenpolitik dar. Hier lag Erhard mit seiner Politik völlig richtig. Doch sein Vertrauen in die Amerikaner war allzu grenzenlos. Es war naiv.

Erhard wollte der beste Freund der USA sein – und am liebsten auch noch der beste Freund des mächtigsten Mannes in Amerika. So blickte er der ersten längeren Begegnung mit US-Präsident Lyndon B. Johnson (»LBJ«) kurz nach den Weihnachtsfeiertagen 1963 mit großen Hoffnungen, aber auch mit einigem Bangen entgegen. Doch die Anspannung, die dem Kanzler bei der Ankunft der Lufthansa-Maschine im texanischen Austin am 27. Dezember noch in seine rundlichen Gesichtszüge geschrieben stand, fiel bald von ihm ab.

Präsident Johnson begrüßte Erhard und seine kleine Begleiterschar zusammen mit seiner Frau, Gouverneur John Conally von Texas nebst Gemahlin und Außenminister Dean Rusk seiner texanischen Herkunft gemäß herzlich und burschikos. Überhaupt erhielt der Besuch von Beginn an einen familiären Charakter, denn er fand in Stonewall auf der Ranch des Präsidenten statt, fernab der eher formellen Hauptstadt Washington. Menschliches wurde groß geschrieben bei diesem Treffen; die Amerikaner wußten, daß Erhard dafür sehr empfänglich war. Der Kanzler und die übrige deutsche Delegation bekamen rasch einen Texanerhut verpaßt, den sie stolz trugen, zum Teil noch bei der Rückkehr nach Deutschland.

Die Atmosphäre stimmte einfach in Stonewall. Bei einem gemeinsamen Gottesdienst in der nahen Dorfkirche, bei amerikanischem Barbecue und deutschen Weihnachtsliedern, wurde demonstrative Freundschaft zwischen beiden Staatsmännern und den von ihnen vertretenen Völkern zelebriert. Der rauhbeinige Texaner Johnson glaubte, ein besonderes Verständnis für Deutschland zu besitzen, da er aus einer Gegend stammte, in der es zahlreiche deutschstämmige Nachbarn gab. In vielem schienen Erhard und Johnson ein ähnliches Schicksal zu teilen. So waren beide schon lange in der Politik, aber erst seit kurzer Zeit hielten sie das höchste Regierungsamt inne. Beide waren sie von Herkunft und Neigung Innenpolitiker, die nach der Amtsübernahme aber auch außenpolitische Pflichten zu erfüllen hatten. Vor allem litten beide unter dem Trauma, im Schatten eines großen Vorgängers zu stehen: Johnson in dem der Lichtgestalt Kennedy, Erhard in dem des Vollblutpolitikers Adenauer. Das verband.

So kam es während der kurzen Kanzlerschaft Erhards zu immerhin fünf Begegnungen mit Johnson. In der Tat entwickelte sich so etwas wie Freundschaft zwischen dem hochgewachsenen Texaner und dem rundlichen Franken. Erhard jedenfalls nannte Johnson in der Öffentlichkeit stolz und sichtlich glücklich seinen Freund. Johnson seinerseits bezeichnete den Kanzler als »Mann meines Herzens«. Doch im Gegensatz zu Erhard wußte der amerikanische Präsident zwischen persönlicher Freundschaft und knallharter Machtpolitik zu unterscheiden. So zeigte sich vor allem bei der letzten Begegnung der beiden im September 1966, was Erhard eigentlich schon beim ersten Treffen an den Ufern des River Pedernales hätte merken können. Doch Erhard wollte es nicht merken. Genausowenig wollte er die dunklen Gewitterwolken erkennen, die am scheinbar so blauen Himmel der deutsch-amerikanischen Beziehungen aufzogen.

Die USA schlitterten Mitte der sechziger Jahre immer tiefer in den Abgrund des Vietnamkriegs. In den Reisfeldern und Dschungeln Südostasiens drohte die westliche Führungsmacht nicht nur den Nimbus ihrer militärischen Unbesiegbarkeit, sondern auch die ureigenen Ideale und die moralische Unschuld zu verlieren. Für die Vereinigten Staaten büßten Probleme in Europa, etwa die deutsche Frage, gegenüber Vietnam zunehmend an Bedeutung ein. Man wollte vor allem den Rücken frei haben, nicht zuletzt für weitere Entspannungsschritte gegenüber der Sowjetunion. Die Deutschen und ihr starres Festhalten an einer kompromißlosen Politik der Stärke, vor allem ihr ständiger Verweis auf die Teilung ihres Landes, wurden der US-Regierung stetig lästiger und unangenehmer. Schon in der späten Adenauer-Ära galten die Deutschen daher immer öfter als Entspannungshindernis.

Unter Erhard begann sich das langsam zu ändern. 1966 verkündete seine Regierung die sogenannte »Friedensnote«. In diesem Dokument bekannte sich die Bundesrepublik feierlich dazu, auf Gewalt als Mittel ihrer Außenpolitik zu verzichten.

Kanzler Erhard ließ seinem Außenminister Schröder freie Hand, als dieser daranging, erstmals halboffizielle Beziehungen mit allen Ostblockstaaten aufzunehmen. Bundesdeutsche Handelsmissionen dienten als Botschaftsersatz. Nur die DDR war davon ausgenommen. Am Alleinvertretungsanspruch der Bundesrepublik und einer Isolierung der DDR wollten weder Erhard noch Schröder rütteln.

Einer rüttelte um so heftiger daran: Walter Ulbricht, der Staats- und Parteichef der DDR. Am 24. Februar 1965 traf der »Spitzbart«, wie Ulbricht in der Bundesrepublik despektierlich genannt wurde, an Bord des Schiffes »Völkerfreundschaft« in Ägypten ein, auf den letzten Kilometern von ägyptischen Kriegsschiffen und Düsenflugzeugen begleitet. Der Gast aus Ostdeutschland wurde vom Staatschef Nasser mit militärischen Ehrenformationen, organisierten Sprechchören und dem Abspielen der Nationalhymnen empfangen. All das hatte die Insignien eines offiziellen Staatsbesuchs und entsprach, auch wenn Ägypten das wortreich bestritt, einer formellen Anerkennung der DDR. Der Anspruch der Bundesrepublik, nur ihr allein stehe das Recht zu, Deutschland auf der internationalen Bühne zu vertreten, schien durch Ulbrichts Ägyptenreise ernsthaft erschüttert. Erhards Regierung wurde kritisiert, nichts dagegen unternommen zu haben. Die Presse sprach gar von einem »Stalingrad am Nil«.

Wie sollte die Bundesrepublik reagieren? Die bis dahin geltende Linie sagte klar: Wer Pankow anerkennt, zu dem bricht die Bundesrepublik die diplomatischen Beziehungen ab. Doch Ägypten war nicht irgendein Staat, es galt als Vormacht und Leitstern für die gesamte arabische Welt. Richtig kompliziert wurde die Sache dadurch, daß die Bundesrepublik schon seit langem zu Israel diplomatische Beziehungen aufnehmen wollte.

Wo Ludwig Erhard zur Türe hereinkam, traten Optimismus, Kraft, Mut und Vertrauen ein.

Rainer Barzel, ehemaliger CDU/CSU-Fraktionsvorsitzender

Sein taktisches Vorhaben ist undurchsichtig – ich glaube, auch ihm selber.

Theodor Heuss, Bundespräsident

Und jetzt erhebe ich mich über alle Parteien und sage, das ist eine Aufgabe für uns alle schlechthin. Wir müssen alle zusammenstehen!

Erhard

»Macht ist dumm...« Erhard mit politischen Freunden und Gegnern: Erich Mende (FDP), Herbert Wehner, Willy Brandt, Fritz Erler (alle SPD) und Rainer Barzel (CDU)

Doch hier hatten bislang die arabischen Staaten einen Riegel vorgeschoben. Sollte Bonn Israel anerkennen, so drohten die Araber unverhohlen, würden sie im Gegenzug Ostberlin und damit die deutsche Zweistaatlichkeit anerkennen. Vor dieser Drohung war die Bundesrepublik bislang immer in die Knie gegangen.

Erhard nutzte die vertrackte Situation im Frühjahr 1965 für eine mutige Initiative: Entgegen dem Rat aller außenpolitischen Experten ging er das Wagnis ein und gab am 7. März kurz entschlossen die Aufnahme diplomatischer Beziehungen mit dem jüdischen Staat bekannt. Angesichts der deutschen Vergangenheit war das für ihn die einzige moralisch vertretbare Position. Diesmal machte er von seiner Richtlinienkompetenz als Kanzler Gebrauch und lieferte jenen Beweis von Führungsstärke, den er ansonsten so häufig schuldig geblieben war. So umstritten dieser Schritt war, die Moral und die Geschichte haben Erhard recht gegeben. Die Aufnahme diplomatischer Beziehungen zu Israel bleibt in der Langzeitperspektive das wichtigste außenpolitische Ergebnis von Erhards Kanzlerschaft.

Für die Zeitgenossen war ein anderes Ereignis im Jahr 1965 mindestens ebenso wichtig: der Staatsbesuch des britischen Königspaares. Zehn Maitage lang sonnte sich die Bundesrepublik im Blitzlichtgewitter der internationalen Boulevardpresse und im Glanz der königlichen Hoheiten. Die deutschen Gazetten und Hochglanzillustrierten berichteten kaum noch über etwas anderes. Kein Zweifel, der Besuch der damals noch jugendlich-schönen Queen Elisabeth II. und ihres Mannes Prinz Philip war *das* repräsentative Ereignis des Jahres. Der Pomp und die Pracht dieser Tage sollten noch lange über den Abend des 28. Mai hinauswirken, an dem die Staatsyacht »Britannia« mit dem königlichen Paar, illuminiert von Hunderten von Lichtern und begleitet von einem riesigen Ehrentroß kleiner Schiffe, aus dem Hamburger Hafen in das Dunkel der Nacht hinausglitt. So konnte Erhard hoffen, aus dem offensichtlich guten Einvernehmen mit Großbritannien und der internationalen Anerkennung Deutschlands, die der Queen-Besuch unter Beweis gestellt hatte, praktischen politischen Nutzen zu ziehen. Denn für den Herbst des Jahres stand die Bundestagswahl an.

Im Wahlkampf warb die CDU dabei weniger mit den Erfolgen aus Erhards Kanzlerzeit. Die waren insgesamt eher schwierig auszumachen. Aber der alte Mythos vom »Mr. Wirtschaftswunder«, dem die Bundesrepublik ihren Aufstieg aus den Trümmern verdankte, zog immer noch. Und den machte sich die CDU zunutze. Im Stile eines Karnevalsschlagers verkündete das »Ludwig-Erhard-Lied«:

>»Wir sind in all den Jahren
>mit Ludwig Erhards CDU
>doch wirklich gut gefahren...
>Der Willy ist so gut nicht...
>besser ist der Ludwig...«

Ein CDU-Wahlplakat mahnte in roten Lettern: »Es geht um Deutschland.« Darunter waren neben einer trostlosen Häuserruine, offenkundig einem Relikt des verlorenen Krieges, zwei noch unvollendete Neubauten zu sehen. Über dem frischen Dachgerüst thronte in strahlendem Grün der Richtbaum – als Symbol für den wirtschaftlichen Wiederaufstieg Deutschlands, der, so suggerierte das Plakat, Ludwig Erhard und der CDU zu verdanken sei. Ein Bild voll Optimismus und Zuversicht: »Es geht um Deutschland.«

Es ging vor allem aber auch um Ludwig Erhard, um die Kanzlerschaft aus eigenem Recht. Bislang hatte er ja »nur« während einer laufenden Legislaturperiode, gewissermaßen mitten im Rennen, die Regierungszügel übernommen. Damit hatte er sich wie ein Kuckuck ins gemachte Nest gesetzt. Viele »Parteifreunde« sahen das so, auch wenn der Vergleich natürlich hinkte. Schließlich hatte Adenauer ja alles unternommen, um seinem ungeliebten Nachfolger dieses Nest zum Fakirbrett zu machen. Diesmal mußte Erhard beweisen, daß er eine Bundestagswahl allein gewinnen konnte. Versagte er, so würde er gnadenlos aus dem Weg geräumt. Erhard wußte das. Es ging um sein politisches Überleben.

Schenkte man den aktuellen Umfragen Glauben, dann sah es um Erhards Zukunft schlecht aus. Zwar lagen seine persönlichen Sympathiewerte weit vor denen seines sozialdemokratischen Herausforderers Willy Brandt. Doch was ihre Parteien anbelangte, so prognostizierten die Demoskopen ein Kopf-an-Kopf-Rennen zwischen Union und SPD. Eine klare Mehrheit zeichnete sich für keine der beiden Volksparteien ab. So wurde laut über die Möglichkeit einer großen Koalition nachgedacht, etwa vom CDU-Parteivorsitzenden und Altkanzler Konrad Adenauer. Daß er damit die Wahlchancen seiner Partei eher schmälerte, kümmerte Adenauer ebensowenig wie die Tatsache, daß er selbst noch im Jahr 1957 einen potentiellen Wahlsieg der Sozialdemokraten mit dem Untergang Deutschlands gleichgesetzt hatte. All das zählte nicht gegenüber der Möglichkeit, seinem verhaßten Nachfolger schaden zu können. Denn Erhard galt als Freund der Liberalen, als Verfechter der kleinen Koalition *par excellence*.

Doch Erhard glaubte unverzagt an seinen Sieg. Sein sprichwörtlicher Optimismus war ungebrochen. Voller Elan stürzte er sich in den Wahlkampf. »Er, der sonst so Zurückhaltende, genoß sichtlich die turbulente Atmosphäre in den Sälen und auf den Marktplätzen, die Tuchfühlung mit den Bürgern, das ganze Drum und Dran mit der heranbrausenden Wagenkolonne, den dröhnenden Lautsprechern, den Zwischenrufen und Ovationen«, berichtet der *FAZ*-Journalist Fritz Ullrich Fack. In sechs Wochen absolvierte er über 500 Wahlveranstaltungen. Der Bezeichnung »Wahlkampflokomotive« machte Erhard alle Ehre, auch im wörtlichen Sinne: Ein gemieteter Sonderzug der Bundesbahn wurde in diesen Wochen zu seinem zweiten Zuhause. Kernstück des Kanzlerzugs war der Salonwagen, der 1937 für Reichsmarschall Hermann Göring gebaut worden war und bis zu seiner Ausmusterung 1974 den vier Bundeskanzlern Adenauer, Erhard, Kiesinger und Brandt diente. Heute ist der »Kanzlerwagen« im Bonner Haus der Geschichte zu bewundern.

Wahlkampfzeit ist traditionell die Zeit starker Worte. Da machte auch Erhard keine Ausnahme. Wieder und wieder betonte er seine Verdienste um den Aufbau der Bundesrepublik. »Kaum ein anderer als ich hat das Deutschland der Nachkriegszeit so sehr geformt und ihm seinen Stempel aufgeprägt.« Derlei Selbstlob mußte süffisante Kommentare provozieren, wie etwa den des Journalisten Georg Schröder im *Spiegel*: »Erhard hat die Erinnerung an seine großen Taten in der Vergangenheit auf Flaschen gezogen. Immer wenn ein Sturm der Kritik die schwache Flamme seines Optimismus auszulöschen droht, entkorkt er eine Flasche Erhard-Spätlese, Originalabfüllung, Jahrgang 1948, und läßt den Inhalt, süß wie Likör, über seine Zunge rinnen.«

Neben viel Eigenlob verteilte Erhard auch kräftige Schläge gegen den politischen Gegner. Der SPD, die von ihrem früheren Kampf gegen die soziale Marktwirtschaft längst Abschied genommen hatte, warf er Heuchelei vor: »Die Sozialdemokraten sind nicht mehr die Blindgänger, sondern die Blindschleichen der sozialen Marktwirtschaft; sie wollen sich in dem von uns Geschaffenen warm einnisten.«

Fühlte sich Erhard auf seinem ureigensten Feld attackiert, der Wirtschaftspolitik, so reagierte er mit einer Schärfe, die dem sonst so harmonisch-gemütlich wirkenden Kanzler niemand zugetraut hätte. Etwa als der Kanzlerkandidat der SPD, Willy Brandt, die geringfügig steigende Inflationsrate mit der Kritik an Erhards Führungsqualitäten in Verbindung setzte und verkünden ließ, auch ein schwacher Kanzler mache die D-Mark nicht wieder hart. »Ich habe schon an der Deutschen Mark und ihrer Stabilität gearbeitet, als Herr Brandt überhaupt noch nicht wieder deutschen Boden betreten hatte«, polterte ein erzürnter Erhard mit hochrotem Kopf vom Rednerpult. Erhard spielte damit auf die Jahre an, die Willy Brandt während der nationalsozialistischen Diktatur im norwegischen Exil verbracht hatte. Das war populistisch, historisch nicht korrekt und eigentlich unter Erhards Niveau. Aber es waren andere rhetorische Entgleisungen der »Wahlkampflokomotive« Erhard, die für Furore sorgten.

»Neuerdings ist es ja Mode, daß die Dichter unter die Sozialpolitiker und die Sozialkritiker gegangen sind. Wenn sie das tun, ist das natürlich ihr gutes demokratisches Recht. Dann müssen sie sich aber auch gefallen lassen, so angesprochen zu werden, wie sie es verdienen, nämlich als Banausen und Nichtskönner, die über Dinge urteilen, von denen sie einfach nichts verstehen. Die sprechen von Dingen, bei denen sie von Tuten und Blasen keine Ahnung haben. Sie begeben sich auf die Ebene eines kleinen Parteifunktionärs und wollen doch mit dem hohen Grad eines Dichters ernst genommen werden. Nein, so haben wir nicht gewettet. Da hört der Dichter auf, da fängt der ganz kleine Pinscher an, der in dümmster Weise kläfft.«

Was trieb einen akademisch gebildeten Menschen wie Erhard zu derlei Polemik? Günter Grass und Rolf Hochhuth, zwei der bekanntesten Schriftsteller der sechziger Jahre, hatten im Wahlkampf offen zugunsten der SPD Partei ergriffen. Hochhuth zum Beispiel hatte in einem Buch mit dem Titel »*Plädoyer für eine neue Regierung*« einen Beitrag über die Gesellschaft und Wirtschaft der Bundesrepublik veröffentlicht, für dessen weite Verbreitung der *Spiegel* durch einen Vorabdruck sorgte. In diesem Aufsatz warf Hochhuth der CDU »menschenfresserische« Haltung gegenüber den Arbeitern vor und forderte mit Formulierungen wie »Es stinkt im Staate der Erhardschen Marktwirtschaft« eine radikale Sozialreform. Das war starker Tobak, den Erhard mit gleicher Münze heimzahlte. Menschlich war das zwar verständlich, jedoch nicht der Würde eines Bundeskanzlers angemessen. »Es gibt einen Intellektualismus, der kippt in Idiotie um«, schnaubte Erhard. »Ich kann die unappetitlichen Entartungserscheinungen der modernen Kunst nicht mehr ertragen, da geht mir der Hut hoch.« Das war unterstes Stammtischniveau.

Beim einfachen Wahlvolk kamen solche Parolen zwar gut an, aber seinem Ruf in der Geschichte hat Erhard damit beträchtlichen Schaden zugefügt. Wer heute über das Verhältnis von Geist und Macht, von Intellektuellen und Staat räsoniert, verweist gewöhnlich vielsagend darauf, daß noch in den sechziger Jahren ein deutscher Bundeskanzler »die« Intellektuellen als »Pinscher« beschimpft und damit seinem Verständnis vom richtigen Umgang mit ihnen Ausdruck gegeben habe. Solch ein Urteil, vorschnell dahingesprochen, ist freilich phärisäerhaft und wird Ludwig Erhard nicht gerecht. Diese Fehde focht er schließlich nur mit einer kleinen Gruppe Linksintellektueller aus. Ansonsten war Erhard eher um ein gutes Verhältnis zu Intellektuellen bemüht. Anders als Adenauer pflegte er fruchtbare Kontakte zu Wissenschaftlern, bildenden Künstlern, Musikern, Schauspielern, Kabarettisten, Dichtern, Schriftstellern und Journalisten. Zwar hatte sich die vielbeschworene »Brigade Erhard« nach Erhards Einzug ins Kanzleramt aufgelöst, doch an ihrer Stelle wurde ein Beraterstab geschaffen, in dem unabhängige, weder der Administration noch der Partei verpflichtete Persönlichkeiten mit Beamten des Kanzleramts zusammenarbeiteten. Diesem sogenannten »Sonderkreis« gehörten etwa der Publizist Rüdiger Altmann, der Journalist Johannes Gross, der Psychologe Manfred Koch und der Wahlforscher Rudolf Wildenmann an. In diesem Beratergremium war zum Beispiel das bereits erwähnte umstrittene Konzept der »formierten Gesellschaft« erdacht und entwickelt worden, das dann von Erhard bereitwillig aufgegriffen wurde.

Erhard kann auch nicht unterstellt werden, ein kleinbürgerlicher Spießer, ein Kunstbanause gewesen zu sein, wie es Günter Grass im Zorn getan hat. Erhard pflegte eine hingebungsvolle

Liebe zur Musik. Seine umfangreiche Schallplattensammlung umfaßte eine große Spannbreite klassischer Komponisten, von Händel, Bach, Mozart und Beethoven über Gluck und Chopin bis hin zu Richard Strauss, den er persönlich gekannt hatte. Besonders gerne entspannte sich der Kanzler abends bei einem Glas Whisky-Soda und den Klängen von Antonin Dvořaks Symphonie »Aus der neuen Welt«. Außerdem mochte Erhard amerikanische Gospelsongs und deutsche Marschmusik, vor allem den Hohenfriedberger Marsch. Mit moderner atonaler Musik konnte man ihn »freilich jagen«. Eine ausgesprochene Vorliebe hegte er hingegen für zeitgenössische Architektur.

»Als erster Politiker verschaffte Ludwig Erhard der durch das ›Dritte Reich‹ in ihrer Entwicklung unterbrochenen Moderne der zwanziger Jahre wieder offizielle Geltung, wenn auch nicht überall Zustimmung«, berichtet der Historiker Klaus Hildebrand, wohl der intimste Kenner der Kanzlerschaft Ludwig Erhards. Bestes Beispiel dafür war der heftig umstrittene »Kanzlerbungalow«, die unter Erhard neu errichtete Dienstwohnung des Bundeskanzlers im Garten des Palais Schaumburg. Dieser Bau aus Beton, Metall, unverputztem Klinker und viel Glas ist nach allen Seiten offen, schottet sich nicht ab, panzert sich nicht ein. Erhard wollte den Kanzlerbungalow als demokratische Architektur verstanden wissen – voller Würde, aber ohne hohles Repräsentationsbedürfnis. Das entsprach seinem eigenen Politik- und Amtsverständnis: »Sie lernen mich besser kennen, wenn Sie dieses Haus ansehen, als etwa wenn Sie mich eine politische Rede halten hören«, diktierte er den Journalisten in die Feder. Die Presse sah das anders: »Von einer Intimität kann keine Rede sein. Der Kanzler, der sich in sein Heim zurückziehen will, um sich den Augen der Öffentlichkeit für einige Stunden zu entziehen, lebt privat wie hinter dem Schaufenster eines Möbelgeschäftes«, schrieb die Zeitung *Christ und Welt*. Kübelweise goß die Presse höhnischen Spott und ätzende Kritik über den Bau. Der »Swimmingpool« im Atrium, mit drei mal sechs Metern eher ein Planschbecken, wurde besonders heftig angefeindet und verhalf Erhards neuem Zuhause zu den Spitznamen »Palais Schaumbad« und »Ludwigslust«. Dem Maßhalte-Kanzler wurden die Baukosten von 2,08 Millionen Mark vorgeworfen, dabei lag dieser Preis sogar noch unter dem Kostenvoranschlag. Letztlich erschien vielen im Land von Nierentischbehaglichkeit und Gelsenkirchener Barock der Komplex einfach zu avantgardi-

»Ende eines Mythos...« Der gestürzte Kanzler verläßt das Palais Schaumburg, 1966

Das Symbol, das seine Kraft verloren hatte, wurde beiseite gestellt – das ist Schicksal und Tragik Ludwig Erhards.

Gerhard Schröder, ehemaliger Bundesaußenminister

Es gibt nur ein Mittel, mich aus dem Amt zu entfernen, das ist das konstruktive Mißtrauensvotum. Aber den Scherbenhaufen möchte ich sehen, den es dann gäbe. Es soll erst einmal einer kommen, der es besser macht als ich.

Erhard

*»Privat ein geselliger Mensch...«
Erhard mit Enkelin Sabine*

Der gute Mensch vom Tegernsee.

Hans Georg von Studnitz, Publizist

Im politischen Betrieb Bonns war Erhard eigentlich nie »zu Hause«. Dort hatte er Ärger zu überwinden, Mißgunst zu ertragen, Zweifler abzuwehren. Das tat dem sensiblen Mann weh...

Rainer Barzel, ehemaliger CDU/CSU-Fraktionsvorsitzender

stisch. Erhard hingegen fühlte sich sichtlich wohl in dem Bau des Architekten Sep Ruf, seines Freundes, der für ihn schon 1951 sein zweites privates Domizil am bayerischen Tegernsee entworfen hatte. Nicht nur im Äußeren glichen sich beide Gebäude: Auch am Tegernsee hatte die ortsfremde Modernität des Bungalowstils für kontroverse Diskussionen gesorgt, zumal das Baugelände auf dem Ackerberg eigentlich Naturschutzgebiet war. Die Einheimischen nannten den Bau despektierlich »Tankstelle«. Nachdem der erste Wirbel sich jedoch gelegt hatte, wurde Erhard in diesem vielleicht schönsten Winkel Oberbayerns zum gerngesehenen Nachbarn. Häufig zog er sich an diesen Ort der Stille und Erholung zurück – zu oft, wie wiederum die Kritiker bemängelten. Aber die regten sich ebenso über die zahlreichen Reisen des Kanzlers auf.

Die Wahlkampfreise jedenfalls war für Erhard am 19. September 1965 mit der Wahl zum fünften Deutschen Bundestag vorbei. Entgegen dem vorhergesagten Kopf-an-Kopf-Rennen mit der SPD erwies sich die Union mit 47,6 Prozent der abgegebenen Stimmen klar als stärkste Kraft und verfehlte nur knapp die absolute Mehrheit. Mit 39,3 Prozent landete die SPD abgeschlagen auf Platz zwei. Kanzlerkandidat Brandt dachte schon ans Aufgeben und zog sich vorerst resigniert nach Berlin zurück.

Ludwig Erhard hatte sich wieder einmal als »Wahlkampflokomotive« bewährt. Nach außen erschien er als strahlender Sieger, doch es war ein Pyrrhussieg. Die Verhandlungen über die Regierungsbildung gestalteten sich unerwartet kompliziert und enthüllten schonungslos, wie brüchig Erhards Machtbasis trotz des überzeugenden persönlichen Wahlerfolgs war. Nach der Wahl entfiel der einigende Außendruck. In der Union entbrannten erneut die innerparteilichen Kontroversen in verletzender Schärfe. Die »Gaullisten« bliesen abermals zum Sturm auf die »Atlantiker«, indem sie eine Wiederernennung von Gerhard Schröder zum Außenminister zu verhindern suchten.

Auch zwischen den Koalitionsparteien wurde das Klima rauher. Die Liberalen, bislang Erhards treue Verbündete, hatten viele Wähler an seine Partei verloren und bemühten sich deshalb krampfhaft, künftig in der Regierung eigenes Profil zu zeigen. Erhard selbst war krank. Er litt unter einer während des Wahlkampfs verschleppten, nie vollständig auskurierten Grippe. Infolgedessen war er noch entscheidungsunwilliger als gewöhnlich. Quälend lange zog sich die Regierungsbildung hin.

Der Kanzler erschien als Getriebener der Umstände, nicht als ihr Herr und Steuermann. In Bonn machte wiederum das böse Wort vom »Gummilöwen« und vom »Übergangskanzler« die Runde. Auch in der Union waren diese Stimmen immer lauter zu vernehmen. Kaum hatte die »Wahlkampflokomotive« Erhard ihre Schuldigkeit getan, dachte man daran, sie auszurangieren und aufs Abstellgleis zu schieben. Seit dem Herbst 1965 ging es für Erhard jedenfalls abwärts. Nichts schien seiner Regierung mehr gelingen zu wollen.

Die Stimmung im Land schlug um. Eine geradezu unerträgliche Spannung schien über der Republik zu liegen. Franz Josef Strauß jedenfalls meinte, die momentane Situation lasse sich mit »fünf Us« charakterisieren: Ungewißheit, Unsicherheit, Unbehagen, Unruhe und Unzufriedenheit. Die Vorboten eines gesellschaftlichen Umbruchs tauchten auf. Es kam zu ersten studentischen Protestbewegungen – und es begann jene Entwicklung, die im Jahr 1968 ihren Höhepunkt erreichte.

Das Unbehagen, das sich wie ein bleierner Schleier über die Bundesrepublik zu senken begann, hing zum Teil gewiß mit einem Mentalitätswandel zusammen, der mit rationalen Gründen nur unzulänglich erklärt werden kann. Er hatte aber zugleich auch handfeste Ursachen, für die man die Regierung Erhard verantwortlich machte.

Da kam vieles zusammen. Erhards Unentschlossenheit, Wankelmut und Führungsschwäche verbreiteten den Eindruck innenpolitischer Stagnation. Auch in der Außenpolitik schien Bonn in einer Sackgasse zu stecken. De Gaulle legte mit seiner »Politik des leeren Stuhls« die europäische Wirtschaftsgemeinschaft lahm. Durch den Auszug Frankreichs aus der Militärstruktur der NATO bedrohte er den Zusammenhalt des für die deutsche Sicherheit so überaus wichtigen westlichen Militärbündnisses. Der Spagat zwischen Paris und Washington wurde für die Bundesregierung zunehmend schwieriger. Die USA, der wichtigste Partner für die Regierung Erhard, versanken immer tiefer im Morast des Vietnamkriegs und zeigten ein wachsendes Desinteresse an ihrem ständig nach liebevoller Zuwendung und Bestätigung heischenden Verbündeten Deutschland. Auch bezüglich der Außenpolitik entstand daher der Eindruck von Perspektivlosigkeit.

Gleichzeitig wurde die Bundeswehr durch eine Serie von Flugzeugabstürzen erschüttert. Der »Starfighter«, die Lockheed

F-104G, ein jüngst von den USA erworbenes Kampfflugzeug der Luftwaffe, war den vielfältigen Aufgaben offenkundig nicht gewachsen. Dies war ein veritabler Beschaffungsskandal. Mehr noch: Die »Startfighter« wurden zu »Witwenmachern« der Bundeswehr. Reihenweise fielen sie vom Himmel, 26 Maschinen allein bis Mitte 1965. 15 Piloten starben. Opposition und Öffentlichkeit forderten im Herbst 1966 den Kopf von Verteidigungsminister Kai-Uwe von Hassel, der selbst einen Sohn unter den Opfern zu beklagen hatte. Mit dem Verteidigungsminister geriet die gesamte Regierung unter Druck.

Probleme erwuchsen Erhards Kabinett aber vor allem aus der wirtschaftlichen Entwicklung. Die seit 1950 anhaltende Hochkonjunktur schwächte sich ab. An sich war das nichts Bedrohliches. Die Preise waren stabil, es herrschte praktisch Vollbeschäftigung, und noch immer wuchs die Wirtschaft, nur eben langsamer und nicht mehr so rasant. Für den Ökonomen Erhard war dies eine natürliche Entwicklung. Er hatte sie vorausgesehen und schon lange vor einer Überhitzung der Konjunktur gewarnt, die Bürger zum Maßhalten aufgefordert. Für ihn bestand kein Grund zur Sorge.

Seine Landsleute sahen das anders. Den von den Wirtschaftswunderjahren verwöhnten Deutschen erschien die Entwicklung als bedrohlicher Konjunktureinbruch, als möglicher Beginn einer schweren Rezession. Mit Unmut reagierte die Öffentlichkeit daher auf Erhards Untätigkeit. Müßte die Regierung nicht wirtschaftliche Gegenmaßnahmen ergreifen, um die bisherige Entwicklung am Laufen zu halten? Versagte Erhard jetzt auch auf seinem ureigensten Gebiet, der Wirtschaftspolitik?

Was zählte, war der kumulative Effekt all dieser Krisensymptome. Es bedurfte nur noch eines Anlasses, um das Gewitter, das sich drohend über Erhards Haupt zusammengebraut hatte, sich entladen zu lassen. Und dieser Anlaß war die Landtagswahl in Nordrhein-Westfalen.

Sommer 1966: Nordrhein-Westfalen, das bevölkerungsreichste Bundesland, litt unter den Folgen der Bergbaukrise. Immer mehr Bundesbürger heizten mit billigem Erdöl. Der Absatz von teurer Kohle stagnierte. Im Ruhrgebiet starben die Zechen – Ergebnis des wirtschaftlichen Strukturwandels, der sich schon seit den fünfziger Jahren abzeichnete. Bislang war er durch Subventionen verzögert worden. Jetzt aber begannen die Folgen des

Strukturwandels durchzuschlagen. Unrentable Zechen wurden stillgelegt. Im Ruhrgebiet wehten schwarze Fahnen. Die arbeitslosen Kumpel demonstrierten auf den Straßen. Ihr geballter Zorn traf Kanzler Erhard, der all dem tatenlos zuzusehen schien. Wahltag war Zahltag.

Bei der Landtagswahl am 10. Juli 1966 mußte die CDU eine spektakuläre Niederlage hinnehmen: eine schallende Ohrfeige für Kanzler Erhard, der sich stark im Wahlkampf engagiert und die Abstimmung zur bundespolitischen Testwahl deklariert hatte. Das Stimmungsbarometer in Erhards Partei, der CDU, zeigte nunmehr auf Sturm. Das Wahlresultat in Nordrhein-Westfalen wurde zum Fanal, gab das Zeichen zum lang erwarteten Kanzlersturz. Die »Wahlkampflokomotive« Erhard war entgleist. Jetzt war sie reif für den Schrottplatz. Die öffentliche Demontage Erhards begann, das lange, qualvolle Ende seiner Kanzlerschaft. »Auseiterungsprozeß« hat Kurt Georg Kiesinger das genannt. Der baden-württembergische Ministerpräsident sollte am Ende dessen größter Nutznießer werden.

Den Auftakt zu Erhards »Sturz auf Stottern« bildete der Rücktritt seines bislang wichtigsten Mitarbeiters, des getreuen Kanzleramtschefs Ludger Westrick. Dieser hatte es satt, derjenige zu sein, auf den die öffentliche Kritik einschlug, wenn eigentlich Erhard gemeint war. Erhard begab sich auf die Suche nach einem geeigneten Nachfolger, konnte jedoch weit und breit niemanden finden, der bereit war, den Posten des Kanzleramtschefs zu übernehmen. Niemand wollte als erster Offizier auf einem Schiff anheuern, das, bereits leckgeschlagen, unter Führung eines schwächlichen und orientierungslosen Kapitäns geradewegs in einen schweren Gewittersturm zu driften schien. So mußte Westrick kommissarisch im Amt bleiben. Für Erhard war die ganze Situation überaus peinlich.

Die nächste Stufe der Demontage Erhards war sein erfolgloser USA-Besuch im September 1966. Die Reise stand von Anfang an unter keinem guten Stern. Voll Häme kommentierte die Presse die unangemessene Größe der deutschen Reisedelegation. Denn außer dem Kanzler, dem eigentlich schon zurückgetretenen Westrick, Außenminister Schröder und Verteidigungsminister von Hassel nebst all ihren Ehefrauen befand sich auch Erhards Tochter Elisabeth samt ihrem Ehemann Dr. Klotz an Bord der Kanzlermaschine. Das führte zu bissigen Bemerkungen und Karikaturen über einen »Staatsbesuch mit Kind und Kegel«, einen verschwenderischen »Familienausflug« des Maßhalte-Kanzlers.

Eigentlich wollte Erhard durch einen glanzvollen Staatsbesuch sein ramponiertes Ansehen daheim aufpolieren. Der Kanzler hatte darauf spekuliert, in Washington einen Ausweg aus den aktuellen finanziellen Schwierigkeiten zu finden. Er wollte einen Aufschub für die amerikanischen Devisenausgleichszahlungen, die Deutschland für die zu seinem Schutz stationierten US-Truppen erstatten mußte. Der »Atlantiker« Erhard hatte sich in den letzten Jahren als besonders treuer Freund der USA erwiesen und dafür zu Hause manche Prügel und herbe Kritik einstecken müssen. Nun hoffte er dafür im Gegenzug auf eine Geste der Dankbarkeit.

Doch Erhard hatte sich in der Beurteilung der Situation fundamental getäuscht. Dankbarkeit ist keine Kategorie, die im harten politischen Tagesgeschäft zählt. Präsident Johnson steckte selbst in massiven Finanznöten. Der schmutzige Krieg in Vietnam vergiftete nicht nur zunehmend das innenpolitische Klima in Washington, sondern er riß auch immer größere Löcher in den amerikanischen Haushalt. Johnson wollte den Deutschen keine Stundung der Devisenzahlungen gewähren, die USA brauchten selbst dringend Geld. »LBJ« kam seinem »dear friend Ludwig« keinen Zentimeter entgegen – im Gegenteil: Er bestand auf der buchstabengetreuen Erfüllung der Abmachungen und setzte Erhard in einem Vieraugengespräch unter massiven Druck.

Johnson gestikulierte heftig, reckte sich zu seiner vollen, beeindruckenden Körpergröße empor und ließ seine ohnehin kräftige Stimme machtvoll anschwellen. Er überschüttete Erhard mit einem wahren Sturzbach von Anklagen und Forderungen. Der Kanzler wirkte wie ein begossener Pudel, der nicht so recht wußte, wie ihm geschah. Kleinlaut versuchte er, seine Sicht der Dinge darzustellen. Es sei bitter, vom Präsidenten zu hören, man könne dem deutschen Wort nicht mehr trauen. Es gebe wirklich keinen Grund, Deutschlands Aufrichtigkeit und Loyalität anzuzweifeln. Deutschland werde all seine Schulden begleichen, er bitte lediglich um einen Aufschub. Johnson hörte sich das Flehen des Kanzlers ungerührt an. Er blieb unerbittlich. Am Ende mußte sich die deutsche Seite verpflichten, bis Mitte 1967 den vollen Ausgleich zu leisten und der Errichtung einer

*»Keine deutschen Eltern...«
Die D-Mark und ihr Hüter Ludwig Erhard*

Erhard, dem als Kanzler wenig Glück beschieden war, ist als Vater dessen, was die Welt das Wirtschaftswunder nannte, eine Figur der deutschen und europäischen Geschichte geworden.

Willy Brandt

Glauben Sie mir bitte, Preissteigerungen sind nicht nur für die Hausfrauen und Mütter etwas Erregendes, sondern auch für mich. Die Preise stabil zu halten – das ist meine brennendste Sorge.

Erhard

An der Notwendigkeit, grundlegende Entscheidungen zu treffen, wie Ludwig Erhard sie postulierte, hat sich nichts geändert. Wir müssen fortführen, was er begonnen hat.

Kurt Biedenkopf, CDU-Politiker

deutsch-amerikanisch-britischen Expertenkommission zuzustimmen. Auch die Briten wollten nämlich seit langem mehr Geld für ihre in Deutschland stationierten Truppen.

»Ich sah Erhard, als er das Sitzungszimmer verließ«, berichtet der ehemalige US-Botschafter in der Bundesrepublik, George McGhee, der extra für den Kanzlerbesuch nach Washington zurückgekehrt war. »Er wirkte äußerst niedergeschlagen und tat mir ungeheuer leid.« Erhard ahnte wohl, daß nun daheim in Bonn die Meute seiner Gegner gnadenlos über ihn herfallen würde. Und genauso kam es.

Da nutzte es auch nicht, daß der Vorsitzende der CDU/CSU-Fraktion im Bundestag, Rainer Barzel, beschwörend verkündete: »Ludwig Erhard ist und bleibt unser Bundeskanzler.« Wer wirklich Unterstützung genießt, hat es nicht nötig, daß ihm auf diese Weise verbal der Rücken gestärkt wird. Doch Rückhalt in der Partei hatte Erhard eben nicht mehr. In der CDU begann die offene Suche nach einem Nachfolger.

Im Herbst 1966 erhöhte sich die Zahl der Arbeitslosen im gesamten Bundesgebiet auf rund 216 000. Das entsprach einer Erwerbslosenquote von 0,7 Prozent. Für den heutigen Betrachter erscheinen diese Zahlen geradezu paradiesisch, doch bei den Zeitgenossen ließen sie alle Alarmglocken schrillen. Krisenhysterie machte sich breit. War dies der Beginn einer neuen Wirtschaftskrise? Auch die Weltwirtschaftskrise hatte klein begonnen! Wie am Ende der zwanziger Jahre trieb, so schien es, auch die Furcht vor einem wirtschaftlichen Abstieg Wähler in die Arme von Parteien am äußersten rechten Rand des politischen Systems. Die Nationaldemokratische Partei Deutschlands (NPD) zog in den hessischen und bayerischen Landtag ein. War Bonn doch Weimar?

Erhard bekam die Lage nicht mehr in den Griff. Die Regierung konnte sich nicht einigen, wie das neu entstandene Loch im Haushalt zu stopfen sei. Wegen der ungelösten Haushaltsfrage zerbrach am 27. Oktober die Koalition mit der FDP. Für einige Wochen regierte Erhard als Kanzler eines Minderheitskabinetts. Doch den Lauf der Ereignisse bestimmten längst andere, über seinen Kopf hinweg.

Helmut Kohl, damals Fraktionsvorsitzender im rheinland-pfälzischen Landtag, beendete das beschämende Gerangel um Erhards Posten innerhalb der CDU. Er zerschlug den gordischen Knoten, indem er offen die Namen von vier möglichen Nachfolgekandidaten auf den Tisch brachte. Das waren Bundestagspräsident Eugen Gerstenmaier, Fraktionsvorsitzender Rainer Barzel, Außenminister Gerhard Schröder und der baden-württembergische Ministerpräsident Kurt Georg Kiesinger, der schließlich das Rennen machte. Er bildete zusammen mit der SPD eine Regierung der großen Koalition. Am 1. Dezember wurde Ludwig Erhard als Bundeskanzler entlassen, am selben Tag Kiesinger im Bundestag zu seinem Nachfolger gewählt.

Um Ludwig Erhard wurde es einsam. Die Vorgänge der jüngsten Zeit, die Kritik, die Ränke und Intrigen, hatten ihn im tiefsten Inneren schwer verletzt. Seinen Sturz hat er nie vollkommen verkraftet. In die politische Öffentlichkeit ist Erhard bis zu seinem Tod am 5. Mai 1977 eigentlich nur ein einziges Mal zurückgekehrt. Im Wahlkampf 1972 prangte er gemeinsam mit Karl Schiller, seinem wohl bekanntesten Nachfolger als Wirtschaftsminister, der inzwischen aus der SPD ausgetreten war, erneut als »Gralshüter der sozialen Marktwirtschaft« von allen Litfaßsäulen. Erhards Ruf als großer Ökonom hat seine Hilflosigkeit in der wirtschaftlichen und politischen Krise 1966 nicht dauerhaft geschadet. Viele Zeitgenossen sahen vielmehr bald wie Erhard selbst seinen Sturz vom Kanzlerthron primär als eine Folge persönlicher Querelen an. Ein Buch mit dem vielsagenden Titel »*Attentat auf Deutschlands Talisman*« erschien schon ein Jahr später und versuchte genau das zu beweisen. Adenauers Kommentar über das Ende seines verhaßten Nachfolgers spricht Bände: »Hauptsache, et is einer wech!« Die ständigen Querschläge des »Alten« und der Heckenschützen aus der Partei, die Erhard in den Rücken trafen, waren sicher eine wichtige Voraussetzung für seinen Sturz. Doch dies ist eben nur ein Teil der Wahrheit.

Als Bundeskanzler ist Erhard aus vielen Gründen gescheitert. Das lag einerseits an den Zeitumständen, andererseits an ihm selbst. Die Zerstrittenheit seiner Partei hat Erhard nicht verursacht. Doch er konnte die Gegensätze auch nicht ausgleichen oder zumindest ausbalancieren. Er hat sie manchmal sogar eher noch vertieft und durch seine Führungsschwäche gefördert. Die wirtschaftliche Konjunkturabflachung, die »Rezession« von 1966, ist Erhard kaum allein anzulasten, zumal es sich um eine »Krise« handelte, die weniger auf ökonomischen Fakten als auf psychologischen Wahrnehmungen beruhte. Doch Erhard mußte sich den Vorwurf gefallen lassen, die Ängste und Befürchtungen der Bevölkerung unterschätzt zu haben. Hier fehlte ihm das politische Feingespür. Deshalb stand er der aufkeimenden Krisenhysterie so fassungslos gegenüber.

Am Ende von Erhards Kanzlerschaft steckte die deutsche Außenpolitik in einer tatsächlichen Krise. Auch das war nur zum Teil Erhards Schuld. Denn das Erbe, das Adenauer seinem Nachfolger hinterließ, war nicht so wohlgeordnet, der Glorienschein des ersten Bundeskanzlers nicht so strahlend, wie dies oft gerne verklärend dargestellt wird. Auch ein Politiker, der größere Tatkraft, größere Entschlossenheit und größere Skrupellosigkeit besessen und über mehr außenpolitische Erfahrung verfügt hätte als Erhard, wäre wie er an den gleichen Problemen gescheitert. Erhard konnte nichts dafür, daß sich die Vereinigten Staaten dem Vietnamkrieg zu- und von Europa abwandten. Er war auch nicht für de Gaulles eigenwillige Politik gegenüber den europäischen Nachbarn und Amerika verantwortlich zu machen.

Aber man kann Erhard zu Recht vorwerfen, daß er gute Beziehungen zu Frankreich allzusehr dem Bündnis mit den USA unterordnete. Man kann ihm vorhalten, daß sein Vertrauen in die Amerikaner allzu groß war und seine politischen Einschätzungen insgesamt zu naiv. »Seit Ludwig Erhard wissen wir, daß nicht nur Politik schädlich für den Charakter, sondern Charakter auch schädlich für die Politik ist.« Dieser Ausspruch des Journalisten Johannes Gross bündelt schlaglichtartig das größte Problem von Erhards Kanzlerschaft: Erhard war zu wenig ränkevoller Machtpolitiker, er war zu sehr Mensch: »der gute Mensch vom Tegernsee«. Ein Mann in höchster Regierungsverantwortung jedoch muß mit einem gesunden Schuß Machiavellismus und einer gehörigen Portion Skrupellosigkeit ausgestattet sein – Voraussetzungen, die Erhard beide nicht erfüllte. Vor allem aber muß ein Bundeskanzler seine Regierung, seine Partei und das Land insgesamt mit starker Hand führen können, ohne übermäßig auf andere zu hören. Erhard konnte und wollte das nicht. »Er war ein Mann des Zögerns«, sagte Gerhard Schröder, sein Außenminister, »nicht nur aus seinem Temperament, sondern auch aus seiner politischen Philosophie heraus.« Er war eben Wissenschaftler, ein Professor, kein Politiker. Zumindest kein erfolgreicher Bundeskanzler. Adenauer hatte es geahnt. 1966 triumphierte der »Alte« über den »Dicken«.

»Was würde Erhard heute tun…?« Erhard an seinem 80. Geburtstag, 1977

Weltweit existieren nur wenige Politiker und Ökonomen, die ich so schätze wie Ludwig Erhard.

Václav Klaus, ehemaliger tschechischer Ministerpräsident

Das Vertrauen in Ludwig Erhards Botschaft war ohne Zweifel eine der wichtigsten Antriebskräfte bei der gewaltigen Aufbauleistung unseres Volkes nach dem Kriege.

Helmut Schmidt

Im Hintergrund der deutschen Seele glimmt jedenfalls noch immer Ludwig Erhards Zigarre und setzt beruhigende Rauchzeichen.

Ludolf Herrmann, Journalist

Und doch ist es Ludwig Erhard, dem die Geschichte einen späten Triumph bereitet.

Im kollektiven Gedächtnis der Deutschen wird Erhard immer der erfolgreiche Wirtschaftsminister bleiben, der »Vater des Wirtschaftswunders«, der Mann, der »Wohlstand für alle« versprach und für sehr viele auch schuf. Ludwig Erhard gilt noch heute als Inbegriff des erfolgreichen Ökonomen – selbst wenn neuere Studien wie die des Mainzer Wirtschaftshistorikers und Erhard-Biographen Volker Hentschel hinter diese Aussage ein kritisches Fragezeichen setzen. Friedrich August von Hayek, der Nobelpreisträger für Wirtschaftswissenschaften, sah dies anders: »Unter allen Ökonomen, die ich gekannt habe, bin ich keinem begegnet, der einen solchen Instinkt für das Richtige gehabt hat wie Ludwig Erhard.«

Die Frage »Was würde Adenauer heute dazu sagen?« fällt niemandem ein. Die Frage »Was würde Ludwig Erhard tun?« geht einem flüssig über die Lippen. Keiner nimmt daran Anstoß. Heute beanspruchen Politiker, ganz gleich aus welcher Partei, Ludwig Erhards Erbe für sich – nicht nur in Deutschland, auch international. »Zur Vorbereitung der Wirtschaftsreformen in unserem Land habe ich als erstes das Buch von Ludwig Erhard gelesen.« Kein Geringerer als der russische Präsident Boris Jelzin hat dies gesagt. Lesen heißt zwar nicht gleich, auch die richtigen Folgerungen aus der Lektüre zu ziehen. Aber: Welcher andere Bundeskanzler kann schon von sich behaupten, daß seine Ideen nach so langer Zeit ähnliche Popularität besitzen?

DER VERMITTLER
Kurt Georg Kiesinger

Mir ist ganz bonnig zumute!

Ich werde stark regieren, aber dem deutschen Volke diese Stärke nicht in Varieté-Nummern vorspielen

Unheil entsteht, wenn jemand, der den Auftrag zur Regierung bekommt, nicht regiert

Es ist nicht so, daß die Revolution nur ihre Kinder frißt. Sie frißt auch ihre Opas

Als Kanzler einer großen Koalition muß man manches, was man gern sagen möchte, bei sich behalten

Ich habe manchmal das Gefühl gehabt: Ich bin eher Inhaber einer Reparaturwerkstatt als eines Großbetriebes

Vielleicht habe ich manchmal wirklich zu lange gezögert

Kiesinger

Ich habe schon vorher zu meiner Frau gesagt: Wenn wir die große Koalition bekommen, habe ich viel Zeit. Einigkeit ist Trägheit. Ich muß mir eine Freundin anschaffen oder ein Buch schreiben.

Hans Apel, SPD-Politiker

Es entsprach Brandts Bewußtsein, daß ein Mitglied der NSDAP und ein Antinazi als Kanzler und Vizekanzler die Wirklichkeit des Landes und die Notwendigkeit der Versöhnung spiegeln.

Egon Bahr, SPD-Politiker

Freiheitliche Politik bedeutet für Kurt Georg Kiesinger Übernahme von Verantwortung, »für die man weder sein Geld noch seine Zeit noch sein Leben sparen soll«. Für Kiesinger ist dieser Satz Alexis de Tocquevilles Leitmotiv seines Handelns geworden.

Helmut Kohl

Man wird Kiesingers Leistung nicht gerecht, würde man ihn lediglich als »Übergangskanzler« sehen. Die Situation, in die Kiesinger hineingestellt war, ließ Spektakuläres nicht zu.

Helmut Schmidt

Kiesinger besaß als Bundeskanzler die Fähigkeit, seine Autorität wie selbstverständlich zur Geltung zu bringen.

Gerhard Stoltenberg, ehemaliger Bundesminister

Ich habe viel von ihm gelernt, vor allem von seiner unermüdlichen Geduld und seiner schier unbegrenzten Fähigkeit, Verhandlungen mit größtem Gleichmut zu führen.

Franz Josef Strauß, ehemaliger CSU-Vorsitzender

Kiesinger war eine Führungspersönlichkeit ohne bürokratische Akribie, ein Mann mit großem geistigen Hintergrund, mit der Fähigkeit, die wesentlichen Ziele zu benennen und durchzusetzen.

Bernhard Vogel, ehemaliger rheinland-pfälzischer und jetziger thüringischer Ministerpräsident

In Kiesinger fanden wir einen typischen Vertreter der Christlich-Demokratischen Partei, mit eher kontinentalen Neigungen und einer Vorliebe für den französischen Nachbarn, einen überzeugten Antikommunisten, aus diesem Grunde auch um die USA bemüht.

Maurice Couve de Murville, damals französischer Außenminister

Kiesinger ist ein geistig geprägter Politiker. Nicht die Taktik stand für ihn im Vordergrund, sondern der innere Sinn der Politik und ihre vernünftige Begründbarkeit.

Richard von Weizsäcker

Zwischen Kiesinger und mir lag kein Graben, aber jener Abstand, den die unterschiedlichen Lebenswege und Lebensinhalte geschaffen hatten.

Willy Brandt

Kiesingers Begabung zu plaudern wurde nur noch von seiner Fähigkeit übertroffen, Entscheidungen zu vertagen.

Horst Ehmke, SPD-Politiker

Herr Strauß hat den Herrn Kiesinger als Pappkameraden und Bundeskanzler erfunden.

Günter Grass, Schriftsteller

Mir hat Konrad Adenauer kurz vor seinem Tod gesagt, dieser Weichling hätte eigentlich kein Amt in unserem Staat kriegen dürfen.

Walter Scheel, ehemaliger FDP-Oppositionsführer

Die deutsche Presse in ihrer Gesamtheit hätte diesen obskuren Kanzler verhindern müssen.

Heinrich Böll, Schriftsteller

Selbst das »Ausklammern« unlösbarer Streitpunkte, das ihm oft zum Vorwurf gemacht worden ist, zeigt doch nur, daß er das so notwendige Gespür für das politisch Richtige zum richtigen Zeitpunkt besaß.

Reinhard Schmoeckel, Mitarbeiter Kiesingers

Die adrette junge Frau mit den kurzgeschnittenen braunen Haaren war mit einem einzigen Ziel nach Berlin gekommen: Sie wollte dem Bundeskanzler eine Ohrfeige verpassen. Seit Monaten schon war sie ihm auf den Fersen, aber nie dicht genug an ihn herangekommen. Doch an diesem Morgen des 7. November 1968, auf dem Bundesparteitag der CDU in Berlins Kongreßhalle, der »schwangeren Auster«, klappte alles wie am Schnürchen. Am Eingang hatte sie den nicht mehr gültigen Presseausweis ihres Mannes, des französischen Journalisten Serge Klarsfeld, gezückt und war von den Saalordnern durchgelassen worden. Nun schlängelte sie sich durch die Reihen der Christdemokraten, die an diesem letzten Tag ihres Konvents schon Zeichen von Ermüdung zeigten. Während am Rednerpult die Zukunft der Union beschworen wurde, saß Bundeskanzler Kurt Georg Kiesinger am Vorstandstisch und war damit beschäftigt, seine Unterschrift unter Autogrammkarten zu setzen. Auf einmal pirschte sich die »Attentäterin« von hinten an ihn heran und versetzte ihm mit dem Ruf »Nazi, Nazi« mit dem Handrücken einen Schlag ins Gesicht. Der Kanzler erstarrte einen Augenblick vor Schreck, als könnte er die unerwartete Attacke nur schwer einordnen, dann griff er sich an sein linkes Auge.

Im Saal hatte niemand etwas bemerkt. Wahrscheinlich wäre der Vorfall völlig untergegangen, wäre der CDU-Generalsekretär nicht aufgesprungen, um die Angreiferin zu packen – und hätte sich der Versammlungsleiter nicht ans Rednerpult gestellt, um dem Publikum zu verkünden: »Meine Damen und Herren, es ist etwas Unerhörtes passiert – der Herr Bundeskanzler wurde geohrfeigt.« Ab sofort befand sich der Saal in heller Aufregung. Die Delegierten, die erst drei Tage zuvor ihren Kanzler ausgezischt hatten, weil dieser eine Fortsetzung der großen Koalition mit den Sozialdemokraten bis 1973 in Aussicht gestellt hatte, erhoben sich nun und klatschten ihrem Kanzler und Parteivorsitzenden demonstrativ Beifall. Ein Arzt untersuchte Kiesingers Auge und konstatierte eine leichte Bindehautentzündung. Zwei

Stunden später spielte der Kanzler auf einer abschließenden Pressekonferenz die Angelegenheit noch herunter und erklärte, er wolle die »körperliche Attacke« einer jungen Frau nicht so ernst nehmen. Im Auto aber, auf dem Weg zum Flughafen, unterzeichnete er auf Drängen einiger Berater doch noch einen Strafantrag. Um 17.41 Uhr desselben Tages wurde das Verfahren gegen die 29 Jahre alte Beate Klarsfeld eröffnet. Zwei Stunden später hatte sie der Amtsrichter zu einem Jahr Gefängnis verdonnert. Mit diesem Blitzurteil, das die Schwere der Tat weit überwog, war der Skandal perfekt: Beate Klarsfeld wurde über Nacht zur Märtyrerin der »außerparlamentarischen Opposition« (APO). Die Ohrfeige für Bundeskanzler Kurt Georg Kiesinger machte Schlagzeilen – und ging in die Geschichte ein.

Bei der Angelegenheit an sich handelte es sich um eine Lappalie. Die Ohrfeige war nicht mehr als ein Klaps, der den Kanzler nicht ernstlich verletzte. Beate Klarsfelds Strafmaß wurde ein Jahr später in der Berufungsverhandlung auf vier Monate herabgesetzt, das Verfahren schließlich eingestellt. Doch der Handstreich fiel in eine spannungsgeladene Zeit, in der kleine Gesten große Wirkung hatten. »Die Ohrfeige« war der symbolische Moment in einem Konflikt, der die Regierungszeit des dritten Kanzlers der Bundesrepublik prägte und auch auf die Person Kiesingers zielte. Sinnbildliche Geste des Aufstands der Söhne gegen die Väter: In Berkeley und London, in Paris und Berlin gingen die Studenten auf die Straße, protestierten gegen Krieg, staatliche Gewalt, gegen den Atomtod, gegen Konsum, die hergebrachte Ordnung und für eine neue Freiheit ohne Schranken. In Deutschland kam noch ein zwar schwelender, aber nie entflammter Konflikt hinzu: Die Generation der Nachkriegskinder lehnte sich auf gegen die Kriegsgeneration schlechthin. In manchen dieser Protestierenden gärten der Haß auf Leistungsträger mit dunkler Vergangenheit und der Unmut gegen Eltern, die nach dem Krieg das zerstörte Deutschland wiederaufgebaut hatten – aber über ihre Kriegserlebnisse am liebsten schwiegen.

Kiesinger, der als Bundeskanzler das mächtigste Amt im Staat bekleidete, schien ein Prototyp dieser Vätergeneration. Er war im Frühjahr 1933 der NSDAP beigetreten und hatte während des Krieges als stellvertretender Abteilungsleiter in der Rundfunkpolitischen Abteilung des Auswärtigen Amtes gearbeitet. Daß einer, der als »Nazi« angegriffen wurde, Kanzler werden konnte, war für die rebellische Jugend ein »Schlag ins Gesicht« und, wie Günter Grass meinte, »eine nachträgliche Ohrfeige für die Opfer des Faschismus«. Beate Klarsfeld wollte ihre Tat als Symbol verstanden wissen, »weil sie der öffentlichen Meinung in der ganzen Welt beweisen wollte, daß ein Teil des deutschen Volkes, ganz besonders aber seine Jugend, sich dagegen auflehnt, daß ein Nazi an der Spitze der Bundesregierung steht«. Für die APO war die Ohrfeige vor allem eine gelungene Aktion gegen das »Establishment«, das Kiesinger als Kanzler prototypisch zu verkörpern schien. Zumal er einer großen Koalition vorstand, deren bloße Existenz da und dort hysterisch als Gefahr für die Demokratie angesehen wurde – und die APO stärkte. In einer Zeit des Aufbruchs, in der viele Jugendliche in Kommunen, »Sit-ins«, »Teach-ins«, »Go-ins« und »Love-ins« nach neuen gesellschaftlichen Formen suchten, eine neue sexuelle Freiheit postulierten, Autoritäten ablehnten und staatliche Gewalt bekämpften, hatte es den Anschein, als sei Kiesinger eine anachronistische Figur.

Es ist eine Ironie der Geschichte, daß die Ohrfeige, die Bundeskanzler Kiesinger versetzt wurde, vielen Menschen tiefer im Gedächtnis geblieben ist als der Kanzler selbst. Bittet man einen Deutschen, die letzten sechs Bundeskanzler aufzuzählen, so wird Kiesinger mitunter vergessen. Anders als bei Adenauer oder Brandt ist keine Ära nach ihm benannt worden. Seine Regierungszeit von November 1966 bis September 1969 ist vor allem als die Zeit der großen Koalition in Erinnerung geblieben: der »Elefantenhochzeit« zwischen Union und SPD, die bei allen folgenden Bundestagswahlen als Schreckgespenst an die Wand gemalt, aber auch als eine Ära des Erfolgs gepriesen wurde. Obwohl Kiesinger während seiner Kanzlerzeit in öffentlichen Umfragen einen weitaus höheren Beliebtheitsgrad erreichte als seine Vorgänger, ergab eine Umfrage 1990, daß nur zwei Prozent der Westdeutschen den dritten Kanzler der Republik für den besten Regierungschef hielten. Den Ostdeutschen war er zumindest damals kaum ein Begriff. Dabei hat Kiesinger in der ersten ernsthaften Krise der Bundesrepublik das Ruder in die Hand genommen und mit den vereinten Kräften der beiden großen Parteien beachtliche Leistungen vollbracht. Kurt Georg Kiesinger – der »vergessene Kanzler« der großen Koalition?

»Ein Moderator mit Stil und Substanz...«
Kurt Georg Kiesinger

Nun, ich würde glauben, daß man von mir sagen sollte, er hat seine Pflicht getan und das in seiner Lage Mögliche bewirkt.

Kiesinger

Er ist wohl der kenntnisreichste und gebildetste Kanzler, den die Bundesrepublik in ihrer Geschichte hatte.

Bernhard Vogel, ehemaliger rheinland-pfälzischer und jetziger thüringischer Ministerpräsident

»Ein schwäbischer Schöngeist, ein charmanter Plauderer, der am Abend bei einem Viertele und einer ›Erbprinz‹-Zigarre gerne Anekdote an Anekdote reihte«, schrieb einmal der *Spiegel.* »Ein Herr auf der politischen Bühne«; »eine hochgewachsene, elegante Erscheinung«; »einer der besten Redner, die der Bundestag je hatte«; »ein Moderator mit Stil und Substanz«; »ein Mann des Ausgleichs«, lauteten die Schlagzeilen bei Kiesingers Nachruf. Mit dem Namen Kiesinger wurden viele ausgezeichnete Eigenschaften verbunden. Ein Kanzler mit klar definiertem Profil war er nicht.

Der Zufall bestimmte seinen Einzug in die Politik. Im Krieg hatte es die Familie Kiesinger nach Franken verschlagen. Nach Kriegsende zog es ihn in die schwäbische Heimat zurück, nach Tübingen, das damals in der französischen Besatzungszone lag. Umsiedlungen waren in jener Zeit aber nicht so ohne weiteres möglich. Hilfesuchend wandte er sich an einen Freund aus einer früheren Studentenverbindung, Gebhard Müller, damals Vorsitzender der neu gegründeten CDU des Landes Württemberg-Hohenzollern. Begeistert sagte dieser: »Du, ich suche einen Landesgeschäftsführer für die CDU hier – kannst du das nicht machen? In diesem Falle wird der Franzose vielleicht ja sagen.« Kiesinger sagte zu. Ein Jahr später bereits zog der frischgebackene Politiker als Abgeordneter in den ersten Deutschen Bundestag – und machte schon bald als »Callas des Bundestags« von sich reden. Wie kein anderer Charakterzug werden Kiesingers geschliffene Rhetorik und Schlagfertigkeit von Freund und Feind, Biographen und Journalisten als hervorstechende Eigenschaften genannt. »Ausdrucksstark, eloquent, mitreißend, mit einem so nuancenreich orchestrierten Organ wie kaum jemand sonst«, schwärmte ein damaliger Reporter. Etwas kritischer fällt das Urteil von APO-Rechtsanwalt Horst Mahler aus: »Von Kiesinger konnte man was lernen. Er hatte die Fähigkeit, schöne, gedrechselte Worte aneinanderzureihen, ohne jemals etwas zu sagen.« Dennoch: Sein Redetalent prädestinierte den politischen Grünschnabel, der ohne Hausmacht nach Bonn gekommen war, für eine steile Karriere. Vor allem mit zündenden Reden zur Außenpolitik machte er sich bald als »Häuptling Silberzunge« und Adenauers »Parlamentsdegen« einen Namen. Als Starredner der CDU/CSU-Fraktion trug er in allen großen außenpolitischen Debatten maßgeblich zur Durchsetzung der Außen- und Sicherheitspolitik Adenauers bei. Bei dessen legendärer Moskau-Reise 1955 war Kiesinger als außenpolitischer Experte mit von der Partie.

Schon bald wurde der Schwabe mit wichtigen Funktionen betraut: Er wurde Mitglied des geschäftsführenden Vorstands der CDU und der beratenden Versammlung des Europarats, Vorsitzender des Auswärtigen Ausschusses des Deutschen Bundestags und des Vermittlungsausschusses zwischen Bundesrat und Bundestag. Vor allem in letzter Funktion trat eine Eigenschaft Kiesingers zutage, die ihn für seine spätere Aufgabe als Kanzler einer großen Koalition empfahl: Mit Geschick gelang es ihm immer wieder, Streitpunkte aus dem Weg zu räumen und Kontrahenten zusammenzubringen. Conrad Ahlers prägte den Spitznamen »der wandelnde Vermittlungsausschuß«.

Kiesinger galt als der kommende Mann in Bonn. Doch es war, als hätte der Teufel seine Hände im Spiel: Immer wieder tauchten widrige Umstände auf, die seine Berufung zu Höherem verhinderten. Am falschen »Gesangbuch« scheiterte 1950 und 1954 seine Wahl zum Bundestagspräsidenten, als ihm die Protestanten Ehlers und Gerstenmaier vorgezogen wurden. Immer wieder war er für Kabinettsposten im Gespräch – doch Adenauer nahm ihn nie auf. Es heißt, der »Alte« habe seinen brillanten Redner zwar geschätzt, ihn aber für ein politisches Leichtgewicht gehalten. Als Kiesinger sich auf Adenauers Vorschlag 1950 als Generalsekretär der CDU zur Wahl stellte, nach deren Gewinn jedoch ablehnte, weil er die Mehrheit von nur einer Stimme nicht für eine tragfähige Basis hielt, soll der »Alte« verständnislos gesagt haben: »Sie haben eine viel zu dünne Haut; Sie müssen sich ein dickeres Fell anschaffen.«

Nach dem großen Wahlsieg der Union 1957 sollte es endlich soweit sein: Da den von Kiesinger angestrebten Posten des Außenministers nach wie vor Brentano besetzt hielt, hatte Adenauer ihm ersatzweise das Justizministerium fest versprochen. Doch daraus wurde nichts. Kleinlaut mußte Adenauer das Amt Fritz Schäffer (CSU) antragen, an dem er aus Proporzgründen nicht vorbeikam. Kiesinger war wieder leer ausgegangen. Das war ein harter Schlag für den ehrgeizigen Politiker, dem schon im Januar 1958 während einer außenpolitischen Debatte des Bundestags der pikante Satz herausgerutscht war: »Wenn ich Kanzler wäre – eine interessante Vorstellung –, würde ich mich freuen, mit dem Oppositionsführer zu sprechen.« Resigniert und des Wartens müde ergriff er die Gelegenheit beim Schopf, als 1958 der Ruf an ihn ging, Ministerpräsident Baden-Württembergs zu werden.»Ich will endlich einmal regieren«, sagte er – auch mit Blick auf die Versorgungsansprüche eines Landesvaters – und kehrte Bonn den Rücken. Nicht ohne allerdings zu betonen, daß er diese Etappe nur notgedrungen als Umweg zur Regierungsbank ansah:»Ich werde auch in Zukunft mein Interesse an der Bundespolitik nicht verlieren.« Adenauer war betrübt, und selbst sein politischer Kontrahent Herbert Wehner schickte ein beinahe sentimentales Telegramm nach Stuttgart: »Bonn ist ärmer geworden.« Kiesinger war vorerst heimgekehrt – in sein geliebtes »Glück im Winkel«, zu den Wurzeln seiner schwäbischen Kindheit.

Kurt Georg Kiesinger wurde 1904 im oberschwäbischen Ebingen geboren. Der Vater, Protestant, war kaufmännischer Angestellter in einer Textilfabrik. Seine Mutter, eine Katholikin, starb bald nach seiner Geburt. Kurt Georg wuchs mit sechs Halbgeschwistern aus der zweiten Ehe seines Vaters auf. Die Kiesingers lebten in kleinen, aber geordneten Verhältnissen. Nach dem Besuch des Lehrerseminars in Rottweil studierte Kiesinger zunächst in Tübingen, dann in Berlin Pädogogik, Philosophie, Literatur und Rechtswissenschaft. Die Eltern freilich hätten sich die Finanzierung der Ausbildung nicht leisten können. Da erschien es dem jungen Studiosus wie ein Geschenk des Himmels, als er in dem Ebinger Fabrikanten Friedrich Haux, einem Freund seines Vaters, einen Förderer fand, der ihn großzügig unterstützte – bis er tragischerweise 1928 bei einem Flugzeugabsturz tödlich verunglückte. Die ersten Gedichte, die der musisch begabte Jüngling im heimischen *Neuen Albboten* veröffentlichte, hatten es dem Mäzen angetan. Das poetische Erstlingswerk seines Schützlings, *Wallfahrt zu Gott,* ließ er sogar auf eigene Kosten verbreiten.

Der schwärmerische junge Kiesinger sah schon eine Zukunft als Dichter vor sich. Die Vernunft ließ ihn dann aber doch das trockene Jurastudium ergreifen. Und das, obwohl er bereits als Fünfzehnjähriger den Beruf eines Notars dramatisch verworfen hatte, weil er sich schon mit »krummem Rücken vor einem gewaltigen Berg von Akten sitzen« sah. Der Widerwille gegen jedes langwierige Aktenstudium sollte ihn bis in die Kanzlerschaft hinein begleiten. Doch zeit seines Lebens brillierte der *Homme de lettres* mit literarischen und historischen Kenntnissen und gab

Die eifrigen jungen Leute, die heute, ein halbes Jahrhundert später, zu den damaligen Ereignissen kritisch Stellung zu nehmen pflegen, wissen zu wenig von dem, was seinerzeit geschah.

Kiesinger

Ich habe den Bundeskanzler Kiesinger geohrfeigt, um zu beweisen, daß ein Teil des deutschen Volkes, ganz besonders seine Jugend, darüber empört ist, daß ein Nazi, der stellvertretender Abteilungsleiter der Hitlerschen Auslandspropaganda war, heute Bundeskanzler ist.

Beate Klarsfeld

Wenn es möglich ist, daß ein Mann mit der Vergangenheit Kiesingers Kanzler wird, kann heute auch ein 23jähriger NPD wählen.

Günter Grass, Schriftsteller

»Ein Schlag ins Gesicht...« Beate Klarsfeld wird nach der Ohrfeige, die sie dem Kanzler gegeben hat, abgeführt (7. November 1968)

auch als Kanzler am Kabinettstisch gerne Kostproben seiner Belesenheit zum besten. Als Ministerpräsident fand er endlich Gelegenheit, seinen flotten, wenn auch etwas elitären Stil unter Beweis zu stellen und veröffentlichte mit dem Bändchen »*Schwäbische Kindheit*« schwärmerisch-romantische Erinnerungen an die heimatliche Idylle. Dort, wo er in der Postkutsche »mit hurtigem Hufgeklapper ins grüne Bäratal, den klaren, munteren Bach« entlanggefahren war und über dem Tor der alten Mühle »ein altes geschnitztes Madonnenbild in einer Mauernische wachte«, war der »struppige kleine Lausbub« Kiesinger einst glücklich gewesen.

Die Rolle des Landesfürsten schien Kiesinger auf den Leib geschneidert. Der elegante, 1,90 Meter große Mann mit dem silbergrauen Haar, den man in Bonn auch den »Fernseh-Beau« und die »Romy Schneider des Bundestags« nannte, machte als Ministerpräsident eine gute Figur. Hier im »Ländle« konnte er sich in den folgenden acht Jahren in einem staatsmännischen Gestus üben, der ihm für seine spätere Aufgabe zugute kommen sollte. Er waltete »wie ein aufgeklärter Lehnsherr« und sonnte sich in monarchischem Glanz, wenn er bei feierlichen Anlässen im barocken Stuttgarter Neuen Schloß zwischen Herzog Philipp Albrecht von Württemberg und Markgraf Maximilian zu sitzen kam. Von der Villa Reitzenstein aus regierte Kiesinger nicht – er hielt hof. Kiesinger lud Prominenz aus Kunst und Kultur zu rauschenden Abendempfängen oder Diners und unternahm aufwendige Auslandsreisen. Mit bassem Erstaunen registrierten seine Landsleute, wie auf einmal internationales Flair in das verschlafene Ländle einzog. Der Außenpolitiker Kiesinger sah nicht ein, warum er nicht auch als Landesfürst Kontakt zu Rang und Namen dieser Welt pflegen sollte: Er bereitete Queen Elizabeth einen pompösen Staatsempfang, knüpfte deutsch-französische Freundschaftsbande mit General de Gaulle und war der letzte deutsche Gast, der John F. Kennedy im *Oval Office* des Weißen Hauses besuchte. Um diesen Regierungsstil mit Würde wahrnehmen zu können, mußte der Landesfürst zwangsläufig tiefer in die Landesschatulle greifen. Nach Kiesingers Regierungsantritt schnellte der Repräsentationsfonds von 85 000 Mark auf jährlich 250 000 Mark in die Höhe. Als die sparsamen Schwaben protestierten, nannte er sie »kleinkariert« und konterte mit den Worten: »Wenn man einen Staat verwaltet, muß man auch Staat machen.« Nicht von ungefähr wurde Kiesinger nachgesagt, er sehe seine Aufgabe vor allem in den drei R: reden, reisen und repräsentieren. Das Regieren allerdings vergaß der Landesfürst nicht. Es gelang ihm, die widerstrebenden Badener mit dem Landesverband Baden-Württemberg zu versöhnen; er legte sich für die Bildungspolitik ins Zeug; gründete drei neue Universitäten in Konstanz, Ulm und Mannheim und verhinderte in ökologischer Weitsicht den Ausbau des Hochrheins. Kurzum, er war ein erfolgreicher Landesvater.

Aber Bonn war nicht vergessen. Wachen Auges verfolgte Kiesinger auch weiterhin den Verlauf der »großen Politik«. Es war ein offenes Geheimnis, daß es drei Ämter gab, die Kiesinger sofort veranlaßt hätten, sogar »zu Fuß nach Bonn zurückgehen«, wie er einmal sagte: das Amt des Bundespräsidenten, das des Bundeskanzlers und das des Außenministers. Dann plötzlich, Ende 1966, war seine Chance da.

Nachdem die FDP-Minister das christlich-liberale Kabinett des Kanzlers Ludwig Erhard verlassen hatten, war der Rücktritt des gescheiterten Franken nur noch eine Frage der Zeit. Schon Monate, bevor Erhard seinen Hut nahm, hatten Parteifreunde bereits den Kanzlersturz geplant und emsig Ausschau nach einem Nachfolger gehalten. In die engere Wahl kamen schließlich drei Bewerber: Außenminister Gerhard Schröder, der Fraktionsvorsitzende Rainer Barzel und Bundestagspräsident Eugen Gerstenmaier. Doch auch Kiesinger hegte die Hoffnung, zumindest als Minister, wenn nicht gar als Kanzler auf die Bonner Bühne zurückkehren zu dürfen. Schon im Juli ließ er sich Akten aus Bonn kommen, um sich über die neueste Entwicklung in der Außenpolitik zu informieren. Als er sich am 27. Oktober 1966 – die Regierung Erhard war gerade auseinandergebrochen – »zufällig« in Bonn aufhielt, versäumte er nicht, im Gespräch mit Parteifreunden wie beiläufig einfließen zu lassen, daß ihm das Amt des Bundeskanzlers behagen würde.

Entscheidend für seine Kandidatur war aber das Votum der bayerischen CSU-Abgeordneten, die immerhin ein Fünftel der Unions-Parlamentarier stellten. Ohne den Rückhalt bei Franz Josef Strauß und seiner Partei hätte es Kiesinger nicht gewagt, sich um das Amt zu bewerben. Eine erste Fühlungnahme beim Generalsekretär der CSU in München ergab: Die Schwesterpartei werde hinter Kiesinger stehen. Doch den gewichtigsten Bajuwaren an der Isar hatte man vergessen zu fragen – Franz Josef Strauß. Nach der *Spiegel*-Affäre hatte Strauß *nolens volens* eine

Bonner Auszeit nehmen müssen. Für das Kanzleramt kam er (noch) nicht in Frage, einen Kabinettsposten hatte Kiesinger ihm jedoch schon zugesagt. Strauß fühlte sich in der Rolle des Königsmachers durchaus wohl. »Ah geh, du immer mit deinem Kiesinger«, hatte er anfangs auf die Einflüsterungen des CDU-Politikers Klaus Scheufelen geantwortet – und auf den Protestanten Gerstenmaier gesetzt. »Königsmörder« Barzel kam für ihn sowieso nicht in Frage, schien der doch mit seinen 42 Jahren jung genug, um den neun Jahre älteren Strauß für immer vom Kanzlerthron fernzuhalten. Doch als der CSU-Vorstand am 9. November 1966 in München über die Kandidatenempfehlung beriet, hatte Strauß das Interesse offenbar verloren. Er ließ sich – als reines Vertrauensvotum – von seiner Partei zum Kanzlerkandidaten küren, nur um dann dankend abzulehnen. Dann fiel die Wahl auf Kiesinger. Damit war der Kampf um die Kanzlernachfolge entschieden, die Fraktionswahl in Bonn am darauffolgenden Tag nur bloße Formsache.

Die Bayern waren aber nicht die einzige Hürde, die Kiesinger auf dem Weg zur Macht überwinden mußte. Kaum war er in den Ring um die Kanzlernachfolge gestiegen, ging eine Welle des Protests durch Teile der Presse. Der Schatten seiner NS-Vergangenheit hatte Kiesinger eingeholt. Als erstes mahnte die *Neue Zürcher Zeitung*, es könne wohl nicht angehen, daß ein ehemaliges NSDAP-Mitglied Bundeskanzler werde. »Eignet sich ein solcher Mann, um den wichtigsten Posten in der Bundesrepublik einzunehmen? Die Antwort kann nur lauten: nein, millionenfach nein!« protestierte der Brüsseler *Le Peuple*. Als die *Washington Post* die Falschmeldung brachte, Kiesinger sei SA-Offizier gewesen und habe als »politischer Kommissar« in der Wehrmacht gedient, schien alles verloren.

Kiesinger war 1926 mit 22 Jahren als Student nach Berlin gekommen. Die Feinheiten der Regierungspolitik interessierten ihn zu diesem Zeitpunkt eher am Rande. Die Parteien der Weimarer Republik fand er enttäuschend. Den Reichstag besuchte er nur, um Lesungen von Gerhart Hauptmann oder Thomas Mann zu hören. Die Faszination der Großstadt hatte es ihm angetan: das funkelnde, pulsierende und aufregende Leben im Berlin der zwanziger Jahre. Zusammen mit Freunden aus der »Zentrums«-nahen katholischen Studentenverbindung Askania, der er sich angeschlossen hatte, eroberte Kiesinger die Ge-

»Er war ein Familienmann...« Kiesinger mit Ehefrau Marie-Luise und Tochter Viola

Er ist immer bemüht, das Beste aus der jeweiligen Aufgabe zu machen.

Marie-Luise Kiesinger

Über die Bedeutung der Frauen war ich mir schon lange im klaren.

Kiesinger

Der Entschluß, sich als Kanzlerkandidat zu stellen, ist meinem Mann schwergefallen. Aber nachdem er es getan hatte, habe ich ihm natürlich Erfolg gewünscht.

Marie-Luise Kiesinger

sellschaften, Tanzsäle und zahllosen Theater Berlins. Anfänglich hatte er sich für Philosophie und Philologie eingeschrieben. Bald aber sattelte er auf Jura um – eine Disziplin, von der er sich eine berufliche Zukunft erhoffte, zumal er frisch verlobt war. An Weihnachten 1932 heiratete er die junge Berliner Anwaltstochter Marie-Luise Schneider.

Wenige Wochen später trat Kiesinger der NSDAP bei. In seinen Memoiren berichtet er von einem »rauschhaften Optimismus«, der nach Hitlers Machtergreifung geherrscht habe, und gestand: »Das von den Nationalsozialisten verkündete Ziel der Volksgemeinschaft und das Versprechen, die wirtschaftliche Not zu beenden, sowie der Wunsch, Deutschland aus der Stellung eines Parias unter den europäischen Völkern zu befreien, machten mir Eindruck.« Seine spätere Begründung, er sei der NSDAP schließlich beigetreten, um »von innen heraus« Hitler und seine Partei zu beeinflussen und den nationalsozialistischen Rassenwahn »dort zu bekämpfen, wo er genährt wurde«, wirkt allerdings nicht nur naiv, wie Kiesinger im nachhinein selbst meinte, sondern überdies auch reichlich konstruiert. Tatsächlich dürfte er auf der ersten Begeisterungswelle für das neue Regime mitgetragen worden sein.

Als Eintrittsdatum nennt Kiesinger Ende Februar, »noch vor dem Reichstagsbrand«. Registriert wurde seine Mitgliedschaft von den Parteibehörden am 1. Mai, also nach dem ersten organisierten Boykott gegen Juden. Ein Jahr später meldete sich der Referendar Kiesinger freiwillig beim »Nationalsozialistischen Kraftfahr-Korps« (NSKK) in der Hoffnung, »dort Männer bürgerlich-konservativer oder liberaler Tradition vorzufinden«. Auch dies war eine nachträgliche Begründung. Der »Röhm-Putsch« am 1. Juli 1934, bei dem Hitler ihm unbequeme SA-Führer eiskalt ermorden ließ, war freilich ein Menetekel. Kiesinger verließ die Motor-SA.

Nach bestandenem Abschlußexamen schlug Kiesinger »aus Gewissensgründen« das Angebot für eine staatliche Richterstelle aus, ließ sich 1935 als Rechtsanwalt am Kammergericht in Berlin nieder und gab, wie schon zu Studienzeiten, nebenher private Kurse für Jurastudenten. Ehemalige Schüler betonten später seine gegen das Regime gerichtete Gesinnung: »Ich bewunderte den Mut, mit dem er – im Gegensatz zu anderen ehemaligen Rechtslehrern und in einem dafür immer noch gefährlich großen Kreis – für Recht und Gerechtigkeit eintrat«, schrieb etwa der Rechtsanwalt Albrecht Pünder. Der Berufsorganisation für Juristen, dem »Nationalsozialistischen Rechtswahrerbund« (NSRB), trat Kiesinger nicht bei, obwohl sich dies für ihn als nachteilig erwies. Die folgenden Jahre verhandelte Kiesinger einige kleinere Fälle am Kammergericht, verdiente sich seinen Lebensunterhalt jedoch mit den Repetitorien. Zweimal setzte er sich erfolgreich für Inhaftierte bei der Gestapo ein. Nach den Novemberpogromen 1938 trug sich Kiesinger, von der fortschreitenden »Zerstörung des Rechts« und dem »menschenfeindlichen Rassenwahn« entsetzt, mit dem Gedanken an Auswanderung. »Rolandia«, eine deutsche Siedlung in Brasilien, hatte es ihm angetan. Da ihm aber das nötige Startkapital fehlte, verwarf er die Idee.

Mit dem deutschen Überfall auf Polen begann der Zweite Weltkrieg. Den Gestellungsbefehl für schwere Artillerie schon in der Tasche, bot sich für Kiesinger auf einmal die unverhoffte Möglichkeit, dem Kriegseinsatz zu entkommen. Zwei Tage vor seiner Einberufung erreichte ihn ein Anruf des Auswärtigen Amtes, er möge in der »Kulturabteilung Rundfunk« vorsprechen. Ein Schüler Kiesingers, der dort beschäftigt war, hatte ihn empfohlen. Kiesinger hatte die Wahl: Auswärtiges Amt oder Wehrdienst. Er entschied sich für den Rundfunk.

Wie sehr sich Kiesinger bei seiner Arbeit im Auswärtigen Amt in das nationalsozialistische Regime verstricken ließ, darüber gehen die Meinungen auseinander. Kiesinger kam im April 1940 als »wissenschaftlicher Hilfsarbeiter« in die Rundfunkpolitische Abteilung des Außenministeriums. Drei Jahre später stieg er zum stellvertretenden Abteilungsleiter auf. Er betreute das Referat A, den Rundfunkeinsatz, und das Referat B, allgemeine Propaganda. Seine Aufgabe bestand im wesentlichen darin, gegenüber dem rivalisierenden Propagandaministerium die Interessen des Auswärtigen Amtes zu wahren. Zwischen Kiesingers Dienstherrn Ribbentrop und Propagandaminister Goebbels war ein erbitterter Konkurrenzkampf um den Einfluß auf die deutsche Rundfunkpropaganda im Ausland entbrannt. Hitlers Demagoge ging aus diesem Streit schließlich als Sieger hervor. Das Auswärtige Amt konnte fortan lediglich Vorschläge einbringen und mit Argusaugen darauf achten, daß nicht gegen Richtlinien der Außenpolitik verstoßen wurde. Es ging um Sprachregelungen, die Zensur ausländischer Berichterstatter oder etwa die Übertragung von »Führer«-Reden ins Ausland.

Dabei hatte das Außenamt deutlich dezentere Vorstellungen als Goebbels. In diesem »Kleinkrieg« war Kiesinger, wie er betonte, »lediglich Verbindungsmann auf Referentenebene«, hatte also zu den Paladinen Ribbentrop und Goebbels keinen direkten Kontakt.

Ende 1941 empfahl das Auswärtige Amt seinen Unterhändler Kiesinger für den Aufsichtsrat einer neu gegründeten Propagandaschöpfung der Minister Ribbentrop und Goebbels: der »Interradio AG«. Diese Gesellschaft hatte die Aufgabe, »Moral und Kampfeswillen der feindlichen Bevölkerung« zu brechen und auf diese Weise »zur Vernichtung des Gegners« beizutragen. Die »Interradio AG« kaufte in den besetzten Gebieten Privatsender auf und verwandelte sie in Propagandasprachrohre unter deutscher Kontrolle. Kiesinger fungierte als ständiger Verbindungsmann zwischen dem Auswärtigen Amt und »Interradio«. Ihm oblag laut eines Dokuments seines Vorgesetzten »die Vermittlung der allgemeinen außenpolitischen Propagandarichtlinien«.

Eine ähnliche Funktion hatte Kiesinger beim »Sonderdienst Seehaus«, der vom Auswärtigen Amt 1944 ins Leben gerufen worden war. Das »Seehaus«, so genannt, weil es in einem Haus am Wannsee Quartier bezogen hatte, war eine zentrale Abhörstelle für alle ausländischen Sender. Ungefiltert liefen hier alle Informationen aus dem Ausland zusammen – in Zeiten der Diktatur eine hochbrisante Quelle und Goebbels ein Dorn im Auge. Auch hier spielte Kiesinger die Rolle des Vermittlers zwischen den Behörden. Seine Fähigkeit zum Ausgleich konnte er also hinreichend trainieren.

Kiesinger saß an den Schleusenstationen des Informationsflusses. Wußte er von den Vernichtungsaktionen gegen Juden? Man kann davon ausgehen, daß die Abhörberichte im »Seehaus« auch Meldungen über die Verbrechen enthielten. Kiesinger hatte zumindest die Möglichkeit, sie einzusehen. Die ausländische »Greuelpropaganda« wurde ab 1942 auch Gegenstand der täglichen Konferenzen bei Goebbels. Als Kontaktmann kann Kiesinger davon gehört haben. Beweise gibt es nicht.

Auf dem Zenit seiner Kanzlerjahre mußte sich Kiesinger am 4. Juli 1968 vor dem Frankfurter Schwurgericht eine politische Durchleuchtung seiner NS-Vergangenheit gefallen lassen. Die Verteidigung hatte den Kanzler im sogenannten »Judenprozeß des Auswärtigen Amtes« als Entlastungszeugen für den ange-

*»Der wandelnde Vermittlungsausschuß...«
Adenauer und Kiesinger*

Hochgewachsen, feinsinnig, gewinnendes Grauhaar über mystisch geformter Stirn. Schöne Hände soll er haben und eine angenehme, jeden Zweifel einebnende Stimme. Wird er ein weicher, ein harter Kanzler sein? Einerlei, wer ihm die Richtlinien bestimmen wird: Die Frauen werden ihn schon wählen.

Günter Grass, Schriftsteller

Sie haben eine viel zu dünne Haut; Sie müssen sich ein dickeres Fell anschaffen.

Konrad Adenauer

klagten Legationssekretär Fritz Gebhard von Hahn beantragt. Von Hahn war als Schreibtischtäter wegen Beihilfe zu Deportationen von Juden aus Thrakien, Mazedonien und Saloniki angeklagt. Abwehrend erklärte Kiesinger, er habe »zu keiner Zeit während meines Dienstes... direkt, dienstlich, amtlich erfahren«, was gegen die Juden im Gange war. Selbst wenn ihm Meldungen über die Judenvernichtung auf dem Tisch gekommen seien, »waren es sicherlich diese, die ich für Greuelpropaganda gehalten hätte«. »Man hat sich doch dagegen gewehrt, daß solche Verbrechen wahr sein sollten«, sagte der Kanzler. Nur privat seien ihm Gerüchte zu Ohren gekommen, in denen von der Vernichtung der Juden im Osten seit 1943 die Rede war, und es habe sich in ihm die Ahnung geformt, daß etwas »ganz Böses, etwas ganz Schlimmes« geschehe. Kiesinger wußte genau, daß er nicht mehr wissen wollte.

Nach der Kapitulation 1945 wurde Kiesinger wegen seiner Arbeit im Ribbentrop-Amt von den Alliierten 18 Monate im Internierungslager Ludwigsburg in automatischen Arrest gesetzt. Die Spruchkammer Scheinfeld in Mittelfranken stufte den Ex-Parteigenossen am 12. März 1947 als »Mitläufer« ein, korrigierte sich aber anderthalb Jahre später auf »entlastet«.

Kiesinger war kein aktiver Verfechter von Hitlers Politik oder gar ein »Schreibtischtäter«. Doch ein Widerstandsgeist, der das Schlimmste habe verhindern wollen, war er ebenfalls nicht. Kiesinger wählte den Mittelweg und tat seinen Dienst im Sinne seines Dienstherrn bis zum Schluß. »Er wußte besser als alle anderen, daß er Kompromisse mit dem Regime geschlossen hatte. Die Frage, ob er sich immer und zu jeder Zeit richtig verhalten hatte, ließ ihn nicht los, bis ans Ende seiner Tage nicht«, berichtet der Kanzlervertraute Günter Diehl, der selbst im Ribbentrop-Ministerium tätig gewesen war.

Nicht nur im Ausland, auch in Deutschland erhob sich vor und während Kiesingers Kanzlerzeit immer wieder Protest gegen den »Nazi«. Die DDR-Propaganda startete eine regelrechte Kampagne, in der Kiesinger als »Leiter der nazistischen Kriegspropaganda im Rundfunk für das Ausland« an den Pranger gestellt wurde. Der deutsche Philosoph Karl Jaspers sprach von »Affront und Beleidigung«, und der Schriftsteller Günter Grass forderte von Kiesinger in einem offenen Brief, das Amt des Bundeskanzlers dürfe niemals von einem Mann wahrgenommen werden, »der schon einmal wider alle Vernunft handelte und dem Verbrechen diente«.

Kiesinger selbst war über die Heftigkeit der Reaktionen schockiert. Am meisten verletzte ihn, daß die Anschuldigungen aus dem Ausland und der DDR durch die Medien in der Bundesrepublik aufgegriffen und von der Öffentlichkeit für bare Münze genommen wurden. »Die Redlichkeit wird einem bestritten«, beschwerte er sich erbittert. »Das ist das Schlimmste. Die Redlichkeit wird bestritten.« Eindeutig Stellung nehmen wollte er jedoch nicht. »Wer sich verteidigt, klagt sich an«, sagte Kiesinger zu Freunden. Er hätte sicher besser daran getan, seine Vergangenheit schonungslos offenzulegen. Öffentlich nahm Kiesinger für sich in Anspruch, nie wirklich Nationalsozialist gewesen zu sein, sondern im Gegenteil die Autoritäten untergraben zu haben. »Wenn ich auch nur ein sogenannter Mitläufer gewesen wäre, wenn ich nicht wirklich Widerstand geleistet hätte und Kopf und Kragen riskiert hätte, hätte ich mich nicht um die Kanzlerwürde beworben«, erklärte Kiesinger im Dezember 1966 einer israelischen Zeitung. Er sah sich als Repräsentant einer Generation, die ohne eigenes Zutun in ein Unrechtsregime hineingeraten war, sich keiner Verbrechen schuldig gemacht und dennoch, trotz »innerer Emigration«, schwer an der Verantwortung zu tragen hatte. In einem Interview sagte er 1979: »Auch wenn man noch so sehr anerkennt, daß das Zwänge waren, gegen die der einzelne tatsächlich nichts unternehmen konnte, man war eben ein Teil dieses Volkes, das sich geschichtlich in eine Situation hineinmanövriert hat, die schrecklich ist. Schrecklich nicht, daß sie den Krieg verloren hat, sondern schrecklich das, was eben in seinem Namen begangen worden ist. Deswegen kann ich mir nicht auf die Schulter klopfen.«

Von den heftigen Angriffen gebeutelt, war der angehende Regierungschef kurz davor, das Handtuch zu werfen. »Ich halte das nicht durch«, soll er zu Vertrauten gesagt haben. Freunde machten ihm jedoch Mut. Auch der amerikanische Präsident Johnson signalisierte »keine Vorbehalte« aus Washington. Als sogar der jüdische Verleger Karl Marx und der Berliner Propst und Widerstandskämpfer Heinrich Grüber, ein Überlebender von Auschwitz, Kiesinger zuredeten, gewann er wieder Zuversicht. Den Ausschlag gab im letzten Moment rettende Unterstützung von unerwarteter Seite: Conrad Ahlers, stellvertretender Chefredakteur des *Spiegel*, spielte dem Ministerpräsidenten am Tag vor der

»Nebenregierung am Bodensee...« Kiesinger im Koalitionsgespräch mit Willy Brandt und Herbert Wehner in Kressbronn (29. August 1967)

Kiesinger hat Wehner verehrt wie einen Heiligen.

Hans Katzer (CDU), damals Arbeitsminister

Nirgendwo mehr als in einer großen Koalition ist die Führungsaufgabe des Bundeskanzlers gegeben.

Kiesinger

Ich möchte Ihnen meine Dankbarkeit für vieles zum Ausdruck bringen, sowohl für Ihre persönliche als auch für Ihre politische Fähigkeit, miteinander umzugehen.

Herbert Wehner (SPD), ehemaliger Minister für gesamtdeutsche Fragen

Lauter starke Männer heben sich gegenseitig auf.

Günter Grass, Schriftsteller

*»Zuweilen etwas langatmig...«
Kabinettssitzung im Park des Palais Schaumburg 1967*

In dieser Koalition werden die Kräfte des parlamentarischen Lebens nicht durch Absprachen hinter den Kulissen gelähmt werden.

Kiesinger

Weil dieses Kabinett nicht geeignet ist, demokratisch-politische Kraft auszustrahlen, wird es auf Bundesebene seine augenfälligste Gemeinsamkeit, die Melancholie, vermitteln.

Günter Grass, Schriftsteller

Das ist das Schicksal eines Kanzlers der großen Koalition: er hat keine »grande querelle«, er hat tausend »petites querelles«, tausend kleine Streitigkeiten.

Kiesinger

Hat einer der Herren zwei Nägel und einen Hammer dabei? Weil, ich hab' nämlich heute meine Hängematte mitgebracht.

Franz Josef Strauß (CSU), damals Finanzminister

Wahl in der Unionsfraktion ein Dokument aus den Akten von Himmlers SS-Reichssicherheitshauptamt zu, das ihm bei Recherchen in die Hände gefallen war. Der Hintergrund: Ahlers war im Zuge der *Spiegel*-Affäre des Landesverrats beschuldigt und von Kiesinger in Schutz genommen worden. Das Dokument war Ahlers' Dank – und der ersehnte Persilschein für den Schwaben.

Ein Kollege im Außenministerium und offensichtlich ausgeprägter Fanatiker, Ernst Otto Dörries, hatte Kiesinger am 3. November 1944 angeschwärzt. Er gehöre zu jenen, die »nachweislich die antijüdische Aktion systematisch hemmten«, möglicherweise »der Außenpolitik des Führers entgegengesetzt sein könnten«. Kiesinger habe die Einrichtung eines Geheimsenders »zur Förderung des Antijudaismus in den USA« vereitelt, und er bezweifle das »Durchhaltevermögen des deutschen Volkes«. Warum Kiesinger auf diese Denunziation hin nicht verhaftet wurde, bleibt im dunkeln. Das Papier verschwand in den Akten, ohne daß es Himmler jemals zu Gesicht bekam. Kiesinger kam ungeschoren davon. Doch jetzt – kurz vor seiner Nominierung – nutzte er die Gunst der Stunde und ließ das Dokument an alle Fraktionsmitglieder verteilen. Am 10. November 1966 stellte sich Kiesinger der Kampfabstimmung. Nach drei Wahlgängen waren die Fronten geklärt: Kiesinger schlug die Konkurrenten Schröder und Barzel aus dem Feld – und wurde zum Kanzlerkandidaten der CDU/CSU gekürt.

Kurt Georg Kiesinger war kein Kämpfer, kein wirklich »starker« Politiker. Und doch war er von allen Bewerbern der ideale Kandidat, um der angeschlagenen Union, die auf einmal nur noch eine Minderheitsregierung bildete, wieder auf die Beine zu helfen: Als Ministerpräsident in Baden-Württemberg hatte er einen glorreichen Sieg davongetragen und der CDU bei der Landtagswahl 1964 zum ersten Mal zur absoluten Mehrheit verholfen. Auch sein achtjähriges Exil von Bonn geriet ihm jetzt zum Vorteil: Er war an den qualvollen Kabalen und Intrigen, die Erhards Sturz vorangegangen waren, unbeteiligt und hatte sich die Hände nicht schmutzig gemacht. Er schien daher geeignet, einen Neuanfang einzuleiten und den drohenden Abschied der Union von der Macht zu verhindern. Von den eigenen Fähigkeiten überzeugt, hielt auch Kiesinger sich für den richtigen Mann.

Nun ging es darum, so schnell wie möglich eine Regierung zu bilden. Die Weichen für die große Koalition waren bereits gestellt. Schon bald nach seiner Wahl traf sich Kiesinger insgeheim mit dem SPD-Fraktionschef Herbert Wehner. Geschickt verstand es Wehner, der mit Engelszungen auf den Schwaben einredete und ihn schon mit »Herr Bundeskanzler« titulierte, den Kanzlerkandidaten von den Vorteilen einer großen Koalition zu überzeugen. Bevor es überhaupt zu ernsthaften Verhandlungen mit der FDP kam, hatten Kiesinger und Wehner die große Koalition bereits weitgehend ausgekungelt.

Kiesinger selbst hatte schon 1949 in einem engagierten Plädoyer für die gemeinsame Wahl des ersten Bundespräsidenten seinen Willen zur Zusammenarbeit mit der SPD bekundet – und mit diesem Vorstoß bei einigen Parteifreunden Mißfallen erregt. »Wir alle müssen doch wünschen, daß wir uns eines Tages in der Tat zusammenfinden... Ich gehöre zu denen, die nichts sehnlicher wünschen, ... daß wir einmal eine Außenpolitik treiben könnten auf der breitesten Grundlage, die in diesem Haus zu erreichen überhaupt möglich ist.« Mittlerweile hatte sich auch die Einstellung prominenter Unionsmitglieder geändert. Schon 1962 wäre mit Adenauers Hilfe fast eine große Koalition zustande gekommen, und auch 1965 hatte der »Alte« – vor allem um die Wahl Erhards zu vereiteln – für die »Elefantenhochzeit« plädiert. Auch wenn Kiesinger später beteuerte, er habe der FDP die kleine Koalition angeboten, sei bei ihr jedoch abgeblitzt: Die große Koalition war ganz in seinem Sinne.

Herbert Wehner war zu jener Zeit die Schlüsselfigur der SPD und das »Gehirn« der Partei, der Mann, der im Hintergrund die Fäden zog. Für Machtposten in der vordersten Reihe schied der Exkommunist jedoch aus. Als Sympathieträger und Kanzlerkandidaten der SPD hatte man daher den beliebten Regierenden Bürgermeister von Berlin, Willy Brandt, aufgebaut. Bei der letzten Wahl 1965 hatten die Sozialdemokraten allerdings eine verheerende Niederlage erlitten. Völlig am Boden zerstört hatte der Parteivorsitzende Brandt seine Bonner Träume vorerst an den Nagel gehängt und sich schmollend nach Berlin zurückgezogen. Wehner blieb am Ball. Für eine große Koalition hatte er schon nach dem Berliner Mauerbau plädiert. Die FDP hielt er ohnedies nur für die »Sahne«, die zur »Torte« CDU dazugehöre. Jetzt, nach dem Auseinanderfallen der Regierung Erhard, sah Wehner endlich die Chance gekommen, der SPD zum ersten Mal seit 1930 das Tor zur Macht zu öffnen.

Seit dem Godesberger Programm 1959 und dem Bekenntnis

zu den Prinzipien der Adenauerschen Politik – Westintegration, NATO-Bündnis, soziale Marktwirtschaft – hatte sich die SPD zur »Volkspartei« gewandelt. Dennoch war es ihr bei den vergangenen Wahlen nicht gelungen, die Union zu überflügeln. Wenn schon nicht allein, so sollte die SPD nun eben mit der Union ihre Regierungsfähigkeit unter Beweis stellen. Aggressiv bellte Wehner nach dem Ende der Regierung Erhard der CDU im Bundestag entgegen: »Wir wollen nicht mitregieren, wir wollen regieren, und der Tag wird kommen, wo wir regieren.« Damit wollte er klarstellen: Als Junior würde die SPD nicht in die Regierung eintreten – wenn, dann nur als gleichberechtigter Partner. Implizit drohte er damit auch an, daß die SPD notfalls mit der FDP koalieren würde – obwohl das damals gar nicht ernsthaft in Betracht gezogen wurde. Erich Mende, seinerzeit Parteichef der Liberalen, erinnert sich: »Mit der Miene eines Biedermanns verhandelte Herbert Wehner noch mit der FDP-Delegation zu einer Zeit, als er längst mit Kurt Georg Kiesinger die große Koalition verabredet hatte. Er verstand es meisterhaft, seinen Verhandlungspartner zu täuschen.«

Dabei wäre Willy Brandt eigentlich viel lieber mit der FDP zusammengegangen – traute sich aber nicht, mit dem hauchdünnen Polster von nur sechs Mandaten Vorsprung gegenüber der CDU/CSU zu regieren. Brandt ließ sich zur großen Koalition überreden. Nun mußte er gemeinsam mit den Befürwortern der »Elefantenhochzeit«, Helmut Schmidt und Herbert Wehner, noch die widerspenstigen Genossen auf Linie bringen. Am 26. November 1966 kam es zur längsten Nacht der SPD-Fraktion. Erst nach mehrstündigen erhitzten Debatten gaben sich die Gegner geschlagen. Die SPD beschloß das Bündnis mit der Union.

Jetzt machten sich die beiden Parteien an die heikle Aufgabe, ein gemeinsames Regierungsprogramm zu entwerfen und den Kuchen der Macht zu verteilen. Schweren Herzens mußte die SPD den *Spiegel*-Verfolger Franz Josef Strauß als Finanzminister akzeptieren. »Die Kröte müssen wir schlucken«, sagte Wehner lakonisch. Dafür wurde Conrad Ahlers, Opfer dieser Affäre, stellvertretender Regierungssprecher. Überdies mußte Kiesinger Willy Brandt als Vizekanzler und Außenminister billigen – obwohl er Eugen Gerstenmaier den Posten eigentlich schon zugesagt hatte. Brandt hatte zwar anfangs nur wenig Interesse für das Auswärtige Amt bekundet. Einmal von seinen Parteifreun-

Die Richtlinienkompetenz des Bundeskanzlers wurde unter Kiesinger zu dem, als das sie gemeint war: nicht zum Instrument der Domestizierung anderer, sondern zur Ultima ratio.

Helmut Schmidt

Abgesehen von gelegentlich schlechten Tagen hoffe ich, daß mein Umgangston nicht allzu schlimm ist.

Kiesinger

König Silberzunge.

Helmut Schmidt

Ich versuche zu vermitteln, durch Vermittlung zu führen. Das heißt: Bei einer großen Koalition, in der sich zwei nahezu gleich selbstbewußte Partner zusammengefunden haben, liegt nach meiner Meinung die Führungskunst des Regierungschefs darin, daß er durch Überzeugung vermittelt, daß er, wenn Reibungen entstehen, dafür sorgt, daß diese Reibungen bald beseitigt werden.

Kiesinger

»Friede, Freude, große Koalition...« Kiesinger und SPD-Fraktionsvorsitzender Helmut Schmidt (12. Dezember 1967)

den überredet, stürzte er sich aber mit einem für ihn ungewöhnlichen Elan in seine neue Aufgabe.

Nach einer Rekordzeit von 25 Verhandlungstagen war die Koalition perfekt: Bis vier Uhr früh ließen die Verhandlungsdelegierten die Korken knallen und feierten im Erkerzimmer des Hauses Berlin mit Wein und Whisky die schwarz-rote Bündnisparty, die der glücklich rehabilitierte Strauß im Nachtclub »Eve« fortsetzte. Am 30. November legte Kiesinger Bundespräsident Lübke die Kabinettsliste vor. Am 1. Dezember 1966 wählten die Abgeordneten den 62 Jahre alten Kurt Georg Kiesinger zum Bundeskanzler. Er erhielt 340 von 473 Stimmen, ein Votum, das bislang kein anderer Regierungschef der Bundesrepublik erreicht hatte. Die FDP bildete – mit nur 49 Abgeordneten – eine Mini-Opposition.

Zwar war es nicht ein »Kartell der Angst«, das sich hier aneinanderklammerte, um die »Not des Landes« zu bewältigen, wie der *Spiegel* die Lage dramatisierte. Die neue Regierung war aber durchaus als »Krisenmanagement« konzipiert. Die erste Wirtschaftsrezession, der quälende Zusammenbruch der Regierung Erhard, die Erfolge der NPD und ihr Einrücken in die Landesparlamente von Hessen und Bayern sowie der Wunsch, anstehende Verfassungsänderungen durchzuboxen, hatten das Bündnis notwendig gemacht. Der Haushaltsentwurf für 1967 wies eine Deckungslücke von vier Milliarden Mark auf. Dunkle Wolken waren am bisher strahlenden Himmel der Prosperität erschienen: Die erste sanfte Rezession hatte das an Überbeschäftigung gewöhnte Wirtschaftswunder-Deutschland heimgesucht und verzeichnete im Dezember 370 000 Arbeitslose, im Januar 1967 stieg die Zahl auf über 600 000 – nach heutigen Maßstäben »Peanuts«. »Aber wir dachten damals, es sei eine ungeheuerliche Wirtschaftskrise«, erinnert sich kopfschüttelnd Rainer Barzel.

Nachdem die Auseinandersetzung über den Haushaltsausgleich die alte christlich-liberale Koalition tief entzweit hatte, schien nun eine breitere Übereinstimmung vonnöten zu sein, um die »Krise« zu meistern. Auch die seit 1965 schwelende Kontroverse über die Notstandsgesetzgebung war nur gemeinsam vom Tisch zu bekommen. Eine Herzensangelegenheit hatte die CDU sogar zum Gegenstand der Koalitionsvereinbarungen gemacht: Sie sahen ein »mehrheitsbildendes Wahlrecht« vor, das zum Zweiparteiensystem und damit zum Ausschluß aller kleinen politischen Gruppierungen führen sollte. Damit sollte dem Einzug der NPD in den Bundestag ein Riegel vorgeschoben werden. Gewünschter Nebeneffekt: Das ewige »Zünglein an der Waage« FDP würde bei einer solchen Wahlform ebenfalls endgültig ausgeschaltet werden.

Ein Teil der Bevölkerung hatte die Querelen in Bonn längst satt und hieß die Verbrüderung willkommen. Wenn jetzt die beiden »Großen« harmonisch an einem Strang zögen, so dachten viele, würde man das Schiff schon schaukeln. Auch Kiesinger und Brandt, die beiden Repräsentanten der neuen Koalition, spielten anfangs das verliebte Paar. Kiesinger nannte es einen »Beitrag zur Aussöhnung«, wenn er mit Männern wie dem einstigen Widerstandskämpfer Willy Brandt und dem Exkommunisten Wehner eine Regierung bilde. Brandt, der 1933 NS-Deutschland verlassen hatte und oft als »Emigrant« beschimpft wurde, nahm den Kanzler gegen Kritik an seiner NS-Vergangenheit in Schutz und sagte: »Es wäre ein gutes Beispiel für das Zusammenwachsen der Nation, wenn Männer wie Kiesinger und ich zusammen in einem Kabinett säßen.«

Doch nicht alle Hochzeitsgäste waren begeistert. Unter Intellektuellen, Studenten, aber auch innerhalb der Parteien war die große Koalition ein Schreckgespenst. In der SPD sorgte diese »miese Ehe«, wie Günter Grass sie nannte, für die größte Parteikrise seit der Entstehung der SED. Der SPD-Vorstand mußte Polizeischutz anfordern, weil wutentbrannte Jungsozialisten versuchten, die Bonner Führungsbaracke zu stürmen. In Berlin protestierte der Sozialdemokratische Hochschulbund – mit ihm Brandt-Sohn Peter – gegen den »Verrat an den Genossen« und »gegen die CDSPU«, während Demonstranten in Mainz und Frankfurt skandierten: »Willy, Willy, gib uns unsere Stimmen zurück.« Sie konnten den Sozialdemokraten nicht verzeihen, daß sie nach 17 bitteren Oppositionsjahren »die Fortexistenz der CDU-Herrschaft« sicherten und zum »Steigbügelhalter für Pg. Kiesinger« und »*Spiegel*-Affären-Strauß« verkamen. Einige tausend Genossen kündigten Brandt und Wehner die Gefolgschaft. Wie wenig sich die Sozialdemokraten mit ihrem neuen Busenfreund abfinden konnten, ergab die Abstimmung über den Koalitionsvertrag an der Basis, die von der Führung mit gutem Grund erst anderthalb Jahre später auf dem Nürnberger Parteitag durchgeführt wurde: 173 stimmten dafür, 129 dagegen.

Auch in der Union wurden die Skeptiker laut: »Erst gibt es ein schwarz-rotes Bündnis, dann gibt es ein rot-schwarzes Bündnis, und zuletzt regieren die Roten allein«, prophezeite Strauß.

Überdies ertönte da und dort der Kassandraruf, die Koalition der machtvollen Mehrheit sei ein »demokratischer Sündenfall«: Von Machtkartell, Proporzdemokratie, Vernichtung der parlamentarischen und Anwachsen der außerparlamentarischen Opposition war die besorgte Rede. In der Tat war das normale Kräftespiel zwischen Regierung und Opposition außer Kraft gesetzt: Die Koalition verfügte bei 447 voll stimmberechtigten Abgeordneten über mehr als 90 Prozent der Stimmen. Die FDP stellte dagegen ein Häuflein von nur 49 Abgeordneten. Damit schied sie als Kontrollinstrument aus: Weder konnte sie allein die Einsetzung von Untersuchungsausschüssen fordern noch außerplanmäßige Parlamentssitzungen erzwingen. Die Regierung war in ihrer Übermacht dagegen theoretisch ohne weiteres in der Lage, selbst Artikel des Grundgesetzes zu ändern, wofür eine Zweidrittelmehrheit erforderlich ist. Zwar sorgten die beiden ungemein starken Fraktionen mit ihren Spitzen Rainer Barzel und Helmut Schmidt schon dafür, daß die Regierung nicht über die Stränge schlug. Schmidt schrieb sogar, noch nie habe das Parlament »ein so entscheidendes Gewicht gegenüber einer Regierung gehabt«. Dennoch: Die große Koalition war eine Ausnahme von der parlamentarischen Regel.

Kiesinger hatte diese Problematik durchaus erkannt und betonte in seiner Regierungserklärung vom 13. Dezember 1966 ausdrücklich den Ausnahmecharakter einer solchen Machtkonstellation: »Die stärkste Absicherung gegen einen möglichen Mißbrauch der Macht ist der feste Wille der Partner der großen Koalition, diese nur auf Zeit, also bis zum Ende dieser Legislaturperiode, fortzuführen.« Er unterstrich den Willen von SPD und Union, das mehrheitsbildende Wahlrecht in Kraft zu setzen, das Koalitionen in Zukunft überflüssig machen werde. Bis dahin gedachten die Lebensabschnittsgefährten das Bündnis auf Zeit sinnvoll zu nutzen.

Der Glanz des hochkarätig besetzten neuen Kabinetts, das sich nun zum obligatorischen Foto auf der Treppe der Villa Hammerschmidt versammelte, stellte jede noch so überragende Persönlichkeit in den Schatten. Kein Wunder, daß Kanzler Kiesinger im nachhinein etwas blaß erscheint. In dem »Kabinett

»Ein gaullistischer Atlantiker...« Kiesinger begrüßt Mrs. Nixon bei seinem Besuch (rechts US-Präsident Richard Nixon) im Weißen Haus, 1969

Wir sind doch faktisch ein Protektorat der Vereinigten Staaten.

Kiesinger

Geschliffenheit, Brillanz, Eleganz und Begabung.

Lothar Späth (CDU), ehemaliger Ministerpräsident Baden-Württembergs

Bundeskanzler Kiesinger, höflich, würdig und ernst, verstand es, die banalsten Dinge so zu sagen, als hätten sie eine tiefe politische Bedeutung.

Henry Kissinger, ehemaliger amerikanischer Außenminister

der Köpfe« hatte sich die Crème de la crème der westdeutschen Politikerriege zusammengefunden: Außenminister Willy Brandt, Minister für gesamtdeutsche Fragen Herbert Wehner, Wirtschaftsminister Karl Schiller, Justizminister Gustav Heinemann und Verkehrsminister Georg Leber von der SPD; Finanzminister Franz Josef Strauß, Verteidigungsminister Gerhard Schröder, Ernährungsminister Hermann Höcherl und Arbeitsminister Hans Katzer von der Union. Hinzu kamen die machtbewußten Fraktionschefs Helmut Schmidt und Rainer Barzel. »Na, die Zusammensetzung, wenn ich dat so sehe – ein bißchen jespenstisch«, bemerkte Skeptiker Adenauer.

Niemals zuvor und nie danach mußte ein Kanzler soviel politische Begabung leiten. Mit Egozentrik und absolutem Machtanspruch war diese Mannschaft nicht zu führen. Helmut Schmidt hatte schon recht, als er sagte: »Die Richtlinienkompetenz des Bundeskanzlers sollte man innerhalb einer großen Koalition nicht überschätzen. Es gibt keine Richtlinien gegen Brandt und Wehner.«

Auch Kiesinger fragte sich, was er sich da aufgeladen hatte, um dann jedoch nachzuschieben: »Ich hab' ja ein Gespür für Menschen.« Im Grunde gab es für diese außergewöhnliche Kanzlerrolle keinen Besseren als Kiesinger. Wo sonst konnte sein Verhandlungsgeschick, das ihm den Spitznamen »wandelnder Vermittlungsausschuß« eingebracht hatte, idealer zum Einsatz kommen als bei der Zusammenführung zweier so konträrer Partner? Karl Schiller (SPD) murmelte schon bei der Vereidigung der Minister: »Jetzt werden wir wohl alle die Taschen zunähen müssen.« In diesem Sammelbecken der Unvereinbaren waren Konflikte vorprogrammiert – und Kiesingers Fähigkeiten zum Kompromiß gefragt. Eine Szene, die auf mehreren Fotografien festgehalten wurde, verdeutlicht das Bemühen des neuen Kanzlers, seine Koalition zusammenzuschweißen, von der er meinte, sie sei zum »Erfolg verurteilt«. Sie ist zum Symbol für Kiesingers Regierung geworden.

Der Park des Palais Schaumburg bot an diesem Sommertag 1968 ein eigenartiges Bild. Die trockenen Blätter der alten Platane rauschten träge im lauen Sommerwind. Von der Hitze dösig, ließen die Vögel, die sich im hohen Geäst des Baumes niedergelassen hatten, nur ab und zu ein leises Zwitschern hören. Inmitten dieser sommerlichen Landschaft, im Schatten der Bäume, saßen 18 Herren im vollen Dienstornat, mit Anzug und

Krawatte, sowie eine einzige Dame – Gesundheitsministerin Käte Strobel – um einen riesigen ovalen Tisch versammelt: Das Kabinett Kiesinger tagte im Grünen. In dieser »eigenartigen Verflechtung von Geschäftsmäßigkeit und arkadischer Lebensfreude«, wie Kiesingers Staatssekretär Günter Diehl schreibt, versuchte Kiesinger sein Kabinett auch an heißen Tagen bei Laune zu halten.

Freundschaftlich sei es dort oft zugegangen, erinnert sich der CDU-Politiker Ernst Benda, der Paul Lücke nach dessen Rücktritt als Innenminister ablöste. Etwa als SPD-Bundesratsminister Carlo Schmidt einmal einen Antrag seines Ministeriums begründen sollte, doch mit seinen 72 Jahren leider schon fest eingeschlafen war. »Sie übernehmen doch sicher den Antrag des Bundesratsministers«, schlug Kiesinger dem Innenminister vor. »Wir haben entsetzlich miteinander gestritten und gefochten, wir waren Gegner«, weiß Rainer Barzel zu berichten. »Feinde waren wir nie.«

Kiesinger präsidierte diesen Sitzungen wie der »Vorsitzende eines hohen Senats«. Wenn ihm einer seiner Minister zu sehr fachsimpelte, dann unterbrach er ihn mit den Worten: »Das haben Sie sehr schön gesagt. Sagen Sie es doch noch mal ...« Wenn er Diskutanten zur Ordnung rufen wollte, dann benutzte er meist nicht Glocke oder Hammer, sondern klopfte mit seinem Ehering ein paarmal leicht auf die Tischkante. Der Kanzler ergriff gerne das Wort – und verstieg sich gelegentlich zu langen Monologen. Manchen gerieten die Kabinettssitzungen etwas zu weitschweifig – vor allem wenn Schöngeist Kiesinger sich mit Carlo Schmid in geistreiche, aber langatmige philosophische Höhenflüge über Alexis de Tocqueville oder Paul Valéry verstieg. »Hat jemand Nägel dabei?« soll Strauß einmal gefragt haben, »ich habe heute meine Hängematte mit.« Für Horst Ehmke waren diese verbalen Florettgefechte lediglich Beweis für des Kanzlers mangelnde Entschlußkraft: »Kiesingers Begabung zu plaudern wurde nur noch von seiner Fähigkeit übertroffen, Entscheidungen zu vertagen.« In der Tat war Kiesinger nicht bekannt dafür, einsame Entschlüsse auf Teufel komm raus durchzupeitschen: »Wenn es in der großen Koalition Konflikte gibt«, sagte er einmal, »dann sind es echte Konflikte, bei denen man entweder zu einem Kompromiß kommt oder zu einer Ausklammerung der Lösung.« Wenn sich eine Meinungsverschiedenheit in der Kabinettsrunde nicht aus dem Weg räumen ließ,

»dann unterbrach Kiesinger die Sitzung«, so Diehl, »und bat den Widersacher zu einem Gespräch unter vier Augen«. Oft sei er mit Strauß rausgegangen. »Moderation – das mag das entscheidende Stichwort seiner Regierung sein«, schrieb einmal der Journalist Klaus Harpprecht.

In diesem politischen Olymp waren Leistungen nur bei steter Überwindung innerer Konflikte möglich – für Kiesinger ein ständiger Drahtseilakt. Harmonie hieß das Gebot der Stunde.

Der Kanzler führte tägliche Lagebesprechungen ein, bei der sich die wichtigsten Akteure gegenseitig über den Stand der Dinge unterrichteten. In der kleinen »Lage« trafen sich die engsten Mitarbeiter des Kanzlers. Sie konnte praktisch zu jeder Tages- und Nachtzeit zusammentreten, erinnert sich Pressesprecher Günter Diehl: »Wir saßen an Feiertagen oft in den tiefen Sesseln des Kanzlerbungalows. Neben uns lagen die Papiere und Akten auf dem Boden, ein Glas Wein stand auf dem Tisch, wir waren bequem angezogen, Kiesinger hatte seinen Dackel auf dem Schoß und besprach mit uns die Lage. Es gab den einen oder anderen Ausflug in Philosophie, Literatur, Geschichte und Religion, immer der Analyse und der Beschlußfassung dienlich.« Um Differenzen aus dem Weg zu räumen, aber auch um mit sich selbst ins reine zu kommen, saß Kiesinger manchmal »zu zweit oder zu dritt, oft unter dem Motto ›in vino veritas‹ bis tief in die Nacht hinein.« *Dolce far niente* im Kanzleramt? Diehl widerspricht: »Schließlich brauchte er und nahm sich viel Zeit, um nichts zu tun, um, wie er sagte, nachzudenken.« Was Kiesinger vor allem den Ruf der Faulheit einbrachte, war seine ausgeprägte Scheu vor dem Aktenstudium. Er war, wie seine Mitarbeiter noch heute immer wieder betonen, ein »Hörkanzler«. Die Arbeit am Schreibtisch lag ihm nicht – er ließ sich komplexe Sachverhalte lieber vortragen. Ein Wust von Papieren dagegen erregte seinen Unwillen. Legendär wurde der Satz: »Schaffen Sie mir die Akten weg. Ich verliere die Übersicht.« Oft frustrierte er seine Mitarbeiter damit, daß er dringende Anliegen mit den Worten beiseite schob: »Belästigen Sie mich nicht mit solchen Bagatellen«, oder komplizierte und aufwendige Berichte in Auftrag gab, um sie dann ungelesen unter den Tisch fallen zu lassen.

Überhaupt war Kiesinger ein »schwieriger« Dienstherr. Nach außen hin war er stets freundlich und liebenswürdig. Doch Mitarbeiter empfanden ihn als »unbequemen« Chef, der »seine

Emotionen hat laufen lassen«. Vortragende unterbrach er manchmal barsch mit den Worten: »Bitte noch einmal von vorn, aber verständlicher.« Eigens für ihn zusammengestellte Schriftstücke hat er mehr als einmal unwirsch vom Tisch gefegt: »Wie kann man mir so etwas überhaupt vorlegen?« Im Bewußtsein des vielgelobten Rhetors mit einem sehr eigenen Stil reagierte er höchst kritisch auf alle Entwürfe von Reden oder Briefen, die man ihm vorlegte. Gespickt mit Korrekturen und Änderungen gab er sie wieder zurück oder schrieb sie gleich ganz selbst. Im Palais Schaumburg nannte man ihn »die Faust im Samthandschuh«. Als Parteichef und Führer der Koalition ließ er diese Härte oft vermissen.

Die Koalitionspartner sollten, wie Kiesinger allen in der ersten Kabinettssitzung einschärfte, »auf Gedeih und Verderb« zusammenhalten – und taten es vorerst auch. Als dringendste Aufgabe hatte Kiesinger in seiner Regierungserklärung die Bekämpfung der Wirtschaftskrise genannt. Zur allgemeinen Verblüffung hatten Finanzminister Strauß und Wirtschaftsminister Schiller einen Narren aneinander gefressen. Von den Bonner Journalisten bald »Plisch und Plum« genannt, bildeten die früheren Kontrahenten sehr rasch ein harmonisches – und ungemein erfolgreiches Gespann. Das Duo sanierte in der Zeit der großen Koalition die Staatsfinanzen, holte die Vollbeschäftigung zurück und kurbelte die Konjunktur an. Die »konzertierte Aktion« zwischen Staat, Gewerkschaften und Wirtschaft scheiterte zwar nach kurzer Zeit. Dafür stellte sie der Politik mit dem Stabilitätsgesetz ein modernes wirtschaftspolitisches Instrumentarium zur Verfügung. Parlamentarisch abgesichert wurde ihre Politik durch die enge Kooperation der Fraktionschefs Schmidt und Barzel.

Der Kanzler selbst konnte nun endlich seiner wahren Leidenschaft frönen: der Außenpolitik. In seiner Regierungserklärung hatte Kiesinger unterstrichen, daß Deutschland eine Brückenfunktion zwischen Ost und West innehabe. Erhard hatte es fertiggebracht, die beiden wichtigsten Verbündeten – Frankreich und die USA – vor den Kopf zu stoßen. Kiesinger, der mit fließendem Englisch und Französisch brillieren konnte, gelang es nun, die Kontroverse zwischen »Atlantikern« und »Gaullisten« herunterzuspielen und zu versichern, daß Deutschland auf beide gleichermaßen angewiesen sei. Frankreich gestand er dabei eine »entscheidende Rolle für die Zukunft Europas« zu. »Atlantiker« Erhard hatte bei de Gaulle den Eindruck erweckt, als stehe die Bundesrepublik in der »Hörigkeit Amerikas«. Als erstes eilte nun der frankophile Kanzler zum Versöhnungs-Rendezvous nach Paris und machte de Gaulle seine Aufwartung. Allerdings traf es den Europapolitiker Kiesinger hart, daß ein erneuter Antrag Großbritanniens auf Beitritt zur Europäischen Wirtschaftsgemeinschaft wiederum am Einspruch des halsstarrigen Generals scheiterte. Die Aufnahme der Briten in die EWG 1973 war die späte Rechtfertigung für Kiesingers Politik des langen Atems. Als Kanzler hatte er sie nicht durchsetzen können.

Ein Streitpunkt, der das Verhältnis mit Amerika ständig belastet hatte, war die Verpflichtung Deutschlands, die Devisenkosten Washingtons für die Stationierung amerikanischer Truppen mit Waffenkäufen in den USA auszugleichen. Um einen Zahlungsaufschub zu erbitten, war Erhard kurz vor seinem Sturz nach Washington gereist, hatte dort aber eine peinliche Abfuhr erlitten. Kiesinger konnte nun herausschlagen, daß die Verpflichtungen zumindest nicht mehr ausschließlich mit Waffenkäufen zu begleichen waren. Zugleich trat der Schwabe den Amerikanern mit mehr Selbstbewußtsein entgegen. Er nahm den »Atomwaffensperrvertrag« zum Anlaß, die »atomare Komplizenschaft« der beiden Supermächte auf dem Rücken der Habenichtse zu beklagen, und bestand gegenüber den USA auf einer umfassenden Beratung. Richard Nixon, der den Texaner Lyndon B. Johnson 1969 als Präsident ablöste, gab nach – und setzte den Kanzler in der Folge frühzeitig über amerikanische Entscheidungen in Kenntnis. Daß Kiesinger sich aus sicherheits- und wirtschaftspolitischen Gründen bis zum Ende seiner Regierungszeit – und gegen den Willen der SPD – strikt weigerte, den Vertrag zu unterzeichnen, führte allerdings zu Belastungsproben mit dem »Großen Bruder«. Doch Kiesinger wurde nicht müde zu beteuern, daß die Ziele Wiedervereinigung und Entspannung nur in einem *joint process,* Hand in Hand, zu erreichen waren. Günstig für das Verhältnis waren freilich Kiesingers werbewirksame Privatbesuche bei seiner Tochter Viola in Washington, die dort mit ihrem Mann lebte. Mit Fotos von »Opa Kiesinger« und seiner Enkelin »Fröschle« auf den Schultern eroberte er die Herzen der Amerikaner.

Nach nur 100 Tagen Regierungszeit stand der heute fast »vergessene« Kanzler Kiesinger auf der Höhe seiner Popularitätskurve. Noch im August 1966 hatten, wie eine demoskopische Umfrage ergab, 45 Prozent der Deutschen »nichts« von ihm »gehört«. Im Januar 1967 waren es nur noch vier Prozent. Bald konnte er in der Gewißheit regieren, daß von 100 Deutschen mehr als 80 keinen anderen Kanzler wünschten. Nun bewährte sich Kiesingers Übungszeit als Landesfürst: »Er ergriff so selbstsicher, mit einer so selbstverständlichen Souveränität von seinem Amt Besitz, daß es den Anschein hatte, als sei es ihm gewissermaßen auf den Leib geschrieben«, berichtet einer seiner Biographen. Sein unverwechselbarer Regierungsstil, so hieß es, ähnelte eher dem eines Landesherrn als dem eines Regierungschefs. Schon kurz nach seinem Amtsantritt haftete ihm der Beiname »Fürst Kurt Georg I. von Bonn« an. Auch der französische Essayist François Bondy notierte: »Kiesinger wirkt allmählich wie eine behutsame schwäbische Variante des General de Gaulle.« Teils spöttisch, teils bewundernd sagte man ihm nach, er trage seine Kanzlerschaft »wie einen Hermelin«.

Doch nicht alle schätzten den anachronistisch anmutenden Kanzler. In der Zeit der großen Koalition war die Bundesrepublik in eine Phase heftiger innenpolitischer Erschütterungen geschlittert. Während Union und SPD einen Regierungsblock bildeten, franste das demokratische Spektrum am rechten und linken Rand aus. Der NPD, die schon von der Depressionsstimmung im Herbst 1966 profitiert hatte, gelang bei allen folgenden Landtagswahlen der Einzug in die Parlamente. 1969 verpaßte sie mit 4,3 Prozent nur knapp den Sprung in den Deutschen Bundestag. Auf der Straße formierte sich, zum Teil aus Protest gegen das »Machtkartell« der Regierung und den vermeintlichen »Notstand der Demokratie«, eine außerparlamentarische Opposition: die APO.

Begonnen hatte die studentische Protestbewegung Ende der fünfziger Jahre im fernen Amerika: An der Universität Berkeley bei San Francisco demonstrierten Studenten vor allem für die schwarze Bürgerrechtsbewegung und gegen die amerikanische Vietnampolitik. Gleichzeitig eskalierte ein in allen Industrienationen der Welt zu beobachtender Konflikt zwischen einem neuen Lebensgefühl der jungen Generation und den Konventionen der Eltern. Es war ein Zeitgeist, der grenzüberschreitend wirkte.

»Fröschle, Fröschle über alles...« Kiesinger in Washington mit seiner zweijährigen Enkelin Cecilia (1967)

Für das deutsche Volk ist der Kanzler eine Art Familienoberhaupt, und wenn er nicht Ordnung halten kann unter den Seinen, dann ist er eben nicht viel wert.

Kiesinger

Ich bin der letzte, der kein Verständnis für die Sorgen und die Anliegen junger Menschen hätte.

Kiesinger

»Heimat, süße Heimat...«
Kiesinger vor seinem Wochenendhaus in Bebenhausen

Ein eleganter, stattlicher Mann, betont und mühelos liebenswürdig, mit einer Spur von Koketterie.

François Seydoux, damals französischer Botschafter in Bonn

Politik hat für mich höchste Faszination nur in einem Moment, in dem die Geschichte eine ihrer Offerten macht – im Augenblick hält sie ihr Mittagsschläfchen.

Kiesinger

Auch in Deutschland machte sich Unwille gegen den »wilhelminischen Obrigkeitsstaat« breit. Professoren herrschten, so wurde kolportiert, an den Hochschulen »wie die Fürsten«. Eltern, die den »Verlobten« ihrer Tochter bei sich zu Hause übernachten ließen, machten sich der Kuppelei strafbar. Die Jugendlichen hatten genug von der »Sofakissendiktatur« und den »spießigen« Wertmaßstäben ihrer Eltern. Um hierzu auf Distanz zu gehen, zogen in den sechziger Jahren etwa in Westberlin immer mehr junge Leute in große Wohnungen und probten ein neues Zusammenleben. Sie hängten die Toilettentüren aus, lasen Marx und Marcuse, tranken Jasmintee und Cola-Rum, hörten Bob Dylan und »The Who«, rauchten Haschisch und Marihuana, ließen sich die Haare wachsen und stellten die Obrigkeit in Frage. Der Krieg in Vietnam wurde zum Symbol für staatliche Gewalt und Unterdrückung. Neue Idole waren die kommunistischen Revolutionäre Ernesto »Che« Guevara, Fidel Castro, Mao Zedong und Ho Chi Minh.

Die Proteste begannen zunächst harmlos. Der aus der SPD entstandene Sozialistische Deutsche Studentenbund (SDS) und der Sozialistische Hochschulbund (SHB) machten 1965 an der Freien Universität Berlin gegen die verkrustete Hochschulverwaltung und Professorenschaft mobil. Slogans wie »Unter den Talaren der Muff von 1000 Jahren«, aber auch »Macht aus Stalinisten gute Sozialisten« und »Alle reden vom Wetter, wir reden von Vietnam« erschütterten bald vielerorts den altehrwürdigen Lehrkörper. Mit der Bildung der großen Koalition erhielt das Protestpotential einen neuen Schub. In einer Zeit, in der es galt, das überlieferte Hierarchiegeflecht aufzubrechen, stellte das Zweiparteienkabinett mit Kiesinger an der Spitze eine Konsolidierung der Autoritäten dar. Wo Studenten auf der einen Seite für eine Pluralisierung und Demokratisierung der Gesellschaft eintraten, stand auf der anderen Seite der Ex-Parteigenosse Kiesinger. Die aus heutiger Sicht abstruse Warnung vor »einem neuen '33« machte die Runde. Verschärft wurde die Angst vor einer »Diktatur« noch durch die zur Verabschiedung anstehenden Notstandsgesetze. Im Mai 1967 kam es in Berlin zur ersten großen Demonstration von 2000 Studenten gegen die Vietnampolitik, gefolgt von Aktionen in anderen Städten, die sich auch gegen die große Koalition und die Universitätsstrukturen wandten.

Der Staat reagierte von Anfang an mit Unverständnis und Härte. Polizisten – als Repräsentanten der »etablierten Macht«

allerdings besonderer Wut ausgesetzt – beantworteten mit Knüppeln den Einsatz von Farbeiern und Puddinggeschossen. Diskussionsforen an den Universitäten wurden verboten. Auch Willy Brandt, dessen Partei sich von ihrer Jugendorganisation SDS wegen deren marxistischer Ausrichtung losgesagt hatte, warnte davor, daß sich »Deutsche in der Weltpolitik als Lehrmeister aufspielen«. Die *Bild*-Zeitung bezeichnete die Studenten als »Rowdys« und »Krawallmacher«. Kurzum: Die Obrigkeit bestätigte sämtliche Vorurteile der Rebellen.

Mit dem Tod des Studenten Benno Ohnesorg am 2. Juni 1967 fiel der Startschuß für den Aufstand der »68er«. In Berlin provozierte der Besuch von Schah Reza Pahlevi heftige Demonstrationen gegen den Diktator. Der Berliner Senat sandte vom persischen Geheimdienst ausgesuchte »Jubelperser« zum Empfang am Schöneberger Rathaus. Als diese mit Dachlatten auf unbewaffnete Demonstranten einschlugen, schaute die Polizei tatenlos zu. Während der Schah am Abend in der Deutschen Oper mit Ehefrau Farah Diba den süßen Klängen der »Zauberflöte« lauschte, kam es auf der Straße zu einer regelrechten Hetzjagd auf die Demonstranten. Befehl von oben: »Wenn ich herauskomme, ist alles sauber«, hatte Bürgermeister Heinrich Albertz seinem Polizeipräsidenten zugezischt. Die Polizisten riegelten ab und gingen mit Knüppeln auf die eingekeilten Demonstranten los. Verzweiflung, Schreie, Panik erfüllten die Straßen Berlins. Da krachte in einem Hinterhof ein Schuß: Der Kripobeamte Karl-Heinz Kurras hatte den siebenundzwanzigjährigen Benno Ohnesorg, der sich an diesem Tag zum ersten Mal ein Bild von den Demonstrationen machen wollte, von hinten erschossen.

Der Tod des Studenten führte zu einer tiefen Vertrauenskrise der Jugend gegenüber staatlichen Institutionen. Für die Zehntausende, die sich in vielen Städten zu Trauermärschen zusammenfanden, war dieser Tote »der Beweis dafür, daß die westdeutsche ›Demokratie‹ nur auf dem Papier des Grundgesetzes existierte und daß die ›Verwirklichung demokratischer Freiheit in allen gesellschaftlichen Bereichen‹ erkämpft werden« müsse, wie der *Spiegel* schrieb. Die Jugend politisierte sich, es begann »der Kampf gegen das Establishment«. Der Staat stand dem hilflos gegenüber – und rüstete auf. Vorbei waren die harmlosen Rangeleien mit den »Spitzköpfen«, wie die Polizisten wegen ihrer hohen, eckigen Tschakos genannt wurden. Fortan marschierten die Staatsdiener in Kampfanzügen und martialischen Schutzhelmen mit Visier auf.

Zur Eskalation der Gewalt kam es Ostern 1968, nachdem ein rechtsradikaler Attentäter den SDS-Protagonisten Rudi Dutschke auf dem Berliner Kurfürstendamm mit drei Schüssen lebensgefährlich verletzt hatte. Dutschke war zugleich Ideologe und Star der neuen Studentenbewegung. Zielscheibe der Demonstranten wurde nun die *Bild*-Zeitung, die man mit ihrer Kampagne gegen Dutschke für den Anschlag verantwortlich machte. In München, Berlin und Hamburg wurden Häuser des Axel-Springer-Verlags verwüstet, Studenten warfen mit Steinen und Molotow-Cocktails, Fensterscheiben gingen zu Bruch. Krawalle und schwere Straßenschlachten griffen auf das ganze Land über und forderten in München zwei Todesopfer.

Ihren Höhepunkt erreichten die Proteste, als im Mai 1968 die Verabschiedung der Notstandsgesetze im Bundestag anstand. Es kam zur bis dahin größten – und weitgehend friedlichen – Massendemonstration seit Bestehen der Bundesrepublik. In einem Sternmarsch auf Bonn, an dem auch ehemalige KZ-Häftlinge teilnahmen, protestierten bundesweit 30 000 Menschen gegen den vermeintlichen »Notstand der Demokratie« und die »Einschränkung der Bürgerfreiheit«. Durch entsprechende Änderungen im Grundgesetz sollten die alliierten Vorbehaltsrechte von 1954 abgelöst werden, denen zufolge die drei Westmächte im Krisenfall die oberste Gewalt in der Bundesrepublik übernehmen konnten. Im Grunde war dies eine anachronistische Einschränkung deutscher Souveränität. Seit 1958 hatte man schon an Entwürfen für die Notstandsgesetze gebastelt, aber nie eine Zweidrittelmehrheit gefunden. Nun machte sich sogar Willy Brandt zum Anwalt der Gesetze.

Die Proteste, die von den Gewerkschaften massiv unterstützt wurden, entzündeten sich vor allem an der Einschränkung von Grundrechten wie dem Post- und Fernmeldegeheimnis und der Vereinigungsfreiheit, an der Angst vor einem potentiellen Einsatz der Bundeswehr zur Bekämpfung von Aufständen im Inneren und den Möglichkeiten zur Einschränkung der Legislative etwa durch das Einsetzen eines Notparlaments. Nach langwierigen Verhandlungen wurde die Notstandsverfassung am 30. Mai 1968 gegen die Stimmen der FDP, aber auch gegen 53 Parlamentarier des linken SPD-Flügels verabschiedet. Sie wurde bis heute nicht angewandt und geriet bald in Vergessenheit.

Nichts fällt mir besonders leicht. Besonders schwer fällt mir alles, was mich an der eigentlichen Arbeit, auf die es ankommt, hindert.

Kiesinger

Kiesinger stand überall, wo er sich befand, ganz von selbst im Mittelpunkt, er war unübersehbar und ansehnlich in einem. Was ihm eignete, kann wohl am besten mit dem Begriff der »Würde« umschrieben werden.

Lothar Späth (CDU), ehemaliger Ministerpräsident Baden-Württembergs

»Begabung zu plaudern...«
Der Kanzler im Palais Schaumburg, umringt von Journalisten

Kiesinger blickte mit einem abgrundtiefen Unverständnis auf die Revolte der Studenten. Dem Bildungsbürger war diese Art von Auseinandersetzung ein Greuel. Gerne wollte er sich mit Studenten zusammensetzen und gesittet, wie es sich gehörte, über Hochschulnotstände diskutieren oder Kulturkritik üben. Krawalle und lautstarke Demonstrationen erfüllten ihn jedoch mit Schrecken und Abscheu. Ohnedies war er ein Kanzler, der sein Volk lieber mit Abstand betrachtete, der sich bei Begegnungen mit Bürgern huldvoll nach dem werten Befinden erkundigte, jedoch nie einer der ihren sein wollte. Im April 1968, als die Wogen des Protests hochschlugen, befand sich der Kanzler auf Wahlkampfreise für die baden-württembergische Landtagswahl. Wenn die Studenten mit Megaphonen, Plakaten und Spruchbändern zu seinen Veranstaltungen erschienen und ihn mit Buhrufen und Trillerpfeifen unterbrachen, versuchte er entweder tapfer mit den Rebellen zu diskutieren – oder er ließ den Platz räumen. Nach dem Attentat auf Dutschke drückte Kiesinger dessen Frau Gretchen in einem Beileidstelegramm zwar seine Empörung aus. Im Fernsehen warnte er aber die »militanten linksextremistischen Kräfte, die sich die Zerstörung unserer parlamentarisch-demokratischen Ordnung offen zum Ziel gesetzt haben«, davor, ihre Aktionen fortzusetzen, »weil sonst zwangsläufig die Mittel der staatlichen Abwehr verschärft werden müßten«. Da die Polizei den einzelnen Ländern unterstand, fehlte dem Bund da freilich eine übergreifende Handhabe. Dafür wurden Hunderte von Demonstranten – unter ihnen Brandt-Sohn Peter – wegen Landfriedensbruchs, Auflaufs oder anderer Delikte vor Gericht gestellt und verurteilt. Von einem Verbot des SDS, wie auch der NPD, sah Kiesinger allerdings ab, da er die Extremisten lieber mit »politischen Mitteln« bekämpfen wollte. Am 27. Oktober 1968 wurde sogar die Gründung der Deutschen Kommunistischen Partei (DKP) zugelassen. Erleichtert registrierte Kiesinger, wie nach den zwei Todesfällen von München die erhitzten Gemüter der Studenten schlagartig abkühlten. Noch weniger als die Studenten selbst hat Kiesinger jemals verstanden, was sie eigentlich wollten. »Manchmal sind da Dämonen am Werk«, seufzte er einmal.

Mit der Verabschiedung der Notstandsgesetze hatte die Studentenbewegung kein alle Kräfte einigendes Thema mehr. Die APO begann sich selbst zu zerstören. Einige wenige beschafften sich Kalaschnikows und gingen in den Untergrund, andere schlossen sich der neu gegründeten DKP an. Nach dem Machtwechsel 1969 machten sich etwa hunderttausend Exstudenten vor allem über die SPD auf den von Dutschke proklamierten »Marsch durch die Institutionen«. Der Beginn der sozial-liberalen Koalition signalisierte zugleich das Ende der APO. Ein wunderbares Sackhüpfen sei »68« gewesen, bilanzierte der italienische Linksradikale Adriano Sofri die Revolte: »Ich glaube, wir wurden Zweite.«

Während die große Koalition in der Innenpolitik zwei ihrer Hauptziele – Stabilisierung der Wirtschaft und Verabschiedung der Notstandsgesetze – erreicht hatte, blieb eines der wichtigsten außenpolitischen Vorhaben in den Ansätzen stecken: die Ostpolitik. In seiner Regierungserklärung hatte Kiesinger betont, daß er die Verständigung mit den östlichen Nachbarn suche und das Verhältnis zur DDR »entkrampfen und nicht verhärten, Gräben überwinden und nicht vertiefen« wolle. In dieser Beziehung waren sich die beiden Koalitionspartner einig. Mit der Zeit offenbarte sich jedoch die Unvereinbarkeit der Ziele: Während Kiesinger vor allem die Annäherung an Moskau suchte, setzten sich Wehner und die SPD für Gespräche mit Ostberlin ein. Die sozialdemokratische Politik des »Wandels durch Annäherung« nahm hier ihren Anfang. Ungerecht ist allerdings die gängige Meinung, die große Koalition habe lediglich der Vorbereitung von Brandts Ostpolitik gedient. Schon Kiesinger beschritt auf diesem Feld neue Wege – wenn auch nur zaghaft. Allerdings mußte er sich dabei gegen die konservativen Kräfte in seiner Partei durchsetzen und ließ es beim Lavieren zwischen den beiden Koalitionspartnern an Entschlußkraft fehlen.

Kiesingers wichtigster Gesprächspartner in Sachen Ostpolitik war der Minister für gesamtdeutsche Fragen Herbert Wehner, der weithin als der »stärkste Mann im Kabinett« galt. Mit dem Exkommunisten verband Kiesinger fast eine Art Freundschaft. Nächtelang saßen die beiden vor allem im ersten Jahr der Koalition bei französischem Rotwein im Kanzlerbungalow zusammen und diskutierten. »Kiesinger hat Herbert Wehner damals verehrt wie einen Heiligen«, erinnert sich Arbeitsminister Hans Katzer, »manchmal hat Wehner abends seine Harmonika rausgeholt und mit dem Kanzler gesungen.« Es hieß, Wehner habe den Vorteil gehabt, daß er stundenlang zuhören konnte, wenn Kiesinger über politische oder philosophische Fragen monologisierte. Doch Wehner sah das positiv: »Man konnte mit Kiesinger über alles ernsthaft reden, er mit mir und ich mit ihm.« Diese Verbundenheit zerbrach erst, als die Kontroversen in der Ostpolitik im Frühjahr 1969 offen zutage traten.

Kiesinger sah eine Chance für die Wiedervereinigung nur in der Überwindung des Ost-West-Konflikts zwischen den Supermächten. Wenn diese ihr Kriegsbeil begraben könnten, so hoffte er, würde sogar die NATO überflüssig werden. Erst die Freiheit der osteuropäischen Völker würde seiner Meinung nach auch eine politische Öffnung in der DDR bewirken: Sie würde Pankow isolieren und unter Druck setzen. Daß er diese Freiheit nicht unterstützen konnte, ohne Moskau den Hof zu machen, war ihm klar. Den Kontakt zu Ostberlin sah der Schwabe, der den Kommunisten zutiefst mißtraute, dabei nur als notwendiges Übel, um den Kreml nicht vor den Kopf zu stoßen.

Einen für die damalige Zeit fast »skandalösen« Schachzug vollführte Kiesinger gleich zu Beginn seiner neuen Ostpolitik: Zum ersten Mal seit den fünfziger Jahren landete am 11. Mai 1967 ein Brief aus Ostberlin nicht als »unzustellbar« im Papierkorb. Wie Hans Neusel, persönlicher Referent des Kanzlers, berichtet, hatte die »Briefverweigerung« bis dahin schon absurde Formen angenommen: Ein Bote gab im Kanzleramt einen braunen Umschlag ab und mußte an der Pforte warten. Nichtsahnend öffnete man ihn, um mit Schrecken festzustellen, daß er ein Schreiben von Ulbricht enthielt. Der Umschlag wurde sofort wieder zugeklebt und dem Ostberliner Abgesandten wieder ausgehändigt. Gleichzeitig tickerte die Botschaft aus Pankow allerdings über den Fernschreiber ein. Was tun? In ihrer Not tickerten die Beamten schließlich das Schreiben kurzerhand wieder nach Ostberlin zurück.

Das sollte nun anders werden. Es folgten zwar zunächst lange Querelen mit der CDU, in der sich eine Front gegen einen persönlichen Brief des Kanzlers gebildet hatte. Doch auf Wehners Anraten beantwortete Kiesinger schließlich am 5. Juni höchstselbst ein Schreiben des DDR-Ministerpräsidenten Willi Stoph und nannte in einem zweiten Brief sogar seinen Staatssekretär als Partner für direkte Verhandlungen. Zwar glaubte Kiesinger nicht, über Kontakte mit Pankow die Einheit erlangen zu können. Ihm ging es aber um die Wiederherstellung menschenwürdiger Verhältnisse in Ostdeutschland, und er sah sich darin »mit Wehner einig«. »Wir wollen versuchen, daß sich die beiden Teile

»Der Kanzler und der Kandidat...« Kiesinger im Gespräch mit dem CDU/CSU-Fraktionsvorsitzenden Rainer Barzel, 1969

Kiesinger war kein Regierungschef, der die Akten besonders liebte. Er war eher ein »Hör-Mensch«.

Reinhard Schmoeckel, Büroleiter Kiesingers

Kiesinger ist nicht nur ein »Homme de lettres«, ein charmanter Unterhalter; und er war nicht nur ein Kanzler und Redner und Vermittler – Kiesinger ist vor allem ein Mensch mit wachem Sinn für den anderen, ein Politiker mit Gespür für die verantwortliche Frage: Wie geht es weiter?

Rainer Barzel, damals CDU/CSU-Fraktionsvorsitzender

Deutschlands in den kommenden Jahren nicht immer weiter auseinanderleben«, erklärte er dem Journalisten Reinhard Appel. »Das wäre das Schlimmste, was passieren könnte. Um unser Ziel zu erreichen, müssen wir in Kauf nehmen, daß gewisse Fühlungnahmen und Kontakte zu Behörden hüben und drüben notwendig sind.« Von Mai bis Oktober 1967 entspann sich ein Briefwechsel mit Stoph über die Normalisierung der Beziehungen. Doch die Diskrepanzen waren zu groß, als daß dieser Kontakt Früchte tragen konnte. Während Stoph die Aufgabe der »Alleinvertretungsanmaßung« forderte, mied Kiesinger hartnäckig die Bezeichnung »DDR« – und weigerte sich damit, die Existenz eines zweiten deutschen Staates überhaupt zur Kenntnis zu nehmen. Der Kontakt schlief wieder ein.

Größer war Kiesingers Interesse, mit dem Kreml direkt zu verhandeln. Er signalisierte die Bereitschaft, mit Moskau und allen anderen Ländern Osteuropas einschließlich der DDR einen »Nichtangriffspakt« zu schließen und »insbesondere bei der Verfolgung ihrer [der Bundesregierung] Ziele in der Deutschlandfrage auf Anwendung von Gewalt und Drohung mit Gewalt zu verzichten« – eine Initiative, die Erhard mit seiner Friedensnote 1966 angestoßen hatte. Auch mit dem Verzicht auf den Mitbesitz von Atomwaffen wollte er die Bundesrepublik als Friedensstaat präsentieren. Letztlich konnte sich der Kanzler jedoch nicht dazu durchringen, den »Atomwaffensperrvertrag« zu unterzeichnen – und schob die Entscheidung, wie so viele, auf die lange Bank.

Ohne Absprache mit der SPD schickte Kiesinger im März 1967 einen Gesandten in geheimer Mission nach Moskau, um die Stimmung zu testen. Doch die Sowjets hatten keine Lust zu verhandeln. Breschnew warnte sogar vor der »Hinterlist« der neuen Ostpolitik und ihrer »aggressiven Ausrichtung«. Bonn habe den sozialistischen Ländern zwar eine Hand entgegengestreckt, doch diese halte einen Stein, wie die Kommunisten sehr wohl sehen könnten.

Dabei hatte Kiesinger sogar begonnen, eine »heilige Kuh« der Deutschlandpolitik zu schlachten: Er löste die Hallstein-Doktrin aus ihrer Erstarrung. In dieser Doktrin beharrte Bonn auf dem »Alleinvertretungsanspruch« der Bundesrepublik und drohte mit dem Abbruch diplomatischer Beziehungen zu jedem Land, das die DDR anerkannte. Schon vor der großen Koalition hatte das Auswärtige Amt diese Regel für die sozialistischen Länder gelockert, indem sie deren Anerkennung der DDR als eine Art unfreiwilligen »Geburtsfehler« verzieh. Am 31. Januar 1967 wurden diplomatische Beziehungen zu Rumänien geknüpft, im August eine Handelsvertretung in Prag eingerichtet. Gegen den Widerstand seiner Parteikollegen ging Kiesinger sogar noch einen Schritt weiter, als er mit Jugoslawien, das nicht zum Warschauer Pakt gehörte, wieder diplomatische Beziehungen aufnahm. Sie waren 1957 abgebrochen worden, nachdem Tito die DDR anerkannt hatte. Auch wenn der Kanzler weiterhin darauf bestand, der einzige Sprecher für ein Gesamtdeutschland zu sein – er handelte damit im eklatanten Widerspruch zur Hallstein-Doktrin. Für Kiesinger war diese Initiative die Möglichkeit, »um die DDR herum« Ostpolitik zu betreiben.

Ostberlin reagierte mit einiger Panik auf Kiesingers Isolierungstaktik, und auch Moskau sah darin vor allem den Versuch, einzelne Staaten aus seiner eisernen Umklammerung zu lösen. Drohend wies der sowjetische Botschafter Zarapkin später Kiesinger darauf hin, es werde »niemandem jemals gestattet sein, auch nur ein einziges Glied aus der Gemeinschaft der sozialistischen Länder herauszubrechen«. Eilends pfiff der Kreml auf Bitten Ulbrichts seine Satrapen zurück und nahm sie im April 1967 mit den »Karlsbader Beschlüssen« an die Kandare: Anerkennung der DDR und der Oder-Neiße-Linie, Ungültigkeit des Münchener Abkommens sowie Beitritt zum Atomsperrvertrag lauteten jetzt wieder die Maximalforderungen für Verhandlungen mit Bonn. Diese Barrieren schienen, zumindest für Kiesinger, der »neuen Ostpolitik« ein Ende zu setzen.

Denn trotz aller Offenheit: In zwei Punkten wich der Kanzler kein Jota von der Adenauerschen Politik ab: Sowohl die Anerkennung der Oder-Neiße-Grenze als auch der DDR würde es unter ihm nicht geben. Die Deutsche Demokratische Republik blieb für ihn eine Diktatur von Moskaus Gnaden und somit ein namenloses Gebilde, ein »Phänomen«. Das führte zwangsläufig zu Konfrontationen mit der SPD, die – zum Teil in Geheimverhandlungen – einen engen Kontakt mit Ostberlin pflegte und Bereitschaft signalisierte, diese Grundpositionen der deutschen Nachkriegspolitik aufzugeben.

Als am 21. August 1968 sowjetische Panzer durch Prag dröhnten und die Blüten des »Prager Frühlings« im Keim erstickten, war auch für Kiesingers Entspannungsbemühungen ein schwarzer Tag angebrochen. Der eisige Hauch des Kalten Krieges legte sich wieder über die deutsch-sowjetischen Beziehungen. Zumal Moskau die »westdeutschen Imperialisten« beschuldigte, die Aufständischen in der ČSSR unterstützt zu haben. Als Vorwand hatte der Strom sozialdemokratischer Politiker nach Prag, aber auch der Besuch von Bundesbankpräsident Blessing dort gedient, die sich – gegen Kiesingers Wunsch – mit den Reformern getroffen hatten. Da konnte Kiesinger noch so beschwichtigend sagen: »Wir werden diese Ostpolitik konsequent fortsetzen.« De Gaulles Vorwurf, die Bundesregierung habe unverantwortlich gehandelt, traf einen Nerv. Die Angst, von den westlichen Bündnispartnern im Stich gelassen und zwischen den Mühlsteinen des Kalten Krieges zermalmt zu werden, saß tief. Der Schock lähmte jede weitere Initiative. Einen Anlaß für einseitige Konzessionen sah er nicht. Willy Brandt meinte abschätzig, er habe eben nicht die Entschlußkraft aufbringen können, über seinen eigenen Schatten zu springen.

Kiesinger und sein Außenminister Brandt, die beiden Symbole der Aussöhnung in diesem Bündnis, pflegten ein höfliches, aber kühl-distanziertes Verhältnis zueinander. Zwischen ihnen stimmte die Chemie einfach nicht, meinte Egon Bahr. Starr wie eine Statue, muffig und grantig saß Brandt während der Kabinettssitzungen neben Kiesinger und sagte nur das Nötigste. Meist schwieg er – eine Eigenschaft, die er mit Freuden über Stunden ausdehnen konnte. Kiesinger kam sein Außenminister und Stellvertreter seltsam »leer« vor, wie ein »Korken im Fluß, der sich mit der Strömung treiben« lasse. Brandt dagegen beschwerte sich, Kiesinger habe ihn »nicht zur Entfaltung kommen lassen«.

In der Tat mißtraute der Kanzler Brandt und dessen Vertrautem, dem Deutschlandexperten Egon Bahr, in Fragen der Ostpolitik zutiefst. Brandt war der Meinung, daß es mit einer Anerkennung der DDR gelingen werde, das sowjetische Imperium zu schwächen. In einer Zeit, in der jedes Wort auf die Goldwaage gelegt wurde, sorgte seine Erklärung in Rumänien, man müsse von den »gegebenen Realitäten« ausgehen, das gelte auch für die »beiden politischen Ordnungen, die gegenwärtig auf deutschem Boden bestehen«, für gewaltigen Zündstoff innerhalb der Union und brachte Kiesinger in Bedrängnis.

Um Harmonie und Aussprache bemüht, begründete Kiesin-

»Die Chemie stimmte nicht...« Kiesinger und Außenminister Willy Brandt

Es gibt sicherlich Politiker, die sich gut verstehen, oder es gibt solche, die Schwierigkeiten miteinander haben.

Kiesinger

Kiesinger hatte Interesse, seinen Vizekanzler nicht zu groß werden zu lassen und Tendenzen zu allzu mutigen Veränderungen zu dämpfen.

Egon Bahr, SPD-Politiker

Objektiv hatte es deutscher Wahrhaftigkeit gedient, daß an der Spitze der Regierung ein »Mitläufer« und ein »Emigrant« zusammenwirkten.

Willy Brandt

ger daher den berühmt-berüchtigten »Kressbronner Kreis«, wie das »Macht- und Kungelzentrum« der großen Koalition in verbrämender Weise genannt wurde. Während sich im August 1967 die Strahlen der Sonne in den Wellen des Bodensees brachen und die Urlauber in Segelbooten über das Wasser kreuzten, tagte unter Apfelbäumen in Kiesingers damaligem Urlaubsort Kressbronn ein illustrer Kreis in wechselnder Besetzung: Kurt Georg Kiesinger, Willy Brandt, Herbert Wehner, Franz Josef Strauß, Helmut Schmidt und Rainer Barzel. Der Kanzler – bestens gelaunt und mit graublauem Hemd, beiger Hose und Sandalen in lässiger Urlaubsgarderobe – versuchte hier in Gesprächen unter vier oder sechs Augen, bei Segelpartien oder Badeexkursionen Streitfragen mit seinen Spitzenpolitikern aus dem Weg zu räumen. Wieder machte der Schwabe seinem Spitznamen »wandelnder Vermittlungsausschuß« alle Ehre – und verstand auch selbst seine Rolle so: »Ich versuche zu vermitteln, durch Vermittlung zu führen, das heißt, bei einer großen Koalition, in der sich zwei nahezu gleich starke und auch gleich selbstbewußte Partner zusammengefunden haben, liegt nach meiner Meinung die Führungskunst des Regierungschefs darin, daß er durch Überzeugung vermittelt, daß er, wenn Reibungen entstehen, dafür sorgt, daß diese Reibungen bald beseitigt werden.« Allerdings mußte sich der gemütliche Schwabe den Vorwurf gefallen lassen, daß er darüber das Führen und energische Durchgreifen vergaß. Statt eigenwilligen Ministern wie Strauß, Schröder, Brandt oder Wehner einmal zu sagen, wo es langgehen sollte, war Kiesinger nicht selten damit beschäftigt, die Folgen ihrer Alleingänge zu bereinigen.

Oft als Nebenregierung kritisiert, fand dieser informelle Kreis gleichwohl großen Zuspruch unter den Koalitionspartnern: Bis Ende 1968 wurde er in Bonn eine fast wöchentlich tagende Institution. Dieses Steuergremium wirkte laut Reinhard Schmoeckel, dem Leiter des persönlichen Büros von Altbundeskanzler Kiesinger, mal als »Zügel«, mal als »Peitsche« für die Koalition und half manche Koalitionskrise aus der Welt zu schaffen.

Dennoch begann die Eintracht bald zu bröckeln. Die Ostpolitik war an ihre Grenzen gestoßen. Weiter war Kiesinger nicht bereit zu gehen – im Gegensatz zu Brandt. Spätestens als der Außenminister auf dem Nürnberger SPD-Parteitag im März 1968 die

Oder-Neiße-Linie als eine »anzuerkennende und zu respektierende Grenze« bezeichnete, bekam die große Koalition einen Riß, der sich bald zu einer unüberbrückbaren Kluft ausweiten sollte. Wie eine Bombe schlug die Nachricht ein, daß die SPD über geheime Kontakte zu italienischen Kommunisten verfügte. Die Union, die erst durch den Bundesnachrichtendienst von diesen »konspirativen« Treffen erfuhr, war über den SPD-Alleingang entsetzt. Über Rom hatten sich Sozialdemokraten heimlich mit Vertretern der SED getroffen, um Gemeinsamkeiten zu sondieren. Daß die SPD auch noch die Einführung des Mehrheitswahlrechts für unbestimmte Zeit auf die lange Bank schob, vertiefte den entstandenen Graben nur noch.

Die SPD hatte der Wahlrechtsänderung für die Wahlen 1969, spätestens 1973, zwar zugestimmt. Als sie aber vor allem bei der Landtagswahl in Baden-Württemberg deprimierende Verluste hinnehmen mußten, kamen die Sozialdemokraten ins Grübeln. Innerhalb der Partei begann man sich auszurechnen, daß sie im Zweifelsfall immer nur zweiter Sieger sein könnte. Mit der Änderung des Wahlmodus hätte sie sich sämtliche Koalitionschancen genommen – und sich selbst in eine dauerhafte Opposition verdammt. Wieder knirschte es im Gebälk der Koalition. Bemühungen Kiesingers, die erhitzten Gemüter zu »kalmieren«, wie er gerne sagte, fruchteten nichts: Die CDU sah in dieser Entscheidung einen Bruch der Koalitionsvereinbarungen – und war »stinksauer«. Innenminister Paul Lücke, ein eifriger Verfechter des Mehrheitswahlrechts, trat zurück. »Warum«, fragte sich in Bonn nicht nur Staatssekretär Diehl, »hat Kiesinger jetzt nicht die Koalitionsfrage gestellt?« Wieder ließ der Kanzler die harte Hand vermissen.

Daß Kiesinger seine Kanzlerschaft angesichts dieser Drahtseilakte als »mühsame Plackerei« empfand, war ihm nicht zu verdenken. Die Luft am Rhein empfand der Schwabe als »ein bißchen schwer und das Klima nicht gerade stimulierend«. Regelmäßig zog es den Bonner Regenten zum Kräftetanken in die schwäbische Heimat zurück. Das wäre ein logistisches Problem gewesen, hätte er nicht das Fliegen entdeckt. Während Adenauer noch das Auto bevorzugte und Erhard die Eisenbahn, hob der »fliegende Kanzler« Kiesinger mit dem Hubschrauber des Bundesgrenzschutzes ab. In seinem Wochenenddomizil »Haus Gerhardsruh« in Bebenhausen bei Tübingen erholte er sich vom hektischen Politdschungel in Bonn. Hier wußte er, wo der Hase langlief. Hier, mehr als in Bonn, war er Hans im Glück: Er liebte es, stundenlang im Schönbuch-Wald spazierenzugehen und zu sinnieren: »Ich schaue minutenlang ins Grüne«, gestand der Kanzler, »und versuche, ohne zu suchen, vierblättrige Kleeblätter zu finden.« Abends entspannte er sich gern mit einem »*Maigret*«-Krimi von Georges Simenon.

Kiesinger war ein »Familienmann«. Seine Frau Marie-Luise hatte er in Berlin auf einem Kostümball kennengelernt: Er war als Troubadour im samtenen Wams gegangen, sie als Eisfee. Die beiden gewannen den Kostümpreis, tanzten miteinander den Ehrenwalzer – und Kiesinger verliebte sich Hals über Kopf in die schöne Eisfee, »unter deren weißer Lockenperücke zwei große dunkle Augen hervorblickten, gegen die es schlechterdings keine Abwehr gab«. Noch am selben Abend machte er ihr einen Heiratsantrag. Frau Kiesinger gehörte zu der Sorte Frauen, die Politik lieber ihren Männern überlassen: »Er ist glücklicher so. Wenn ich ihn mit meinen eigenen politischen Ideen überfiele oder gar mitmischen wollte, es wäre ihm entsetzlich.« Auch für Marie-Luise war es »Liebe auf den ersten Blick« – besonders gefallen hat ihr bezeichnenderweise, »daß er so redegewandt war«. Von den beiden Kindern war zu dieser Zeit nur noch Peter mit von der Partie, der in Tübingen Jura studierte. Tochter Viola lebte bereits in der US-Hauptstadt Washington. Hier, bei den Seinen, sammelte der Kanzler neue Energien für die große Politik.

Kiesinger hatte die große Koalition immer gerne mit einem ungleichen Pferdegespann verglichen, das er zu führen habe. Wie sehr ihm am Ende die Zügel aus der Hand geglitten waren, zeigte sich bei Gustav Heinemanns Wahl zum Bundespräsidenten im Frühjahr 1969. Brandt hatte den Anspruch erhoben, erstmals seit dem Tod Friedrich Eberts das Amt des Staatsoberhauptes mit einem Sozialdemokraten zu besetzen. An sich war Kiesinger bereit, der SPD das Amt zu überlassen – schon um dem Partner die eventuelle Neuauflage der Koalition nach der Bundestagswahl schmackhaft zu machen. Doch wieder erwies sich der Kanzler als führungsschwach: Er ließ sich von Parteifreunden breitschlagen, einen Gegenkandidaten ins Rennen zu schicken. Allerdings war damit die Uneinigkeit nicht zu Ende: Kiesinger favorisierte den Christdemokraten Richard von Weizsäcker, die Union plädierte für Verteidigungsminister Gerhard

Der Bundeskanzler hoffte zuversichtlich, die Bundestagswahlen 1969 zu gewinnen.

Franz Josef Strauß (CSU), damals Finanzminister

Daß er Kanzler bleiben solle, hörte Kiesinger nicht nur von seinen eigenen Parteifreunden.

Willy Brandt

Die Callas von Bonn.

Franz Josef Strauß (CSU), damals Finanzminister

Es darf am 28. September keinen Kurswechsel geben, sonst ist die deutsche Frage verspielt.

Kiesinger

»Auf den Kanzler kommt es an...« Kiesinger und Bundesfinanzminister Strauß auf einer CDU-Wahlkundgebung in Hamburg (17. September 1969)

Schröder. Kiesinger und Schröder waren Erzrivalen, und der Verteidigungsminister wurde nicht müde, des Kanzlers Ostpolitik zu kritisieren und an seinem »Thron« zu sägen: »Ich will nicht Bundespräsident werden. Ich will das nächste, spätestens das übernächste Bundeskabinett bilden«, sagte er zu rheinischen Parteifreunden. Kiesinger zögerte und lavierte – bis Weizsäcker schließlich bei der Stichwahl innerhalb der CDU eine Niederlage erlitt.

Am 1. November 1968 nominierte die SPD Bundesjustizminister Heinemann für das Präsidentenamt. Die CDU stellte Schröder auf. Für Kiesinger, der am 22. Mai 1967 auch den Vorsitz seiner Partei übernommen hatte, war dies eine schändliche Niederlage: Seine Autorität hatte einen irreparablen Schaden erlitten. Er selbst gab später zu, er hätte massiver für seinen Kandidaten Weizsäcker eintreten sollen: »Wenn ich mir selbst heute einen Vorwurf mache«, schrieb er 1980, »dann allenfalls den, daß ich damals der Fraktion nicht mit meinem Rücktritt drohte.« Der Parteibasis wurde das Fehlen eines starken Mannes an der Spitze nun schmerzlich bewußt. Der rheinland-pfälzische Landesvorsitzende Helmut Kohl warnte Kiesinger in einem Lagebericht, es gebe einen »deutlichen Unterton des Mißbehagens, der auch nicht vor Ihrer Person haltmacht. Der allgemeine Vorwurf ist, daß der Bundesvorsitzende eine zu große Distanz zur eigenen Partei habe.« Es werde behauptet, der Kanzler lasse Führungswillen vermissen, berichtete Kohl: Der Ruf nach dem starken Mann ertöne nicht nur in Kreisen der Wirtschaft, sondern auch in der eigenen Partei.

Als Zünglein an der Waage fungierte wieder einmal die FDP, ohne die Heinemann nicht die absolute Mehrheit der Bundesversammlung erringen konnte. Seit ihrem Hannoveraner Parteitag im April 1967 waren die Liberalen in der Deutschlandpolitik mehrheitlich auf sozialdemokratischen Kurs eingeschwenkt. Seitdem war die Partei in Reformer und Konservative gespalten. Die Frage war: Würde der neue Parteivorsitzende und Reformer Walter Scheel es schaffen, die FDP auf Linkskurs einzuschwören? Mit einem sensationellen Angebot gab Taktiker Wehner den Ausschlag: Wenn die FDP für Heinemann stimme, sei die Wahlrechtsänderung endgültig vom Tisch. Die Einführung dieses Wahlmodus wäre das politische Todesurteil für die Liberalen gewesen.

Am 6. März 1969 wurde Gustav Heinemann zum neuen Bun-

»Alles hat ein Ende...« Kiesinger nach der verlorenen Wahl 1969

Ich spürte deutlich, wie er darunter litt, daß man ihm die Schuld am Wechsel der Union aus der Regierung in die Opposition zuschob.

Franz Josef Strauß (CSU), damals Finanzminister

Im Palais Schaumburg war der Sekt zu früh eingeschenkt worden.

Willy Brandt

despräsidenten gewählt. Daß die Liberalen geschlossen für den SPD-Kandidaten stimmten, markierte ein Stück Machtwechsel und damit den Anfang vom Ende der großen Koalition. Schon längst hatte sich abgezeichnet, daß die Karten neu gemischt werden würden: »Wie ich die Dinge sehe, läuft alles auf eine Koalition mit der SPD zu«, hatte FDP-Chef Scheel bereits 1968 bei einem sommerlichen Spaziergang in Prag seinem Stellvertreter Hans-Dietrich Genscher gesteckt. Der Totentanz des schwarzroten Bundes hatte begonnen – auch mit Zustimmung von Wehner.

Die sogenannte Berlin-Krise hatte den eruptiven Baumeister der großen Koalition endgültig verprellt. Vor der Bundespräsidentenwahl hatten Ostberlin und Moskau mit drohendem Säbelrasseln heftig gegen die Präsenz der Bundesversammlung in Berlin protestiert: Bonn akzeptiere nicht den Status Berlins, hieß es, man fasse die Wahl dort als Provokation auf, Bonn verschärfe das Ost-West-Klima. Wehner sah darin eine willkommene Gelegenheit, doch noch das Eis im Verhältnis zu Pankow zu brechen, und schlug vor, den Wahlort zu verlegen. Die Ostberliner waren Kiesinger aber völlig egal. Er witterte lediglich eine Chance, einen Durchbruch mit Moskau zu erzielen, als der Kreml einen »Deal« anbot: Die Verlegung des Versammlungsortes könnte mit einer »Geste der Entspannung« beantwortet werden. Kiesinger sah sich schon in der Rolle des Bärenbändigers und ließ den sowjetischen Botschafter Zarapkin zu sich kommen: Er verlangte entweder eine deutliche Verbesserung der Lebensbedingungen der Berliner – oder es würde beim Wahlort bleiben. Dann kam die Enttäuschung: Die DDR bot den Westberlinern die Möglichkeit zu Verwandtenbesuchen – aber nur zu Ostern. Das war natürlich zuwenig. Kiesinger lehnte ab.

Die Bundesversammlung wurde – ohne weitere Zwischenfälle – in Berlin abgehalten. Doch zwischen Wehner und Kiesinger hatte sich eine Kluft aufgetan. Am Abend des 2. März 1969 ließ der Kanzler Wehner gegenüber durchblicken, er habe von Anfang an vorgehabt, Pankow zu isolieren und Ulbricht als unverbesserlichen Kalten Krieger ins politische Abseits zu stellen. Enttäuscht gelangte Wehner später zu dem Resultat, Kiesinger habe seine wahre Haltung »verschleiert«. Jetzt trat sie offen zutage – der Bruch war unvermeidlich. Auch Moskau setzte nun auf die »Wachablösung am Rhein«, wie der Deutschlandexperte

Valentin Falin schreibt. Schon im Oktober 1968 hatten sich Brandt und der sowjetische Außenminister Andrej Gromyko in New York getroffen und viele Berührungspunkte gefunden. Im Kreml wurde der Samowar angeheizt. Die Devise war: abwarten und Tee trinken.

Die Koalition zeigte nun immer größere Verfallserscheinungen – die Gemeinsamkeiten schienen verbraucht. Strauß und Schiller gerieten sich über Fragen der D-Mark-Aufwertung in die Haare, der Kressbronner Kreis war inzwischen zu einer uneffektiven Größe angeschwollen, so daß Kiesinger ihn kurzerhand auflöste. Die Kabinettsmitglieder sprachen kaum noch miteinander.

Je näher die Bundestagswahl im September 1969 rückte, desto weniger Lust verspürte die Union, die große Koalition fortzusetzen. Spätestens jetzt war ein Parteivorsitzender gefragt, der streitbare Parteifreunde in Schach halten und auf seine Linie einschwören konnte. Doch die Rolle des peitschenknallenden Zirkusdompteurs lag Kiesinger nicht, wie der Parteitag der CDU vom 4. bis zum 7. November 1968 in Berlin zeigte, auf dem er nur halbherzig für eine Weiterführung der »Ehe« eintrat: Als er mahnte, daß »das Wahlergebnis uns fortgesetzt zu einer Verlängerung der großen Koalition zwingen könnte. Das kann so sein. Das könnte 1969 beginnen, könnte sich 1973 fortsetzen«, zischten die Delegierten. »Schrecklich!« ertönte es im Saal. Sofort stieg Kiesinger wieder auf die Bremse und mimte Ironie: »Ich habe gesagt: die absolute Grenze. Wollen Sie bis 1977 machen?« *(Heiterkeit)*, um dann ein lustiges Schmankerl anzufügen: »Wie war das doch schön, mit einem kleinen, niedlichen Koalitionspartner zusammengespannt zu sein. Das ist so, wie der bayerische Bauer geantwortet hat, als er nach 1871 gefragt wurde, wie es ihm im neuen Reich behage. Da hat er gesagt: ›Ja, des woarn holt noch Zeit'n, wo ma auf Preiß'n hot schiaßen dürfen‹« *(Heiterkeit und Beifall)*. Kiesinger hatte zaghaft die Stimmung in der Partei getestet – und war vor dem Gebrüll zurückgeschreckt.

Die Liberalen hatte Kiesinger in seiner gesamten Regierungszeit nur stiefmütterlich behandelt. Daß er ihren politischen Tod mit der Wahlrechtsreform vorantreiben wollte, hatte sie nicht gerade freundlich gestimmt. Seit Walter Scheel sich sowohl für die Anerkennung der Oder-Neiße-Linie als auch für die Anerkennung der DDR eingesetzt hatte, war die radikalliberal gewandelte FDP für Kiesinger ohnedies nicht mehr koalitionsfähig. Er ignorierte sie – und warf damit die Teller aus dem Fenster, von denen er eines Tages noch hätte essen können. Der Kanzler verlegte sich für den Wahlkampf auf entschlossenes Zaudern: Er liebäugelte damit, das Bündnis mit der SPD aufrechtzuerhalten, hielt ein Zusammengehen mit der FDP nicht für abwegig und hoffte im Grunde auf eine absolute Mehrheit für die Union. Für die Fraktion war jedenfalls klar: »Schluß mit den Koalitionszwängen!« forderte Rainer Barzel.

Aus der »Partnerschaft in Rivalität« entwickelte sich einer der härtesten Wahlkämpfe in der deutschen Nachkriegsgeschichte. Obwohl mit der Parteiführung Kiesingers unzufrieden, spannte die Union den im Volk populären »König Silberhaar« voll vor den Wahlkampfkarren. »Auf den Kanzler kommt es an!« lautete der Slogan. Sechs Wochen Reisen, 600 Reden waren sein Pensum. Er trat auf als Bewahrer des Bewährten, gütig und zuverlässig: »Sicher ist sicher!« Die Brandtsche Ostpolitik wurde als Schreckgespenst gebrandmarkt: »Erinnern Sie sich: Juni 1953 – Ostberlin! Oktober 1956 – Ungarn! August 1968 – Tschechoslowakei... Allzu leicht verlieren wir den Blick für die Gefahr, die von außen droht.« Auch die SPD ging auf Konfrontation. Der Werbeslogan »Wir schaffen das moderne Deutschland« zielte auf das Image von Fortschritt und Wandel und versuchte, die Union und Kiesinger als konservativ erscheinen zu lassen. Die Sozialdemokraten traten als die wahren Politexperten auf: »Wir haben die richtigen Männer.«

Die Wahlnacht sollte eine der dramatischsten in der Geschichte der Bundesrepublik werden. Für den Kanzler geriet sie zum Fiasko. Als Kurt Georg Kiesinger abends gegen 20 Uhr Frankenwein auffahren ließ, war die Welt für ihn noch in Ordnung – noch genau drei Stunden und 45 Minuten. Es war Sonntag, der 28. September 1969. Der Kanzler hatte im Wohnzimmer des Kanzlerbungalows seine Getreuen um sich geschart, darunter die Staatssekretäre Günter Diehl und Karl Carstens sowie Helmut Kohl. Gespannt verfolgte die Gruppe auf zwei Fernsehschirmen die einlaufenden Resultate – von der ARD und vom Zweiten Deutschen Fernsehen. Ständig wurden die neuesten Tickermeldungen hereingereicht. 18.45 Uhr: Die ersten Hochrechnungen sorgten für Erleichterung – die NPD war draußen.

Zwischen Gegensätzen vermitteln zu können, ist eine Fähigkeit, die nur wenige beherrschen. Kurt Georg Kiesinger besitzt diese Gabe.

Helmut Kohl

Das mag sein, daß ich leicht verstimmbar bin, aber meine Mitarbeiter werden mir wahrscheinlich zugestehen, daß es nie lange dauert.

Kiesinger

Nur einem Mann von der Konzilianz Kiesingers und seiner Fähigkeit, in schwierigen Fragen tragbare Kompromisse aufzuzeigen, konnte es gelingen, die große Koalition zum Erfolg zu führen.

Helmut Kohl

»Manches für sich behalten...« Kiesinger auf dem 17. CDU-Bundesparteitag in Mainz mit dem rheinlandpfälzischen Ministerpräsidenten Helmut Kohl

Dann eine gewisse Schadenfreude, als ein geknickter Walter Scheel vor die Kameras trat und unverblümt gestand: »Ich bin der Verlierer dieser Wahl.« Die FDP hatte nur knapp die Fünfprozenthürde überwunden – und im Vergleich zur letzten Wahl um die Hälfte verloren. Dann brach in der Weinrunde Jubel aus: Die Wahlcomputer sagten der Union über 50 Prozent aller Bundestagsmandate voraus: die absolute Mehrheit! Ein Hochgefühl des Sieges machte sich breit, als Kiesinger ein Telegramm gebracht wurde: Der amerikanische Präsident Nixon gratulierte dem künftigen Kanzler zum Sieg. 21.15 Uhr: plötzlich gedämpfte Stimmung: Von einem Gleichstand von Union und Sozial-Liberalen war die Rede. Kurz vor Mitternacht das Endergebnis: CDU und CSU erhielten 46,1 Prozent der Stimmen und 242 Mandate, während die SPD 42,7 Prozent und die FDP 5,8 Prozent errangen, also zusammen 254 Mandate auf sich vereinigen konnten.

Kiesinger hatte die Union aus ihrem Tief des Jahres 1966 herausgeholt: Sie hatte im Vergleich zu 1965 zwar rund 1,5 Prozent verloren, blieb aber stärkste Fraktion. Um ganze 0,9 Prozent verfehlte Kiesinger die absolute Mehrheit. Der Kanzler hatte gesiegt – und die Mehrheit verloren. Die sozial-liberale Koalition war möglich geworden. Die SPD hatte an der Seite der CDU ihre Regierungsfähigkeit bewiesen – und wagte nun den Griff zur Macht. Zu allem Unglück wurde Kiesinger um Mitternacht vom noch desinformierten CDU-Nachwuchs im Siegestaumel in den Park des Palais Schaumburg gebeten: Fackeln schwenkend waren zwei Hundertschaften der Jungen Union aufmarschiert, um ihrem vermeintlich siegreichen Kanzler ein Ständchen zu bringen. Als im Feuerschein »Heil dir im Siegerkranz« über den nächtlichen Rasen ertönte, lächelte der Kanzler gequält.

In diesem entscheidenden Moment zögerte Kiesinger abermals – ein Fehler, der ihn wahrscheinlich die letzte Hoffnung auf Kanzleramt und Regierungsbeteiligung der Union kostete. Schon im Wahlkampf hatte er sich nicht eindeutig für die Fortsetzung der großen Koalition ausgesprochen. Spätestens jetzt hätte er auf die SPD zugehen müssen – er tat es nicht. Die Mehrheit der Union hatte sowieso, wenn überhaupt, für eine christlich-liberale Koalition plädiert. Kiesinger konnte einfach nicht glauben, daß er das Rennen verloren hatte. Zwar schickte er seinen Vertrauten Kohl noch in der Nacht zu den Liberalen.

In Baden-Württemberg verlebte ich als Ministerpräsident wohl meine glücklichsten Jahre.

Kiesinger

Ich habe immer versucht, eine möglichst sensationslose Politik zu treiben, ein ganz nüchternes Programm zu finden, das ich dann auch so erfüllt habe.

Kiesinger

Nur Dummköpfe oder Zyniker sind in diesem Geschäft glücklich gewesen.

Kiesinger

»Ein Mann der Peripherie...« Altbundeskanzler Kiesinger in seinem Haus in Tübingen

Doch Genscher erinnert sich, daß Kohl ohne handfeste Angebote kam und in puncto Scheel lediglich versprach: »Er kann wieder Entwicklungshilfeminister werden.«

Kiesinger, der nach dem Fiasko verbittert androhte, er wolle die FDP aus dem Parlament »hinauskatapultieren«, ging ins Bett. Brandt dagegen trat vor die Kameras und deutete an, er wolle Kanzler werden. Noch in der Nacht telefonierte er zweimal mit Scheel. Die Würfel für eine sozial-liberale Koalition waren gefallen. Wieder zeigte sich, daß Kiesinger das »Spiel hinter den Kulissen«, unabdingbarer Bestandteil für den Machterhalt, nicht beherrschte und eigentlich auch nie beherrschen wollte. Der Schwabe hatte in der Wahlnacht des 28. September das Gesetz des Handelns der SPD überlassen. Nach rund 1000 Tagen im Amt verlor er die Regierungsmacht. Für die Union begann erstmals seit Bestehen der Bundesrepublik das harte Leben der Opposition. Kiesinger stand wie unter Schock – und wollte sein politisches Dilemma nicht wahrhaben. Nur zwei Tage vor Willy Brandts Wahl zum Bundeskanzler hatte Innenminister Benda öffentlich über die neue Rolle der Union in der Opposition nachgedacht. Er erinnert sich, daß Kiesinger ihn daraufhin angerufen und entrüstet, zornig, ja gar ausfallend angefahren habe: Ob er denn nicht wisse, daß er, Kiesinger, übermorgen zum Kanzler gewählt werde? Seine Gesichtszüge nur schwer kontrollierend, mit schmerzlich verkniffenem Mund, gratulierte er dennoch an jenem Tag dem frisch gekürten Bundeskanzler Brandt zu seiner Wahl. Für Kiesinger war es das Ende einer Karriere.

Kurt Georg Kiesinger fällt aus der Reihe der Kanzler heraus. Er wurde als hochbegabter Schöngeist, als großer Redner geschätzt – aber auch belächelt. Zweifel an seinen Fähigkeiten als Praktiker, als Organisator waren nicht ganz unberechtigt. »Das übliche Bonner Verständnis von Politik ist da ziemlich ungnädig. Harte Knochenarbeit wird verlangt, und der Angstschweiß der Macht muß zu riechen sein. Mühelose Rhetorik und elegante Repräsentation, kurz: die Beherrschung der politischen Form, weckt eher den Verdacht, hier könne etwas nicht stimmen«, heißt es in einem Nachruf auf den Kanzler. In der Tat war Kiesinger ein »Paradiesvogel« auf dem Bonner Parkett. Die Intrigen und Querelen des politischen Alltags waren ihm nicht nur verhaßt – er stand auch über ihnen. Den britischen Journalisten Neal

Ascherson erinnerte Kiesinger an die Kindergeschichte vom Stier Ferdinand, der lieber an Blumen schnuppert als mit seinen Artgenossen kämpft. Kiesinger war zwar durchaus machtbewußt – aber nicht machtbesessen.

Dennoch läßt der Zeitgeist Kiesinger schwächer erscheinen, als er wirklich war. Eine »Kanzlerdemokratie« im Adenauerschen Stil war diese »Regierung der Rivalen« nicht. Die große Koalition war die Ausnahme von der Regel – und Kiesinger versuchte, ihr mit Würde als erster Mann vorzustehen. Paradoxerweise ist die große Koalition jedoch als die erfolgreichste Regierung der Bundesrepublik in die Geschichte eingegangen: 436 Gesetze wurden verabschiedet, sozialpolitische Weichen beim Kündigungsschutz und der Lohnfortzahlung im Krankheitsfall gestellt, die Wirtschaft wurde stabilisiert, die Notstandsgesetze kamen vom Tisch; Tabus in der Ostpolitik wurden ausgehöhlt, die Beziehungen zu den USA und Frankreich normalisiert. Große Würfe und Geniestreiche konnten Kiesinger nicht gelingen – zu unterschiedlich waren die Interessen der beiden Parteien, zu groß war der Widerstand in der eigenen Partei. Die Regierung der großen Koalition hat viel bewegt und einen Erneuerungsschub in Gang gesetzt. Doch um dem Modernisierungsdruck der Republik, dem Wunsch nach gesellschaftlichem Aufbruch Rechnung zu tragen, war Kiesinger zu konventionell. Unter ihm kämpfte das Neue gegen das Alte – doch Kiesinger blieb ein Vertreter des *Ancien Regime,* ein Kanzler zwischen den Zeiten. Die Früchte ernteten die Nachfolger.

Nach seinem Abtritt als Kanzler verschwand Kiesinger von der Bonner Bühne, obwohl er noch bis 1980 Abgeordneter war. Einige Jahre lang war er noch Vorsitzender der CDU, dann Ehrenvorsitzender. Gerne wäre er wieder Kanzler geworden. Noch lange haderte er damit, daß es ihm nicht vergönnt war, in einer zweiten Regierungsperiode Großes zu vollbringen. Schließlich fügte er sich darein, daß seine Zeit abgelaufen war. Daß er allmählich in Vergessenheit geriet, lag auch daran, daß sich viele ungern an seine Regierungszeit erinnerten. Schmerzlich mußte er den Undank der Union erfahren, »für die er den Sturz von den Höhen zweier Jahrzehnte der Herrschaft in die tiefe Ohnmacht jeder Opposition personifizierte«, wie der Historiker Arnulf Baring schreibt. Der Altbundeskanzler, von nobler Art, zog sich in seine schwäbische Heimat zurück. »Wer aber dieses hätte: ein gelassenes Verhältnis zur Macht und zu den eigenen Möglichkeiten, Demut und Humor in einem, illusionslose Liebe zum Nächsten und den Willen und die Kraft zum strengen, entsagungsvollen Dienst am Ganzen, den dürften wir für berufen halten«, schrieb Kiesinger einmal in seinen »*Ideen vom Ganzen*«. Er war als Kanzler berufen worden. Nun brauchte er die Politik nicht mehr und sie ihn auch nicht. Kiesinger starb 1988 mit 83 Jahren.

DER VISIONÄR
Willy Brandt

Man kann heutzutage nur ein guter Realist sein, wenn man an Wunder glaubt

Wir wollen mehr Demokratie wagen

Die Geschichte darf nicht zum Mühlstein werden, der uns niemals aus der Vergangenheit entläßt

Ein klares Geschichtsbewußtsein duldet keine unerfüllbaren Ansprüche

Es ist und bleibt grotesk, einen deutschen Bundeskanzler für erpreßbar zu halten. Ich bin es nicht

Ich habe meine Fehler gemacht. Ich habe auch nicht immer alles bedacht, was hätte bedacht werden sollen. Das tut mir leid. Und das ist es dann auch

Der Friede ist nicht alles, aber ohne den Frieden ist alles nichts

Brandt

Er hat am langen Zügel geführt. Nur wenn es unumgänglich war, hat er Weisungen gegeben.

Egon Bahr, SPD-Politiker

Ich habe ihn immer als einen sehr verschlossenen, unnahbaren Menschen erlebt. Er hat sich mir gegenüber immer große Mühe gegeben, aber wirkliche Intimität zu entwickeln fiel ihm schwer.

Matthias Brandt, Sohn Willy Brandts

Er war keiner, der morgens vor dem Frühstück schon glaubte, zwei oder drei gordische Knoten durchhauen zu müssen. Wenn es ging, löste er den Knoten lieber mit behutsameren Methoden.

Klaus Harpprecht, Berater Willy Brandts

Jemand, der seiner Melancholie Termine einräumt... jemand, dessen Ausflüchte versperrt sind, der sich nach vorwärts zurückzieht.

Günter Grass, Schriftsteller

Er sprach keine sogenannten Machtworte und spielte nicht den Entscheidungshelden.

Richard von Weizsäcker

Die Massen konnte er umarmen: Bei einzelnen Menschen aber hatte er Schwierigkeiten.

Rut Brandt

Daß Brandt ein dem Leben Zugewandter war und auf Frauen einen liebenswürdigen Eindruck machen konnte, daß er auch diesen oder jenen Flirt hatte, wurde in einer Weise hochgegeigt – da spiegeln sich zum einen die Komplexe der Spießer, zum anderen der Graumäuse, die die Regierungsbänke bis heute bevölkern und den Bundestag beherrschen. Bonn ist eine Zuchtanstalt für seelische Impotenz.

Klaus Harpprecht, Berater Brandts

Wer Breschnew ins Auge schaut und dabei Kiesingers Faust im Nacken spürt, an Barzel denkt und in keine Grube fällt, die ihm Strauß gegraben hat, der ist als Staatsmann groß, als Mensch ein Sieger.

Lore Lorentz, Kabarettistin

Wir hatten im Sinn, was Kennedy gesagt hat: Wenn ich den Status quo verändern will, muß ich ihn anerkennen. Wir hatten im Sinn, sich dem Osten zuzuwenden, sich ihm zu öffnen und damit ihn zu öffnen. Das heißt einen langen, langen Weg zur deutschen Einheit, nachdem der direkte Weg kaputtgegangen war.

Egon Bahr, SPD-Politiker

Willy Brandts Sprechstil führt einen zu der Annahme, als erlebe man gleichzeitig die Entstehung von Gedanken.

Siegfried Lenz, Schriftsteller

Auch für die engsten politischen Mitarbeiter wurde er trotz des internen »Du« niemals zum Kumpel. Brandt verfügte über eine antiautoritäre Autorität.

Horst Ehmke, SPD-Politiker

Nicht der legitime Aggressionskatholik aus München wurde Bundeskanzler, sondern der illegitime Herbert Frahm aus Lübeck, der diesen von der bürgerlichen Gesellschaft mitgegebenen Urmakel, diese Idioten-Erbsünde auch noch verstärkte, indem er Sozialist und außerdem noch Emigrant wurde.

Heinrich Böll, Schriftsteller

Er war für einen guten Rotwein und ein gutes Essen, und er war dem Leben gegenüber aufgeschlossen.

Ernst-Dieter Lueg, Journalist

Daß der Mann kein Kind von Traurigkeit war, wußten wir. Das war seine Sache. Aber er hat sich dadurch nicht in seinen Pflichten beeinflussen lassen.

Egon Bahr, SPD-Politiker

Die Träger hatten, wie es das Protokoll bei solchen Anlässen vorschreibt, einen Kranz niedergelegt. Ebenfalls protokollgerecht war der hohe Besuch vorgetreten, um die Schleife des Gebindes, die eigentlich schon einwandfrei geordnet war, zurechtzuzupfen. »Wo ist er denn?« – »Ist er hingefallen?« Die Fotografen in den hinteren Reihen nahmen die Ellbogen zu Hilfe, um sich vorzudrängeln. Willy Brandt hatte sich plötzlich und so unerwartet auf die Knie fallen lassen, daß man an einen Schwächeanfall des Kanzlers glauben konnte. Das Klicken der Fotoapparate steigerte sich zu einem hektischen Gewitter. Da kniete er auf dem regennassen Asphalt: Zehn Sekunden, 20 Sekunden, eine endlose halbe Minute. Sein Kopf war gesenkt, der Blick starr auf die gefalteten Hände gerichtet. Dann erhob er sich mit einem energischen Ruck, ohne die Hände zu Hilfe zu nehmen. Mit langsamen Schritten ging er zu seinen Begleitern zurück.

Am Morgen des 7. Dezember 1970 war der deutsche Bundeskanzler zu diesem Platz inmitten trist-grauer Hochhausblöcke gekommen. Eine Bronzegruppe erinnerte hier an die Opfer des Warschauer Ghettos. Wo Willy Brandt gekniet hatte, war die Hölle gewesen. Hier hatten Hitlers Handlanger 400000 Menschen zusammengepfercht, in Todeslager verschleppt oder an Ort und Stelle umgebracht. »Was da geschehen ist, war eine ganz spontane Sache. Brandt hat zwei Stunden vorher nicht gewußt, daß er das tun würde. »Der hat sich nicht hingekniet, es hat ihn hingekniet«, urteilte der Augenzeuge Henri Nannen, Chefredakteur des *Stern*.

Mit dem Kniefall von Warschau hat Willy Brandt ein Bild geprägt, das mehr als manches andere zur Rehabilitierung Deutschlands in der Welt beitrug. Er hatte um Vergebung gebeten. Nicht für sich, für sein Volk hatte er gekniet und damit 25 Jahre nach dem Ende des Krieges endlich den Weg freigemacht für eine Aussöhnung zwischen den Völkern und eine Versöhnung der Deutschen mit sich selbst. Er, der Emigrant des

Zweiten Weltkriegs, hatte sich selbst eingeschlossen und damit aufgehört, ein »anderer« Deutscher zu sein.

Wie kein anderer Kanzler hat Willy Brandt die Emotionen der Deutschen polarisiert. Seine Anhänger verehrten, ja, sie liebten ihn. Aber auch seine politischen Kontrahenten waren meist mehr als das. Sie waren erklärte Feinde. Seine Regierung ist als eine Reihe von Szenen und Bildern in Erinnerung geblieben: Willy Brandt kniet in Warschau, Willy Brandt winkt am Fenster des Hotels Erfurter Hof, Willy Brandt nimmt den Friedensnobelpreis entgegen. Diese Bilder sprechen vom Charisma eines Kanzlers, dessen viereinhalbjährige Regierungszeit man wie bei Konrad Adenauer eine Ära genannt hat. Sie bildete den Auftakt zur ersten sozial-liberalen Koalition der Bundesrepublik, die bis 1982 andauern sollte. »Republik im Wandel« ist diese Zeit genannt worden.

Begonnen hatte die Ära Brandt mit einem Wahlkrimi. In der Nacht vom 28. auf den 29. September 1969 erlebte die politische Landschaft in Bonn ein Wechselbad der Gefühle. Als nach Schließung der Wahllokale die ersten Hochrechnungen über den Bildschirm flimmerten, schien zunächst alles klar zu sein. Die CDU/CSU lag deutlich vor den Sozialdemokraten und kratzte prozentual bereits an der absoluten Mehrheit. Gegen 21 Uhr meldeten die Computer, die Unionsparteien verfügten über mehr als 50 Prozent der Mandate. Lächelnd nahm der alte – und wohl auch neue – Bundeskanzler Kurt Georg Kiesinger den ersten Glückwunschanruf entgegen. Aus Washington war US-Präsident Richard Nixon in der Leitung. Die Junge Union schulterte ihre Fackeln, marschierte zum Kanzleramt und stimmte beherzt ein Gratulationsständchen an. Rut Brandt hatte daheim einige Freunde zu »Hühnersuppe und Fernsehen« geladen. Im Falle eines Wahlsiegs ihres Mannes wollte sie feiern. Daraus schien nichts zu werden: »Da saßen wir nun mit unserer Hühnersuppe«, erinnert sie sich. Auch die FDP gab sich derweil dem Katzenjammer hin. Die Hochrechnungen deuteten eine vernichtende Schlappe an. Der Parteivorsitzende Walter Scheel, dem ansonsten nur wenig die gute Laune trüben konnte, hatte die Zentrale bereits verlassen und sich nach Hause verkrochen. Man konnte ja mit vielem rechnen, doch ein solches Debakel hatten auch die Skeptiker nicht prophezeit.

Um 21.30 Uhr spuckten die Computer eine neue Hochrechnung aus: die Trendwende. Die Union fiel zurück. Die Sozialdemokraten holten auf. Eine halbe Stunde später hieß es, FDP und SPD verfügten zusammen über eine Mehrheit von vier Bundestagsmandaten. Um 22.30 Uhr waren es schon sechs.

Willy Brandt griff zum Telefonhörer. Er habe die Absicht, öffentlich zu melden, daß die SPD zusammen mit der FDP die Regierungsbildung angehen wolle, teilte er seinem Gesprächspartner mit. Stille am anderen Ende der Leitung. Es reiche doch. Sozialdemokraten und Liberale hätten zusammen mehr Stimmen als die Unionsparteien, insistierte Brandt. Immer noch Zögern. »Ja, tun Sie das«, antwortete schließlich Walter Scheel. Kurz vor Mitternacht trat Brandt dann vor die Mikrofone: »Die FDP hat stark verloren, die CDU hat schwach verloren. Einer, der stark verliert und einer, der schwach verliert, sind zusammen immer noch Verlierer... Ich habe die FDP wissen lassen, daß wir zu Gesprächen mit ihr bereit sind. Dies ist der jetzt fällige Schritt von unserer Seite. Über alles andere wird morgen zu reden sein.« Wenig später stand das Wahlergebnis fest: Stärkste Partei blieb, trotz Stimmenverlusts, die CDU/CSU mit 46,1 Prozent. Die SPD hatte sich um 3,4 auf 42,7 Prozent steigern können. Zwar war den Liberalen fast die Hälfte der Wähler weggelaufen, die sie bei der letzten Wahl noch hatten überzeugen können, doch reichten die 5,8 Prozent, um zusammen mit den Sozialdemokraten eine regierungsfähige Mehrheit zu bilden.

Der sozial-liberalen Ehe war eine kurze Verlobungszeit vorausgegangen. Am 5. März hatte die Bundesversammlung den sozialdemokratischen Justizminister Gustav Heinemann zum Bundespräsidenten gewählt. Ein »Stück Machtwechsel« habe sich hier vollzogen, sagte er in einem Zeitungsinterview und prägte damit das Schlagwort für die Wachablösung an der Regierungsspitze. Vor allem Walter Scheel war es gewesen, der die Annäherung an die SPD betrieben hatte, wollte er doch seine FDP aus dem politischen Aus manövrieren, in das sie durch die große Koalition als einzige und noch dazu kleine Oppositionspartei geraten war. Einig, was den Zusammenschluß mit den Sozialdemokraten anging, waren sich die Liberalen freilich nicht. Ein kleiner Kreis von Koalitionsgegnern um den ehemaligen Parteivorsitzenden Erich Mende hielt sich hartnäckig – und sollte nie ganz überzeugt werden. Auch in den Reihen der SPD wollten durchaus nicht alle Genossen das sichere Boot der großen Koalition verlassen und sich nur mit der kleinen FDP im

»Ein deutsches Leben...«
Willy Brandt
1991

Wenn ich sagen sollte, was mir neben dem Frieden wichtiger sei als alles andere, dann lautet meine Antwort ohne Wenn und Aber: Freiheit.
Brandt

Deutscher bis ins Mark. Europäer aus Überzeugung und Weltbürger aus Berufung.
Felipe González, ehemaliger spanischer Ministerpräsident

Brandt war ein Mann mit einer weichen Schale und einem harten Kern der Unverletzlichkeit.
Klaus Harpprecht, Berater Brandts

Rücken aufs politische Parkett wagen. So hatte sich Fraktionschef Herbert Wehner im Tandem Union/SPD bestens zurechtgefunden. Die FDP, sie war für ihn ein Häuflein unsicherer Kantonisten, das ohnehin ständig am Rand des Parteiengrabs balancierte. Noch in der Wahlnacht hatte er verächtlich vor sich hin gegrummelt, die Liberalen seien eine »alte Pendlerpartei, die sich politisch noch entscheiden« müsse.

Mit forschem Tempo überholten Brandt und Scheel die Zweifler und machten Nägel mit Köpfen. Am 30. September drückte Walter Scheel im Bundesvorstand seiner Partei die Entscheidung durch, daß zunächst mit der SPD verhandelt werde. Bei der Union könne man sich auf »Information« beschränken. Noch am selben Tag begannen die Koalitionsgespräche – mit einem Fußballspiel vor Brandts Villa. Danach wurde verhandelt, meist in kleinen Grüppchen auf dem noch sommerlich warmen Rasen. Zwei Tage später war das Koalitionspapier fertig, die FDP-Fraktion stimmte zu, und am 3. Oktober traten Brandt und Scheel vor den Bundespräsidenten und taten ihre Absicht kund, »zusammen regieren zu wollen«.

Alles in allem würde die Koalition über eine Mehrheit von zwölf Mandaten im Bundestag verfügen – ein dünnes Polster. Würde es reichen?

Am 21. Oktober 1969 wurde Willy Brandt zum vierten Kanzler der Bundesrepublik gewählt. Um zu verhindern, daß sich Abgeordnete durch Fernbleiben der Entscheidung entzogen, hatte Helmut Schmidt für die Morgenstunden einen Zählappell anberaumt. Sollte jemand fehlen, standen Boten bereit, um ihn – notfalls mit sanftem Nachdruck – in den Bundestag zu befördern. Wo diese nach etwaigen Abtrünnigen hätten suchen müssen, war geklärt: Am Vorabend hatte jeder einzelne Volksvertreter hinterlassen müssen, »in welchem Bett er schlief«, wie der stellvertretende Parteivorsitzende es in aller Deutlichkeit formulierte. Und tatsächlich traten die Abgeordneten von SPD und FDP geschlossen an – zum Glück für die Koalition, denn mit 251 Stimmen bekam Brandt nur zwei mehr, als er für seine Wahl zum Kanzler benötigte. Drei Abgeordnete aus den eigenen Reihen hatten sich demnach gegen ihn entschieden.

»Herr Abgeordneter Brandt, nehmen Sie die Wahl an?« Willy Brandts Stimme blieb fest: »Ja, Herr Präsident, ich nehme die Wahl an!« sagte er schnell und bestimmt. Als erster gratulierte

Helmut Schmidt. Brandts Amtsvorgänger Kurt Georg Kiesinger hatte ein wenig zu lange gezögert. Nach den Glückwünschen der FDP-Spitzen Scheel, Genscher und Mischnick ging Herbert Wehner, Fraktionschef der Sozialdemokraten, langsam auf den Bundeskanzler zu. Etwas zögerlich nahm er dessen Hand. Dann, ganz kurz, lehnte er seinen Kopf an Brandts Schulter. Der klopfte ihm ein wenig verlegen auf den Rücken. Hinter der beschlagenen Brille sah man Wehners feuchte Augen. Zum ersten Mal in der Geschichte der Bundesrepublik Deutschland stand ein Sozialdemokrat an der Spitze der Regierung. Wegen unflätiger Randbemerkungen waren vier Stimmkarten bei der Wahl für ungültig erklärt worden. »Amos 5,20« stand auf der einen. Für viele Abgeordnete war das nur schwer verständlich. »Ja, Finsternis ist der Tag des Herrn, nicht Licht, ohne Helligkeit ist er und dunkel«, gab dann ein Blick ins Alte Testament Auskunft. »Armes Deutschland«, »Nein, danke«, »Frahm nein« zierte die anderen Karten. Was das bedeutete, wußten alle.

Am Beginn seiner Kanzlerschaft blickte der fünfundfünfzigjährige Willy Brandt schon auf eine bewegte Politikerlaufbahn zurück. Bereits zweimal hatte er Anlauf auf Bonns mächtigstes Amt genommen. Er hatte seine ersten politischen Gehversuche im Nachkriegsberlin als der »junge Mann an Reuters Seite« zusammen mit dem Regierenden Bürgermeister der Stadt unternommen. 1957 wurde er selbst Regierender Bürgermeister. Der Aufstieg des Berliners war der Parteispitze der SPD nicht verborgen geblieben, die im Begriff war, sich von ihren ideologischen Fesseln zu lösen und die Wandlung zur modernen Volkspartei zu vollziehen. Stück für Stück wanderten angestaubte Relikte aus der Gründerzeit der Partei in die Mottenkiste: die Anrede »Genosse«, das automatische Duzen von Parteimitgliedern und die »sozialistischen Grüße«, die jeden offiziellen Brief unter Parteifreunden abgeschlossen hatten.

Um den Geruch der Klassenkampfpartei hinter sich zu lassen, brauchte die SPD neben einem zeitgemäßen Gewand auch ein neues Gesicht: Willy Brandt, der als jungdynamisches Gegenmodell zum »Oldtimer« und ewigen Kanzler Konrad Adenauer aufgebaut wurde. Im Gegensatz zum bisherigen Spitzenkandidaten der SPD, dem hochbefähigten, doch etwas drögen Erich Ollenhauer, verfügte Brandt über ein ausgeprägtes Charisma und war geradezu unverschämt fotogen. Mit hohen Wangenknochen, graublauen Augen und einer gewagten Stirnlocke, von der seine Frau immer sagte, sie stünde isoliert wie Berlin, kam er auch bei der weiblichen Wählerschaft ungeheuer gut an. Und er verstand es, sich in Szene zu setzen. Auf dem Berliner Presseball erschien er im Smoking. Seine Frau Rut trug ein figurbetontes weißes Satinkleid, in dem sie am nächsten Tag die Titelblätter der Zeitungen zierte. Die Brandts führten ein Leben wie im Film, an dem auch die Öffentlichkeit gern teilhaben durfte.

Die SPD-Wahlkampfstrategen setzten den Kandidaten ins rechte Licht. In Wahlwerbespots mit dem vertraueneinflößenden Titel »Auf ein Wort« sah man Willy, wie er sich morgens – Küßchen rechts, Küßchen links – von seiner Familie verabschiedete, um ins Schöneberger Rathaus zu fahren. Ohne Polizeischutz, versteht sich. Brandt sollte ein Kandidat zum Anfassen sein. Oder man zeigte ihn mit älteren Bürgern bei der ernsten Diskussion der Frage, ob denn auch jeder Senior einen Fernseher bekommen solle. Ein Wahlkampf nach amerikanischem Vorbild sollte zu einem Erfolg à la John F. Kennedy verhelfen. *Campaigning* hieß das Zauberwort – in einer endlosen Reihe von Terminen hetzte Brandt in einem eigens dafür konzipierten Wahlkampfzug durch das Land und redete sich heiser: auf Parteiveranstaltungen in der Provinz, in Altenheimen und Festzelten. Bei den Wählern kam das gut an. Brandt war ein Kandidat, der zuhören konnte und gern einen oder auch zwei mittrank, bevorzugt Aquavit. Von der Konkurrenz aber wurde der »deutsche John F.« als inhaltslose Kopie des amerikanischen Präsidenten kritisiert. Brandt habe nicht das Format eines Kennedy. Er ahme nur dessen Posen nach, ohne sie mit Leben füllen zu können. Als Brandts Ehefrau Rut mitten im Wahlkampf schwanger wurde, unterstellte man auch hier einen Kampagnen-Trick. Jackie Kennedy habe ein Jahr zuvor ebenfalls ein »Prozentekind« bekommen, selbst das, so hieß es, kopierten die Brandts nun. Die Schelte der politischen Gegner war ein Vorgeschmack auf die noch kommenden Diffamierungen.

Am 13. August 1961 stand der eiligst herbeigerufene Bürgermeister vor den Bautrupps, die mitten in Berlin Stacheldraht ausrollten und mit Preßlufthämmern den Asphalt aufrissen. »Hört mal, Jungs, was soll denn das?« fragte Brandt fassungslos. Der Osten machte Ernst und stoppte mit dem Bau der Mauer den Massenexodus aus der DDR. In wütender Ohnmacht appel-

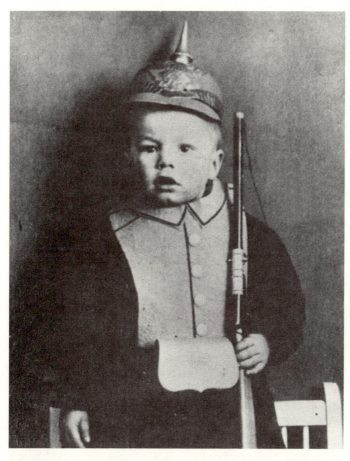

»Nur eine unklare Erinnerung...« Herbert Frahm als Dreijähriger 1916

In der Jugend Marxist zu sein, ist eine gute Vorbereitung, um im Alter ein guter Sozialist zu werden.

Brandt

Da wachsen Sie ohne Vater auf, wohnen auch nicht bei der Mutter, geben den Großvater als Ihren Vater aus, und daraus wird dann so eine frühe Existenz, von der Sie später sagen – also, das isolieren wir mal.

Brandt

lierte Brandt an seinen »Freund« John F. Kennedy, dem Treiben einen Riegel vorzuschieben. Der allerdings blieb kühl und sagte lediglich eine Verstärkung der Berliner US-Garnison und den Besuch seines Stellvertreters Johnson zu.

Brandt lernte seine Lektion. Für die Zukunft wußte er, daß die Bundesrepublik ihre Interessen selbst wahrnehmen mußte, wollte sie im Konzert der Mächte bestehen. Kanzler Adenauer hatte seinen Wahlkampf nicht unterbrochen. Erst neun Tage nach dem Mauerbau würde er in Berlin erscheinen, empfangen von höhnischen Spruchbändern: »Hurra, der Retter ist da!« Die Berliner Bevölkerung verübelte ihm sehr, daß er sie und ihren Bürgermeister in der Not allein ließ und sich statt dessen an einer Hatz auf den Kanzlerkandidaten der Konkurrenz beteiligte, die mehr und mehr zu einer sumpfigen Melange aus Spießertum und Wahlkampftaktik verkam. Brandts Sohn Peter, damals 13 Jahre alt, erinnert sich noch heute an die enormen Belastungen, denen seine Familie in diesen Monaten ausgesetzt war: »Ich verstand das alles nicht. Ich hatte doch gelernt, daß diejenigen die wirklichen Patrioten waren, die gegen Hitler gestanden hatten.«

Die Anspielungen auf Brandts Vergangenheit, mit denen die CDU/CSU ihren Wahlkampf spickte, sprachen eine andere Sprache. »Wenn irgend jemand von seinen politischen Gegnern mit größter Rücksicht behandelt worden ist, so ist es Herr Brandt alias Frahm«, schimpfte Konrad Adenauer einen Tag nach dem Mauerbau in Regensburg. In Vilshofen hatte Franz Josef Strauß ins gleiche Horn geblasen: »Was haben Sie die zwölf Jahre draußen gemacht. Wir wissen, was wir drinnen gemacht haben!« Andere gingen noch weiter. Er habe wie »weiland Adolf Hitler, dessen Familienname eigentlich Schicklgruber war« seinen Namen gewechselt, hieß es in Bonn. Für seine uneheliche Geburt könne er ja nichts, aber...

Als Herbert Ernst Karl Frahm war Willy Brandt 1913 in Lübeck zur Welt gekommen. Die Mutter, erst 19 Jahre alt, gab den Jungen in die Obhut des Großvaters Ludwig Frahm. Herbert akzeptierte ihn an Vaters Statt. Erst viel später erfuhr er, daß sein Opa nicht der wirkliche Vater seiner Mutter gewesen war, was seine Liebe zu dem Mann nicht minderte, an dessen »Geruch nach Schweiß, nassem Leder, Puder und Öl« er sich noch in hohem Alter erinnerte. Über den leiblichen Vater schrieb Willy

Brandt: »Den Vater hat er nie gekannt, er wußte nicht einmal, wer er war. Und wollte es auch nie wissen.« Der Kontakt zur Mutter blieb auf Besuche beschränkt. In regelmäßigen Abständen wurde bei einem örtlichen Fotografen die Entwicklung des kleinen Herbert dokumentiert: Im Matrosenanzug oder – ganz kaisertreu – im feldgrauen Jäckchen, mit einer winzigen Pickelhaube auf dem Kopf und ein Holzgewehr geschultert.

Die Geborgenheit, die ihm der Großvater daheim zu geben versuchte, fand der Junge außerhalb des Hauses in der Arbeiterbewegung, in der Mutter und Großvater beheimatet waren: Kindergruppe, Mandolinenclub, »Falken« und schließlich Sozialistische Arbeiterjugend. 1930 trat er, erst siebzehnjährig, in die SPD ein.

Als besonders talentierter Schüler erhielt er eine Freistelle am Gymnasium, das eigentlich den gutbetuchten Bürgersöhnen vorbehalten war. Er redete gern, vor allem über Geschichte und Gesellschaftsthemen. Den »Politiker« nannten ihn seine Mitschüler. Nach Schulschluß schrieb er Artikel für den *Lübecker Volksboten,* den sein Mentor Julius Leber, Vorsitzender der Lübecker Sozialdemokraten, leitete. Leber, der sich später dem Widerstand gegen Hitler anschloß und im Konzentrationslager ermordet wurde, prägte den Jungen – auch wenn dieser politisch bald gegen seinen Ziehvater rebellierte. 1931 schloß sich Frahm der Sozialistischen Arbeiterpartei (SAP) an, einer kleinen linken Gruppierung, die sich aus Protest gegen die lasche Oppositionspolitik der SPD im Reichstag von der Mutterpartei abgespalten hatte. Nach dem Verbot durch die Nationalsozialisten agierte die SAP ab 1933 in der Illegalität. Von Büros im benachbarten Ausland aus wollte man die Arbeit im Reich unterstützen. Herbert Frahm sollte das SAP-Büro in Oslo übernehmen. Ohnehin war ihm der Boden unter seinen Füßen längst zu heiß geworden. Die Gestapo fahndete nach den Verfassern »reichsfeindlicher« Flugblätter. Auch der Name Frahm stand auf den Suchlisten. In der Nacht zum 2. April 1933 verließ Herbert Frahm auf einem Fischkutter Deutschland – versteckt unter Kisten und Seilen. Mit der Reise ließ er ein Land und einen Lebensabschnitt hinter sich. Später würde er über diese Zeit schreiben: »Von dem Jungen Herbert Frahm... habe ich nur eine unklare Erinnerung. Ein undurchdringlicher Schleier hängt über jenen Jahren; grau wie der Nebel über dem Lübecker Hafen.« Fortan nannte er sich Willy Brandt.

In Norwegen hatte sich bereits eine Gemeinde von Emigranten gebildet, die auf das Ende des »Nazi-Spuks« wartete. Willy Brandt, erst 19 Jahre alt, wollte einen wirklichen Neuanfang. In kürzester Zeit lernte er die Landessprache und konnte sein Geld mit Veröffentlichungen im *Arbeiterbladet*, der Zeitung der norwegischen Arbeiterpartei, verdienen. 1936 schickte ihn die Partei nach Berlin. Während einiger Wochen unter falscher Identität in der deutschen Hauptstadt mußte er die Hoffnung auf ein baldiges Ende der Nazi-Herrschaft begraben. Die Invasion der deutschen Truppen in Norwegen 1940 zwang ihn zu einer erneuten Flucht: nach Schweden. Im folgenden Jahr kam Töchterchen Ninja zur Welt. Die Mutter, die neun Jahre ältere Norwegerin Carlota Thorkildsen, hatte Brandt kurz zuvor geheiratet.

Im Oktober 1945 kehrte Willy Brandt als Berichterstatter bei den Nürnberger Prozessen nach Deutschland zurück. Die Auseinandersetzung mit den Verbrechen der NS-Zeit legten den Grundstein für die Frage nach deutscher Schuld und deutscher Verantwortung, die Brandts gesamtes politisches Handeln prägen sollte.

1947 folgte ihm Rut Hansen nach Berlin, wo er mittlerweile als norwegischer Presseattaché beim Alliierten Kontrollrat arbeitete. Brandt hatte die junge Norwegerin in Stockholm kennengelernt. Ein Jahr später fand dann die Hochzeit statt. Peter, der erste von drei Söhnen, wurde geboren. Am 1. Juli 1948 erhielt Willy Brandt, den die Nationalsozialisten ausgebürgert hatten, die Urkunde, die ihn offiziell wieder zum Deutschen machte. »Ich hatte das Gefühl, daß ich hier nötiger war«, begründete er seinen Entschluß später.

Dieser Lebensweg war es, der Willy Brandt zum Zielobjekt der Wahlkampfdiffamierungen gemacht hatte. Dennoch konnte sich das Wahlergebnis, das er am 17. September 1961 für seine Partei herausholte, sehen lassen. Doch es hatte bei weitem nicht gereicht. Die CDU/CSU behielt die Nase vorn und Konrad Adenauer den Posten des Kanzlers. Zutiefst enttäuscht legte Brandt sein Bundestagsmandat nieder und ging zurück nach Berlin. Diese Reaktion war seinen Freunden vertraut. Auch über kleinere Abstimmungsniederlagen hatte man ihn schon weinen sehen.

Vier Jahre später schien der Weg zum Kanzleramt endlich frei. »Überkanzler« Konrad Adenauer war abgetreten. Sein

Jugend ist ein Kredit, der jeden Tag kleiner wird.

Brandt

Eines wird man doch fragen dürfen: Was haben Sie in den zwölf Jahren draußen gemacht? Wie man uns gefragt hat, was habt ihr in den zwölf Jahren drinnen gemacht?

Franz-Josef Strauß, ehemaliger CSU-Vorsitzender

Ich kann nicht erkennen, daß es die nationale Pflicht gegeben hätte, sich einsperren und totschlagen zu lassen.

Brandt

Wir tanzten, und ich sah zum ersten Mal Willy Brandt. Er war umschwärmt von Damen und hatte offenbar nichts dagegen.

Rut Brandt

Links: »... wo war Brandt?« Willy Brandt 1944 mit Tochter Ninja und seiner ersten Ehefrau Carlota in Stockholm

Rechts: »Wirklich Zeit wohl nie...« Brandt und Familie 1961

Nachfolger Ludwig Erhard galt selbst in den eigenen Reihen eher als Übergangskandidat. Dazu hatten die Sozialdemokraten in einer Riege von Intellektuellen prominente Wahlhelfer gefunden. Schriftsteller Günter Grass trommelte landauf, landab unermüdlich für die »Es-Pe-De«. Andere Schreiber schlossen sich zusammen, um den etwas angestaubten Parolen der Partei zu mehr sprachlichem Pep zu verhelfen. Der neue Schwung von »Willys Wahlkontor« fand allerdings auch in den Reihen der Sozialdemokraten nicht nur offene Ohren: Der (nie verwendete) Slogan »Der Frau treu bleiben, die Partei wechseln« erschien dann doch zu progressiv, so daß man es schließlich bei Althergebrachtem wie dem wenig originellen »Sicher ist sicher« beließ.

Die Union setzte mancherorts wieder auf die schon bewährte Diffamierungskampagne. Über dem Ruhrgebiet kreisten Flugzeuge mit Spruchbändern, auf denen zu lesen war: »Wo war Brandt 1943? In Sicherheit.« Die Wähler blieben unsicher. Die Umfrageinstitute hatten ein Kopf-an-Kopf-Rennen prognostiziert. Um so enttäuschter war die SPD, als die Zahlen bekannt wurden. Zwar hatte sie sich noch einmal um über drei Prozent auf 39,3 Prozent steigern können, doch fiel das in Anbetracht des Triumphs der Union kaum ins Gewicht. Ludwig Erhard, für die Wähler die Symbolgestalt des »Wirtschaftswunders« der Nachkriegszeit, hatte für seine Partei 47,6 Prozent erstritten. »Ich bin doch mit sauberen Händen nach Deutschland zurückgekommen, mit sauberen Händen«, brach es in einem Fernsehinterview kurz nach Bekanntgabe des Wahlergebnisses aus Willy Brandt heraus. Er war maßlos enttäuscht. Als habe jedes Kreuz auf dem Stimmzettel bedeutet, »wir wollen dich nicht«, faßte er die Wahlschlappe als seine ureigenste Niederlage auf. Ihn, nur ihn habe das Wählervolk abgelehnt. Nie mehr, verkündete er, werde er als Kanzlerkandidat antreten. Er werde Bonn jetzt Lebewohl sagen und zurück nach Berlin gehen. Und diesmal werde es für immer sein.

14 Monate später zog Familie Brandt mit Sack und Pack, zwei Hunden und einer Schildkröte nach Bonn um, und Willy Brandt nahm seine Ernennungsurkunde zum Minister der großen Koalition entgegen. Bundeskanzler Kurt Georg Kiesinger hatte sein Kabinett aus Union und SPD zusammengestellt.

Brandt war mit der Entscheidung für die große Koalition nicht ganz glücklich, schüttelte seine anfängliche Skepsis hinsichtlich der »Elefantenhochzeit« der großen Parteien aber schnell ab: »Im Grundgesetz steht... nirgends geschrieben, daß die Opposition im Bundestag aus über 200 Abgeordneten zu bestehen habe und immer durch die SPD darzustellen sei«, begründete er seine Entscheidung. Als Ressort hatte er sich das Forschungsministerium gewünscht, das würde ihm viel Zeit für die Partei lassen. Doch die Genossen nahmen ihn in die Pflicht – als Außenminister, da er aufgrund seiner Lebensgeschichte und seiner internationalen Bekanntheit im Ausland über hohen moralischen Kredit verfügte. Kosmopolitisch und sprachgewandt, fand er sich auf internationalem Parkett gut zurecht. Er sprach fließend norwegisch und englisch, gut französisch und konnte sich auch italienisch und spanisch verständigen.

Kanzler Kiesinger und sein Vizekanzler Brandt bildeten ein seltsames Gespann. Der ehemalige NSDAP-Parteigenosse gemeinsam mit dem Emigranten – dieses Bild stand offenkundig auch für die Aussöhnung der Deutschen mit ihrer eigenen Geschichte. Brandts Verhältnis zu Kiesinger aber blieb schwierig. Ihn ermüdeten die langatmigen, schöngeistigen Debatten im Kiesinger-Kreis. Zudem fühlte er sich in seinem Ressort, der Außenpolitik, in dem sich Kiesinger gerne selbst als »Staatsmann« profilierte, bevormundet und gegängelt. Keine seiner Noten ließe der Kanzler passieren, ohne sie zuvor im Kanzleramt noch einmal einer kritischen Bewertung zu unterziehen, klagte der Außenminister. Auch persönlich konnten die beiden nicht miteinander. »König Silberzunge«, wie Kiesinger wegen seiner weitschweifigen Redefreude gerne genannt wurde, ging Brandt gründlich auf die Nerven. Genauso vermochte Kiesinger mit der sturen Art seines Vertreters im Kanzleramt wenig anzufangen. Je mehr sich Brandt über irgend etwas ärgerte, desto verstockter wurde er – und schwieg. Über diese Waffe, die andere zur schieren Verzweiflung treiben konnte, verfügte er nach Belieben. Persönlich waren die Jahre der großen Koalition für Brandt eine starke Belastung. Immer häufiger neigte er zu Depressionen, Trübsinnigkeit und übermäßigem Alkoholkonsum. »Er hat eine Grippe«, schrieb die Presse dann.

»Ich kann mir keine Koalition denken, bei der für einen Außenminister Brandt Platz ist. Auch eine große Koalition machte es unwahrscheinlich, daß es einen Außenminister Brandt gibt«, sagte er im September 1969 entnervt in einem Interview. Die persönliche und politische Unzufriedenheit mit der Regierung von 1966 trug ihren Teil dazu bei, daß er sich in der Wahlnacht so entschlossen verhielt. So kannte man Willy Brandt eigentlich nicht. Gerade die letzten Jahre hatten ihm eher den Ruf eines Hamlet, eines ewigen Zauderers, eingetragen. Jetzt aber packte er energisch den Stier bei den Hörnern.

Mit der Wachablösung im Palais Schaumburg zogen eine neue Mannschaft und ein neuer Regierungsstil ein. Außenminister und Vizekanzler wurde Walter Scheel. Professor Karl Schiller, auf dessen wirtschaftspolitischem Renommee die SPD ihren Wahlkampf aufgebaut hatte, übernahm das Wirtschaftsressort, Alex Möller die Finanzen, Helmut Schmidt die Verteidigung. Innenminister wurde Hans-Dietrich Genscher und Landwirtschaftsminister – eine Überraschung, hatte er doch in der Wahlnacht aus seiner Abneigung gegen die kleine Koalition keinen Hehl gemacht – der streitbare Bayer Josef Ertl. Herbert Wehner, vormals Minister für gesamtdeutsche Fragen, gab seinen Ministerposten ab und übernahm den Fraktionsvorsitz.

Im Kabinett Brandt ging es meist zwanglos zu. Brandt schätzte die Diskussion, wenn auch nicht in der epischen Länge, die Bundeskanzler Kiesinger gemocht hatte. Er legte Wert auf die Meinung seiner Mitarbeiter. Sein Kanzleramtschef Horst Ehmke erinnert sich: »Wir haben es geliebt, für Brandt zu arbeiten. War er einmal von den Fähigkeiten eines Menschen überzeugt, ließ er ihn machen, ohne sich da ständig reinzumischen.« – »Was nützt es, auf den Tisch zu hauen? Dem Tisch tut's weh, und ansonsten bringt es keinem was«, entgegnete Brandt auf die Frage, ob er bisweilen nicht energischer durchgreifen müsse. Dafür waren andere zuständig. Im Kanzleramt kehrte mit energischem Besen Horst Ehmke, mit seiner vorpreschenden und zupackenden Art in vielem das genaue Gegenteil des abwägenden Kanzlers. Auch der Norddeutsche Brandt und die rheinische Frohnatur Walter Scheel bildeten ein Gegensatzpaar, dennoch kamen sie gut miteinander aus. Eigentlich hätten sie aufgrund des Regierungswechsels auch ihre Häuser wechseln müssen. Scheel stand als neuem Außenminister die Villa der Brandts im Kiefernweg zu. Da Scheel auf einen Umzug aber nicht die geringste Lust verspürte, schlug er dem Kanzler vor, doch einfach alles beim alten zu lassen. »Rut ist ganz begeistert. Die will nicht in den Kasten da unten rein«, meldete Brandt zurück. Und damit war die Sache erledigt.

Aber Herr Brandt, ich weiß gar nicht, was Sie wollen. Wenn ich was gegen Sie hätte, würde ich es Ihnen doch sagen.

Konrad Adenauer

Im Grundgesetz steht nirgends geschrieben, daß die Opposition im Bundestag aus über 200 Abgeordneten zu bestehen habe und immer durch die SPD darzustellen sei.

Brandt

Wenn irgend jemand von seinem politischen Gegner mit größter Rücksicht behandelt worden ist, so ist es Herr Brandt alias Frahm.

Konrad Adenauer

*»Mit harten Bandagen...«
Willy Brandt und Konrad Adenauer 1959*

Scheel und Brandt blieben auf dem Venusberg Nachbarn und lösten manches politische Problem *privatissime* bei einem Glas Wein. Dennoch blieben sie füreinander »Herr Scheel« und »Herr Bundeskanzler«. Auch das war typisch für Brandt. Er war kein Mann der Kumpelfreundschaften, wurde ihm das auch wegen seines unbestreitbaren Hangs zu feuchtfröhlichen Festen schnell nachgesagt. Lieber hielt er Menschen auf Distanz, schien bisweilen eine unsichtbare Glaswand zwischen sich und seiner Umgebung zu errichten. »Die Massen konnte er umarmen, bei einzelnen Menschen aber hatte er Schwierigkeiten«, erinnert sich seine Frau Rut. Sein Blick ging immer ein wenig ins Unbestimmte. Nur selten schaute er einer Person in die Augen oder blickte direkt in eine Kamera. Das schien einen Blick von ihm allerdings um so erhaschenswerter zu machen. Tatsächlich war es dieser abwehrende Zug an Brandt, der Menschen magisch anzuziehen schien. Je deutlicher er auf Abstand ging, desto näher schien man ihm sein zu wollen. Viel von seiner Ausstrahlung lag auch in seiner Sprechweise begründet. Mußte er eine Rede halten, genügten ihm meist handschriftlich mit Stichwörtern bekritzelte Zettel. Mit seiner rauchig-heiseren Stimme sprach er dann außerordentlich langsam, als wollte er jedes Wort einzeln auf der Zunge noch einmal auf seine Richtigkeit und Gewichtung hin überprüfen.

Das wohl ungewöhnlichste Gespann der neu arrangierten Politlandschaft bildeten Willy Brandt und Herbert Wehner. Für den arglosen Brandt war »Onkel Herbert«, wie ihn die Genossen nannten, eine schwere Hypothek. Gebetsmühlenartig wiederholte er sein Credo, er sei der »Kärrner«, der den »Karren SPD« ziehe, »solange der Karren es will«. Persönlich pflichtschwer bis zur Selbstaufgabe, war ihm der lockere Regierungsstil Brandts ein Dorn im Auge. Im stillen erachtete er den medienverwöhnten Kanzler als politisches Leichtgewicht, das sich ohne den nötigen Ernst auf politisches Glatteis begab. Bärbeißig und aggressiv, wie er war, neigte Wehner auf der anderen Seite aber genauso zu einer warmherzigen, fast zärtlichen Ausdrucks- und Verhaltensweise, die ihm bei den Genossen auch Sympathien einbrachte. Eines seiner Markenzeichen waren große Sträuße roter Rosen, die er den Genossen anläßlich besonderer Gelegenheiten zukommen ließ. Brandt selbst wußte mit dem Partner, der sich die Rolle des aufopferungsvollen Getreuen auferlegt hatte und nicht müde wurde, den daraus resultierenden Leidensdruck zu betonen, nicht viel anzufangen. Er ließ ihn gewähren.

Der Regierungswechsel des Jahres 1969 ist von Beteiligten und Beobachtern als tiefe Zäsur empfunden worden: Erstmals löste eine Partei unter völlig friedlichen Bedingungen eine andere an der Spitze des Parlaments ab. Damit hatte die immer noch junge Republik ihre Bewährungsprobe als parlamentarische Demokratie bestanden.

Der Machtwechsel galt denen, die ihn befürworteten, als Befreiungsschlag aus einer langen Lethargie. Dem nüchternen Pragmatismus der Adenauer-Ära, so erschien es wenigstens den Zeitgenossen, stand der Wille zu mentaler und politischer Erneuerung entgegen. »Keine Experimente«, hatte Konrad Adenauer seine lange Regierungszeit überschrieben. »Keine Angst vor Experimenten«, lautete die Parole Willy Brandts, und sie sprach den jungen Wählern aus dem Herzen. Willy Brandt hatte den Generationenkonflikt in der eigenen Familie erlebt. Brandts ältester Sohn Peter, 1968 20 Jahre alt und Student in Berlin, wurde wegen »Auflaufs« bei einer Anti-Vietnam-Demonstration zu 14 Tagen Arrest verurteilt. Die konservative Presse baute ihn zum Staatsfeind auf, in dem die Gesinnung seines Vaters ihr wahres Gesicht zeige. Er studiere in Moskau oder Peking, in Kuba lasse er sich im Guerillakampf ausbilden, wurde behauptet. Willy Brandt stand zu seinem Sohn. »Wir waren uns emotional viel näher, als wir es politisch waren«, erinnert sich Peter Brandt, heute Professor für Geschichte. Mit »Sit-ins«, »Love-ins« und langhaarigen Barrikadenstürmern hatte auch Willy Brandt nicht viel im Sinn. So duldete er ein Parteiausschlußverfahren gegen den Berliner Stadtrat Harry Ristock, der sich mit dem Plakat »Ich bin ein Mitglied der SPD« einer Demonstration angeschlossen hatte, und echauffierte sich öffentlich über »Träumer und Radikale, die glauben, mit dem Idol eines nationalen kommunistischen Staatschefs in Südostasien zu werben oder den Parolen eines südamerikanischen Ultrarevolutionärs folgen zu sollen«. Dennoch respektierten zahlreiche »68er« Brandts antifaschistische Biographie und auch, daß er sich jegliche Einmischung in sein Familienleben verbat. Der »Marsch durch die Institutionen« begann für viele Studenten der 68er-Bewegung mit dem Eintritt in die SPD. Und in den folgenden Jahren war es vor allem Brandts Verdienst, die Jugend an den Staat herangeführt zu haben.

Aber nicht nur für die Jugend war die Regierungserklärung, die Brandt am 28. Oktober im Bundestag verlas, das Manifest des neuen Kurses. »Die Politik dieser Regierung wird im Zeichen der Erneuerung stehen«, lautete der programmatische Auftakt der Rede. »In den letzten Jahren haben manche in diesem Land befürchtet, die zweite deutsche Demokratie werde den Weg der ersten gehen. Ich glaube dies heute weniger denn je. Nein: Wir stehen nicht am Ende unserer Demokratie, wir fangen erst an.« Der Kernsatz »Wir wollen mehr Demokratie wagen« versprach Teilhabe, Mitbestimmung am Kurs der neuen Regierung. »In der Bundesrepublik stehen wir vor der Notwendigkeit umfassender Reformen«, verkündete der Text weiter. Der Reformenkatalog, den die neue Regierung vorlegte, war ein beachtlicher Wälzer: reformiertes Eherecht, Hochschulreform, ein neues Bodenrecht, Sparerschutz, Tierschutz, Investitionen in die Friedensforschung, Herabsenkung des Wahlalters auf 18 Jahre, Gleichberechtigung von Mann und Frau und einiges mehr. Sollte es mehr sein als ein »soziales Phantasien«, wie die Kritiker das anspruchsvolle Programm schimpften, war die Regierung eine enorme Verpflichtung eingegangen.

Der eigentliche revolutionäre Aspekt der Regierungserklärung aber lag in der Außenpolitik. »Die Bundesregierung setzt die durch Bundeskanzler Kiesinger eingeleitete Politik fort... Eine völkerrechtliche Anerkennung der DDR durch die Bundesregierung kann nicht in Betracht kommen. Auch wenn zwei Staaten in Deutschland existieren, sind sie füreinander nicht Ausland. Ihre Beziehungen zueinander können nur von besonderer Art sein.« Dieser Satz, eigentlich nur ein Nebensatz, war die außenpolitische Fanfare. Es war das Wort »Staat« gefallen. »Dieser Satz war der Türöffner, durch diesen Satz erkannten die Russen, die da drüben, die meinen das ernst«, wertet der damalige Staatssekretär Egon Bahr rückblickend. »Dieses Phänomen, das sich da drüben gebildet hat«, hatte Bundeskanzler Kiesinger die DDR genannt und so mehr oder minder elegant das Wort »Staat« umschifft. Das war symptomatisch für die Unentschlossenheit, mit der die bundesdeutsche Regierung der staatlichen Verfestigung jenseits der Mauer in den letzten Jahren gegenübergestanden hatte. Zwar hatte die große Koalition zaghafte Kurskorrekturen eingeleitet, doch war deren entschlossene Realisierung im wesentlichen auf die lange Bank geschoben worden. Die Ostpolitik steckte in einer Sackgasse: Noch immer galt die angegraute Hallstein-Doktrin. Das bedeutete: keine diplomatischen Beziehungen mit Staaten, die ihrerseits die DDR anerkannten. Bliebe dieser Standpunkt bestehen, drohte Bonn auch im westlichen Lager zunehmende Isolierung, denn weltpolitisch waren die Weichen längst auf Entspannung gestellt. Die DDR war ein Staat, die ehemaligen deutschen Ostgebiete Teil Polens. So sah die Realität aus. Ihre Leugnung aber war die heiligste Kuh der westdeutschen Politlandschaft. Binnen zweier Jahre gelang es der sozial-liberalen Koalition mittels der Verträge von Moskau und Warschau, der deutsch-deutschen Spitzengespräche in Erfurt und Kassel und eines neuen Viermächteabkommens zum innerdeutschen Grundlagenvertrag und damit zu einer neuen Ebene des Zusammenlebens der beiden deutschen Staaten zu gelangen.

Für die junge Regierung lagen die Schlüssel zur neuen Ostpolitik im Kreml. Ohne die Herren über das Sowjetreich würde sich nichts bewegen im innerdeutschen Verhältnis und im Zusammenleben mit den osteuropäischen Nachbarn. Und die Situation war günstig, viel günstiger als jene, die noch die große Koalition angetroffen hatte. Moskau lag im Konflikt mit China und suchte Ruhe und Entspannung im Westen. Um die festgefahrenen Fronten aufzuweichen, bedurfte es eines geeigneten Mannes. Den fand Brandt in Staatssekretär Egon Bahr. Der war zäh und gewitzt, zudem genoß er das volle Vertrauen des Kanzlers. Bereits 1963 hatte er die Formel »Wandel durch Annäherung« geprägt. Die hieß es nun in die Tat umzusetzen. Im Januar 1970 flog Bahr nach Moskau, im Gepäck eine landestypische Pelzmütze. Die westlichen Verbündeten sahen den bundesdeutschen Neuerungskurs nicht ohne Besorgnis. Das Weiße Haus machte aus seiner Skepsis gegenüber dem deutschen Alleingang kein Hehl. US-Außenminister Henry Kissinger monierte fehlende Absprachen mit dem westlichen Partner. »Information statt Konsultation« lautete die neue Devise der Bundesrepublik, die damit auch ein erhebliches Stück Unabhängigkeit gegenüber den USA manifestierte. »Ich verstehe mich als Kanzler nicht eines besiegten Deutschland, sondern eines befreiten Deutschland«, hatte Willy Brandt nach seiner Wahl selbstbewußt gegenüber Journalisten geäußert.

In über 50 Sitzungen rang Bahr mit dem sowjetischen Außenminister Andrej Gromyko um eine neue Basis des deutsch-russischen Verhältnisses. Als er nach dreimaligem wochenlangen

Aufenthalt in Moskau schließlich nach Deutschland zurückkehrte, hatte er im Gepäck die Rohfassung eines Vertragstextes mit dem ehemaligen Kriegsgegner, dessen Inhalt als »*top secret*« galt. Zwei Wochen später prangte der Text unter der Überschrift »Das war bis heute geheim« auf den Titelseiten der *Bild*-Zeitung. Zwar waren die Vereinbarungen, die aufgrund einer undichten Stelle publik geworden waren, nicht vollständig wiedergegeben, doch reichte es, um die Bundesbürger aufzuschrecken. Der Verzicht auf künftige deutsche Gebietsansprüche und die Anerkennung des territorialen Status quo in Europa waren, wie sie aus dem sogenannten Bahr-Papier interpretiert wurden, in den Augen der Öffentlichkeit nichts anderes als ein »Ausverkauf deutscher Interessen«, denn das bedeutete im Klartext, daß Deutschland auf die im Zweiten Weltkrieg verlorenen Ostgebiete verzichtete. Nur mit Mühe konnten die Wogen wieder geglättet werden. Die nächste Runde im Ringen um den Vertrag focht Walter Scheel aus. Auf der Datscha Andrej Gromykos schließlich wurden sich die beiden Außenminister einig, und der »Moskauer Vertrag« war unter Dach und Fach. Er enthielt eine beiderseitige Gewaltverzichtszusicherung und die Anerkennung der Grenzen in Europa, einschließlich der Oder-Neiße-Linie, »die die Westgrenze der Volksrepublik Polen bildet, und der Grenze zwischen der Bundesrepublik Deutschland und der Deutschen Demokratischen Republik«.

Am 11. August brach der Kanzler seinen Urlaub in Norwegen ab und flog nach Moskau. »Wir kommen spät, aber wir kommen«, kommentierte er vieldeutig die Verspätung seines Flugzeugs. Am nächsten Tag fand dann im Katharinensaal des großen Kreml-Palastes die feierliche Unterzeichnung unter den wachsamen Augen von Staats- und Parteichef Leonid Breschnew statt. Nach der Zeremonie zog Breschnew, den Brandt zuvor noch nie persönlich getroffen hatte, den Kanzler zur Seite und forderte ihn zu einem Vieraugengespräch auf. Mehrere Stunden später kannte Brandt die Kriegserlebnisse des Genossen, hatte ihm eine Postkarte Wladimir Iljitsch Uljanows alias Lenins an einen deutschen Sozialdemokraten geschenkt und sich mit ihm auf eine möglichst zeitige Ratifizierung der Verträge geeinigt. Das Gespräch bildete die Grundlage des künftigen guten Auskommens der beiden Politiker.

Am Abend wandte sich Brandt in einer Fernsehansprache an seine deutschen Landsleute: »Mit diesem Vertrag geht nichts

»Kein Kostverächter...«
Willy Brandt
mit Marlene
Dietrich 1960

Ich bin gewiß kein Säulenheiliger und habe auch nicht behauptet, frei von menschlichen Schwächen zu sein.

Brandt

Jahrelang habe ich ein Symbol in Deutschland gesucht, an das ich mich klammern kann. Jetzt kann ich mich an Willy Brandt halten.

Marlene Dietrich, Filmschauspielerin

verloren, was nicht längst verspielt worden war.« Das war das Akzeptieren der Rechnung, die der Zweite Weltkrieg offengelassen hatte. Brandt war bereit gewesen, sie einzulösen.

Parallel zu den Verhandlungen mit den Sowjets hatten bundesdeutsche Emissäre zarte Fühler in Richtung DDR ausgestreckt, denn Ziel der Ostpolitik war es vor allem, innerdeutsch zu einem Einvernehmen zu kommen. Der deutsch-deutsche Dialog begann auf höchster Ebene im thüringischen Erfurt.

Schon als Willy Brandt aus dem Zug stieg, hatte sich vor dem Bahnhof eine ungeduldige Menge versammelt, abgeschirmt von sichtlich nervösen Volkspolizisten. Eingehakt zu einer Menschenkette versuchten sie, die vorwärtsdrängende Masse im Zaum zu halten. Ein kurzer bangloser Plausch: »Ich danke Ihnen sehr für die Begrüßung. Auch dafür, daß Sie gutes Wetter besorgt haben.« – »Daran soll's nicht liegen«, entgegnete Stoph, vielleicht nicht ohne einen Schuß Ironie. Vor dem Hotel Erfurter Hof durchbrach die Menge die Absperrung. »Willy, Willy!« Der rhythmische Ruf wurde lauter und lauter. Und damit auch keine Mißverständnisse darüber aufkamen, wer damit gemeint war, verlangte man nach dem Klassenfeind mit dem »y« am Namensende: »Willy Brandt ans Fenster!« Brandt rang in seinem Hotelzimmer mit sich. Er wußte, ließ er die Emotionen zu hoch kochen, gefährdete er die Menschen auf dem Platz. Langsam ging er zum Fenster und hob die Hand gerade so weit, daß man es als zustimmenden Gruß, aber auch als beschwichtigende Geste auffassen konnte. »Ich würde anderntags wieder in Bonn sein, sie nicht... So mahnte ich durch eine Bewegung meiner Hände zur Zurückhaltung. Man hatte mich verstanden. Die Menge wurde stumm. Ich wandte mich mit schwerem Herzen ab«, erinnerte sich Brandt später.

Der Empfang Willi Stophs beim Gegenbesuch in Kassel fiel weniger herzlich aus. Schon auf dem Bahnhof wurde der DDR-Ministerpräsident gnadenlos ausgebuht. Zum Eklat kam es, als rechte Randalierer die DDR-Fahne vom Mast rissen und zerfetzten. Stoph war empört: Die BRD dulde faschistische Umtriebe und Mordhetze gegen Repräsentanten der DDR. Brandt blieb nichts anderes übrig, als sich für die peinlichen Zwischenfälle zu entschuldigen, doch die Atmosphäre blieb vergiftet. Ostberlin und Bonn verordneten sich zuerst einmal eine »Denkpause«.

Die Ergebnisse der beiden Spitzentreffen waren eher mager ausgefallen. Die deutsch-deutschen Verhandlungen aber liefen weiter. Auf einer weniger prominenten, aber dafür effektiveren Basis wurden für die Menschen Erleichterungen bei Besuchen und beim Briefverkehr erreicht – Voraussetzung für den Erhalt des nationalen Zusammengehörigkeitsgefühls. Am 6. November 1972 wurde der Grundlagenvertrag zwischen der DDR und der BRD unterzeichnet – »unbeschadet der Auffassung der Bundesrepublik Deutschland und der Deutschen Demokratischen Republik zu grundsätzlichen Fragen, darunter zur nationalen Frage«, wie es in der Präambel hieß. Das bedeutete im Klartext, daß die BRD weiterhin als Anwalt der deutschen Einheit auftreten durfte, ohne dadurch mit dem Grundlagenvertrag in Konflikt zu geraten. In dem Abkommen selbst war festgelegt, daß beide Staaten die notwendigen Schritte zur Mitgliedschaft in der UNO einleiten würden. Im Zuge der »Normalisierung ihrer Beziehungen« sollten »praktische und humanitäre Fragen« neu geregelt werden. In den Bereichen Wissenschaft, Wirtschaft, Technik, Kultur, Sport, Umweltschutz und einigen mehr würde in Zukunft durch weitere Abkommen in diesem Sinne ein neuer Konsens angestrebt. Die DDR sagte in einem separaten Brief Verbesserungen beim deutsch-deutschen Transit und der Familienzusammenführung zu.

Der Grundlagenvertrag mit der DDR stellte keine Zementierung der deutschen Teilung dar – im Gegenteil: Er hatte den Anspruch auf Wiedervereinigung festgeschrieben und hielt diese Möglichkeit auch in den Köpfen der Bürger beider Staaten durch die Erleichterung des Miteinanders aufrecht. Der Besuch Brandts in Erfurt war überdies ein klarer Hinweis darauf, daß auch nach 20 Jahren Teilung die deutsche Nation mehr als eine bloße Fiktion war.

»Hier wird auseinandergerissen, was doch zusammengehört«, hatte Willy Brandt 1956 vor dem Brandenburger Tor in Berlin ausgerufen, als eine aufgebrachte Menge am Tag der blutigen Niederschlagung des Ungarnaufstands durch sowjetische Panzer in den Ostteil der Stadt stürmen wollte. Mit dem Anstimmen der Nationalhymne war es ihm damals gelungen, sie zu beruhigen. Jahre später sollte er sich noch einmal auf diesen Satz beziehen können.

Die Welt ehrte Willy Brandts Bemühungen mit dem Friedensnobelpreis, den er im Dezember 1971 als vierter Deutscher ent-

*»Ein schwieriges Verhältnis...«
Kanzler Kiesinger und Vizekanzler Brandt 1966*

Ich kann mir keine Koalition denken, bei der für einen Außenminister Brandt Platz ist.

Brandt

Er war kein Angeber, kein Schauspieler. Man glaubte ihm, daß er für das einstand, was er sagte. Persönliche Glaubwürdigkeit war das größte Pfund, das er in die Politik einbrachte.

Horst Ehmke, SPD-Politiker

»Was heißt hier kleine Koalition...?« Kanzler Brandt und Außenminister Scheel im Sommer 1970

Wir machen es.

Brandt

Er war bereit, einen Kompromiß einzugehen, auch wenn er wußte, daß ein solcher Kompromiß nicht unbedingt das beste war

Karl Wienand, SPD-Politiker

gegennehmen konnte. Er habe »die Hand zu einer Versöhnung zwischen alten Feindesländern ausgestreckt« und »einen wesentlichen Beitrag zur Stärkung der Möglichkeiten für eine friedliche Entwicklung nicht nur in Europa, sondern auch in der Welt« geleistet.

Der Moskauer Vertrag hatte den Weg für eine Einigung mit den östlichen Nachbarn geebnet, die im Kniefall von Warschau ihren symbolischen Höhepunkt fand. »Wer mich verstehen wollte, der konnte mich verstehen, und viele Deutsche und anderswo haben mich verstanden«, hat Brandt später über seine Geste gesagt. Aber viele verstanden ihn nicht. Der Kniefall sei keine spontane Eingebung, sondern eine wohlüberlegte Inszenierung gewesen. Von ehrlicher Betroffenheit könne keine Rede sein. Dazu verwechselten viele, in der Presse oft nicht ganz unabsichtlich, das Ghettomahnmal mit dem Grabmal des Unbekannten Soldaten, was der Geste einen ganz anderen Beigeschmack gab. Einer eiligst in Auftrag gegebenen *Spiegel*-Umfrage zufolge hielten nur 41 Prozent der Befragten Brandts Kniefall für angemessen, 48 Prozent aber für übertrieben. Einmal müsse doch Schluß sein mit der ewigen Büßerei, man könne doch nicht ewig in Sack und Asche herumlaufen, so die Meinung eines breiten Teils der deutschen Bevölkerung. Die Vertriebenenverbände liefen Sturm gegen den »Verkauf« der deutschen Ostgebiete, da der Vertrag von Warschau die ausdrückliche Anerkennung der Oder-Neiße-Linie als polnische Westgrenze beinhalte. Jahrzehntelang hatte man in der Illusion gelebt, die Wiedervereinigung und die Wiedererlangung der »verlorenen Heimat« seien auch unter ausschließlich westlichen Vorzeichen realisierbar. »Das Bild von dem knienden Bundeskanzler hat mich außerordentlich unangenehm berührt. Ein solcher Kniefall in einem fremden Land widerspricht allen internationalen Gepflogenheiten«, urteilte Friedrich Walter, der Vizepräsident des Bundes der Vertriebenen.

Die Opposition hatte den Gesamtverlauf der Verhandlungen mit kritischem Blick verfolgt. Zu geheimniskrämerisch sei Bahr vorgegangen und vor allem zu schnell. Bahr, der die Aura des Mysteriösen in der Tat schätzte, hat seine versteckte Verhandlungsart im nachhinein immer verteidigt. Man habe bei der Vorabveröffentlichung des »Bahr-Papieres« gesehen, daß es wenig nutze, die Karten offen auf den Tisch zu legen. Letztlich schürten die Gespräche hinter verschlossenen Türen aber auch Mißtrauen, das sich in zunehmender Kritik Bahn brach. »Kanzler des Ausverkaufs«, nannte Franz Josef Strauß Willy Brandt. Er betreibe eine »Finnlandisierung«, manövriere die Bundesrepublik in eine Abhängigkeit von Moskaus Gnaden. »Sie, Herr Bundeskanzler, sind dabei, das Deutschlandkonzept des Westens aufzugeben und in jenes der Sowjetunion einzutreten«, rief der CSU-Abgeordnete Freiherr von und zu Guttenberg im Bundestag. »So nicht«, faßte Oppositionsführer Rainer Barzel die Meinung der Opposition zusammen. Mit dem Fortschreiten der Verhandlungen, die unter anderem im Viermächteabkommen über Berlin zu wirklichen Fortschritten führten, stellte sich diese Ablehnung mehr und mehr als Sackgasse heraus. An der Ratifizierung der Verträge führte im Grunde kein Weg vorbei. Allein, zurücknehmen konnte man das »So nicht« auch nicht. Die sogenannte »Gemeinsame Entschließung«, eine Note, in der noch einmal speziell auf das Selbstbestimmungsrecht und den Vorbehalt eines Friedensvertrags hingewiesen wurde, sollte die elegante Lösung für das Dilemma der Opposition bieten. Dennoch gelang es Rainer Barzel nicht, seine Mannschaft zum Einlenken zu bewegen. Die Ostverträge passierten den Bundestag schließlich mit der Enthaltung der Stimmen der Opposition.

Im September 1969 war die Koalition mit zwölf Mandaten Mehrheit gestartet. Mit dem Fortschreiten der Ostpolitik begann dieser kleine Vorsprung dahinzuschmelzen wie Schnee in der Sonne, denn auch einige Koalitionsmitglieder waren nicht bereit, den neuen Kurs mitzutragen. Den Anfang hatten im Oktober 1970 Erich Mende und Siegfried Zoglmann gemacht. Sie traten aus der FDP aus, gaben allerdings ihr Bundestagsmandat nicht zurück, sondern nahmen es mit zur Union, der neuen Fraktion ihrer Wahl. Damit verschob sich das Verhältnis von Opposition zu Regierung um zwei Stimmen. Jeder einzelne Abgeordnete konnte nun zum Zünglein an der Waage werden. Der nächste im Bunde war Heinz Starke, ebenfalls FDP. Als auch der Vertriebenenpolitiker Herbert Hupka im März 1972 zur CDU überwechselte, da waren's nur noch zwei, welche die Opposition zum Patt benötigte. Und die schien sie in den FDP-Männern Knut von Kühlmann-Stumm und Gerhard Kienbaum gefunden zu haben. Von beiden wußte man, daß sie schon 1969 der Regierungskoalition mehr als skeptisch gegenübergestanden hatten, und auch jetzt hielten sie mit ihren Abwanderungsgedanken nicht hinter dem Berg. Den endgültigen Ausschlag gab dann ein anderer: Der Landwirt Wilhelm Helms, ein bis dato völlig unbekannter Hinterbänkler der Liberalen, erklärte am 20. April 1972, er werde die FDP verlassen. Die Waage kippte: Helms war jener 249. Abgeordnete, den Oppositionsführer Rainer Barzel für den Kanzlersturz brauchte. Bestärkt durch den Erfolg bei der Landtagswahl in Baden-Württemberg, beschloß die Union am 24. April, ein konstruktives Mißtrauensvotum gegen Willy Brandt einzubringen, das Rainer Barzel zum Kanzler und die CDU/CSU zur Regierungspartei machen sollte. Beide Seiten stürzten sich in hektische Gesprächsangebote mit den »Wackelkandidaten« und versuchten, sie in ihr Lager zu ziehen.

Den Kandidaten »Öffentlichkeit« hatte die Opposition nicht auf der Rechnung gehabt, und der meldete sich jetzt lautstark zu Wort. War das Vorgehen Barzels und seiner Mannen denn etwas anderes als ein verkappter Staatsstreich, fragten linke Blätter. »Strauß und Barzel üben fleißig für ein neues Dreiunddreißig«, reimte ein Plakat bei einer Demonstration in Berlin. In einer Nacht-und-Nebel-Aktion, ohne Autorisierung durch den Wähler wolle sich hier eine neue Regierung selbst die Krone aufsetzen, hieß es. In der erhitzten Stimmung wurde Willy Brandt zum Idol, zum Märtyrer erhoben, der mitsamt seinen Verdiensten um den Frieden in Europa hinterrücks hingemeuchelt werden sollte. Die Solidarität mit der bedrohten SPD äußerte sich in einer Welle spontaner Parteieintritte. Aus dem Ruhrgebiet wurden erste Warnstreiks gemeldet, und für den Fall eines Regierungssturzes kündigten sich massive Arbeitsniederlegungen an. Das alles verhieß nichts Gutes.

Am 27. April traten die Parteien im Bundestag zur ultimativen Abstimmung an. Es sah schlecht aus für die Regierung. Am Morgen hatten Kienbaum und Kühlmann-Stumm erklärt, sie stünden zu Rainer Barzel. Damit schien alles entschieden. Im Kanzleramt bereitete man sich auf den Abgang vor. Brandts Referent Peter Reuschenbach erinnert sich: »Da saßen wir nun in unseren Büros, und ich muß heute bekennen, daß ich damals Akten gepackt habe, die nicht den Nachfolgern übergeben werden sollten.«

Im Bundestag trat derweil Walter Scheel ans Podium. Er hatte zwei Redemanuskripte vorbereitet: ein optimistisches für den Fall, das man in letzter Sekunde noch Abtrünnige würde zurückholen können, und einen trotzigen Abgesang auf die sozial-liberale Koalition. Scheel entschied sich für letztere Variante: »Die Sicherung der persönlichen Zukunft ist keine Gewissensfrage« – das war an die Überläufer gerichtet. »Was hier gespielt wird, ist ein schäbiges Spiel. Eine Regierung gegen Treu und Glauben hat unser Volk nicht verdient« – diese Breitseite ging direkt an die Adresse Rainer Barzels.

Dann übernahm Willy Brandt das Mikrofon. Nach menschlichem Ermessen mußte es seine letzte Rede als Bundeskanzler werden: »Ich habe meine Pflicht getan und manchmal etwas mehr. Und, Herr Kollege Kiesinger, ich habe die Interessen unseres Volkes und unseres Staates besser vertreten, als wenn ich den allzuoft konfusen Ratschlägen der Opposition gefolgt wäre... Ich bin davon überzeugt, wir werden nach der heutigen Abstimmung weiterregieren.« Der Abschluß der Rede blieb schlicht: »Und nun, meine Damen und Herren, bleibt frei nach Kant nichts anders übrig, als unsere verdammte Pflicht und Schuldigkeit zu tun.«

Damit war die Debatte beendet und die Abstimmung eröffnet. Die Opposition trat geschlossen an, zwei erkrankte Abgeordnete wurden im Rollstuhl zur Wahlurne geschoben. Fraktionschef Wehner hatte den SPD-Abgeordneten geraten, sich nicht an der Stimmabgabe zu beteiligen. Die Liberalen schickten einige »sichere« Kandidaten ins Rennen, um eventuellen Abweichlern aus den Reihen der CDU/CSU bessere Tarnungsmöglichkeiten zu bieten. Dann begann die Stimmenauszählung.

Walter Scheel verließ den Saal und gesellte sich in der Kantine zu seiner Frau Mildred und Rut Brandt. Willy Brandt wartete in der Lobby. Inmitten der nervösen Abgeordneten übte er sich in Galgenhumor. Parteischatzmeister Nau solle doch wegen der zahlreichen Parteieintritte der letzten Tage eine Runde schmeißen, witzelte er. Nach endlos erscheinenden Minuten gab Bundestagspräsident Kai-Uwe von Hassel um 13.22 Uhr das Wahlergebnis bekannt: Von 260 Abgeordneten, die sich zur Stimmabgabe entschlossen hatten, hatten 247 mit »Ja« und zehn mit »Nein« votiert. Drei hatten sich enthalten. Rainer Barzel hatten zwei Stimmen zum Sieg gefehlt.

»Da war nichts Flüchtiges zufällig oder unbedacht geschehen. Von keiner Seite. Da war anderer Wille am Werk«, klagte der unterlegene Rainer Barzel, dem drei Abgeordnete mit ihrer Stimme die Niederlage seines Lebens beigebracht hatten. Der

*»Willy,
Willy!«
Willy Brandt
im März 1970
in Erfurt*

Auch wenn zwei Staaten in Deutschland existieren, sind sie doch füreinander nicht Ausland, ihre Beziehungen zueinander können nur von besonderer Art sein.

Brandt

Willy Brandt war ein Angler, kein Jäger. Er ließ die Dinge – und die Menschen – kommen.

Horst Ehmke, SPD-Politiker

Das war ein Signal an die Menschen in der DDR. Da hat die Wiedervereinigung angefangen.

Jupp Darchinger, Fotograf

Meine Regierung nimmt die Ergebnisse der Geschichte an.

Brandt

Der hat sich nicht hingekniet. Es hat ihn hingekniet.

Henri Nannen, Journalist

*»Es hat ihn hingekniet...«
Der Kniefall von Warschau im Dezember 1970*

Vor dem Denkmal für die im Warschauer Ghetto Umgekommenen kniete ich nieder. Unter der Last der jüngsten Geschichte tat ich, was Menschen tun, wenn die Worte versagen, so gedachte ich der Millionen Ermordeter.

Brandt

»andere Wille« war in Heller und Pfennig meßbar, diese Meinung vertrat nicht nur Barzel. Einige Abgeordnete hätten nicht nach ihrem Gewissen, sondern nach ihrem Kontostand entschieden. Sie mußten aus den Reihen der Union kommen, da Kienbaum und Kühlmann-Stumm sofort eilfertig versicherten, Barzel wie angekündigt die Treue gehalten zu haben. Einer von ihnen war Wilhelm Helms, der das Mißtrauensvotum durch seinen Parteiwechsel erst möglich gemacht hatte. Er sei von Scheels Rede so beeindruckt gewesen, daß er spontan beschlossen habe, das Barzel gegebene Versprechen zu brechen, erklärte er später.

Hatte hier wohl tatsächlich noch das, wenn auch wankelmütige, Gewissen entschieden, so fiel ein Jahr später einer der wahren Übeltäter um. Julius Steiner, ein Hinterbänkler aus der CDU, bekannte, nicht für Barzel gestimmt zu haben. Der SPD-Fraktionsgeschäftsführer habe für seine Stimme 50 000 Mark springen lassen. Vor einem eiligst eingesetzten parlamentarischen Untersuchungsausschuß leugnete Karl Wienand erwartungsgemäß jegliche Zahlung, so daß Aussage gegen Aussage stand. Am 13. März stellte der Ausschuß seine Arbeit ein. Ein wirkliches Interesse an der Aufklärung der Vorfälle hatte keine der beiden Seiten, denn verfügte eine der Fraktionen wirklich über eine weiße Weste? Auch bei den Abwerbungsversuchen von CDU und CSU dürfte vieles nicht ganz koscher gewesen sein. So fanden sich einige »überzeugte« Abgeordnete auf besonders günstigen Plätzen ihrer Landeslisten wieder.

1980 sprach Herbert Wehner in einem Interview aus, was unterschwellig jeder geahnt hatte. Auf die Frage, ob 1972 alles mit rechten Dingen zugegangen sei, preßte er voll Ingrimm heraus: »Was sind rechte Dinge? Daß man Leute bezahlt, nicht? Wie das gemacht worden ist? Es gibt doch heute Leute, ich könnte sie aufzählen. Ich denke nicht daran, weil dann die besondere Seite unserer Demokratie zum Vorschein kommt; dann werde ich fortgesetzt vor Gericht geschleppt.« Und weiter: »Ein Fraktionsvorsitzender muß wissen, was geschieht und was versucht wird, um einer Regierung den Boden unter den Füßen zu entziehen. Die Regierung selbst muß das alles gar nicht wissen. Ich habe immer gewußt: Das wird schwer. Und einer muß der Dumme sein, und das war immer ich. Ich kenne zwei Leute, die das bewerkstelligt haben. Der eine bin ich, der andere ist nicht mehr im Parlament.« Der »andere« konnte nur Fraktionsgeschäftsführer Karl Wienand sein, der den Bundestag 1974 verlassen hatte, auch wenn er bis heute auf die Frage, ob Wehner hier von ihm gesprochen habe, mit kryptischem Lächeln versichert, »nicht mehr im Parlament« seien schließlich viele. Die Affäre Wienand/Steiner kratzte erheblich am sauberen Image der als »bessere« Partei angetretenen SPD – ein Ansehensverlust, der im Sommer des darauffolgenden Jahres noch beträchtlich ins Gewicht fallen sollte.

Rainer Barzel hatte die Mehrheit im Bundestag nicht gewinnen können – und Willy Brandt hatte sie aber dennoch verloren. Bei der von Barzel eiligst für den nächsten Tag anberaumten Abstimmung lehnte der Bundestag den Haushalt für das kommende Rechnungsjahr mit 247 zu 247 Stimmen ab. Damit war das parlamentarische Patt da, das die Regierung seit dem Herbst 1969 hatte befürchten müssen.

Ein Ausweg aus dem Dilemma schien nur durch eine Neuwahl möglich. Nach der Sommerpause stellte der Kanzler selbst im Bundestag die Vertrauensfrage. Die Minister der Koalition gaben weisungsgemäß ihre Stimme nicht ab, so daß – wie beabsichtigt – nur 233 Abgeordnete Brandt das Vertrauen aussprachen. Damit war der Weg frei, den Bundestag aufzulösen und eine Neuwahl anzuberaumen.

Das Hauptfoto für die Wahlplakate ließ Bundesgeschäftsführer Holger Börner die Sekretärinnen der SPD-Baracke aussuchen. Sie entschieden sich für ein Urlaubsfoto Willy Brandts, auf dem er gut gebräunt und gewinnend in die Kamera lächelte. Das war wichtig, denn der kommende Wahlkampf würde ein »Willy-Wahlkampf« werden.

Während die Sympathiewerte der SPD beständig absackten, steigerte sich die Beliebtheit des Kanzlers zu einem nie dagewesenen Ausmaß. Er schien geradezu umhüllt von einer Aura moralischer Integrität. »Habt Mut zur Barmherzigkeit! Habt Mut zum Nächsten! Besinnt euch auf diese so oft verschütteten Werte! Findet zu euch selbst!« rief er auf dem Dortmunder Parteitag seinen Zuhörern zu. »Ich habe erlebt, daß junge und alte Frauen und auch Männer so im Vorbeigehen versucht haben, ihn anzufassen oder seinen Mantel zu berühren«, erinnert sich Karl Wienand. Die Wahlkampfberichterstattung tat ihr übriges, um dem Brandt-Kult eine pseudoreligiöse Überhöhung zu verleihen. Seine Sprechweise atme »die erhabene Monotonie der

Gregorianik«, schwärmte der *Spiegel*. Prominente aus Film und Fernsehen appellierten, »Willy« zu wählen. Darunter waren Hardy Krüger, Hans-Joachim Kulenkampff und Peter Frankenfeld. Auch die Fernsehkommissare Siegfried Lowitz und Horst Tappert ließen zeitweilig die Verbrecherjagd ruhen, um für Willy Brandt in den Ring zu steigen. In der »Sozialistischen Wählerinitiative« gaben Schriftsteller, Künstler und andere Intellektuelle ihre traditionelle Abneigung gegen Machthaber auf. Heinrich Böll, der sich noch 1965 vehement geweigert hatte, für einen Politiker, welcher Couleur auch immer, einzutreten, lobte jetzt öffentlich: »Er ist der erste deutsche Kanzler, der aus der Herrenvolktradition herausgeführt hat.« Dagegen war der Umgang der Wahlhelferriege mit Brandts Konkurrenten alles andere als zimperlich. Oppositionsführer Rainer Barzel wurde in der Öffentlichkeit als das böse Zerrbild des glorifizierten Amtsinhabers präsentiert. Ein aalglatter Ehrgeizling sei er, polemisierte die linksliberale Presse. Auch Günter Grass machte aus seinem Abscheu Barzel gegenüber in seinem Wahlkampfbuch »*Aus dem Tagebuch einer Schnecke*« kein Hehl.

Brandts Sympathiewerte wurden getragen von einer breiten Solidaritätswelle in der Bevölkerung. »Willy Brandt muß Kanzler bleiben«, stand auf Tausenden von Stickern, die emsige Wahlhelfer unters Volk brachten. Plakatekleben »für Willy« wurde in einer Schule als Entschuldigungsgrund akzeptiert. Und eine norddeutsche Wählerinitiative klebte an ihren Autobus: »Christus würde Willy wählen!«

Am 19. November gingen 91,1 Prozent der deutschen Wähler zu den Urnen – absoluter Rekord. Mit 45,9 Prozent wurde die SPD erstmals stärkste Fraktion im Bundestag. Die CDU/CSU sackte auf 44,9 Prozent. Der Erfolg der SPD basierte vor allem auf der Mobilisierung der Jungwähler, von denen sich 60 Prozent für die SPD entschieden hatten. Mit den Stimmen, denen die FDP wieder ihren Zuwachs auf 8,4 Prozent zu verdanken hatte, brachte es die sozial-liberale Koalition auf 271 Bundestagssitze. Endlich verfügte sie über eine solide Mehrheit, mit der sich regieren ließ, ohne ständig vom Damoklesschwert des politischen Patts bedroht zu sein. Am Abend feierten die Wahlsieger ihren Erfolg im Kanzlerbungalow. US-Senator Ted Kennedy, der als Ehrengast gekommen war, nahm den Star des Tages in den Arm und versicherte nicht mehr ganz nüchtern: »Willy, I love the winners.« Die »Willy-Wahl« von 1972 war der Höhepunkt

Erfolg war, Kanzler zu werden. Alles, was danach kommt, ist eine Frage nicht von Erfolg, sondern ob man es kann oder nicht kann. Ich finde, ich kann es.

Brandt

Los, Willy, aufstehen, wir müssen regieren!

Horst Ehmke, SPD-Politiker

Mein Stil läuft auf möglichst viel Kollegialität hinaus. Das widerspricht übrigens nicht unserer Verfassung.

Brandt

»*Machtbewußt, aber kein Machtmensch…*«
Brandt an seinem Schreibtisch im Kanzleramt

der Popularität des Kanzlers – die sozial-liberale Koalition aber hatte ihren Zenit bereits überschritten.

»Sofortige Operation, keine Zigaretten, kein Alkohol, strengste Bettruhe«, lautete die Order. Willy Brandt hatte die Strapazen des Wahlkampfs nicht verkraftet. Schon in den letzten Wochen vor dem Wahlsonntag war seine Stimme nur noch ein heiseres Krächzen gewesen. Jetzt legten ihm die Ärzte dringend eine umgehende Kehlkopfoperation nahe, da eine bösartige Geschwulst drohte. Das bedeutete, daß der Kanzler während der anstehenden Koalitionsverhandlungen das Bett hüten mußte – schweigend, denn die Ärzte hatten ihm zusätzlich absolutes Redeverbot verordnet. Derweil setzten sich Herbert Wehner und Helmut Schmidt mit den FDP-Spitzen Scheel, Genscher und Mischnick zusammen, um den Kurs für die kommenden Jahre abzustecken. Nur vorläufige Entscheidungen sollten sie treffen, Brandt werde nach seiner Genesung dann noch ein Wörtchen dazu sagen.

Dennoch versuchte der Kanzler, mit auf Zetteln gekritzelten Verfügungen in die Verhandlungen einzugreifen. Es hatte allerdings den Anschein, als würde der Ausfall des Regierungsoberhaupts von einigen Beteiligten nicht nur bedauert. So »vergaß« Herbert Wehner die schriftlichen Anweisungen, die ihm Brandt mitgegeben hatte, in der Jackentasche – die Kopie für Helmut Schmidt praktischerweise gleich mit. Lächelnde Sieger des innersozialdemokratischen Hickhacks blieben die Liberalen. Entgegen der ausdrücklichen Order des Kanzlers erhielt die FDP mit dem Wirtschaftsministerium ein weiteres klassisches Ressort. Auch bei anderen Personalentscheidungen stellten die Genossen den Kanzler vor vollendete Tatsachen. So wurde der umtriebige Horst Ehmke auf den Posten des Forschungsministers abgedrängt. Als Chef des Kanzleramts hatte er sich mit seiner hemdsärmeligen Art wenig Freunde in Bonn gemacht. Im Bundeskanzleramt ersetzte ihn Horst Grabert, den man insgeheim einen »Aktenordner« schimpfte. Auch Conrad Ahlers, Brandts Freund und Pressesprecher, wurde vom engeren Hof verbannt. Der Wechsel war nicht glücklich. Ehmke hatte mit seinem energischen Wesen oft einen idealen Gegenpart zum in sich gekehrten Kanzler gebildet. Brandts künftige Berater, von Spöttern das »Küchenkabinett« genannt, würden seine Tendenz zum Eigenbrötlerisch-Kontemplativen eher noch verstärken. Im Kabinett blieb ansonsten vieles beim alten. Nur wenige neue Gesichter starteten mit in die kommende Legislaturperiode.

Zur Ausarbeitung der Regierungserklärung war Brandt gesundheitlich wieder auf dem Damm. Wie er es gern tat, verlegte er die Arbeit in sein Urlaubsdomizil, diesmal auf Fuerteventura. Im Januar arbeitete er hier allein mit Walter Scheel an den Formulierungen, mit denen er die zweite Legislaturperiode einleiten wollte. Leichte atmosphärische Störungen waren auch im Tandem Brandt/Scheel zu spüren. Immerhin hatte auch Walter Scheel entgegen den Anweisungen des Kanzlers die Koalitionsverhandlungen mitgetragen. Der Umgang war ein anderer geworden, das merkte man an Kleinigkeiten. So beschwerte sich Scheel naserümpfend über das von Brandt ausgesuchte Hotel, einen in der Tat lieblosen Klotz, in dem die »Suite« des Kanzlers im achten Stockwerk lag. Scheel habe von einem »Abstieg in mieseste Neckermann-Welten« gesprochen, berichtete der *Spiegel*, was der ertappte Außenminister verlegen abstritt.

Die am Strand von Fuerteventura ausformulierte Regierungserklärung las sich wie eine weniger umfangreiche Ausgabe ihrer Vorgängerin. Sie war kürzer, griffiger und nahm bereits angekündigte Projekte wieder auf.

Nach der hochtrabenden Kür der ersten Regierungsjahre sollte jetzt die Pflicht folgen. 1973 war das erste Jahr der sozialliberalen Koalition, in dem keine Landtagswahlen anstanden – ein Gottesgeschenk für die Genossen, denn nicht nur Brandts Gesundheit hatte erheblich unter den Strapazen der dauernden Wahlkämpfe gelitten. Jetzt wäre Zeit gewesen, die angekündigten Ziele zu verwirklichen. Theoretisch, denn praktisch verstrich das Jahr ohne die politischen Aktivitäten, die notwendigerweise angestanden hätten. War von den versprochenen Reformen nichts übriggeblieben als Pose und Pathos?

Irgendwie schien die Luft raus zu sein. Dabei drängten nicht unerhebliche Probleme nach einer Lösung, die vom Wahlsieg nur überdeckt worden waren. Der sogenannte »Radikalenerlaß« – eine Bestimmung zur »Abwehr von Verfassungsfeinden« im Staatsdienst – hatte für erheblichen Unmut gesorgt. Tatsächlich sorgte der Erlaß, der rein gesetzlich keine große Neuerung darstellte, für eine Spitzel- und Schnüffelmentalität bei der Einstellung von Beamten, gegen die die Linke Sturm lief. Die wirtschaftlichen Probleme des Landes hatten sich während der ersten Legislaturperiode erheblich zugespitzt, der Doppelrücktritt der Wirtschaftsminister Möller und Schiller, die sich mit ihren berechtigten Forderungen im Kabinett nicht hatten durchsetzen können, sprach Bände. Der weltwirtschaftliche Wind hatte sich gedreht. Im Sommer des Jahres 1972 hatte der »Club of Rome« ein Gutachten unter dem Titel »*Grenzen des Wachstums*« herausgebracht, das mit dem bislang eisern gepflegten Glauben an den unbegrenzten Fortschritt aufräumte. War die Dauerkonjunktur, mit der auch die Regierung Brandt weiterhin gerechnet hatte, nur eine Illusion? Was würde werden, wenn die Ressourcen aufgebraucht waren? In der Bevölkerung zeichnete sich ein Meinungswandel ab, der sich in der Ölkrise des kommenden Jahres zu einer regelrechten Krisenstimmung verstärken sollte.

Und die Koalition bröckelte auseinander, als sei sie in der ersten Legislaturperiode nur durch die Klammer des äußeren Drucks zusammengehalten worden. Als erster verweigerte Herbert Wehner Willy Brandt den Flankenschutz und ging zur offenen Kanzlerschelte über. Wirklich gemocht hatten sich die beiden nie. Noch immer sah Wehner in Brandt den »Bruder Leichtfuß«, dem das Glück stets hold blieb, in der Politik wie im Privatleben, während er rackern und schuften mußte. Solange Brandt der »Sache« diente, hatte er ihn gestützt. Aber tat der Kanzler das noch? Nach Wehners Auffassung schon längst nicht mehr energisch genug.

In der Tat, Brandts psychischer Zustand war besorgniserregend. Sein Gesichtsausdruck schien zu einer Maske erstarrt. Er war irgendwie entrückt. Das Wort von »Willy-Wolke« machte die Runde. Als einen der Gründe für seine schlechte Verfassung hat Brandt in späteren Interviews häufig das Rauchverbot der Ärzte angeführt. Kanzlerberater Günter Gaus erinnert sich, daß die Order peinlichst genau durchgedrückt wurde. Bei einem Besuch auf dem Venusberg sei er beiseite genommen worden, und man habe ihm zugeflüstert, er möge doch in des Kanzlers Gegenwart nicht rauchen. Man wolle Brandt nicht in Versuchung führen. Auch solle er sich nicht wundern, daß nichts Alkoholisches zu trinken angeboten werde.

Ohne Nikotin erlebte Brandt, der seit 40 Jahren starker Raucher gewesen war, einen massiven Einbruch seiner Leistungsfähigkeit. Das wäre mit Zigaretten alles nicht passiert, hat er Jahre später, vielleicht nicht ganz ernst, versichert. Denn der

Wehner hat es Willy Brandt nie verziehen, daß ihm die Zugehörigkeit zu einem totalitären Apparat erspart geblieben ist.

Klaus Harpprecht, Berater Brandts

»*Der Kerl muß weg...*«
Willy Brandt und Herbert Wehner 1973

Ich halte nichts von einer teutonischen Pseudo-Autorität, die durch den Schlag mit der Faust auf den Tisch demonstriert wird. Den Tisch beeindruckt der Faustschlag wenig. Wen sonst?

Brandt

Der Herr badet gern lau.

Herbert Wehner, ehemaliger SPD-Fraktionsvorsitzender

Entzug allein war es wohl nicht, der den Kanzler so verändert zu haben schien. Seine Umgebung kannte diese Abstürze in tiefste Depressionen, die ihn immer wieder überfielen. Über Nacht konnte er sich plötzlich unwohl fühlen, das Büro mußte informiert und alle Termine abgesagt werden. »Er war für niemanden zu sprechen... Die Zeitungen schrieben, Willy leide an einer fiebrigen Erkältung«, erinnert sich seine Frau Rut. Selbst Horst Ehmke, der den Kanzler schon mehrfach mit einem »Los, Willy, aufstehen! Wir müssen regieren!« aus seiner Starre aufgeschreckt hatte, konnte nicht mehr zu ihm durchdringen. Diesmal schien es ernster zu sein.

Ende Mai entschloß sich Wehner zu einem Treffen mit dem Staats- und Parteichef der DDR, Erich Honecker. Die Titelseite des *Neuen Deutschland* zierte ein Foto des nachmittäglichen *tête-à-tête* bei Kaffee und Kuchen am Wandlitzsee. Brandt, der von Wehners Reise gewußt hatte, stand ihm nicht bei, als er bei seiner Rückkehr vom zuvor nicht informierten Parteivorstand zur Rede gestellt wurde. »Er hat nicht ein Wort gesagt, nicht ein Wort!« zeterte Wehner.

Die Heimlichkeit, mit welcher der Fraktionschef seine Reise gen Osten betrieben hatte, ließ wüste Spekulationen ins Kraut schießen. Roch das nicht nach einer Verbrüderung des Exkommunisten Wehner mit seinen linken Gesinnungsgenossen? In Wirklichkeit hatten Honecker und Wehner das Problem der nach der Unterzeichnung des Grundlagenvertrags ins Stocken geratenen deutsch-deutschen Familienzusammenführungen besprochen. Wehner befürchtete, daß die Regierung die Ostpolitik schleifen ließ. Das sagte er mehrfach – ohne die erwartete Aufmerksamkeit zu erzielen. Erst als der Fraktionschef zur großen Kanzlerschelte ansetzte, fand er ein nachhaltigeres Echo.

Am 24. September 1973 flog Wehner mit einer Delegation des Deutschen Bundestags nach Moskau. Hier erlebten ihn die Journalisten gelöst und entgegenkommend. Gern, bisweilen auch ungefragt, gab er Auskunft über die Politik der Regierung und vor allem über ihren Kanzler. Ein Satz aus seinem finsteren Gemurre sorgte für Furore: Die »Nummer eins« sei »entrückt« und »abgeschlafft«. Der Kanzler bade gern lau – in einem Schaumbad, verkündete er dem staunenden Publikum.

Brandt erhielt die Nachricht von Wehners Breitseite aus Moskau ironischerweise in den USA. Er hatte in New York eine

Rede vor den Vereinten Nationen gehalten und wurde bei einer Zwischenlandung mit der neuesten Agenturmeldung aus Moskau konfrontiert. »Der Kerl muß weg!« brauste er auf.

Doch blieb es bei harschen Worten. Brandt wollte es nicht auf eine innerparteiliche Machtprobe ankommen lassen. Äußerlich wahrte man den Schein, zwischenmenschlich aber herrschte Eiszeit. Als es endlich zu einer Aussprache auf dem Venusberg kommen sollte, saßen Wehner und Brandt Stunde um Stunde wortlos versunken vor ihren Rotweingläsern, als gelte es, eine Meisterschaft im Dauerschweigen zu gewinnen. Schließlich erhob sich Wehner, um »gute Nacht zu sagen«, wie er später melancholisch berichtete. Rut Brandt hatte das Ende des »Gesprächs« abgewartet und fragte ihren Mann, wie es ausgegangen sei. »Er hat mich gefragt, ob ich es nicht noch einmal mit ihm versuchen wolle.«

Wehners Worte in Moskau waren mehr gewesen als eine Aufkündigung der Genossentreue. Das grollende »Urgestein« der SPD hatte, sozusagen als höchste Instanz, das Eis gebrochen. Der Sockel des Kanzlers geriet ins Wanken. Walter Scheel dachte öffentlich über das Verfallsdatum von Koalitionen nach und kündigte, nachdem Bundespräsident Gustav Heinemann seinen Verzicht auf eine zweite Amtszeit bekanntgegeben hatte, seinen Wechsel in die Villa Hammerschmidt an. »Miese Koofmich-Seele«, murmelte Brandt beleidigt, als er davon erfuhr. Auch die Presse, bis dahin eine treue Genossin an der Seite Brandts, ließ ihr Hätschelkind fallen. Im Sommer 1973 spottete *Die Zeit*: »Der Kanzler hat sich über den Wolken auf einem Postament angesiedelt, fernab vom Getriebe der garstigen Welt der Innenpolitik.« Im Dezember schenkte der *Spiegel* dem Kanzler zum sechzigsten Geburtstag die Titelzeile: »Kanzler in der Krise – das Monument bröckelt«. Zu sehen war Brandts Kopf, als verfallendes Denkmal in den Wolken verschwindend. Er halte nur noch schöngeistige Reden vor erlesenem Publikum, hieß es, die Niederungen der Tagespolitik habe er längst verlassen. Aber gerade die Probleme dieser »Niederungen« waren es, die dringlicher denn je nach Lösung verlangten.

Als Folge des Yom-Kippur-Kriegs verhängten die arabischen Ölstaaten einen Boykott über den Westen, der in der Auseinandersetzung auf seiten Israels gestanden hatte. Der Ölpreis schoß in nie gekannte Höhen. Die Regierung versuchte, mit vier autofreien Sonntagen im November und Dezember 1973 den Engpaß zu überwinden. Dramatischer als die tatsächlichen waren die psychologischen Auswirkungen der Krise. Das Autofahren – Symbol von Freiheit, Beweglichkeit und Fortschritt – wurde beschnitten. Die längst vergessen geglaubte Rationierung – und war es auch nur ein Hauch davon – provozierte einen in diesem Ausmaß nicht vorhersehbaren Stimmungsumschwung in der Bevölkerung. Ein Krisenmanager war jetzt gefordert. Konnte Brandt das noch sein?

In die für 1974 anstehende Tarifrunde platzte die Gewerkschaft Öffentliche Dienste, Transport und Verkehr (ÖTV) mit der Forderung nach einer fünfzehnprozentigen Lohnerhöhung, die angesichts der Ebbe in den öffentlichen Kassen utopisch war. Mit Brandts Appell an die Vernunft der Gewerkschafter ließ sich dem Problem nicht beikommen, ab Februar kam es zu ersten Arbeitsniederlegungen bei Bus und Bahn, Müllabfuhr und Post. Die ÖTV beharrte auf einem Lohnzuwachs in zweistelliger Prozenthöhe – und der Kanzler gab nach. In den Augen der Öffentlichkeit war er damit bereits angezählt. Der Knockout schien nur noch eine Frage der Zeit zu sein.

Dazu zehrten die Grabenkämpfe in der Troika an seinen Nerven. »Es war teilweise so, daß die freitags auseinandergingen, und einer wollte nicht mehr mit dem anderen reden und nie wiederkommen, und man hatte Mühe, die montags wieder an einem Tisch zu haben«, erinnert sich Karl Wienand. Im März verkündete Helmut Schmidt forsch, in Anbetracht der momentanen Situation in der Koalition genüge es nicht, ein paar Köpfe auszuwechseln. Das hieß im Klartext, daß ein Wechsel an der Spitze nötig war.

Aber noch einmal bewies Willy Brandt jene Kämpfernatur, die er stets an den Tag gelegt hatte, wenn er mit dem Rücken zur Wand stand. Noch einmal schien er aus der inneren Emigration zurückzukehren, in die er sich in den letzten Monaten zurückgezogen hatte. Die Öffentlichkeit konnte feststellen, daß sich seine Gesichtszüge entspannten und ein wenig von der alten Fröhlichkeit zurückkehrte. Im »Aktuellen Sportstudio« des ZDF präsentierte sich ein gutgelaunter und entspannter Willy Brandt. Während Söhnchen Matthias auf die »Torwand« schießen durfte, plauderte der Kanzler über das deutsch-deutsche Sportverhältnis. Auf die Frage, ob es eigentlich Spaß mache, Kanzler zu sein, antwortete er offen: »Wenn ich ganz ehrlich sein soll, hat

»Wandel durch Annäherung...« Rut und Willy Brandt 1973 mit Leonid Breschnew

Ich werfe ihm vor, daß er eine Politik der Leistung Deutschlands ohne Gegenleistung der Sowjets und ihrer Satelliten gemacht hat.

Gerhard Löwenthal, Journalist

Er ist der erste deutsche Kanzler, der aus der Herrenvolktradition herausführt, er ist kein Mensch und Herrscher, der mit den Sporen klirrt und die Peitsche gelegentlich blicken läßt.

Heinrich Böll, Schriftsteller

es schon Zeiten gegeben, in denen es mehr Spaß machte als in den letzten Wochen. Aber das kann sich ja wieder ändern. Heut' jedenfalls macht's Spaß.« Im April erteilte er in einem Zehnpunkteplan vor allem der Parteilinken eine Lektion, als er ein flammendes Plädoyer für die »Neue Mitte« hielt. Gesprächsangebote an Wehner nahm dieser dankbar an und durfte in der Fraktion wieder auf seinem angestammten Platz neben Brandt sitzen, von dem er nach seiner Moskauer Kritik verbannt worden war. »Der läuft rum wie eine Jungfrau, die zum ersten Mal geküßt worden ist«, spottete Horst Ehmke. Mit dem bevorstehenden Landtagswahlkampf in Niedersachsen ging noch einmal ein Ruck durch die Partei. Wie es aussah, wollte man wieder »Seit' an Seit'« schreiten.

Am 24. April 1974 kehrte Bundeskanzler Brandt von einem Staatsbesuch aus Ägypten zurück. Etwas mißmutig war er. In Kairo hatte er sich eine Magenverstimmung eingefangen, außerdem plagten ihn Zahnschmerzen. Was er vom dienstfertig herbeigeeilten Hans-Dietrich Genscher erfahren sollte, schlug ihm dann allerdings richtig auf den Magen. Mit Leichenbittermiene zog ihn der Innenminister beiseite. Am Morgen sei Guillaume verhaftet worden.

Wie so viele Agentenkarrieren des Kalten Krieges hatte auch das Doppelleben von Brandts Referent Günter Guillaume mit einem unauffälligen Grenzübertritt begonnen. 1956 war er mit seiner Frau Christel aus der DDR zur Schwiegermutter nach Frankfurt am Main übergesiedelt. Eine »ganz normale Familienzusammenführung« – erleichtert allerdings durch eine großzügige Finanzspritze des Ministeriums für Staatssicherheit. Ein Jahr nach dem Umzug trat das »Flüchtlingspaar« gemäß Ostberliner Weisung in die Frankfurter SPD ein, in der es Günter Guillaume bis zum Stadtverordneten brachte. Hier lernte er Georg Leber kennen und diente sich dem späteren Verkehrsminister als eifriger Wahlkampfhelfer an. Das Engagement machte sich bezahlt. Nach dem Regierungswechsel wollte Leber sich nicht lumpen lassen und beschaffte seinem Schützling einen Posten in Bonn – im Bundeskanzleramt.

Nervenstark passierte Guillaume die Routineüberprüfung der Sicherheitsorgane. Kanzleramtschef Horst Ehmke höchstpersönlich führte die Befragung des etwas anrüchigen Aspiranten durch, dessen Lebenslauf einige Unstimmigkeiten aufwies.

Guillaume antwortete den Erinnerungen der Anwesenden zufolge gelassen, aber auch wiederum nicht so sicher, daß es Verdacht erregt hätte – ganz normal eben. Und so fiel dann auch die Beurteilung aus: ein ganz normaler Ostflüchtling, wie es unzählige in der Bundesrepublik gab, auch in der Bonner Politlandschaft. Georg Leber sagt dazu heute: »Guillaume war für mich genauso geheuer wie Herr Genscher, wie Herr Mischnick und wie tausend andere Leute, die auch aus dem Osten kamen und denen wir vertraut haben.« Die Akte Guillaume wurde geschlossen, und Günter Guillaume war Hilfsreferent im Bundeskanzleramt für den Tätigkeitsbereich »Verbindung zu Gewerkschaften und Arbeiterverbänden«. Als »Kind des Volkes« ohne akademische »Verbildung« sei er dafür besonders geeignet, fand man. Er war ins Allerheiligste vorgedrungen.

Im Intellektuellenkreis um Brandt stellte seine Farblosigkeit eine perfekte Tarnung dar: »Der interessierte mich einfach nicht. Der war per se langweilig«, erinnert sich Brandts Berater Klaus Harpprecht. Guillaume fiel selten auf, war aber immer da. Diensteifrig wuselte er zu jeder Tages- und Nachtzeit durch die Flure des Palais Schaumburg. Auch wenn es abends spät geworden war, Guillaume war oft schon da, wenn der Hausmeister die Türen aufschloß. Und wenn es sein mußte, kochte er vor Brandts Arbeitsbeginn auch schon mal ein Kännchen Kaffee oder holte die Brötchen vom Bäcker.

Unentbehrlich war er, aber nicht beliebt. Dem zurückhaltenden Brandt ging seine devote Kumpelhaftigkeit auf die Nerven. Und auch seine übermäßige Neugier fiel einigen auf. Referentenkollege Wilke warf ihn bisweilen einfach aus Gesprächen raus, mit denen der Referent nichts zu tun hatte. Guillaume war einfach eine lästige Zecke, die aber irgendwie unentbehrlich war.

Zur Strecke gebracht wurde er schließlich durch Kommissar Zufall. Im Kölner Bundesamt für Verfassungsschutz fiel Anfang 1973 einem Beamten auf, daß in drei ihm vorliegenden Spionagefällen der Name Guillaume auftauchte. Irritiert berichtete er einem Kollegen davon. Und das war just der Mann, der in den fünfziger Jahren drei merkwürdige Funksprüche aus Ostberlin abgefangen hatte: 1956 waren einmal Geburtstagsgrüße an einen gewissen Georg gegangen, ein andermal an »Chr.«. Ein Jahr später hatte die Zentrale an die gleiche Adresse einen Glückwunsch zum »zweiten Mann« übermittelt. Irgend etwas an der Erzählung seines Kollegen hatte den Beamten an diesen ja immerhin schon fast 15 Jahre zurückliegenden Fall erinnert. Die beiden verglichen die Daten. Und tatsächlich: Die Gratulation für »Georg« war an Guillaumes Geburtstag über den Äther gegangen, auch Christel Guillaume hatte sich an ihrem Wiegenfest der freundlichen Wünsche der Ostberliner erfreuen können. Und beim »zweiten Mann« handelte es sich um Söhnchen Pierre, das am 8. April 1957 geboren worden war. Der Kreis hatte sich geschlossen. Und doch sollte es noch über ein Jahr dauern, bis die Handschellen zuschnappten.

Als erster bekam der Präsident des Verfassungsschutzes, Günther Nollau, die Ergebnisse der Tüftler auf den Tisch. Ihm schwante, daß sich hier Unheil zusammenbraute. Noch am selben Tag ließ er sich einen Termin bei Innenminister Hans-Dietrich Genscher geben. Nach Nollaus Bekunden sei Genscher »elektrisiert« gewesen: »Das muß der Kanzler wissen!« Genscher allerdings hat den Vorfall weniger dramatisch in Erinnerung. Er sei von der Tragweite des Berichtes nicht völlig überzeugt gewesen, habe es aber trotzdem für nötig gehalten, Willy Brandt zu informieren. Eher beiläufig nahm er den Kanzler am 29. Mai 1973 nach einem Mittagessen beiseite. Da sei etwas aufgetaucht. Es beziehe sich auf einen Mitarbeiter mit einem französisch klingenden Namen. Es bestehe die Möglichkeit, daß dieser Mitarbeiter für die DDR arbeite. Brandt wiegelte ab: »Ich halte das für ganz unwahrscheinlich.« Man kam überein, den Mann zu observieren; Brandt solle sich nichts anmerken lassen. Der Kanzler spielte mit: Auf fast rührende Weise ordnete er seine Bleistifte in einer nur ihm bekannten Reihenfolge und legte Fädchen auf dem Schreibtisch aus, mit denen er kontrollieren wollte, ob jemand in seinen Sachen gewühlt hatte.

Im Sommer sollte der Kanzlertroß wie schon so oft nach Norwegen in Rut Brandts Heimatort Hamar reisen. Brandts Referent Wilke erbat sich eine Auszeit, er wolle endlich mal wieder mit seiner Familie Urlaub machen. Natürlich war Günter Guillaume bereit, in die Bresche zu springen. Nein, nein, ihm reichten ein paar Tage Urlaub, versicherte er eilfertig. Natürlich, gern würden er und seine Frau mitreisen.

Seine »Sternstunde« nannte der Spion den Aufenthalt später. Seine Hauptaufgabe bestand darin, dem Kanzler die aus Bonn eintreffenden Fernschreiben zu überbringen. Das tat er auch geflissentlich, allerdings mit einer kleinen Zeitverzögerung, die er

»Das muß der Kanzler wissen...« Rut und Willy Brandt 1973 mit Günter Guillaume

Der Guillaume, der war sehr nett, ich hab' mich bloß immer gewundert, warum die nachts immer Schreibmaschine schreiben. Und der hatte so tolle Tonbänder, das fand ich spektakulär.

Matthias Brandt, Sohn

Der war kein Meisterspion, der war ein Würstchen.

Klaus Harpprecht, Berater Brandts

Ich kann gut vergessen, aber wenn ich nicht will, dann nicht.

Brandt

benötigte, um die Kopien der Schreiben im Wäschefach seines Kleiderschranks zu verstauen.

Man kam gut miteinander aus in diesem Urlaub, auch wenn Rut Brandt mit dem spießigen Pärchen nicht richtig warm werden konnte. Sohn Matthias übernachtete gern im Haus Guillaume. Allerdings fiel ihm auf, daß die Gastgeber seltsam nachtaktiv waren. Er erinnert sich noch heute: »Der Guillaume war sehr nett. Ich habe mich bloß immer gefragt, warum die nachts immer Schreibmaschine schreiben.«

Im Morgengrauen des 24. April 1974 schreckte die Türklingel Günter Guillaume und seine Frau zu deren Ärger aus dem Schlaf. Auch Sohn Pierre war wach geworden und lugte im Schlafanzug durch die Tür seines Kinderzimmers. Der Spion öffnete die Wohnungstür. Davor standen ein paar Männer und eine Frau. »Sind Sie Günter Guillaume?« – »Ja, bitte?« fragte er leise. – »Wir haben hier einen Haftbefehl des Generalbundesanwalts.« Guillaume war blaß geworden und ein paar Schritte in den Hausflur zurückgetreten. »Ich bitte Sie, ich bin Bürger der DDR und ihr Offizier. Respektieren Sie das«, sagte er laut. Damit war alles klar. Guillaume hatte gestanden. Vielleicht, um das Gesicht vor seinem Sohn zu wahren. Vielleicht aber auch erleichtert darüber, daß fast zwei Jahrzehnte Lüge ein Ende gefunden hatten.

Als Brandt am Flughafen die Hiobsbotschaft erhielt, ahnte er noch nicht, daß die Festnahme seines Referenten Auftakt seiner Kanzlerdämmerung sein sollte. Das Ganze erschien lediglich als eine, wenn auch peinliche, Schlappe der Sicherheitsorgane. »Es gibt Zeitabschnitte, da möchte man meinen, daß einem nichts erspart bleibt«, sagte er am 26. April im Bundestag – aber diesen Seufzer nahmen die Zuhörer noch fast amüsiert zur Kenntnis. Zunächst einmal liefen die Geschäfte wie gewohnt weiter. Am 1. Mai, der Kanzler war zu einer DGB-Kundgebung nach Hamburg gefahren, wurde ihm Klaus Kinkel, der Mitarbeiter Genschers, gemeldet.

Kinkel habe wichtiges Material, das sich der Kanzler unbedingt ansehen sollte, drängte Genscher. Bei den Papieren handelte es sich um ein mehrseitiges Dossier des Bundeskriminalamts. Brandt überflog es zunächst eher flüchtig. Dann mußte er näher hinschauen. In hochnotpeinlicher Akribie war hier aufgeführt, was die Vernehmung von Brandts Begleitkommandos ergeben hatte. Als Guillaume im Verhör keine brauchbaren Angaben gemacht hatte, hatte man sich zum Zwecke der Feststellung der Aufenthalte des Kanzlerspions an die Herren mit den Sonnenbrillen gewandt. Und die hatten getreulich berichtet, wer ansonsten so beim Kanzler ein und aus gegangen war – schließlich hätte ja ein weiterer Agent darunter sein können. Was Kinkels Dossier unter anderem enthielt, waren die Besucher und vor allem die Besucherinnen im Kanzlerzug – inklusive Verweildauer. Guillaume sei es gewesen, der dem Regierungschef »Damen zugeführt« habe. Eine klebrige Mischung aus Fotos, Namen und Verdächtigungen. Brandt war empört. Diese Menschen, die nicht in der Lage gewesen waren, ihm den Spion vom Hals zu schaffen, hatten ihre Zeit offensichtlich damit vertrödelt, in seinem Privatleben herumzuschnüffeln. Dennoch lautete die Devise: »Weitermachen wie gehabt.« Davon würde er sich nicht aus der Bahn werfen lassen.

Die Routinereise nach Helgoland sollte die letzte sein, die Brandt als Kanzler absolvierte. Als Brandt und sein Troß auf der Insel ankamen, waren die Straßen, abgesehen von der obligaten Begrüßungsabordnung der lokalen SPD, wie leergefegt. Die Helgoländer saßen vor den Fernsehern und schauten ein Fußballänderspiel. Mit dem Spion wäre das nicht passiert, spotteten Brandts Begleiter. *Maître de voyage* Guillaume hatte immer alles perfekt vorbereitet. Erst am Abend besserte sich die Stimmung. Massiver Einsatz von Rotwein lockerte die angespannte Runde auf. Auch der Kanzler schien plötzlich gelöster und hatte Spaß an einem Shanty- und Schunkelabend, bei dem man feuchtfröhlich von »Herrn Pastor sin Kau« sang. »Scheißleben«, murmelte Brandt unvermittelt. Am nächsten Morgen fiel den Begleitern auf, daß seine blaue Hose offenkundig nicht zum grauen Jackett paßte. Haushofmeister Guillaume fehlte eben an allen Ecken und Enden. Auch Leibwächter Ulrich Bauhaus war plötzlich verschwunden – abkommandiert zu einer Vernehmung nach Bonn.

Weiter ging die Reise ins norddeutsche Aurich. Hier lief ebenfalls einiges schief. Während Brandt allein die Besichtigung des Gartens eines Altersheims über sich ergehen lassen mußte, saßen dessen Bewohner vor ihren erkalteten Kaffeetassen und angetrockneten Kuchenstückchen. Als der hohe Gast endlich kam, blieb nach dem Zeitplan nur noch Zeit für eine kurze Begrüßung und einen Höflichkeitsschluck; dann war der Kanzler wieder verschwunden. Die geduldigen Senioren hatten allerdings die Ehre, einen der letzten offiziellen Auftritte des Bundeskanzlers Brandt zu erleben. Nur wußten sie es nicht.

Derweil machte sich Günther Nollau in Bonn mit brisantem Aktenmaterial unter dem Arm auf den Weg zu Herbert Wehner. Nollau fühlte sich seinem Intimus verpflichtet, er verdankte ihm schließlich seinen Posten an der Spitze des Verfassungsschutzes. »Onkel Herbert« traute seinen Ohren nicht, als Nollau die pikanten Details aus den Ermittlungen kundtat: »Herbert Wehner war beeindruckt. Als ich die Konsequenzen nannte, die sich aus dieser fatalen Sache ergeben konnten, stimmte er zu.« Nicht auszudenken, wenn der Osten von diesen Vorkommnissen Wind bekommen würde. »Ich sehe ihn morgen in Münstereifel«, murmelte Wehner sibyllinisch. Was er unternehmen wollte, sagte er nicht.

Munitioniert mit Nollaus Informationen brach der Fraktionschef am nächsten Tag, dem 4. Mai 1974, in Richtung Eifel auf, wo der letzte Akt der »Kanzlerdämmerung« begann. Über die genauen Geschehnisse im SPD-Tagungshaus ist im nachhinein viel gerätselt worden. Brandt selbst schrieb seine Erinnerungen wenige Wochen nach seinem Rücktritt in den sogenannten »*Notizen zum Fall G.*« nieder. Verletzt und enttäuscht, wie er war, sind diese Aufzeichnungen mit ihren Anklagen vielleicht weniger ein Tatsachenbericht als ein beredtes Zeugnis für den Seelenzustand des gestrauchelten Kanzlers.

In Bad Münstereifel kam es am Rande einer DGB-Tagung zu einer Aussprache Brandts mit Herbert Wehner. Dieser konfrontierte den Kanzler mit seinem Wissen über das Dossier des Bundeskriminalamts, die Damenbekanntschaften, ein liegengebliebenes Kollier... Aber nein, Einzelheiten habe er sich nicht gemerkt. Er werde in unverbrüchlicher Treue hinter Brandt stehen, egal wie dieser sich entscheide – aber es werde »hart werden«. Das war kein »Kanzlermord«, aber zumindest Sterbehilfe. Denn Brandt gierte nach Hilfe, nach Unterstützung und Zuspruch. Und genau den verweigerte der langjährige Weggefährte. Nicht weniger, aber auch nicht mehr – wie der zutiefst verletzte Kanzler später mehrfach hat durchblicken lassen. In seinen »*Notizen*« vermerkte er: »Am späten Abend führe ich das Gespräch mit Herbert Wehner nicht fort, sondern spreche statt dessen eingehend und offen mit Holger Börner und Karl

Ravens. Mein Entschluß zum Rücktritt wird in diesem Gespräch deutlich. Börner und Ravens sind bemüht, mich umzustimmen.«

Am folgenden Tag traf Helmut Schmidt in Bad Münstereifel ein und stellte erschreckt fest, daß die Würfel bereits gefallen waren. Wehner und Brandt hatten sich offenbar darauf geeinigt, daß Schmidt Brandts Stelle einnehmen solle. Er redete auf den Kanzler ein, schrie ihn an, wegen solch läppischer Frauengeschichten trete man ja wohl nicht zurück. Kanzler wollte er werden, sicherlich, jedoch nicht unter derart anrüchigen Bedingungen. Aber Brandts Entschluß stand fest. Zurück in Bonn, verfaßte er handschriftlich eine Rücktrittserklärung: »Sehr geehrter Herr Bundespräsident! Ich übernehme die politische Verantwortung für die Fahrlässigkeiten im Zusammenhang mit der Agentenaffäre Guillaume und erkläre meinen Rücktritt vom Amt des Bundeskanzlers.«

Am Montag abend sammelten sich Brandts Mannen zum letzten Mal im Bundeskanzleramt um ihren Chef. Bei einigen Gläsern Moselwein fiel auf, daß Brandt trotz aller Anspannung einen irgendwie heiteren Eindruck machte. Nach einer knappen Stunde brach er auf und fuhr heim auf den Venusberg. Etwas verspätet erschien er am nächsten Morgen vor der SPD-Fraktion. Noch war er Bundeskanzler, denn seine Entlassungsurkunde würde er erst mittags in Empfang nehmen. In den anhaltenden Beifall der Genossen schmetterte Wehner ein kerniges: »Wir begrüßen den Vorsitzenden der Sozialdemokratischen Partei Deutschlands und stehen hinter ihm!«

Ohne sich anzuschauen nahmen Brandt und Wehner Platz, zwischen sich wie eine blutrote Mauer das obligate Bouquet aus langstieligen Rosen, adrett in Cellophan verpackt. Wehner fuhr fort: »Wir fühlen Schmerz über das Ereignis, Respekt vor der Entscheidung und Liebe zur Persönlichkeit und zur Politik Brandts miteinander.« Bei den letzten Worten verlor Egon Bahr die Fassung. Er hob die Hände vor das Gesicht und weinte wie ein Kind.

Am selben Tag gab Brandt in der »Tagesschau« eine öffentliche Erklärung ab: »Am Abend des 6. Mai habe ich dem Bundespräsidenten meinen Rücktritt erklärt und damit die Verantwortung für Fahrlässigkeiten im Zusammenhang mit der Agentenaffäre übernommen. Diese Entscheidung konnte mir niemand abnehmen. Es gab Anhaltspunkte, daß mein Privatle-

*»Spätes Glück...«
Willy Brandt mit Brigitte Seebacher-Brandt 1984*

Mein Lebensweg wich in der Tat von dem der meisten meiner Landsleute ab. Das war nicht deren Schuld, doch auch nicht meine Schande.

Brandt

Wenn man ihn vor die Kamera gesetzt hat, sah er aus wie neugeboren, auch wenn er aus diesen oder jenen Gründen in der Nacht nicht zum Schlafen gekommen war.

Klaus Harpprecht, Berater Brandts

»Ein deutscher Patriot...«
Willy Brandt und Helmut Kohl 1984

Er war machtbewußt, aber kein Machtmensch.

Peter Brandt, Sohn

Jemand, der schließlich das Bundeskanzleramt erobert, muß ein ausgeprägtes Gefühl für die Macht haben. Das hat man in der eher romantisch-idealistischen Anhängerschaft von Willy Brandt gelegentlich unterschätzt.

Klaus Harpprecht, Berater Brandts

ben in Spekulationen über den Spionagefall gezerrt werden sollte. Was immer noch darüber geschrieben werden mag: Es ist und bleibt grotesk, einen deutschen Bundeskanzler für erpreßbar zu halten. Ich bin es jedenfalls nicht.« Danach kehrte er nach Hause zurück. Die Probleme, die jetzt einer Klärung bedurften, waren privater Natur.

Mit dem Rücktritt Willy Brandts vom Kanzleramt hatte eine Ära ihr banales Ende gefunden. Willy Brandt traf nur noch ein einziges Mal auf Günter Guillaume. Bei dessen Prozeß im Herbst 1975 vor dem Düsseldorfer Oberlandesgericht würdigte er ihn keines Blickes. Den Namen seines ehemaligen Referenten hatte er aus seinem Vokabular gestrichen. Ließ es sich nicht vermeiden, ihn zu erwähnen, sprach er von »G.«. Eine Aneinanderreihung von Sicherheitspannen und Versäumnissen hatte den Spion bis ganz nach oben gespült und – was noch schlimmer war – dort belassen. Auch nach der Enttarnung Guillaumes hatte sich jeder auf den jeweils anderen verlassen, niemand das Notwendige eingeleitet. Der parlamentarische Untersuchungsausschuß kam zu dem lapidaren Urteil eines »negativen Kompetenzkonfliktes«. Über den nachrichtendienstlichen Wert dessen, was Guillaume letztlich nach Ostberlin gefunkt hatte, hat man sich nicht wirklich einigen können. Wirklich Welterschütterndes ist wohl nicht darunter gewesen. Daß Willy Brandt ausgerechnet über ein Bein stolperte, das ihm ein Staat gestellt hatte, mit dem er »ein Volk von guten Nachbarn« hatte bilden wollen, war eine Ironie der Geschichte.

Die Ursache für Brandts Demission aber im »Fall Guillaume« allein zu suchen, würde den Tatsachen nicht gerecht. Er selbst ist in den folgenden Jahren wieder und wieder nach den Gründen für seinen Schritt gefragt worden und danach, ob nicht doch alles ganz anders hätte kommen können. Er hat darauf nie präzise geantwortet, gab allerdings zu, daß er in einer anderen psychischen und physischen Verfassung wohl auch anders gehandelt hätte. Brandt war erschöpft und müde, einfach zu schwach für das, was ihm jetzt bevorgestanden hätte.

Einen deutlichen Vorgeschmack darauf hatte er bereits in den Tagen vor dem Rücktritt bekommen. Das bis heute noch bestehende ungeschriebene Bonner Pressegesetz, über eventuelle moralische Verfehlungen des Regierungschefs Stillschweigen zu bewahren, war mit einem Mal – zum einzigen Mal in der Geschichte der Bonner Republik – außer Kraft gesetzt. Schon am 4. Mai hatte die Boulevardpresse getitelt: »Machte der Spion auch Porno-Fotos?« Der Salonwagen sei zum Séparée für nächtliches Amüsement umfunktioniert worden. Bei Journalisten sei der Kanzler nicht nur an verbalen Ehrbezeugungen interessiert gewesen. Auch »Damen« von weniger respektablem Ruf hätten sich als gerngesehene Gäste in des Kanzlers Kabine getummelt. Und im Nachbarabteil wartete der dickliche Spion, der sich der »überzähligen« Verehrerinnen annahm... Die Zeitungsberichte überschlugen sich.

Brandt war ein gebranntes Kind. Noch präsent waren die Schmutzkampagnen, die er und seine Familie in den sechziger Jahren über sich ergehen lassen mußten. Damals hatte er sich auf sein ruhiges Gewissen verlassen können, aber jetzt gab es wohl tatsächlich einige Flecken auf der weißen Weste. Eine Schlammschlacht, wie sie ihm jetzt bevorstand, hätte er kaum mehr verkraften können. »Ich hatte Angst, der tut sich was an«, berichtet sein Freund Egon Bahr.

Aber was war denn wirklich dran an den skandalösen Geschichten aus dem Kanzlerzug? »Daß der Mann kein Kind von Traurigkeit war, wußten wir. Das war seine Sache. Aber er hat sich dadurch nicht in seinen Pflichten beeinflussen lassen«, resümiert Egon Bahr. Brandts Berater Klaus Harpprecht ist der Meinung: »Daß Brandt ein dem Leben Zugewandter war und auf Frauen einen liebenswürdigen Eindruck machen konnte, daß er auch diesen oder jenen Flirt hatte, wurde in einer Weise hochgegeigt – da spiegelten sich zum einen die Komplexe der Spießer, zum anderen der Graumäuse, die die Regierungsbänke bis heute bevölkern und den Bundestag beherrschen. Bonn ist eine Zuchtanstalt für seelische Impotenz!«

Brandt selbst hat sich, verständlicherweise, zu dieser Frage nie auf Details eingelassen. Ein Säulenheiliger sei er nie gewesen. Auch habe er nie behauptet, frei von menschlichen Schwächen zu sein, aber es sei ihm doch wohl erheblich mehr zugetraut worden, als zu seinem damaligen Leben gehört habe, urteilte er Jahre später.

Die Gründe für Brandts Ausscheiden aus dem Kanzleramt sind aber auch im politischen Bereich zu suchen. Er war ein Mann der Visionen gewesen, der großen Entwürfe, mit denen er 1969 eine Welle der Begeisterung ausgelöst hatte. Getragen von diesen Sympathien, hatte er in der Wahl von 1972 den Zenit überschritten. Was jetzt kam, war ein Berg von hauptsächlich wirtschaftspolitischen Problemen. Für deren Lösung galt in der Öffentlichkeit ein anderer als der geeignete Mann: Helmut Schmidt, der Brandts Nachfolge im Kanzleramt antrat.

Das wenig rühmliche Ende der Kanzlerschaft Willy Brandts vermochte den Respekt, den er vor der Geschichte gefunden hat, nicht zu mindern. Angetreten war seine Regierung mit großem Mut und großen Erwartungen. Zu großen Erwartungen vielleicht, betrachtet man die innenpolitischen Reformen, die letztlich verwirklicht wurden. In Bereichen wie dem Strafrecht, dem Ehe- und Familienrecht oder dem Umweltschutzgedanken brachte die erste sozial-liberale Koalition einiges an Reformen auf den Weg. Die meisten Pläne aber fußten auf der Erwartung einer Endloskonjunktur und wurden demgemäß von der Realität eingeholt. Für viele Konzepte war bereits an dem Tag, an dem sie auf dem Kabinettstisch lagen, kein Geld mehr vorhanden.

Das historische Verdienst der Kanzlerschaft Willy Brandts ist unzweifelhaft in der Entspannungs- und Versöhnungspolitik mit dem Osten zu sehen. Für die Bundesrepublik hatte er den Spielraum der Adenauerschen Westintegration um die sich aus der Öffnung nach Osten ergebenden Chancen erweitert. Er hatte, durch seine Politik und durch seine Person, das Tor nach Osten aufgestoßen und den Weg geebnet für eine politische und gleichzeitig wirtschaftliche Zusammenarbeit. Im europäischen Kontext löste sich damit auch der »deutsche Sonderkonflikt« mit dem Osten, der gesamteuropäische Vereinbarungen bislang verhindert hatte. Dieser Kurs würde auch für die kommende Regierung unter Helmut Schmidt und Hans-Dietrich Genscher maßgebend bleiben.

Die Bemühungen Willy Brandts um das deutsch-deutsche Verhältnis und den Frieden in Europa fanden am Ende seines Lebens ihren Höhepunkt und Abschluß. Seine Ehefrau Brigitte Seebacher-Brandt kann sich an die Morgenstunden des 10. November 1989 noch in allen Einzelheiten erinnern. Am Abend zuvor hatte der Bundestag seine Sitzung für eine sensationelle Nachricht unterbrochen: Die DDR hob das Reiseverbot auf. Die Mauer, die das Land 28 Jahre geteilt hatte, würde sich öffnen. Um vier Uhr morgens schrillte bei den Brandts das Telefon.

*»Ein zutiefst einsamer Mann...«
Willy Brandt
1991*

Ich habe meine Fehler gemacht. Ich habe auch nicht immer alles bedacht, was hätte bedacht werden sollen. Das tut mir leid. Und das ist es dann auch.

Brandt

Was immer über Willy Brandt geschrieben wird, ich kann nur sagen: ... und mir war er mehr.

Rudolf Augstein, Journalist

Er hatte keinen Anlaß, keine Schuld. Das Versagen lag beim Innenminister. Das war Genscher. Das Versagen lag bei Nollau. Das Versagen lag bei Herbert Wehner. Und wenn man resümiert, kann man sagen, die drei haben ihn gestürzt.

Günter Grass, Schriftsteller

Brigitte Seebacher-Brandt hob schlaftrunken ab. Am anderen Ende der Leitung meldete sich ein Journalist. Willy Brandt sei doch der Regierende Bürgermeister von Berlin gewesen, was er denn dazu sage, daß die Menschen die Absperrungen durchbrochen und die Mauer gestürmt hätten. Frau Brandt war plötzlich hellwach und holte eiligst ihren Mann ans Telefon. Der gab bereitwillig Auskunft, ganz ruhig und beherrscht. Wenige Stunden später war er auf dem Weg nach Berlin. Noch im Flugzeug notierte er sich einen Satz, handschriftlich auf einem Zettel, wie es seine Art war: »Jetzt wächst zusammen, was zusammengehört.«

DER LOTSE
Helmut Schmidt

Ich glaube heute, daß für die Politiker in Deutschland auf Generationen der Zukunft hinaus die wichtigste Pflicht ist, den Grundsatz der Würde der einzelnen Person zur obersten Richtschnur zu machen

Wer den Kompromiß nicht will, taugt nicht für die Demokratie

Intelligent bin ich selber. Ich brauche einen Beamten, der mich kontrolliert

Unser Gewerbe ist doch wie das der Schauspieler.
Ohne Zustimmung von draußen gehen wir ein

Die ganze politische Klasse ist heute schlechter als in den fünfziger Jahren und sechziger Jahren. Die Siebziger lasse ich weg, weil das meine Zeit war, die sollen andere beurteilen

Nun laßt einen alten Mann nach Hause gehen

Schmidt

Wie oft bin ich ihm auf den Füßen herumgetrampelt, absichtlich und unabsichtlich, und wie sehr hat er mir doch immer wieder seine Loyalität gezeigt.

Hans Apel (SPD), damals Verteidigungsminister

Für viele wie auch für mich hat Schmidt sich nicht zum Staatsmann profiliert. Er war es. Und er ist es.

Rainer Barzel, ehemaliger CDU/CSU-Fraktionsvorsitzender

Wenn Konrad Adenauer sich so verhalten hätte wie heute Helmut Schmidt, dann wären wir wahrscheinlich schon im sowjetischen Imperium.

Alfred Dregger, CDU-Politiker

Von seinem fulminanten Kampf in der Rolle »Schmidt-Schnauze« gegen die Militärpolitik des jungen Strauß bis zum Verständnis für die brutalen Kriegserfahrungen des alten Breschnew zieht sich dasselbe Pathos der Nüchternheit. Schmidts Lebensmelodie war der Haß auf das, was seine Generation 1945 den »Scheißkrieg« nannte.

Peter Glotz, SPD-Politiker

Helmut Schmidt spricht weiter von Pflichtgefühl, Berechenbarkeit, Machbarkeit, Standhaftigkeit. Das sind Sekundärtugenden. Ganz präzis gesagt: Damit kann man auch ein KZ betreiben.

Oskar Lafontaine, SPD-Politiker

Mich interessierten die Inhalte seiner Politik weniger, mich faszinierte die Person. Hier mischte sich Kompetenz mit sorgfältig eingesetzter Aggressivität. Hier wurde Professionalität ebenso sichtbar wie Überlegenheit.

Gerhard Schröder, CDU-Politiker

Helmut Schmidt widerstand der Versuchung, den Menschen zu sagen, was sie hören wollten; er gab ihnen mehr als Versprechungen, er sagte ihnen die Wahrheit.

Peter Schulz, damals Hamburger Bürgermeister

Schmidt hat kurz nach der Geburt die irdische Vollkommenheit erreicht, von da an nichts mehr dazuzulernen brauchen und hält deshalb alle anderen Menschen für Idioten...

Franz Josef Strauß, ehemaliger CSU-Vorsitzender

Wir wohnen alle in einem gesamteuropäischen Hause und werden stets nach Ihrer Hand suchen, da Sie nach wie vor in ganz Europa große Autorität haben.

Andrej Gromyko, damals sowjetischer Außenminister

Den, der Helmut Schmidt kennt und schätzt, bewegen mehr als alles andere seine menschlichen Qualitäten: die Stärke seines Charakters, seine Loyalität, seine herzliche menschliche Wärme. Es gibt keinen anderen Politiker, dem ich auf der menschlichen Ebene mehr vertraue oder dessen Urteile ich einleuchtender finde.

Henry Kissinger, damals amerikanischer Außenminister

Auf die Gefahr hin, mich wichtig zu machen, muß ich bekennen, daß er am Abend des 17. Dezember 1968, nach einer NDR-Fernsehdiskussion vor fünf Biertrinkern, darauf bestanden hat, binnen dreier Jahre werde er entweder Kanzler oder in der Industrie sein.

Rudolf Augstein, Journalist

Helmut Schmidt hat fast alle Gaben, die den perfekten Regierungschef ausmachen, und dazu auch noch Fortune. Man müßte die Rache der Göttin Nemesis fürchten, wenn er selber nicht den Zweifel als Korrektiv in der eigenen Brust trüge, auch wenn die, die in ihm nur den Macher sehen, dies nicht wahrnehmen. Im tiefsten Innern nagt der Zweifel, steckt ein Melancholiker, der in dem Unbekannten, was heraufzieht, die dunklen Katastrophen viel deutlicher spürt als die lichten, hoffnungsvollen Momente der Geschichte.

Marion Gräfin Dönhoff, Journalistin

Schmidt mag sich wohl gefühlt haben als Offizier im Krieg, und jene Hamburger Winternacht, als der kommandierende Innensenator die Sturmflut bändigen half, war vermutlich die glücklichste Nacht, die er je durchlebte.

Golo Mann, Historiker

Helmut Schmidts persönliche Tragik ist, daß im Rückblick auf die vergangenen bald fünfzig Jahre dieser Nachkriegsrepublik von seiner Kanzlerschaft nicht jene Wegmarken herausragen, die für Kapitelüberschriften in Geschichtsbüchern taugen.

Peter Philipps, Journalist

»Schmidt hier! Ich höre!« Die improvisierte Telefonverbindung über die Frequenz der Flugsicherung war schlecht, am anderen Ende der Leitung war ein undeutliches »Hallo?« zu vernehmen. »Sprich langsam und laut, bitte!« mahnte der Kanzler. »Das Flugzeug ist geknackt!« Helmut Schmidt wollte seinen Ohren nicht trauen: »Nicht verstanden«, hakte er nach. Doch die Bestätigung von Hans-Jürgen Wischnewski brachte die Erlösung: »Die Arbeit ist erledigt. Drei tote Terroristen. Ein GSG-9-Mann verwundet. Sonst keine weiteren Erkenntnisse.« Der Kanzler wiederholte mit halblauter Stimme die erlösenden Worte aus Mogadischu, als wollte er sich selbst vergegenwärtigen, daß es vorbei war. Er war allein in der Nachrichtenzentrale des Bundeskanzleramts. Die Entführung der »Landshut« durch arabische Terroristen war nur wenige Minuten zuvor, um 0.12 Uhr, auf dem Flughafen der somalischen Hauptstadt Mogadischu gewaltsam beendet worden. Die 191 Geiseln hatten eine Handgranatenexplosion und das Feuergefecht zwischen den Entführern und dem GSG-9-Kommandotrupp überlebt. Helmut Schmidt hatte eine Siegesmeldung zu verkünden – zuerst den Mitgliedern des großen Krisenstabs im Kanzleramt. Im Augenblick des erlösenden Triumphs konnte der sonst so beherrschte Politiker die Tränen nicht unterdrücken. Zwei Minister faßten Helmut Schmidt unter den Armen, um ihn zu stützen. In der Runde herrschte Euphorie. Regierungssprecher Klaus Bölling konnte die Erfolgsmeldung kaum glauben: »Mann, ist denn das möglich!« Oppositionschef Helmut Kohl gratulierte dem Kanzler. Doch der erschöpfte Mann, das Gesicht eingefallen, das Haar strähnig, schien noch immer wie betäubt.

Kurz bevor er sich an diesem Abend zurückzog, blitzte auf, was ihn in der gesamten Krise ausgezeichnet hatte: Entschlossenheit, Durchhaltevermögen und die Fähigkeit zur kühlen Analyse. »Das wird Normen setzen«, waren die Worte, mit denen er die siegestrunkene Runde im Kanzleramt verließ. Er sollte recht behalten. Seit Mogadischu konnten Terroristen nicht mehr damit rechnen, daß Regierungen sich erpressen lassen würden. Die mutige Entscheidung zur Erstürmung der Lufthansa-Maschine »Landshut« hatte die Entschlossenheit demokratischer Staaten unter Beweis gestellt.

Gefällt wurde die Entscheidung im großen Krisenstab des Bonner Kanzleramts. Ganz bewußt hatte Schmidt von Beginn an die Opposition mit eingebunden. Helmut Kohl, ansonsten vom Kanzler oft mit demonstrativer Geringschätzung bedacht, wurde hofiert, seine Meinung war gefragt – statt Parteienzwist war in diesen Stunden die Einigkeit der Demokraten gegenüber Extremisten erforderlich. Wochenlange Krisensitzungen hatten diese Einigkeit geschmiedet. Doch wer das Kommando führte, war eindeutig. Helmut Schmidt hielt seine Umgebung auf Trab, stellte präzise Fragen, gab Anweisungen, ließ sich zuarbeiten. Der Kanzler wollte alle Fakten auf dem Tisch haben – er mußte die Entscheidungen treffen, er trug die letzte Verantwortung. »Ich war bereit, zurückzutreten, wenn es schiefgegangen wäre«, bekannte er später.

Er mußte nicht zurücktreten, denn die Entführung der Lufthansa-Maschine hatte ein glimpfliches Ende genommen. Doch der »heiße Herbst« des Jahres 1977 war noch nicht vorüber. Von der Befreiung der Geiseln erfuhr die Nation noch in der Nacht aus dem Fernsehen. Regierungssprecher Bölling verkündete den Erfolg. Aber er mußte in den Morgenstunden des 18. Oktober auch diesen Satz sagen: »Wir denken heute nacht an Hanns-Martin Schleyer und an seine Familie. In unseren Anstrengungen, sein Leben zu retten, werden wir nicht nachlassen.«

Der deutsche Arbeitgeberpräsident Hanns-Martin Schleyer war bereits am 5. September in Köln von der Rote Armee Fraktion (RAF) entführt worden und noch immer in Geiselhaft. Die Entführer hatten der Bundesregierung ein Ultimatum gestellt: Sie forderten die Freilassung der inhaftierten Terroristen Andreas Baader, Gudrun Ensslin und acht weiterer Komplizen. Sie sollten jeweils 100 000 Mark bekommen und in ein Land ihrer Wahl ausgeflogen werden. Sonst werde Schleyer sofort erschossen. Während in Bonn Krisenstäbe tagten, fahndete die Polizei im Großraum Köln fieberhaft – und dilettantisch – nach der Wohnung, in welcher der Entführte versteckt gehalten wurde. Die Beamten kamen der konspirativen Wohnung nahe, doch sie fanden Schleyer nicht.

Währenddessen machte die Familie des Entführten Druck.

»Tauscht ihn aus!« forderte die Schlagzeile der *Bild*-Zeitung, darunter eine Erklärung von Schleyers Ehefrau: »Sämtliche Bemühungen um seine Befreiung sind bisher erfolglos geblieben. Jetzt verlangt meiner Überzeugung nach das Schicksal der unmittelbar Betroffenen und die Selbstachtung unseres Staates eine klare Entscheidung der Verantwortlichen zu den gestellten Forderungen.«

Der höchste Verantwortungsträger jedoch hatte seine eigene Auffassung von der Selbstachtung des Staates. Im März 1975 hatte Helmut Schmidt nach der Entführung des Berliner CDU-Politikers Peter Lorenz eingelenkt und Terroristen freigelassen. Im Herbst 1977 sah er die Lage anders: »Wir wußten, daß es einfach nichts einbringt, wenn man diese Verbrecher freiläßt. Wir wußten, daß sie wiederkommen und wieder Menschen töten würden«, begründete Schmidt seine unnachgiebige Haltung. Er setzte darauf, Schleyer zu finden und zu befreien. Wenn aber das nicht gelang, mußte der Staat notfalls bereit sein, ihn zu opfern. Helmut Schmidt trug schwer an diesem Dilemma – doch anmerken ließ er es sich nicht. Trotz Dauerstreß war er in seinem Element. Die Nation blickte auf ihn, die öffentliche Meinung stand auf seiner Seite, er war Krisenmanager. Sogar die Opposition unterstützte ihn. In der schwersten Krise des Staates agierte der Kanzler unter politisch idealen Voraussetzungen und gewann das größte Ansehen – eine Ironie der Zeitgeschichte.

Der Regierungschef spielte im Fall Schleyer auf Zeit – die Fahndung, so hoffte er, könnte ja jeden Tag zum Erfolg führen. Die einsitzenden Häftlinge ließ er in umständlicher Prozedur einzeln befragen, in welches Land sie ausgeflogen werden wollten. Sie nannten Libyen, Nordkorea, Uganda, den Südjemen. Nach der Schmidtschen Taktik wurden nun Konsultationen mit den genannten Ländern vorgeschoben, um wertvolle Zeit zu gewinnen. Doch auch dieses Manöver brachte nichts. Das Versteck der Terroristen blieb unauffindbar.

Die »Landshut«-Entführung am 13. Oktober machte die Hinhaltetaktik noch gefährlicher: Die arabischen Geiselnehmer erhöhten den Druck auf den Kanzler und forderten die Freilassung der in Deutschland einsitzenden RAF-Häftlinge, dazu sollten zwei in der Türkei verurteilte Palästinenser freikommen. Außerdem verlangten die Entführer 15 Millionen Dollar, zu übergeben von Eberhard Schleyer, dem Sohn des gekidnappten Arbeitgeberpräsidenten. »Das Leben der Passagiere und der

»Intelligent bin ich selber...« Bundeskanzler Helmut Schmidt am Brahmsee, August 1974

Das, was man verspricht, muß man auch halten, und deswegen habe ich in meinem ganzen politischen Leben immer versucht, nur soviel zu versprechen, wie ich weiß, daß man es auch halten kann.

Schmidt

Oberkanzler, Weltkanzler, Abkanzler, Lehrer aller Völker, der weise Hirte aller Schafe, aller Nationen, praeceptor mundi, doctor europae, magister germaniae...

Franz Josef Strauß, ehemaliger CSU-Vorsitzender

Besatzung und das Leben von Dr. Hanns-Martin Schleyer hängen davon ab, daß Sie die Forderungen erfüllen...«, hieß es im Ultimatum des arabischen Kommandos. Als die Lufthansa-Maschine in der Nacht vom 17. auf den 18. Oktober gestürmt wurde, war Schleyer noch immer in Geiselhaft. Der GSG-9-Erfolg von Mogadischu konnte für den Entführten das Todesurteil bedeuten – das ahnte auch Helmut Schmidt.

Die Ahnung wurde zur verstörenden Gewißheit, als der Kanzler erfuhr, daß sich noch in der Nacht der »Landshut«-Befreiung die Häftlinge Andreas Baader, Gudrun Ensslin und Jan-Carl Raspe im Gefängnis Stuttgart-Stammheim das Leben genommen hatten. Ihre Komplizin Irmgard Möller wurde schwerverletzt aufgefunden und vor dem Tode bewahrt. Der kollektive Selbstmord, von Linksextremisten wenig glaubwürdig als »Mord« des Staates an seinen Häftlingen verunglimpft, war von den RAF-Gefangenen politisch genau kalkuliert worden: Der Staat hatte gezeigt, daß er nicht erpreßbar war – nun sollte ihr »Märtyrertod« den Kampf der RAF gegen die Bundesrepublik Deutschland weiter radikalisieren.

Ebendas trat ein. Das erste Opfer war Hanns-Martin Schleyer. Am Morgen des 19. Oktober ging bei der Deutschen Presse-Agentur ein Anruf ein. Eine weibliche Stimme erklärte: »Wir haben nach 43 Tagen Hanns-Martin Schleyers klägliche und korrupte Existenz beendet. Herr Schmidt, der in seinem Machtkalkül von Anfang an mit Schleyers Tod spekulierte, kann ihn in der Rue Charles Peguy in Mülhausen in einem grünen Audi 100 mit Homburger Kennzeichen abholen.« Tatsächlich fand die Polizei dort die Leiche – zusammengekrümmt im Kofferraum des Wagens, getötet durch drei Kopfschüsse.

Die Lufthansa-Passagiere waren auf spektakuläre Weise gerettet worden, der Staat hatte sich nicht erpressen lassen, für die Unangreifbarkeit des »inneren Friedens« hatte man die einsame Geisel Hanns-Martin Schleyer geopfert – das war Schmidts Bilanz des heißen Herbstes 1977. Er hatte eine Situation durchlebt, die nach eigenem Bekunden im »antiken Sinne tragisch war«: Schuld und Versäumnis auf sich zu laden wurde unausweichlich. Später gestand Schmidt, daß er diese Verstrickung nur ertragen habe, weil er »sich Gott anheimgegeben« fühlte.

Doch das bewegte die Öffentlichkeit wenig. Sie fühlte sich einig in ihrem Urteil über den Kanzler – seine Sympathiewerte waren hoch wie nie. Eine New Yorker Zeitung schrieb: »Die westdeutsche Regierung hat Lob und Bewunderung der zivilisierten Welt verdient.« Doch dem Regierungschef stand bei der Beerdigung von Hanns-Martin Schleyer am 25. Oktober die schwierige Begegnung mit der Witwe des Opfers bevor. Waltrude Schleyer äußerte Jahre später in einem Fernsehinterview, wie Schmidt in jenen Momenten auf sie gewirkt habe: »Er empfand es wirklich als einen der größten Unglücksfälle seines Lebens. Und das sage ich heute noch: Der Mann war echt ergriffen... Für ihn war das schrecklich.«

Diese persönlichen Empfindungen blieben dem Publikum weitgehend verborgen. Der heiße Herbst des Jahres 1977 verfestigte das Bild des kühlen Krisenmanagers, der die Truppen hinter sich schart und zum Wohle des Ganzen auch unangenehme Entscheidungen fällt. Wenn das Bild nicht schon in den Köpfen verankert war, so wurde es in den dramatischen Tagen des Herbstes 1977 zum Klischee, das viele Urteile über seine Kanzlerschaft entscheidend prägte. Der heiße Herbst war die härteste Bewährungsprobe für den Politiker Helmut Schmidt – in jenen Tagen ging es um Menschenleben, nicht um Wählerstimmen oder Macht.

Bewährungsproben anderer Art hatte es im Politikerleben des Helmut Schmidt genügend gegeben. Krisen brachten ihn an die Macht, sie hielten ihn an der Macht. Er stellte sich ihnen, managte sie, bewährte sich. Viele sahen ihn bereits als Staatsmann, der in gewisser Weise über den Parteien stehe: »Der beste CDU-Kanzler, den die SPD je hatte«, scherzten respektvoll auch politische Gegner. Die Person Helmut Schmidt war in den Augen zahlreicher Wähler das stärkste Argument für ein Weiterregieren der SPD/FDP-Koalition, die politisch keine großen Ambitionen mehr besaß. Diese Koalition beschaffte die Mehrheiten für den »Lotsen«, der das Staatsschiff sicher durch alle Untiefen lenken sollte. Der Mann, der auch bei öffentlichen Anlässen eine Helgoländer Lotsenmütze trug, freundete sich mit diesem Image an und pflegte es.

An die Macht gebracht hatte ihn 1974 die Krise der Kanzlerschaft Willy Brandts. Die Kritik an dessen Regierungsstil hatte längst auch die eigene Partei erfaßt. SPD-Fraktionschef Herbert Wehner warf den ersten Stein. Er hatte Brandt menschlich nie besonders nahegestanden, war ihm gegenüber aber stets loyal geblieben, solange dessen Politik das Ansehen der Partei stärkte.

Nun aber empfand Wehner den strauchelnden Kanzler als Belastung für die SPD: Brandt führe nicht mehr, er lasse die Dinge treiben, monierte Wehner: »Der Herr badet gerne lau!«

Freilich hatte sich auch die Stimmung im Land allmählich verändert. Nach Jahren der Aufbruchseuphorie waren die Bürger reformmüde geworden. Statt Veränderungen wollten sie nun Stabilität – in der Katerstimmung nach der ersten Ölkrise suchten die Wähler nach einem Krisenmanager. Das war Willy Brandt gewiß nicht. Hinzu kam, daß die SPD-Linke sich nicht mit der neuen Stimmung im Lande abfinden wollte und an den Reformplänen festhielt. Die Gemütslage der Wähler traf sie damit nicht mehr. Die Umfrageergebnisse für die SPD im Frühjahr 1974 waren katastrophal.

Das schwache Bild, das die Partei Anfang 1974 in der Öffentlichkeit vermittelte, war für den SPD-Fraktionschef Wehner Grund genug, Brandts Kanzlerschaft in Frage zu stellen. Seine Kritik fand Zustimmung – auch der stellvertretende Parteivorsitzende und Finanzminister Helmut Schmidt erhob die Stimme. Als Sozialdemokrat sehe er mit Sorge, daß sich die Wähler von seiner Partei abwandten. Und so forderte er, daß die SPD der reformmüden Stimmung Rechnung tragen müsse. Am 6. März 1974 schlug er in einem Fernsehinterview eine Regierungsumbildung vor – und mehr: »...eine Regierungsumbildung allein könnte möglicherweise bloß ein Trick sein. Es muß schon ein bißchen tiefer gehen, als ein paar Personen auszuwechseln.«

Wenn dies ein Ruf nach der Ablösung des Regierungschefs war, dann verhallte er ohne Konsequenzen. Schmidts Vorstoß führte zu einer Solidarisierung der Partei mit Brandt – Kritik wurde akzeptiert, doch zum Sturz des Kanzlers war niemand bereit. Erst das Bekanntwerden der Guillaume-Affäre sollte Brandt zum Rücktritt bewegen. Der Kanzler übernahm nun die Verantwortung für den Skandal, daß seine Untergebenen einen DDR-Spion wie Guillaume so nahe an ihn herangelassen hatten. Doch er rang mit sich selbst – sollte er deshalb wirklich sein Amt zur Verfügung stellen? Anfang Mai 1974 rieten ihm noch hochrangige Parteifreunde ab – darunter auch Helmut Schmidt, der wütend gegen Brandts Rücktrittspläne protestierte. »Ich habe Willy Brandt nie wieder so angebrüllt wie damals, als er mich rief, um mir zu sagen, daß er zurücktrete und ich sein Nachfolger werden solle«, erinnert sich Schmidt. »Ich hatte Angst vor dem Amt, genauer gesagt vor der Verantwortung.« Doch tat-

»Ein Kind unpolitischer Eltern...« Gymnasiast Helmut Schmidt, 1932

Meine Einstellung zu den Nazis war früh geprägt durch die Tatsache, daß meine Mutter mir 1934 eröffnete, daß mein Vater im Sinne der Nazis ein Halbjude war und ich somit ein Vierteljude – von heute aus gesehen ein Glücksfall. Weil dies automatisch natürlich sicherstellte, daß ich kein Nazi werden konnte.

Schmidt

Er war immer sehr seriös, auffallend intelligent, sehr redegewandt, an allem ungeheuer interessiert, immer adrett angezogen.

Helmut Hein, Schmidts ehemaliger Physik- und Chemielehrer

sächlich war er nun dabei, sich seinen Lebenstraum zu erfüllen. Brandt gab auf und notierte unter dem 6. Mai 1974 in seinem Tagebuch: »Ich gebe Helmut Schmidt den freundschaftlichen Rat, sich nicht so zu äußern, als ob er einen Scheißladen von mir übernommen hat.«

Der Wechsel an der Regierungsspitze am 16. Mai 1974 reflektierte die »Tendenzwende« in der Stimmungslage der Bundesrepublik. Es wurden nicht nur Personen ausgetauscht: »Brandt verkörperte mehr als alle anderen Politiker die sozial-liberale Koalition. Mit seinem Rücktritt, dem gleichzeitigen Wechsel der ebenfalls symbolträchtigen Koalitionsfigur Walter Scheel ins Amt des Bundespräsidenten... schwand ein beträchtlicher Teil der menschlichen, geistigen und emotionalen Substanz dieser Koalition. Aus dem Bund Brandt/Scheel wurde das nüchterne Geschäftsverhältnis Schmidt/Genscher«, urteilte später der Politikwissenschaftler Wolfgang Jäger.

»Kontinuität und Konzentration« war der Titel der Regierungserklärung, die Helmut Schmidt am 17. Mai 1974 im Bundestag abgab. »In einer Zeit weltweit wachsender Probleme konzentrieren wir uns in Realismus und Nüchternheit auf das Wesentliche, auf das, was jetzt notwendig ist, und lassen anderes beiseite.« Auch in der Praxis zeigte sich, daß die Betonung tatsächlich eher auf Konzentration denn auf Kontinuität lag. In sein Kabinett holte Schmidt Sozialdemokraten, die sich auf das Machbare und Finanzierbare konzentrieren und so die Mitte des Wählerspektrums für die SPD zurückgewinnen wollten. Hans Apel wurde Finanzminister, Georg Leber Verteidigungsminister, Walter Arendt übernahm das Ressort Arbeit und Sozialordnung, Hans-Jochen Vogel das Justizministerium. Der neue Kanzler stärkte aber auch den gewerkschaftlichen Flügel seiner Regierung durch Gewerkschaftsfunktionäre wie Kurt Gscheidle (Postminister) und Hans Matthöfer (Forschung und Technologie). Schmidt wollte Politik für die Masse seiner Wähler machen, nicht Visionen verwirklichen. Nicht Reformer und Ideologen waren gefragt, sondern solide, solidarische Pragmatiker. Das Kabinett hatte keine Stars, die sich Schaukämpfe liefern würden. »Die Bürger erwarten von uns, daß der neue Regierungsapparat unter dem neuen Chef präzise arbeitet, daß die Entscheidungen, wenn sie in der Diskussion ausgereift sind, auch gefällt und daß sie dann anschließend realisiert werden«, erklärte der neue Kanzler seinen Anspruch. Obwohl er als entscheidungsfreudig galt, war er kein Mann einsamer Entscheidungen. Schmidt war ein »Virtuose der Konsensbildung«, nicht nur innerhalb des Kabinetts, sondern auch wenn es darum ging, die gesellschaftlich relevanten Kräfte bei Beschlüssen einzubinden.

Um die Arbeit seiner Regierung wirksam darstellen zu können, stärkte er das Presse- und Informationsamt unter der Leitung seines Vertrauten Klaus Bölling, eines Journalisten, der zuletzt Intendant von Radio Bremen gewesen war. Das Kanzleramt, geleitet von Manfred Schüler, wurde unter Schmidt zu einem effizienten Dienstleistungsbetrieb. Ein Küchenkabinett, in dem informell von Kanzlervertrauten die Weichen der Politik gestellt wurden, gab es im Kanzleramt nicht. »Intelligent bin ich selber. Ich brauche einen Beamten, der mich kontrolliert«, erklärte Schmidt seinen Verzicht auf intellektuelle Diskussionsrunden im Kanzleramt. Im »Kleeblatt«, einer täglichen Viererrunde mit Bölling, Schüler und Wischnewski, wurden Argumente und Gegenargumente zu Sachfragen ausgetauscht und Diskussionsstrategien entworfen. Aber Entscheidungen wurden im Kabinett getroffen. Dort hörte Helmut Schmidt zwar zu und diskutierte, wenn aber die Beratungen ausuferten, griff er ein und verlangte, zu Ergebnissen zu kommen. Vertagen und über alles noch einmal reden, wie es Willy Brandt getan hatte, war nicht seine Sache.

Der neue Bundeskanzler dachte nicht daran, die Reformprojekte der Vorgängerregierung weiterzuführen – realisiert sollte nur das werden, was auch bezahlbar war. Willy Brandt, der den Parteivorsitz beibehalten hatte, hielt dem neuen Kanzler anfangs den Rücken frei – er bändigte den Reformflügel der Partei. Den Fraktionsvorsitz hatte weiterhin Herbert Wehner inne. Die vielzitierte »Troika« war eine Interessengemeinschaft auf Zeit, die über viele Jahre hinweg funktionieren sollte. Sie beruhte auf einer prekären Balance: Brandt sprach jene an, die sich mit seinem eher unscharfen Gefühlssozialismus identifizierten, Schmidt begeisterte jene, die Gefallen an seiner Entscheidungsstärke zum Wohle des Staates fanden, Fraktionschef Wehner war der variable politische Ausleger, der mit besonderem politischen Instinkt jeweils die eine oder andere Seite stützte, um die innerparteiliche Geschlossenheit zu wahren.

*»Ein langer gemeinsamer Weg...«
Innensenator Schmidt im Gespräch mit Willy Brandt, 25. September 1965*

Es stimmt nicht, daß ich mit Helmut Schmidt nicht könnte! Im Gegenteil, ich kann mit Helmut Schmidt sehr gut, wir dürfen nur nicht über Politik reden.

Willy Brandt

Die Zeit als Hamburger Innensenator war Zwischenspiel: die Sache mit dem Bändigen der Flut von 1962 enthält viel Legende.

Friedrich Karl Fromme, Journalist

Der Schmidt ist ein sehr intensiver Mann gewesen. Manchmal war er auch äußerst ironisch. Ich hatte mit dem Schmidt ein ganz ordentliches Verhältnis, muß ich sagen – trotz seiner Art, sich sehr bedeutend zu halten, sehr wichtig zu halten und sich auch entsprechend wie ein Offizier zu verhalten, indem er kommandierte. Was ich ihm nicht übelgenommen habe.

Herbert Wehner, ehemaliger SPD-Fraktionsvorsitzender

Schmidt neigt zur Ungeduld, er ist in seiner Ausdrucksweise direkt bis zur Ausfälligkeit. Er kann aber auch sehr gewinnend wirken, wenn der Gesprächspartner ihn nicht langweilt.

Neue Zürcher Zeitung

»Der Machtwille einte sie...« Herbert Wehner und Helmut Schmidt bei einer DGB-Veranstaltung in München 1969

So konnte sich der neue Kanzler auf die Bewältigung der aktuellen Probleme konzentrieren. Es ging ihm um die wirtschaftliche und soziale Stabilisierung des Landes angesichts einer kriselnden Weltwirtschaft. Als ehemaliger Wirtschafts- und Finanzminister schien er der richtige Mann für die Aufgabe der Konsolidierung zu sein. Er imponierte durch seinen Ernst, war ganz ohne Pathos, sprach sachlich und knapp und überzeugte durch ruhige, präzise und scharfe Analysen. Gleichzeitig war er ein brillanter Redner und beherrschte den Umgang mit dem Massenmedium Fernsehen. Seine Ausstrahlung und seine Aussagen schienen den Nerv der Zeit zu treffen – ein Pragmatiker war gefragt.

Was aber inspirierte den Politiker Helmut Schmidt? War er nur ein Macher und Zupacker? Ein Krisenverwalter, der wußte, was als nächstes zu tun war, doch ohne eigene visionäre Kraft? Das würde dem Menschen Helmut Schmidt nicht gerecht werden. »Der Vorwurf des ›bloßen Pragmatismus‹ meint eine ›theorielose‹ Durchwurstelei ohne klare Zielsetzung. ... Mit solcher Klassifizierung wird – ohne daß dies bewußt ist – der überwiegende Teil der von Demokraten geleisteten Arbeit (vom angelsächsischen oder skandinavischen Parlamentarismus bis zu den deutschen Gewerkschaften) abqualifiziert«, verteidigte Schmidt 1975 seine pragmatische Grundeinstellung.

Er selbst hat sich mehrfach zu seinem gedanklich-philosophischen Hintergrund geäußert: Sein Weltbild ruhe auf den philosophischen Schriften des römischen Kaisers Mark Aurel, Immanuel Kants, Max Webers und Karl Poppers. Der Stoiker Mark Aurel habe ihn »die Tugenden der Pflichterfüllung und inneren Gelassenheit« gelehrt. Der Philosoph Kant brachte ihn zu der Erkenntnis, »daß der Friede zwischen den Völkern kein Naturzustand ist, sondern daß er immer wieder gestiftet werden muß«. Schmidt faßte Kants weitere Lehren für sich knapp zusammen: »Politik ist pragmatisches Handeln zu sittlichen Zwecken.« Der Soziologe Max Weber überzeugte ihn, so schreibt Helmut Schmidt in seinem Buch »*Erinnerungen und Reflexionen*«, mit seiner Unterscheidung von Gesinnungsethik und Verantwortungsethik. Der kühle Tatmensch Schmidt bekannte sich immer dazu, daß er eher der analysierenden, pragmatischen Verantwortungsethik zuneige als einer moralisch anspruchsvollen, aber nicht immer realisierbaren Gesinnungsethik.

Schließlich spielten laut eigenem Bekunden die Thesen des

Philosophen Karl Popper eine große Rolle in Schmidts Weltbild: Mit ihm teilte er die Ablehnung jeder totalen Utopie und jeder Diktatur, da sie zu Unterdrückung, Unfreiheit, zu massenhaftem Elend und Gewaltanwendung führten. Die Demokratie begriff Popper nicht als Volksherrschaft. Schmidt folgte ihm in dieser Auffassung: »Das Volk regiert keineswegs, wohl aber hat es in der Demokratie die Möglichkeit der gewaltlosen Beseitigung einer Regierung und ihrer Ersetzung durch eine andere«, schrieb Schmidt und bekannte: »Von Popper habe ich das Prinzip der schrittweisen Reform von Wirtschaft, Gesellschaft und Staat als das der Demokratie angemessene Prinzip der politischen Praxis gelernt, weil große, umwälzende Veränderungen die Freiheit der Bürger gefährden, weil sie im Falle des Fehlschlags nur mit viel größeren Opfern revidiert werden können als ein kleinerer Schritt und – so füge ich hinzu – weil ein parlamentarisches System in einer hochkomplizierten industriellen Demokratie zu umwälzenden Veränderungen ohnehin ungeeignet ist.«

Das war sein persönliches Grundsatzprogramm, eine Weltsicht, die sich jedoch in dieser Form erst nach dem Krieg formierte. Die Jahre unter dem Hakenkreuz hatten bei ihm, wie bei vielen anderen seiner Generation, geistige Leere und Orientierungslosigkeit hinterlassen. »Wofür man aber hätte sein sollen, dies herauszufinden, war unser geistiges Problem nach dem Kriege... Das war ein mühsamer Lernprozeß, wenn man sozusagen mit einem Wissensstand von Null, eigentlich von Minus anfängt, nämlich mit falschem Wissen«, beschrieb er jene Phase seines Lebens später in einem Interview.

Bis zum Ende des Zweiten Weltkriegs hatten politische Fragen nur eine untergeordnete Rolle im Leben des Helmut Schmidt gespielt. Am 23. Dezember 1918 in Hamburg-Barmbek geboren, wuchs er in kleinbürgerlichen Verhältnissen auf. Sein Vater, ein Volksschullehrer, der sich zum Diplom-Handelslehrer fortgebildet hatte, schirmte ihn und seinen zwei Jahre jüngeren Bruder Wolfgang von den politischen Ereignissen der Weimarer Zeit ab. Bei den seltenen politischen Gesprächen im Elternhaus mußten die Jungen das Zimmer verlassen. Außerdem hieß es streng: »Kinder lesen keine Zeitung!«

So hätte der politisch unbeschriebene Heranwachsende nach der Machtergreifung der NSDAP 1933 durchaus zum überzeugten Nationalsozialisten werden können – für einen Vierzehnjährigen war es schwer, sich diesem Zeitgeist zu entziehen. Aber schon zu Beginn der NS-Zeit erfuhr er von seiner Mutter, daß er einen jüdischen Großvater hatte – sein Vater war das uneheliche Kind eines jüdischen Bankiers, der sich aber der Verantwortung für seinen Sproß entzogen hatte. »So war seit jenem Gespräch mit meiner Mutter im Herbst 1933 für mich entschieden, daß ich innerlich kein Nazi mehr werden konnte«, schreibt Schmidt in seinem Buch »*Kindheit und Jugend unter Hitler*«. Aber eine politische Heimat hatte der junge Helmut Schmidt nicht. »1937, als ich achtzehn wurde, wußte ich immerhin deutlich, daß ich ›dagegen‹ war«, berichtet er.

Die jüdische Familienverbindung konnte geheimgehalten werden: Helmut Schmidt kam 1934 über die Schülerruderriege seiner Schule zur Marine-HJ. 1937 meldete er sich vorzeitig zur Wehrpflicht, weil er danach ein Architekturstudium aufnehmen wollte. Doch die zweijährige Wehrpflicht ging nahtlos über in den Krieg – fünf Jahre diente Schmidt in der Luftwaffe. Als Flakartillerist schlug der Abiturient nicht zielstrebig eine Offizierslaufbahn ein, wurde aber als Reservist 1940 Leutnant und schließlich 1942 Oberleutnant. Mit einer Flakeinheit kämpfte er im Dezember 1941 vor Moskau und nahm an den verlustreichen Rückzugskämpfen der Wehrmacht teil. 1942 wurde er in die Heimat abkommandiert. Im Juni jenes Jahres heiratete er die zweiundzwanzigjährige Volksschullehrerin Hannelore »Loki« Glaser, die er schon aus gemeinsamen Schultagen kannte. Ihre erste eigene Wohnung fiel 1943 den schweren Luftangriffen auf Hamburg zum Opfer. Das erste Kind des jungen Paares, der kleine Helmut, wurde nur sieben Monate alt und starb im Dezember 1944.

Oberleutnant Schmidt blieb an der Heimatfront und wurde schließlich nach Berlin ins Reichsluftfahrtministerium versetzt – als Referent für Vorschriften zur »leichten und mittleren Flak«. In Berlin erfuhr er von dem Bombenattentat auf Adolf Hitler am 20. Juli 1944. »Einige Wochen später wurde ich zu einem der Prozesse vor dem Volksgerichtshof als Zuhörer abkommandiert – zwecks Einschüchterung nehme ich an... Das ist vermutlich von einer politischen Dienststelle veranlaßt worden, denn aus unserem Stabe sind zu verschiedenen Verhandlungstagen des Volksgerichtshofes nacheinander mehrere Offiziere zum Zuhören abkommandiert worden... Jener Verhandlungstag, den ich selbst erlebt habe, war entsetzlich und abschreckend. Der würdelose, die Angeklagten fortwährend pöbelhaft und marktschreierisch beleidigende Gerichtspräsident Freisler hätte in Dantes Inferno gepaßt«, berichtet Helmut Schmidt in seinem Buch »*Kindheit und Jugend unter Hitler*«. Das Kriegsende kam für ihn nach den letzten Kämpfen in der Eifel, im März 1945 geriet er in die britische Gefangenschaft.

Sein neues, politisches Leben begann, wie für so viele Männer seiner Generation, als Kriegsgefangener. Beim Aufbau einer provisorischen Lageruniversität in einem POW-Camp (POW: *Prisoner of War* – Kriegsgefangener) in Belgien lernte er den Pädagogen und religiösen Sozialisten Professor Hans Bohnenkamp kennen, der als Oberstleutnant mit ihm im Offizierslager untergebracht war. »Den grundlegenden Anfang meiner Erziehung zur Demokratie hat Hans Bohnenkamp gemacht. Er gab mir die ersten positiven Grundvorstellungen von Demokratie, vom Rechtsstaat – und vom Sozialismus. Danach wurde es für mich fast zwangsläufig, Sozialdemokrat zu werden: demokratisch zu sein wegen des in der Nazizeit erlebten Bedürfnisses nach Freiheit und sozial zu sein wegen der von mir erfahrenen Notwendigkeit von Kameradschaft oder Solidarität oder Brüderlichkeit«, schildert Schmidt seine erste Berührung mit der Sozialdemokratie.

Geradezu provozierend pragmatisch interpretierte er den Begriff »Sozialdemokratie«. Das war gewiß kein typischer Werdegang für einen Sozialdemokraten – den Stallgeruch des altgedienten Genossen aus dem Arbeitermilieu hatte er nicht, die ideologische Standfestigkeit des geschulten Parteisoldaten konnte er ebenfalls nicht vorweisen. Seine Erfahrungen und seine Prägung durch den Krieg machten es Helmut Schmidt darüber hinaus schwer, sich in das Denken junger Sozialdemokraten der »68er«-Generation hineinzuversetzen. Helmut Schmidt war ein »gelernter« Sozialdemokrat, ein Genosse aus Vernunft, der oft zwischen den Stühlen saß und dessen schwieriges Verhältnis zur SPD auch seine Jahre als Kanzler prägen sollte.

Der siebenundzwanzigjährige Kriegsheimkehrer ohne Berufsausbildung studierte in Hamburg ab November 1945 Nationalökonomie bei Professor Karl Schiller. Als dieser 1949 Wirtschaftssenator in Hamburg wurde, bot er seinem Exstudenten eine Stelle in seiner Behörde an. In die SPD trat Schmidt schon

1946 ein, zum ersten Mal in den Bundestag gewählt wurde er 1953. Der junge Abgeordnete war einer der wenigen Sozialdemokraten, die sich intensiv mit Militärfragen und dem Aufbau der Bundeswehr befaßten. Durch bissige Redebeiträge, besonders gegen die von Verteidigungsminister Franz Josef Strauß geplante atomare Rüstung der Bundeswehr, machte er sich bereits in den fünfziger Jahren einen Namen – als »Schmidt-Schnauze« kannte man fortan den aggressiven Neuling. Um eigene Erfahrungen mit der Bundeswehr zu machen, leistete Schmidt 1958 eine freiwillige Reserveübung bei der Luftwaffe ab – prompt wurde er von der noch immer NATO-kritischen SPD-Fraktion aus dem Fraktionsvorstand abgewählt.

1961 ging er nach Hamburg zurück, um das Amt des Innensenators zu übernehmen. Seine erste Bewährungsprobe als Krisenmanager lieferte er bei der Flutkatastrophe von 1962. Unbürokratisch-rücksichtslos riß er Kompetenzen an sich, die ihm als Innensenator nicht zustanden: Er unterstellte Bundeswehr- und Grenzschutzeinheiten seinem Kommando – die Erfolge bei der Meisterung der Krise prägten fortan das Bild des »Machers« Schmidt. 1965 kehrte er in den Bundestag zurück. Von 1967 bis 1969 war er Fraktionsvorsitzender der SPD. Ab 1968 fungierte er als stellvertretender Vorsitzender der Partei, im Oktober 1969 wurde er Verteidigungsminister im ersten SPD/FDP-Kabinett. 1972 wurde er als Nachfolger des »Superministers« Karl Schiller Wirtschafts- und Finanzminister, nach der Wahl von 1972 blieb er Finanzminister.

Der Auftakt seiner Kanzlerschaft 1974 fiel in eine Zeit wirtschaftlicher Probleme. Der blinde Glaube an stetigen Aufschwung wurde von der Wirklichkeit eingeholt. Statt der erwarteten zwei Prozent Wirtschaftswachstum gab es wirtschaftliche Stagnation, statt der »vertretbaren« drei Prozent Arbeitslosigkeit wuchs die durchschnittliche Arbeitslosenquote 1975 auf – für damalige Verhältnisse – »alarmierende« fünf Prozent an. Schmidt setzte in der Krise auf Staatsanreize und Neuverschuldung. Doch ein massives Konjunkturprogramm versandete wirkungslos, die Stahlindustrie erlebte eine ernste Krise. Die Steuerreform, von der Regierung Brandt auf den Weg gebracht und von Schmidt umgesetzt, wurde von den Steuerzahlern ohne Begeisterung aufgenommen. Das war das Dilemma der Ära Schmidt: Die goldenen Zeiten des ständigen Wachstums der

Ich habe Strauß im Verdacht, daß er sogar gegen die Kirchensteuer stimmen würde, wenn er damit die sozial-liberale Koalition treffen könnte.
Schmidt

Helmut Schmidt und ich kennen uns sehr gut. Wenn er mich anredet »alter Gauner«, und ich sage »alter Lump«, so ist das durchaus eine von gegenseitiger Wertschätzung und realistischer Kennzeichnung getragene Formulierung.
Franz Josef Strauß, ehemaliger CSU-Vorsitzender

»Schuldenkanzler...« Helmut Schmidt mit Franz Josef Strauß, 1974

Wirtschaftswunderjahre waren vorbei – und so wurde es schwer, die explodierenden Kosten des Sozialstaats zu finanzieren. Der zweite SPD-Kanzler wurde zum Verwalter leerer Kassen.

Helmut Schmidt versuchte vorerst, auf dem Feld der Außenpolitik Lorbeeren zu ernten – und das gelang ihm mit Bravour. Die Abschlußtagung der Konferenz für Sicherheit und Zusammenarbeit in Europa (KSZE) in Helsinki bot im Sommer 1975 das ideale Forum für den ambitionierten Kanzler. In der Hauptstadt Finnlands trafen sich Regierungschefs aus Ost und West, um die KSZE-Schlußakte zu unterzeichnen. Diplomaten aus allen europäischen Ländern, den USA und Kanada hatten fast zwei Jahre lang in Helsinki konferiert, nun sollte das Ergebnis offiziell abgesegnet werden. Die Schlußakte hatte keine völkerrechtlich bindende Kraft, aber sie war eine Absichtserklärung aller Unterzeichner: Drei Punkte, offiziell »Körbe« genannt, standen im Mittelpunkt – man verpflichtete sich, bestehende Grenzen nicht gewaltsam zu verändern, wirtschaftlich zusammenzuarbeiten sowie zwischenmenschliche Kontakte zuzulassen. Der Westen betrachtete letzteres als eine Verpflichtung für den Osten, die Menschenrechte zu respektieren. Die Unterzeichnung dieser Schlußakte in Helsinki durch die Staats- und Regierungschefs wurde als ein Signal verstanden: Der Kalte Krieg in Europa sollte – im vollen Bewußtsein aller ideologischen Gegensätze – abgelöst werden durch eine kooperative Koexistenz. Das konnte nur im Interesse der Deutschen sein – spürte doch die geteilte Nation in der Mitte Europas und an der Grenze der Systeme am schmerzlichsten die Folgen der Ost-West-Konfrontation. Der gute Wille wurde in Helsinki demonstrativ zur Schau getragen, doch die Atmosphäre war ebenso geprägt von den Vorbehalten des Kalten Krieges und persönlichen Berührungsängsten.

Schmidt betrat kurz vor Beginn der Eröffnungssitzung den Konferenzsaal im Finlandia-Haus, alle anderen 34 Regierungschefs saßen schon auf ihren Plätzen. Er ging zielstrebig auf den sowjetischen Staats- und Parteichef Leonid Breschnew zu und begrüßte ihn – spontan drückte der Russe den Kanzler an seine Brust. Der deutsche Regierungschef war der einzige, der sich die Zeit für eine Begrüßungsrunde durch den Saal nahm. Der Breschnew-Begrüßung folgte ein herzlicher Händedruck mit dem US-Präsidenten Gerald Ford – Auge in Auge mit den Führern der Supermächte fühlte sich der Kanzler in seinem Element.

Auch Erich Honecker war im Saal – zum ersten Mal trafen sich eine west- und eine ostdeutsche Delegation auf internationalem Parkett. Für Schmidt und Honecker war es die erste Begegnung. Man saß nebeneinander, nur durch einen Treppengang getrennt: Honecker gab sich demonstrativ fröhlich, harmlose Scherze lösten die anfängliche Befangenheit beider, es folgte ein Shakehands – jedes Mienenspiel, jede Handbewegung schienen vor laufenden Kameras und vor rund 1500 Journalisten unvermeidlich zu Politik zu werden.

Im Laufe der Tage trafen sich Honecker und Schmidt zu »bilateralen Gesprächen«. Die Themen waren zeittypisch: Es ging um die Verkehrsverbindungen von Westdeutschland nach Westberlin, um Familienzusammenführung – und um westdeutsche Kredite für die DDR. Aber Schmidt sprach auch Klartext: »Herr Honecker, ich möchte Ihnen doch noch sagen, daß ich das mit dem Guillaume nicht gut gefunden habe. Und ich habe das auch noch nicht vergessen.« Ein vergleichsweise ungeschminkter Meinungsaustausch folgte. Doch der Kanzler erkannte schnell, daß Honecker, der Musterschüler des Ostblocks, wenig eigenen politischen Spielraum hatte. Und so suchte er in den folgenden Jahren weniger das Gespräch mit Honecker als mit dessen »großem Bruder.«

Während Gipfeltreffen mit dem DDR-Staatschef immer wieder ausfielen und verschoben wurden, traf sich der Kanzler mehrmals mit Leonid Breschnew. Schmidts zusammenfassendes Urteil über Honecker fällt harsch aus: »Ich habe mich gegenüber Honecker immer korrekt, hilfreich und wahrheitsgemäß verhalten, auch offen und kollegial, aber in aller Regel blieb es bei den ihm offenbar geläufigen Metaphern und Redensarten; nur ausnahmsweise ließ er ein eigenständiges Urteil erkennen. Im Vergleich zu Tito oder auch zu Kádár [damals ungarischer KP- und Regierungschef] wirkte er auf mich sehr simpel; außer in taktischen Dingen war er möglicherweise tatsächlich ohne eigene Urteilskraft.«

Ein wesentlicher Erfolg für die Deutschen in Helsinki wurde am letzten Tag der Konferenz erzielt, und zwar abseits vom Hauptkonferenzsaal. Der Ort, an dem Schmidt ein neues Kapitel aufschlagen wollte, war die polnische Botschaft. Der Kanzler zeigte sich optimistisch, daß er bei seinem Gastgeber, dem polnischen Staats- und Parteichef Edward Gierek, etwas erreichen könnte, und so hatte er persönlich den Korrespondenten von

ARD und ZDF einen Tip gegeben:»Kommt mit raus zu Gierek, ich habe da heute noch etwas mitzuteilen, das ihr gut brauchen könnt.« Es ging um Deutsche in Polen, die in den Gebieten lebten, die das Deutsche Reich nach dem Zweiten Weltkrieg an Polen abgetreten hatte. Der Kanzler wollte diesen Menschen die Möglichkeit eröffnen, in die Bundesrepublik überzusiedeln.

Schmidts Einladung an die Korrespondenten stand, aber an der polnischen Botschaft gab es Probleme: Dort wurden die Journalisten von polnischen Sicherheitsbeamten schikaniert und schließlich vom Gelände der Botschaft vertrieben. Hart auf hart ging es auch im Botschaftsgebäude zu. Nach dem Abendessen wurde bis drei Uhr morgens gefeilscht. Unverzichtbar beim Verhandlungsmarathon: Wodka und Zigaretten. Den Schnaps trank der Kanzler eher aus Höflichkeit mit – seit Helmut Schmidt mit Magenproblemen aus dem Krieg zurückgekehrt war, machte er sich nicht mehr viel aus Alkohol. Die Glimmstengel hingegen waren ein Muß für den Kanzler – überall, wo er konferierte, hielten seine Mitarbeiter stets Ersatzpackungen von »Reyno«-Mentholzigaretten bereit.

Um vier Uhr verließ der Kanzler schleppenden Schrittes und mit geröteten Augen, aber sichtlich zufrieden die Botschaft. »Kinder, Kinder, was für eine Nacht«, murmelte er vor sich hin. Die Sommertage in Finnland beginnen früh, es wurde bereits hell. Die Polen hatten die deutschen Journalisten verscheucht, also mußte der Kanzler zu den Journalisten fahren. Im Hotel Marski in Helsinki traf er auf eine übernächtigte Schar von Berichterstattern – wie in der polnischen Botschaft hatten hier Alkohol und Zigaretten die Männer bei Laune gehalten, aber auch ihren Tribut gefordert. Trotzdem fiel die Erschöpfung von allen ab, als Schmidt seinen Verhandlungserfolg verkündete: Bis 1980 würden 125 000 Deutsche aus Polen ausreisen dürfen, nach Ablauf dieser Frist könnten weitere Anträge gestellt werden. Polen erhielt zu einem Zinssatz von zweieinhalb Prozent einen Milliardenkredit. »Gierek, den ich bisher nicht kannte, hat mir imponiert. Mit dieser Vereinbarung wird er es zu Hause nicht leicht haben«, urteilte Schmidt über seinen Kontrahenten, zu dem er seit jenen Tagen freundschaftliche Beziehungen pflegte. Menschenhandel aus humanitären Gründen, 10 000 D-Mark »Kopfgeld« pro Aussiedler – auch das gehörte zu den Realitäten des Kalten Krieges. Doch 1975 war das zwischen Deutschland und Polen ein Novum, man war noch skeptisch, ob die polni-

Die Liberalen wollen nur noch in Sandalen herumlaufen – nach allen Seiten offen.

Schmidt

Ich kann Schmidt nur zurufen: Sage mir, wer dich unterstützt, und ich sage dir, wes Geistes Kind du bist.

Franz Josef Strauß, ehemaliger CSU-Vorsitzender

Ich hatte Angst vor dem Amt.

Schmidt

»Koalitionen sind was Mieses...« Koalitionsverhandlungen im Park des Palais Schaumburg

schen Behörden die Menschen wirklich ziehen lassen würden. Sie hielten nach der Unterzeichnung eines »Protokolls« im Oktober 1975 fast genau Wort. Auch in den Jahren nach 1980 durften Zehntausende weitere Menschen ausreisen.

Nach dieser langen Nacht von Helsinki war der Kanzler noch nicht dazu aufgelegt, direkt ins Bett zu gehen. Noch um fünf Uhr morgens stand er, an seine Limousine gelehnt, rauchend auf dem Bürgersteig vor dem Hotel Marski. Um ihn herum die deutschen Journalisten, ebenfalls Zigaretten qualmend, gezeichnet von den vergangenen 24 Stunden. Doch der Kanzler war munter. Er scherzte mit den Umstehenden, hatte aber das Thema KSZE schon abgehakt – er dozierte bereits über bevorstehende Herausforderungen.

Diese Herausforderungen waren vor allen Dingen wirtschaftlicher Natur. Innenpolitisch war Schmidt wegen der Wirtschaftslage nicht gerade als Erfolgspolitiker aufgefallen. Doch er wußte, daß Wirtschaftspolitik einen globalen Rahmen brauchte. In Helsinki hatte Schmidt, in Absprache mit dem französischen Präsidenten Valéry Giscard d'Estaing, dem US-Präsidenten Gerald Ford und dem britischen Premier Harold Wilson, schriftlich vorgeschlagen, einen Gipfel der wichtigsten Industrienationen einzuberufen, um die weltweite Wirtschaftsflaute zu bekämpfen. Schmidt galt international als exzellenter Wirtschaftspolitiker, man schätzte seine Fähigkeit, Zusammenhänge zu begreifen, zu analysieren und zu erklären.

In Rambouillet bei Paris fand am 15. November 1975 die Premiere statt: Zum ersten Weltwirtschaftsgipfel trafen sich die Vertreter der USA, Frankreichs, der Bundesrepublik, Großbritanniens, Italiens und Japans. Die Regierungschefs konferierten im kleinen Kreis, jeder von ihnen hatte nur zwei Begleiter im Konferenzraum neben sich sitzen – für Schmidt waren es Außenminister Genscher und Finanzminister Hans Apel. Die Ergebnisse des Gipfels waren nicht spektakulär, man sicherte sich Koordinierung in Fragen des Handels, der Energie- und Rohstoffpolitik und der Währungspolitik zu. Schmidt als maßgeblicher Initiator des Gipfels war durchaus zufrieden.

Der Glaube an turnusmäßige Gespräche zwischen vertrauten Partnern beruhte auch auf Schmidts Erfahrungen als Finanzminister. Im Jahr der Ölkrise, 1973, trafen sich die Finanzminister der USA, Großbritanniens, Frankreichs und der Bundesrepublik häufiger zu geheimen Gesprächen. Der deutsche Finanzminister hieß in jenem Jahr Helmut Schmidt, Frankreich wurde von seinem damaligen Finanzminister Giscard d'Estaing vertreten. Zwei Jahre später, im Jahr 1975, waren diese beiden Männer Regierungschef beziehungsweise Staatspräsident ihrer Länder – und sie wurden in Rambouillet zu den Begründern der inzwischen regelmäßig veranstalteten Weltwirtschaftsgipfel.

Der lange gemeinsame Weg und gemeinsam zu bestehende Herausforderungen brachten Giscard und Schmidt einander näher. Beide betonten während und nach ihren Amtszeiten ihre gegenseitige Wertschätzung, auch von Freundschaft zwischen dem großbürgerlich-konservativen Giscard und dem kleinbürgerlichen Sozialdemokraten Schmidt war die Rede. »Unser beiderseitiger Lebensstil war durchaus verschieden: Valéry und seine Frau Anne-Aymone besaßen ein Schloß auf dem Land und wohnten in Paris im besten Viertel der Stadt... Wir wohnten in Hamburg in einer Siedlung der Neuen Heimat. Ich weiß nicht, ob sich das Ehepaar Giscard in unserer zur Schlafkammer ausgebauten Mansarde sonderlich wohl gefühlt hat. Gesagt haben sie darüber nichts – wie auch ich sie nicht habe wissen lassen, daß ich mir als Gast in ihrem Schloß etwas verloren und deplaziert vorgekommen bin«, gesteht Schmidt in seinen Erinnerungen ein. Aber: »Wir beide liebten die Kunst, die Musik, interessierten uns für Geschichte – vor allem gab es strategische Übereinstimmung.« Sie wußten: Den Interessen beider Länder konnte es nur nutzen, wenn von Freundschaft an der Spitze die Rede war.

In der Tradition Konrad Adenauers war Schmidt davon überzeugt, daß, wie er sagte, »ohne einen fortschreitenden Prozeß besseren deutsch-französischen Verständnisses die Europäische Gemeinschaft überhaupt nicht denkbar ist«. Obwohl Schmidt kein Französisch sprach, verstand man sich, denn beide Politiker sprachen fließend Englisch. Vor allem in der Beurteilung von Politikerkollegen wußte man sich häufig einig. Und man stimmte überein in der Vision von einem gemeinsamen, wirtschaftlich geeinten und politisch handlungsfähigen Europa. Doch man brauchte einander auch aus praktischen Gründen: Beide Partner stärkten einander den Rücken, wenn es Konflikte mit der Führungsmacht USA gab. Trotzdem konnte von einer Interessenidentität etwa in strategischen Verteidigungsfragen nicht die Rede sein. Die »Freundschaft« der Regierungschefs aber erleichterte die Zusammenarbeit auf Gebieten, auf denen man sich ohnehin einig war, beispielsweise in der Finanz- und Wirtschaftspolitik – so etwa bei der Einführung des Europäischen Währungssystems (EWS), das die Stabilität der Wechselkurse der meisten westeuropäischen Währungen innerhalb eines festgelegten Spielraums garantierte.

Außenpolitisch hatte Schmidt im Jahr 1975 gepunktet, er bewegte sich sicher auf dem internationalen Parkett, gab Denkanstöße. Sein Ansehen war weltweit so hoch, daß ihn am Jahresende die Londoner *Financial Times* zum Mann des Jahres kürte. Die Begründung des Blattes: »Der deutsche Bundeskanzler Schmidt ist unser Mann des Jahres aufgrund des weltweiten Respekts, den sich die deutsche Wirtschaft, die deutsche Demokratie und die Außenpolitik in den zwanzig Monaten seiner Amtszeit erworben haben... Schmidt scheint einer jener Männer zu sein, dessen beste Eigenschaften in schwierigen Zeiten zum Ausdruck kommen.«

Auch innenpolitisch wirkte der »Schmidt-Effekt«. Die Partei schien ihn zu unterstützen, der Parteivorsitzende Brandt wurde von Schmidt geschickt eingebunden. Vor jeder Präsidiumssitzung traf man sich zu ausführlichen Gesprächen. Waren wichtige ausländische Gäste im Kanzleramt, wurden für den Altbundeskanzler eigene Treffen mit den Besuchern arrangiert. Doch die Ruhe an der innerparteilichen Front war trügerisch. Schon beim Parteitag 1975 in Mannheim zeichneten sich Konflikte ab. Die Parteilinke forderte ein staatliches Investitionsprogramm, auch Brandt war bereit, das Thema zumindest zu diskutieren. Schmidt dagegen betrachtete das Ganze als »Unsinn«. Wie so oft polarisierte der Kanzler: Er hielt sich selbst für intellektuell überlegen und wirkte daher auf viele Genossen »oberlehrerhaft« – je nach Tonlage konnte sein Stil auch wie der eines Feldwebels wirken, als »Abkanzler« wurde er von seinen Kontrahenten ebenfalls bezeichnet.

Doch nicht seine Wortwahl oder sein Stil provozierte die Kritiker in der eigenen Partei, sondern seine Politik. Sie wirkte zu wenig sozialdemokratisch: Der Kanzler stand inzwischen für Sparprogramme, welche die »kleinen Leute« belasteten, wie etwa die Erhöhung der Beiträge zur Arbeitslosenversicherung von zwei auf drei Prozent des Bruttoverdienstes. Gleichzeitig wollte seine Regierung den Unternehmen Investitionsanreize

»Leitender Angestellter der Bundesrepublik...« Helmut Schmidt an seinem Schreibtisch im neuen Bundeskanzleramt, 8. Juli 1976

Die SPD ist eine selbstbewußte Partei, die auch Krisen durchstehen kann! Dies hat sie im Verlauf ihrer hundertzwanzigjährigen Geschichte in weit schwereren Zeiten oft genug bewiesen. Wir tragen die Regierungsverantwortung mit innerer Überzeugung, aber wir kleben nicht an unseren Stühlen.

Schmidt

Der Kanzler ist ein in der Wolle gefärbter Sozi.

Franz Josef Strauß, ehemaliger CSU-Vorsitzender

Das Fundament für die ökonomische Entwicklung der Bundesrepublik hatte Erhard gelegt, aber das Gewicht, das sie heute im Westen hat, geht zurück auf die Regierungszeit Helmut Schmidts.

Marion Gräfin Dönhoff, Journalistin

geben. Der Kanzler verteidigte sich: »Schuld an der gegenwärtigen Misere ist nicht nur die weltweite Wirtschaftskrise, sondern wir haben in Deutschland lange über unsere Verhältnisse gelebt.« Das sah schließlich auch eine Mehrheit in der Partei so. Eine 150 Köpfe starke Gruppe eher »rechter« Genossen, wegen ihres Wirkens im Hinter- oder Untergrund scherzhaft als »Kanalarbeiter« bezeichnet, versuchte dafür zu sorgen, daß bei der Vorstandswahl möglichst wenige »linke« Vertreter gewählt wurden. Gegen die stramm organisierte – und auch trinkfeste – Gruppe konnte in der Partei keiner etwas erreichen. Die »Kanalarbeiter« setzten nun die Delegierten der Mitte, auf die beide Parteiflügel angewiesen waren, dezent unter Druck. Sie forderten, sich hinter dem populären Kanzler zu sammeln. Es ging ihnen um ein gutes Ergebnis für den Kanzler bei der Vorstandswahl. Denn davon hing beim Wähler das Ansehen des Kanzlers und der SPD als Regierungspartei ab.

Die Parteitagsregie funktionierte – Schmidt erhielt 407 Stimmen von den Delegierten, genauso viele wie die Partei-Ikone Willy Brandt. Im unerklärten Machtkampf hatte sich der Kanzler überraschend gut gegen seinen inoffiziellen Antagonisten Brandt geschlagen. Der Parteitag verabschiedete zudem ein Programm, das wenig mit den Entwürfen der Linken zu tun hatte: Die geforderte Investitionslenkung und die Überführung von Banken, Versicherungen und großen Konzernen in öffentliches Eigentum wurden abgelehnt. Schmidt hatte auf der ganzen Linie gesiegt, aber trotz seines guten Wahlergebnisses gewiß nicht die Herzen aller Parteitagsdelegierten für sich gewonnen.

Die scheinbar stabile Basis nutzte dem Kanzler im Wahljahr 1976 wenig. Nun war es nicht die eigene Partei, die ihm zusetzte, sondern der politische Gegner. Das Jahr begann mit einem politischen Erdrutsch in Niedersachsen. Trotz eines knappen Sieges bei der Landtagswahl konnte der SPD-Kandidat Helmut Kasimir bei der Wahl zum Ministerpräsidenten im Landtag keine Mehrheit auf sich vereinen. Bei einem zweiten Wahlgang wurde dann der Unions-Kandidat Ernst Albrecht am 14. Januar 1976 zum Ministerpräsidenten gewählt – mit der Mehrheit von einer Stimme. Einige FDP- oder SPD-Abgeordnete hatten Kasimir ihre Stimme verweigert. Zwischen SPD und FDP in Bonn kam es zu einer ersten ernsten Vertrauenskrise.

Was entscheidender war: Die CDU-regierten Länder hatten

plötzlich ein deutliches Übergewicht im Bundesrat. Das machte das Regieren für Schmidt noch schwieriger – ein fatales Signal zum Anfang eines Jahres, das zum »schwärzesten Jahr« seiner Kanzlerschaft werden sollte. Ein anderes Ereignis hatte eher Langzeitwirkung: Die Union entschied, ihren Parteivorsitzenden Helmut Kohl, den Ministerpräsidenten von Rheinland Pfalz, zum Spitzenkandidaten für den Wahlkampf 1976 zu machen. Schmidt nahm seinen Herausforderer demonstrativ nicht ernst – noch nicht. Und doch machte der Kanzler im Wahlkampf 1976 Angstpropaganda: »Herr Kohl will ja als Biedermann gelten, das soll er meinetwegen, aber man muß um ihn herum die Brandstifter erkennen, die Dreggers, die Carstens und die Sträuße.« Starke Sprüche begleiteten den Wahlkampf von Anfang an. Mit dem Slogan »Freiheit oder Sozialismus!« zog die CDU ins Gefecht, die CSU verkündete – noch eine Spur markanter – »Freiheit statt Sozialismus«. Die SPD pries das »Modell Deutschland« und verließ sich auf den Kanzlerbonus ihres Frontmannes Schmidt: »Zieh mit, wähl Schmidt«, hieß es auf Plakaten.

Allerdings zogen nicht so viele mit, wie die SPD gehofft hatte. Die SPD/FDP-Koalition siegte bei der Bundestagswahl im Oktober 1976 nur äußerst knapp. Das Wahlergebnis war eine Ohrfeige für die Koalition: Schmidts Konkurrent Kohl hatte mit 48,6 Prozent das zweitbeste Wahlergebnis in der Geschichte der Union erzielt. Die SPD war auf 42,6 Prozent gekommen, nur das Ansehen Schmidts hatte die Partei vor einem noch schlechteren Ergebnis bewahrt. Die FDP errang 7,9 Prozent der Stimmen.

Doch die Demütigung des Kanzlers folgte erst am 15. Dezember 1976 – für diesen Tag war die Wahl des Bundeskanzlers durch den Bundestag vorgesehen. Der bisherige und voraussichtlich auch zukünftige Kanzler saß an diesem Tag wie stets in der ersten Reihe des Plenarsaals des Deutschen Bundestags. Doch der Kopf war gesenkt, die Augen geschlossen. Das war nicht die Pose eines Siegers, sondern die Körpersprache eines Mannes, der sich darauf gefaßt machte, einen Schlag versetzt zu bekommen. Das Ergebnis der Wahl zeigte, daß er den Kopf zu Recht eingezogen hatte. Wiedergewählt wurde er vom Deutschen Bundestag – aber die Entscheidung fiel äußerst schmerzhaft aus: Nur eine Stimme über der erforderlichen Mehrheit brachte ihn ins Kanzleramt. Bei einer Bundestagsmehrheit von ganzen drei Stimmen hatten ihm zwei Abgeordnete der eigenen

Koalition die Gefolgschaft versagt: Einer hatte sich der Stimme enthalten, einer ungültig gestimmt. Protokollgemäß stellte Bundestagspräsident Karl Carstens nach der Mitteilung des Wahlresultats die entscheidende Frage: »Ich frage den Abgeordneten Schmidt – nehmen Sie die Wahl an?« Alle Augen im Saal waren auf den Kanzler gerichtet, der kurz zögerte. Der sonst so forsche Mann erhob sich langsam, aber keineswegs in feierlicher Pose, sondern offenkundig ohne jede Spur seines gewohnten Elans – als ob er die Lust am Regieren verloren hätte. Er stützte sich auf sein Pult, die Miene war versteinert. Für einen Moment fürchteten etliche der anwesenden Abgeordneten der Koalition, daß der Kanzler den Bettel verärgert hinwerfen würde und mit einem trotzigen »Nein« antworten könnte. Schmidt war sichtlich bemüht, seine Stimme unter Kontrolle zu bringen: »Herr Präsident, ich nehme die Wahl an.« Der Macher, der Krisenmanager, der »Weltökonom« war gerade noch einem Debakel entgangen. Was war geschehen?

Begonnen hatten die Schwierigkeiten ein paar Wochen vorher: Helmut Schmidt manövrierte in nur wenigen Tagen sich, seine Partei und die Koalition in eine tiefe Glaubwürdigkeitskrise. Im Wahlkampf hatte er in Zeitungsanzeigen den Rentnern angekündigt: »Ich versichere Ihnen – Ihre Altersversorgung ist sicher.« Im Fernsehen hatte er darüber hinaus eine zehnprozentige Rentenerhöhung zum 1. Juli 1977 versprochen. Doch wegen der schwachen Konjunktur gab es Probleme bei den Einnahmen der Rentenversicherung. Dazu kam ein Rechenfehler des Sozialministeriums. Nach der Wahl, bei den Koalitionsverhandlungen mit der FDP, wurde deutlich, daß in der Rentenkasse bis 1980 etwa 84 Milliarden Mark fehlen würden – das »Rentendebakel« wurde unausweichlich. Wollte man die Renten erhöhen, hätten die Rentenbeiträge der Arbeitnehmer angehoben werden müssen. Doch das war mit Genscher und der FDP nicht zu machen. Genscher und Schmidt einigten sich eine Woche vor der Kanzlerwahl im Bundestag darauf, die Rentenerhöhung um ein halbes Jahr zu verschieben – ohne Rücksprache mit ihren Parteien zu halten.

Die Opposition brandmarkte Schmidt sofort als »Rentenbetrüger«. Die Wähler fühlten sich getäuscht. Die eigene SPD-Fraktion aber rebellierte offen, denn die Abgeordneten bekamen ihrerseits den Unmut aus den Wahlkreisen zu spüren. Würden sie bei der Kanzlerwahl im Bundestag ihren Kandida-

»Bloß nicht an ihm herumerziehen...« Loki und Helmut Schmidt mit Fotograf Jupp Darchinger am Brahmsee, August 1974

Ich erinnere mich an einen Samstag im Jahr 1934. Auf dem Nachhauseweg von der Schule gab er mir an dem Bahnhof Alte Wöhr seinen ersten Kuß.

Loki Schmidt

Sie haben genau die gleiche Handschrift. Sie teilen dieselben Hobbys. Sie spielen dieselbe Musik. Sie sind wie aus einem Guß.

Eine Freundin des Ehepaars Schmidt

ten abstrafen? Plötzlich mußte Schmidt um seine Wiederwahl zum Kanzler im Bundestag zittern – zumindest im ersten Durchgang. Der Kanzler ließ sich schließlich zum Kniefall vor dem Proteststurm und der meuternden Partei herab: Er mußte zähneknirschend die Rentenerhöhung zum 1. Juli 1977 billigen. Zur Deckung des Defizits wurden Rücklagen der Sozialversicherung aufgelöst. Der anschließende Denkzettel bei der Wahl zum Bundeskanzler am 15. Dezember 1976 galt fortan als schwerste politische Niederlage des Politikers Helmut Schmidt.

Mit denkbar knapper Mehrheit und leeren Kassen blieb Schmidt an der Macht. Doch der Kanzler ließ seine alte Arbeitsstätte hinter sich: Er zog vom Palais Schaumburg in das neue Bundeskanzleramt. »Ein Haus, das von außen zunächst wie 'ne ziemlich groß geratene rheinische Sparkasse wirkt, die sehr viel Geld zur Verfügung hatte«, urteilte der Regierungschef mißmutig über seine neue Residenz. Doch er tröstete sich durch die Ausschmückung des Gebäudes mit Gemälden nach seinem Geschmack. Der Staatsmann war seit seiner Jugend, seit der Begegnung mit den musischen Fächern auf der progressiven Hamburger Lichtwarkschule, ein Kunstliebhaber. Besonders angetan hatten es dem kunstsinnigen Kanzler die deutschen Expressionisten Ernst Ludwig Kirchner, Erich Heckel, Karl Schmidt-Rottluff, August Macke, Christian Rohlfs und Franz Marc. Schon vor dem Einzug ins neue Kanzleramt hatte er sich mit Kunstexperten beraten. Schmidt erläuterte der Öffentlichkeit sein Konzept persönlich: »Die Kunstwerke sollen allesamt Leihgaben sein, damit das Budget des Bundeskanzleramts nicht übermäßig strapaziert wird. Und es sollen allesamt Künstler sein, deren Namen im Zusammenhang stehen mit Verfemung, Ächtung, Malverbot und Exil während der Jahre der nationalsozialistischen Gewaltherrschaft in Deutschland. Neben der Freude am Anschauen soll auch zum Nachdenken angeregt werden.« In seinem Amtszimmer hing neben einem Porträt des Sozialdemokraten August Bebel noch das Gemälde »Meer« von seinem Lieblingsmaler Emil Nolde. Das Interesse des Kanzlers an der Kunst sollte bleibende Akzente in Bonn setzen: 1980 ließ Schmidt den Vorplatz des Kanzleramts umgestalten und eine Plastik des britischen Künstlers Henry Moore aufstellen – die jedem Fernsehzuschauer bekannte abstrakte Skulptur »Two Large Forms«, die von den Bonnern inzwischen »Helmut und Hannelore« genannt wird.

Doch die Kunst allein konnte den Kanzler nicht von den innenpolitischen Problemen des Jahres 1976 ablenken. Um so bereitwilliger wandte er sich schon bald wieder der Weltpolitik zu. Das war seine Paraderolle: der deutsche Kanzler als »ehrlicher Makler« zwischen den Supermächten Sowjetunion und USA. Doch die Beziehungen zu den Vereinigten Staaten gerieten trotz dieses Rollenverständnisses aus dem Gleichgewicht. Der Grund: Die Amerikaner hatten im November 1976 einen Mann namens Jimmy Carter zum Präsidenten gewählt. »Jimmy, ein schrecklicher Name« – der Kanzler gab sich keine Mühe, seine hanseatische Reserviertheit gegenüber dem unkonventionellen neuen Mann im Weißen Haus zu verbergen. Der sachlich-kühle Berufspolitiker Schmidt hielt den gefühlsbetonten, gleichwohl immer strahlenden Erdnußfarmer und Baptistenprediger aus Georgia für reichlich unerfahren. Die Abneigung hatte auch handfeste Ursachen. US-Präsident Carter betonte unmittelbar nach seinem Amtsantritt, daß er auf die Respektierung der Menschenrechte in den totalitären Staaten des Ostblocks Wert lege. Mit Sympathiebekundungen für Dissidenten brüskierte Carter bewußt die sowjetische Führung. Der Kanzler, der eine »vernunftorientierte« gegenüber einer moralisch inspirierten Ethik vorzog, sah dies als Gefährdung für die noch junge Entspannungspolitik.

Als Schmidt im Juli 1977 Carter in Washington besuchte, wurden aber auch konkrete politische Diskrepanzen erörtert. Schmidt lehnte eine Leitfunktion der deutschen Wirtschaft in der anhaltenden Weltwirtschaftskrise ab. Außerdem war man sich uneinig darin, über welche Atomraketen bei den amerikanisch-sowjetischen Abrüstungsgesprächen verhandelt werden sollte. Schmidt wollte die Mittelstreckenraketen, die auf die Bundesrepublik gerichtet waren, mit einbeziehen, Carter sah die USA nur von Interkontinentalraketen bedroht und wollte vor allem in diesem Bereich Abrüstungserfolge erzielen. Der US-Präsident blieb in der Sache unnachgiebig, gab sich aber dennoch versöhnlich: »Ich fühle mich gestärkt durch das Wissen, mich mit Helmut Schmidt beraten zu können ... Er ist ein Staatsmann, er ist klug, er kennt die Dinge aus eigener Anschauung. Er hat die Herausforderungen unserer Zeit begriffen und macht sich Gedanken darüber, wie ihnen zu begegnen ist. Ich höre zu und profitiere davon.«

Die offizielle Lobeshymne spiegelt nicht das ganze Bild wider. Der ehemalige Sicherheitsberater des US-Präsidenten, Zbigniew Brzesinski, erklärt in seinen Erinnerungen die persönlichen Reibereien zwischen Schmidt und Carter aus seiner Sicht: »Carter war daran interessiert, von Schmidt zu lernen und eng mit ihm zusammenzuarbeiten. Doch diese Einstellung fand auf der anderen Seite keinen Widerhall. Von Anfang an, seit der ersten Begegnung, nahm Schmidt eine herablassende Haltung ein, die mit wenig glaubwürdigen Freundschaftsbekundungen vermischt war.« Nach jeder Begegnung habe sich Schmidt hinter den Kulissen im Gespräch mit diversen amerikanischen und deutschen Journalisten zu bösartigen Kommentaren hinreißen lassen, kritisiert Brzesinski. Der Kanzler, der seine lose Zunge nicht unter Kontrolle halten könne, habe die deutsch-amerikanischen Beziehungen in einer nie dagewesenen Weise getrübt. Durch Schmidts Geringschätzung des Präsidenten sei der Respekt für amerikanische Politikentwürfe in Deutschland untergraben worden, lautet das Fazit des Ex-Sicherheitsberaters.

Im Jahr 1978 verschärften sich die Gegensätze weiter. Carter brandmarkte die UdSSR erneut wegen ihrer Menschenrechtsverletzungen und ihrer aggressiven Außenpolitik in Afrika, wo die Sowjets zahlreiche Guerillabewegungen und sozialistisch angehauchte Regierungen unterstützten. Der US-Präsident wollte auch dem Eindruck entgegenwirken, er sei führungsschwach. Deswegen blieb es nicht bei verbalen Angriffen. Carter versuchte die NATO für ein Aufrüstungsprogramm zu gewinnen, das umgerechnet 20 Milliarden Mark kosten sollte – davon sollte die Bundesrepublik etwa ein Drittel tragen. Dazu kamen Kosten für den Ausbau von Häfen und Depots, die ebenfalls der Bundesrepublik aufgebürdet werden sollten. Angesichts der schwierigen Finanzlage, mit der die sozial-liberale Koalition hauszuhalten hatte, waren diese Pläne für die Deutschen äußerst problematisch.

Doch es ging auch um Schmidts zentrales außenpolitisches Anliegen: die Entspannungspolitik aufrechtzuerhalten, um den Frieden zu stabilisieren und den Menschen im geteilten Deutschland das Leben zu erleichtern. Sein Konzept war nach eigenem Bekunden: »Auf der einen Seite der feste Wille, sich militärisch verteidigungsfähig zu halten und nicht ins Hintertreffen zu geraten, aber auf der anderen Seite, gestützt auf das auf diese Weise gewahrte militärische Gleichgewicht, der ebenso ernste Wille

»Manchmal aufschluß-reicher als ein Foto...« Helmut Schmidt auf der Titelseite des Magazins Der Spiegel, *August 1976*

Dieser Kanzler hier ist ein Entertainer schlechthin, »bringt« sich auch selber, kann einfach alles, von Ohnsorg bis zur Publikumsbeschimpfung, und macht aus einem Interview, je nach Bedarf, entweder eine Talk-show oder das Wort zum Sonntag.

Hermann Schreiber, Journalist

Schmidt ist ein Heldenmaskenträger, und wenn der Wind weht, kann er kaum die Stange halten, an der die Maske befestigt ist.

Franz Josef Strauß, ehemaliger CSU-Vorsitzender

zur Kooperation mit der Sowjetunion.« Bei einer NATO-Tagung in Washington im Mai 1978 warnte die deutsche Delegation davor, daß das Bündnis durch Carters Vorschläge in einen neuen Kalten Krieg getrieben werde. Erst viel später gab Schmidt zu, nach dieser Konferenz »deprimiert« gewesen zu sein. Sein Eindruck war in jener Phase des Kalten Krieges, »daß Leonid Breschnew meine Besorgnisse besser verstehen konnte als Jimmy Carter«.

Die provozierende Aussage Schmidts läßt sich vielleicht durch die Eindrücke erklären, die Schmidt kurz zuvor von dem Kremlchef gewonnen hatte. Man war sich menschlich ein wenig nähergekommen – und zwar in Schmidts Heimatstadt Hamburg. Zum Abschluß seines Staatsbesuchs Anfang Mai in der Bundesrepublik fuhr der sowjetische Partei- und Staatschef zum Kanzler – verabredet war ein Mittagessen im Privathaus Schmidts in Hamburg-Langenhorn. Der Kommunist Breschnew lernte ein Heim kennen, das nicht durch Luxus, sondern durch Bescheidenheit beeindruckte. Das Doppelhaus aus rotem Backstein war erst durch den Anbau eines Eßzimmers groß genug geworden, um überhaupt eine Gästegruppe angemessen bewirten zu können. Skandinavische Möbel, ein Backsteinkamin und eine Hausorgel gaben den Wohnräumen ihren Charakter. »Die Wohnung eines Menschen, der aus kleinen Verhältnissen kommt und der sich, oben angekommen, weigert, seinen persönlichen Rahmen zu verändern«, interpretierte in den siebziger Jahren ein Journalist die Wohnkultur des Kanzlers.

Nach einem Begrüßungsdrink – man reichte polnischen Wodka – folgte eine Hausbesichtigung. Im Wohnzimmer nahm der Herr über das Sowjetimperium mit Interesse die gesammelten Werke von Karl Marx im Bücherregal zur Kenntnis. Dann ließ sich Breschnew vom Gastgeber in das äußerst bescheiden dimensionierte Arbeitszimmer führen. Die Kammer war bis unter die Decke mit Büchern vollgestopft. Hier drängten sich Schmidt und Breschnew, Genscher und Gromyko sowie zwei Dolmetscher auf engstem Raum. Ein Globus, den man im Zimmer vorfand, mußte herhalten, um sich gegenseitig die geostrategischen Besorgnisse zu erklären. Als Breschnew wegen deutsch-chinesischer Kontakte von einer »Zangenbewegung« gegen die Sowjetunion sprach, legte der Kanzler einen Finger auf Bonn, den anderen auf Peking und fragte trocken: »Ist das nicht ein bißchen weit für eine Zange, Herr Generalsekretär?«

Unter Gelächter wurde das Gespräch fortgesetzt, dann ging es ins Eßzimmer zum Mittagessen im kleinsten Kreis. Nicht einmal die Dame des Hauses, Loki Schmidt, nahm an der Runde teil. »Das bleibt ein Herrenessen«, antwortete sie – hausfraulich bestimmt und protokollarisch korrekt – auf die Bitte des sowjetischen Botschafters Valentin Falin, mitzuessen.

Die Stippvisite in Hamburg war der Abschluß eines Staatsbesuchs, bei dem Russen und Deutsche zwar auf menschlicher Ebene Vertrauen geschaffen hatten, der aber in konkreten Fragen kaum eine Annäherung gebracht hatte. Schmidt wollte seine Besorgnis über die Stationierung moderner sowjetischer SS-20-Raketen ansprechen. Diese Waffen mit drei Atomsprengköpfen und einer Reichweite von über 5000 Kilometern sollten alte Flugkörper, die nur einen Nuklearsprengkopf und eine geringere Reichweite hatten, ersetzen. Die neuen Waffen konnten hinter dem Ural stationiert werden und waren immer noch in der Lage, die Bundesrepublik zu treffen. Gleichzeitig befanden sie selbst sich außerhalb der Reichweite von den in Europa stationierten NATO-Atomwaffen – die SS 20 konnten nur von amerikanischen Interkontinentalraketen ausgeschaltet werden. Mit ihren neuen Möglichkeiten, so befürchtete der Kanzler, vermochten die Sowjets unter Umständen, Westeuropa und die Bundesrepublik politisch unter Druck zu setzen. Das nukleare Gleichgewicht in Europa würde durch die SS 20 erheblich gestört.

Aber auch Breschnew äußerte bei seinem Besuch Abrüstungswünsche gegenüber dem Westen. »Vereinbaren wir den Verzicht auf die Produktion und Stationierung neuer Systeme von Massenbekämpfungswaffen. Durch die verpflichtenden, gegenseitigen Vereinbarungen schließen wir aus, daß die Neutronenwaffe das Licht der Welt erblickt, die man als unheilvolle Danaergaben den Völkern unseres Kontinents darbringen will«, forderte Breschnew. Er stellte Europa als Völkergemeinschaft dar, die von einer neuen Erfindung der amerikanischen Rüstungsindustrie bedroht werde: der Neutronenbombe. Diese Waffe war als Sprengkopf für Kurzstreckenraketen konzipiert, die auf dem Gefechtsfeld explodieren sollten. Ihre Atomstrahlen töten Menschen, lassen aber militärisches Gerät und Gebäude unbeschädigt und verseuchen es nur für kurze Zeit. Die Sowjets sahen ihre schlagkräftige Panzerwaffe von diesen Sprengköpfen bedroht.

Breschnew erwies sich als ein schwieriger Gast, sein Gesundheitszustand war bereits stark angegriffen. Ein Staatsbankett mußte wegen Übermüdung des Kremlchefs abgebrochen werden. Bei den Gesprächen über die Mittelstreckenraketen provozierte der Kanzler mit seinen Argumenten Breschnew so sehr, daß dieser vor Wut das Kartenmaterial, mit dessen Hilfe Schmidt die Lage erklärte, vom Tisch wischte. Vor diesem Hintergrund wirkte der Privatbesuch im Hamburger Haus der Schmidts wie ein harmonischer Schlußakkord. Das Abschlußkommuniqué des Staatsbesuchs hatte indes keine konkreten Ergebnisse zu vermelden, sondern nur eine wohlklingende Erklärung: »Es ist zum ersten Mal in einer zwischen Ost und West vereinbarten Erklärung die Feststellung getroffen worden, beide Seiten hielten es für wichtig, daß niemand militärische Überlegenheit anstrebe und daß annähernde Gleichheit und Parität zur Gewährleistung der Verteidigung ausreichen.« Für Helmut Schmidt, den »ehrlichen Makler« zwischen den Blöcken, erschien das durchaus als Erfolg, auch wenn die schwierigen Realitäten des Kalten Krieges durch solche Formeln nur wenig beeinflußt werden konnten. Sein Engagement wurde anerkannt: »Schmidt war ein harter, doch insgesamt ein vernünftiger Politiker. Er vermittelte mir immer den Eindruck, gut verstanden zu haben, daß man unbedingt mit der Sowjetunion nach beiderseitig akzeptablen Vereinbarungen suchen muß«, urteilte der damalige sowjetische Außenminister Andrej Gromyko über ihn.

Jenseits von Rüstungsfragen suchte man in der Ära des Kalten Krieges auch auf anderen Gebieten Entspannung: So einigten sich Sowjets und Deutsche bei Breschnews Besuch in Bonn darauf, wirtschaftlich zusammenzuarbeiten – gegen sowjetisches Erdgas sollten deutsche Stahlrohre geliefert werden. Das Projekt war auf eine Dauer von 25 Jahren angelegt. Die Logik des Kalten Krieges und der Entspannungspolitik basierte auf dem – stets wackligen, aber funktionierenden – Gleichgewicht von Drohung und Kooperationsbereitschaft. Beide Seiten waren sich also bewußt, daß man aufeinander angewiesen war – in Sicherheits- wie auch in Wirtschaftsfragen. Genau das hatte Helmut Schmidt begriffen – und er versuchte diese Erkenntnis in eine pragmatische Politik umzusetzen.

Die westeuropäischen Partner waren eher geneigt, ihm auf diesem Weg zu folgen, als der große amerikanische Verbündete.

Dies wurde im Juli des Jahres 1978 deutlich, als der Kanzler als Gastgeber für die politischen Führer des Westens im Rampenlicht stand. Auf dem Programm standen der Staatsbesuch von Jimmy Carter und der Weltwirtschaftsgipfel in Bonn. Das Verhältnis zu Carter war noch immer schwierig – in Entspannungsfragen, bei der Weltwirtschaft, bei den Menschenrechten setzte man unterschiedliche Akzente. Jetzt kam ein weiteres Problem hinzu: Carter hatte die Produktion von Neutronenwaffen angekündigt und war von Schmidt darin unterstützt worden. Dafür hatte er sich bei Teilen der SPD äußerst unbeliebt gemacht. Doch im April 1978 hatte Carter – ohne Schmidt, den eifrigsten Verfechter der neuen Waffe, vorher zu konsultieren – verkündet, daß die Neutronenwaffe vorläufig nicht produziert werde, sondern vielmehr in die Verhandlungsmasse bei Abrüstungsgesprächen eingebracht werden solle.

Trotz aller inhaltlicher Differenzen wurde beim Staatsbesuch artig die deutsch-amerikanische Freundschaft beschworen. Kanzler und Präsident besuchten US-Truppen und deren Angehörige in Wiesbaden, vor der Kulisse militärischen Geräts hatte man ein gewaltiges deutsch-amerikanisches Familienfest organisiert. Es folgte der obligatorische Berlin-Besuch des US-Präsidenten. Daß der Kanzler Carter begleitete, war den ostdeutschen Behörden ein Dorn im Auge: Westberlin gehörte für sie nicht zur Bundesrepublik, die Anwesenheit Schmidts erschien ihnen als Geste des politischen Anspruchs der Westdeutschen auf ihre Hälfte der Mauerstadt. Die DDR machte Druck, während Schmidt und Carter in Berlin weilten. An den Transitstrecken fertigten die DDR-Grenzer die Fahrzeuge extrem langsam ab, der Verkehr nach Westberlin wurde durch ein entsprechendes Stauchaos schwer behindert.

Derweil rollten Kanzler und Präsident im offenen Wagen den Kurfürstendamm herunter – vorbei an 150000 jubelnden Berlinern. Das Ritual war bekannt, aber politisch und medial höchst wirkungsvoll: Politiker des Westens und die Bevölkerung Berlins im Schulterschluß gegen eine feindliche Umgebung. Man feierte das eigene Bekenntnis zur Freiheit. Denn gerade in Berlin hatte diese Freiheit ihre Grenzen. Als Carter von Bürgern gefragt wurde, wie lange die Mauer noch stehen solle, antwortete er: »Das weiß ich nicht. Ich hoffe, daß sie eines Tages abgerissen wird. Es tut mir leid, daß ich Ihnen keine bessere Antwort geben kann. Aber das ist die Realität.«

*»Knapper Wahlsieg...«
Bundeskanzler Schmidt und Außenminister Genscher im Oktober 1976*

Ich finde, Koalitionen [sind] überhaupt was Mieses. Deswegen bin ich ein Anhänger immer gewesen des amerikanischen Wahlrechtes oder des englischen.

Schmidt

Ab und zu muß es in einem Land Regierungswechsel geben. Am liebsten durch die Wähler und nicht durch Hofintrigen.

Schmidt

*»Schloß-
besitzer –
Reihenhaus-
bewohner...«
Helmut
Schmidt und
der französi-
sche Staats-
präsident
Valéry
Giscard
d'Estaing,
1974*

Wenn Journalisten mich bitten, die Politiker zu nennen, die ich am meisten bewundere, so antworte ich immer: General de Gaulle aufgrund seiner historischen Größe, Präsident Kennedy aufgrund seiner Jugend und Bundeskanzler Helmut Schmidt aufgrund seiner Professionalität als Staatsmann.

Valéry Giscard d'Estaing, ehemaliger französischer Staatspräsident

Da muß Helmut Kohl, der Herausforderer, noch üben, ehe er Schmidt auf der Fernsehbühne gewachsen ist.

Helmut Herles, Journalist

In den folgenden Tagen richtete sich das Interesse der Deutschen, aber auch der Weltöffentlichkeit, wieder auf Bonn. Die Regierungschefs der sieben wichtigsten westlichen Industrienationen trafen sich in der Bundeshauptstadt. Helmut Schmidt spielte eine Doppelrolle: Er war Gastgeber und zugleich einer der führenden Köpfe der Runde. Stolz und strahlend nahm er am Sonntag, dem 16. Juli 1978, das Defilee der hohen Gäste ab: Einzeln fuhren sie am Tagungsort, dem Palais Schaumburg, vor und wurden vom Kanzler entspannt und mit locker-launigen Bemerkungen in fließendem Englisch empfangen: der Japaner Takeo Fukuda, der Brite James Callaghan, der Italiener Giulio Andreotti, der Kanadier Pierre Trudeau, der US-Präsident Carter. Schließlich der französische Präsident Giscard d'Estaing. Alles lief perfekt, und fröhlich begrüßte der Kanzler seinen französischen Freund: »Schön, Sie zu sehen, Valéry, und was für feines Wetter Sie mitgebracht haben.«

Die Gespräche über die Weltwirtschaft wurden von Schmidt geschickt und effizient organisiert, die Ergebnisse schienen vielversprechend: Die USA verpflichteten sich, den Preis des in den USA geförderten Öls auf Weltmarktniveau zu erhöhen, die Japaner versprachen, ihren Markt für Importe zu öffnen, die Deutschen, ihre Konjunktur durch Steuersenkungen anzukurbeln, um so als Lokomotive der Weltwirtschaft Impulse zu geben. Doch der folgenreichste Beschluß dieses Weltwirtschaftsgipfels hatte wenig mit Ökonomie zu tun: Man hatte grundsätzlich beschlossen, den sowjetischen SS-20-Raketen, die Westeuropa bedrohten, eigene moderne Waffen entgegenzusetzen – ein Plan, der später unter dem Begriff »Nachrüstung« legendär und umstritten werden sollte.

Beim Weltwirtschaftsgipfel stand Helmut Schmidt im Zenit seines Ansehens. Die Welt sah, daß er die Mittelmacht Deutschland auf wirtschaftlichem wie auch auf politischem Gebiet zum Impulsgeber gemacht hatte. Im Spiel der Supermächte war die Bundesrepublik zum Mittler geworden. Schmidt beschrieb das neue deutsche Selbstverständnis ganz kühl: »Wir sind keine Großmacht, wir sind ein Staat mittlerer Größe, und das wollen wir auch bleiben. Andererseits macht es auch keinen Sinn, uns künstlich in die Rolle eines Zwerges hineinzuzwängen.«

Die zunehmende Bedeutung der Bundesrepublik zeigte sich ebenfalls auf dem Vierergipfel in Guadeloupe im Januar 1979.

Franzosen, Briten und Amerikaner hatten den deutschen Kanzler eingeladen, um auf der französischen Karibikinsel die militärisch-strategische Lage zu besprechen. Das war eine Premiere – zum ersten Mal saß ein deutscher Regierungschef gleichberechtigt mit den Führern der drei westlichen Siegermächte des Zweiten Weltkriegs am Konferenztisch. Es ging um eine konkrete Antwort auf die sowjetischen SS-20-Raketen. Carter schlug vor, ab 1983 als Gegengewicht in Deutschland moderne Mittelstreckenraketen zu stationieren. Damit war die NATO-Nachrüstung mit Pershing-Raketen und Cruise Missiles (Marschflugkörpern) fast beschlossene Sache. Der Kanzler bat darum, die neuen Nuklearwaffen nicht nur auf deutschem Boden zu stationieren, sondern sie auch auf mehrere europäische Nachbarländer zu verteilen – die Idee der »Risikogemeinschaft« stieß bei allen Anwesenden auf Zustimmung. Die Pläne wurden als »NATO-Doppelbeschluß« bekannt, weil man die Nachrüstung mit einem Verhandlungsangebot an den Osten verband. Das Signal an die Sowjets: Man sei bereit, die Nachrüstung zu überdenken oder zu begrenzen, wenn es Verhandlungserfolge bei der Reduzierung von SS-20-Raketen gebe. Doch die Sowjets zogen sich auf eine Extremposition zurück: Sie würden nur verhandeln, wenn der Westen auf den Modernisierungsbeschluß verzichte.

Während der Begriff »Nachrüstung« in die Welt gesetzt wurde, ahnte der Kanzler vermutlich nicht, auf welche Widerstände diese konsequente Politik der NATO treffen sollte. In derselben Stunde, da er als Gesprächspartner der großen westlichen Mächte am einflußreichsten war, begann die schwierigste Phase seiner Kanzlerschaft. Die Stimmung im Land schlug um. Aus der Sicht des politischen Establishments und des Kanzlers war davon anfangs wenig zu spüren. Schmidt stand bei der Bevölkerung und besonders bei der Masse der SPD-Wähler in hohem Ansehen – er erzielte bei Umfragen immer noch Spitzenwerte. Der Staatsmann und Außenpolitiker wurde nicht geliebt – doch das war nur der Konsens der Etablierten.

Die Fixierung des Kanzlers auf die traditionellen Wählergruppen und Politikentwürfe verstellte seinen Blick dafür, daß sich ein Wandel in der politischen Kultur der Bundesrepublik vollzog. Innerhalb der Gesellschaft hatten sich seit Mitte der siebziger Jahre neue Konfliktpotentiale angestaut. Es ging zum einen um die Energie- und Atompolitik. Auf dem Hamburger

Parteitag 1977 hatte sich die SPD noch zu einem Kompromiß durchgerungen. Die Kohle sollte Vorrang haben, neue Atomkraftwerke würden erst dann gebaut, wenn sich eine »Energielücke« auftue. Man beschloß aber auch, daß es grundsätzlich sehr wohl zu verantworten sei, Atomkraftwerke vom Typ »schneller Brüter« zu entwickeln und zu bauen.

Murrend folgten ökologisch eingestellte Delegierte dem Kompromiß und dem Kanzler, der für die Atomoption stand. Doch unwohl war ihnen dabei schon, denn die Anti-Atombewegung und ihre ökologisch orientierten Anhänger konnten in der von Schmidt dominierten SPD keine politische Heimat mehr finden. Der Kanzler hatte seine Partei so weit in die Mitte gerückt, daß links von ihr Raum für eine neue politische Gruppierung entstand. Auf der Basis von Anti-Atom-Gruppen, die es überall im Land gab, entwickelte sich 1979 der Kern einer neuen Partei: die »Sonstige Politische Vereinigung Die Grünen«. Diese neue politische Kraft war ökologisch und pazifistisch orientiert, besonders in Norddeutschland zog sie aber auch Linksextreme an. Im Frühjahr 1979 kandidierte die neue Gruppierung erstmals für die Wahlen zum Europaparlament – immerhin 3,2 Prozent, etwa eine Million Menschen, votierten für Ökologie und Pazifismus. Kanzler Schmidt empfand für diese Stimmung im Land keine Sympathie und auch kein Gespür – diese Haltung teilte er mit der Mehrheit der Bundesbürger. Für sie waren Grüne gefährliche Idealisten, welche die Industrienation Deutschland in die Steinzeit zurückbringen wollten und sich an den Bauplätzen der Atomkraftwerke gewalttätige Auseinandersetzungen mit der Polizei lieferten. Doch die Grünen besetzten Politikfelder, die von Schmidt und der SPD vernachlässigt wurden – und sie hatten Erfolg. Im Oktober 1979 zogen sie in das Bremer Landesparlament ein. 1980 wurde die Bundespartei »Die Grünen« gegründet.

Wirklichen Zulauf erhielten sie jedoch erst, nachdem die NATO offiziell ihren Doppelbeschluß gefällt hatte. Die Friedensbewegung mobilisierte Massenproteste gegen die Nachrüstung und gegen einen der geistigen Urheber des NATO-Doppelbeschlusses: Helmut Schmidt. Die Grünen besetzten das hochemotionalisierte Thema »Frieden« – das brachte Unruhe in den linken Flügel der SPD: Dort sorgte man sich um die Bewahrung der pazifistischen Traditionen der Sozialdemokratie, aber auch um potentielle Wähler. Schmidts Parteifreund, der Nieder-

»Im antiken Sinne tragisch...«
Helmut Schmidt kondoliert Waltrude Schleyer, 1977

Die Tat von Köln ist Mord. Die Täter sind Mörder. Ein Mord, bei dem behauptet wird, er diene einem politischen Zweck, bleibt nichtsdestoweniger Mord.

Schmidt

Er empfand es wirklich als einen der größten Unglücksfälle seines Lebens. Und das sage ich heute noch: Der Mann war echt ergriffen... Für ihn war das schrecklich.

*Waltrude Schleyer, Witwe des ermordeten
Arbeitgeberpräsidenten Hanns-Martin Schleyer*

sachse Gerhard Schröder, sprach später aus, was viele linke SPD-Mitglieder damals über ihren Kanzler dachten: »Seine Auffassung zur Atomenergie, die Nachrüstung: All das hat mich enttäuscht. Und ich habe versucht, gegen diese Inhalte seiner Politik zu kämpfen, weil es nicht meine waren, ich sie für folgenschwere Irrtümer hielt.«

Auch innerhalb der Troika zerbrach der Konsens, der es bisher ermöglicht hatte, die Partei und Fraktion unter Kontrolle zu halten. Herbert Wehner machte deutlich, daß er die Stationierung von Mittelstreckenraketen für falsch hielt. Bis dahin konnte sich Schmidt darauf verlassen, mit Wehner inhaltlich so weit einig zu sein, daß die sachliche Zusammenarbeit komplikationslos verlief. Aber als Fraktionschef Wehner im Frühjahr 1979 davon sprach, daß die sowjetische Rüstung »defensiver Natur« sei, kam es zu einer harten Aussprache mit Schmidt. Der Kanzler sah innerhalb der eigenen Partei, wie das Kalkül der Sowjets aufging: Sie wollten die verunsicherte Stimmung in der Bundesrepublik nutzen, um eine NATO-Nachrüstung zu verhindern. Schmidt drängte seinen Fraktionschef schließlich erfolgreich dazu, die sowjetische Hochrüstung in Zukunft nicht mehr zu verharmlosen.

So war beim Parteitag der SPD in Berlin im Dezember 1979 nach außen hin das Bild der Partei wieder einheitlich. Doch unter der Oberfläche gab es weiterhin Spannungen. Die Parteilinken rebellierten dagegen, zum reinen »Kanzlerwahlverein« zu werden, wie es in ihren Augen die Adenauer-CDU in den fünfziger Jahren war. Willy Brandt, nach einem stillen Herzinfarkt 1978 genesen, wurde für nostalgische parteiinterne Kritiker wieder zum Idol – man sehnte sich nach Politikentwürfen, die über die Schmidtsche Rationalität hinauswiesen.

Die bestimmenden Themen des Parteitags waren die Atompolitik und die Nachrüstung. Schmidt drohte wegen des Themas Kernenergie schon im Vorfeld des Parteitags dezent mit einem Rücktritt: »Wenn ihr das Energieproblem nicht so seht wie ich – ohne Kernenergie kommen wir für eine Übergangsphase nicht aus –, müßt ihr euch einen anderen suchen, der eine andere Politik versucht. Vielleicht habt ihr Glück damit.« Damit hatte Schmidt die Partei, die auf ihn als populären Kanzler angewiesen war, praktisch erpreßt und auf seine Linie gezwungen. Beim Thema Nachrüstung versuchte er es mit Überzeugungsarbeit: Die Amerikaner seien zu Verhandlungen bereit, aber ohne die

Verwirklichung der beiden Teile des NATO-Doppelbeschlusses
– es wird nachgerüstet, gleichzeitig aber ein Verhandlungsangebot unterbreitet – werde man die Sowjets nicht an den Verhandlungstisch bekommen, beschwor er die Delegierten. Er überzeugte den Parteitag schließlich, zumal Willy Brandt eine schwache Rede hielt. Weder unterstützte er Schmidts Politik eindeutig noch formulierte er eine klare Gegenposition zum Kanzler. Die Atomkraftgegner und Nachrüstungskritiker fanden 1979 in Brandt noch nicht den prominenten Frontmann, um den sie sich sammeln konnten. Noch einmal triumphierte der Kanzler. Doch, so schrieb später der Historiker Golo Mann: »Er war den Parteilinken gegenüber wie ein Tierbändiger. Die wilden Tiere fügten sich noch einmal, aber mit wachsendem Widerwillen. Seine Siege waren zuletzt nur noch Scheinsiege. Sie wogen nicht mehr.«

Dennoch fühlte sich der Kanzler eindeutig gestärkt für die Aufgaben, die im neuen Jahr 1980 auf ihn warteten. Er war allerdings nicht darauf gefaßt, daß ihn außenpolitische Herausforderungen schon vor dem Jahreswechsel voll vereinnahmen würden. Am 27. Dezember 1979 besetzten sowjetische Truppen blitzartig den bislang blockfreien Nachbarstaat Afghanistan. Zuvor waren Fallschirmjäger an wichtigen Punkten des Landes abgesetzt worden, Großraumtransporter mit Panzern landeten auf den schnell eroberten Flugplätzen. Bald hatten 50 000 Mann den instabilen, islamischen Nachbarn überrannt – das alte Regime wurde verjagt, die Sowjetarmee brachte einen neuen Staatschef mit nach Kabul und setzte ihn als Marionette ein. Der Überfall der Sowjets überraschte den Kanzler vollkommen. Die deutschen Nachrichtendienste hatten die Entwicklung verschlafen, die Amerikaner hatten – wenn sie überhaupt über Erkenntnisse verfügten – Schmidt nicht vorgewarnt.

Der Kanzler war nicht darauf gefaßt, daß Breschnew der Entspannungspolitik einen so rücksichtslosen Schlag versetzen könnte. »Ich war über Afghanistan schockiert und empört«, schrieb Schmidt später. Das große Projekt des deutschen Regierungschefs schien gefährdet – sprach- und ratlos hielt sich der Kanzler zunächst mit öffentlichen Kommentaren zurück. Die Weltöffentlichkeit mutmaßte, daß aus dem »ehrlichen Makler« ein *Appeasement*-, ein Beschwichtigungspolitiker geworden war, der verzweifelt und um jeden Preis versuchte, die Entspannung zu retten. Seine Regierungserklärung vor dem Bundestag war wenig konkret, Journalisten erfuhren auch in Interviews nicht, wie Schmidt inzwischen sein Verhältnis zu Breschnew einschätzte.

Doch das Schicksal der Entspannungspolitik lag nicht mehr in den Händen Helmut Schmidts. Die *Detente* war nicht mehr oberstes Politikgebot: Präsident Carter verkündete ein Handelsembargo für hochwertige technische Produkte gegen die Sowjetunion. Von noch stärkerer Symbolkraft aber war die Ankündigung der Amerikaner, den Olympischen Sommerspielen, die 1980 in Moskau stattfinden sollten, fernzubleiben.

Schmidt reiste nach Washington und protestierte gegen den Boykottbeschluß. Carter verlangte dagegen von den Westdeutschen, sich dem Boykott anzuschließen und endlich ein Handelsembargo zu verkünden. Schmidt befürchtete jedoch, daß diese Maßnahmen alle innerdeutschen Fortschritte gefährden würden. Das interessierte den US-Präsidenten aber nur mäßig. Schmidt schrieb später dazu: »Ich hatte nicht das Gefühl, Carter überzeugt zu haben. Der amerikanische Präsident schien nur mehr in der Lage zu sein, Schwarzweißdarstellungen zu akzeptieren. Dies wurde besonders bei seinem beharrlichen Drängen deutlich, Europa müsse sich am Olympiaboykott beteiligen. Ihm fehlte jedes Bewußtsein für die schwierige Lage, in die er Giscard, mich und andere europäische Regierungschefs durch seine einseitige Ankündigung des Boykotts gebracht hatte.«

Doch der Franzose Giscard war ihm diesmal keine Hilfe: Er demonstrierte in der Debatte vollkommene Unabhängigkeit von den Amerikanern – Frankreich wolle nicht zur »Provinz« der Großmacht USA verkommen, erklärte er. Die Franzosen fuhren nach Moskau, während sich das deutsche Nationale Olympische Komitee dem Boykott anschloß. Darüber hinaus traf Giscard im Mai in Warschau mit Breschnew zusammen. Den deutschen Kanzler hatte er nicht konsultiert – der »strategischen« Freundschaft zu Schmidt brachte der Franzose keine Opfer, wenn es um ureigene französische Interessen ging.

Während in der Außenpolitik Schadensbegrenzung und Krisenmanagement gefragt waren, mußte Helmut Schmidt sich zu Hause dem Wahlvolk stellen. Der Kanzler ging krank und angeschlagen in den Wahlkampf 1980. Schon Anfang Februar, bei einem Besuch in Paris, zeigte sich, daß die Anspannungen der letzten Zeit ihren Tribut forderten. Im Elysée-Palast, nach deutsch-französischen Konsultationen, wollte Schmidt sich zu einem abschließenden Gespräch mit Giscard treffen. In einem prachtvollen Besucherraum, dem »Salon des Portraits«, sah man sich unter vier Augen. Giscard war erschreckt über das elende Aussehen des Kanzlers. Nach ein paar belanglosen Worten das erste Warnzeichen – der Kanzler öffnete seinen Krawattenknoten: »Ich fühle mich nicht wohl, Valéry. Aber das geht schon vorüber.« Wenig später röchelte der Kanzler, es folgte ein Stöhnen. »Legen Sie sich auf das Sofa. Dort haben Sie es bequemer«, bot Giscard an, sprang auf und half dem Kanzler, aufzustehen und sich hinzustrecken. Giscard berichtete in seinen Memoiren »*Macht und Leben*« weiter: »Sein Kopf fällt zur Seite, er verdreht die Augen. Offensichtlich hat er das Bewußtsein verloren. Wir beide sind allein im Zimmer; die Türen sind geschlossen. Draußen nimmt man natürlich an, wir seien in unser Gespräch vertieft. Wenn ich hinaus in das Vorzimmer gehe und um Hilfe bitte, werden seine Mitarbeiter sofort hineinstürzen. Die Journalisten und Fotografen warten bestimmt im Hof. Man müßte ihn hinaustragen, und das in seinem beklagenswerten Zustand. Nein, besser, ich nehme die Sache selbst in die Hand. Ich gehe zum Telefon, das zur Vermittlung geschaltet ist.«

Diskret rief der französische Staatspräsident den Armeearzt, der für die medizinische Betreuung im Präsidialamt zuständig war. Giscard wartete – der Kanzler rührte sich nicht, ein pfeifendes Atemgeräusch war das einzige Lebenszeichen. Draußen ging der Februarnachmittag in eine frühe Dunkelheit über. »Diese Krankenwache, finde ich, hat etwas von einer Shakespeare-Szene. Was würde wohl die Öffentlichkeit, die Menge, dazu sagen, wenn sie uns so sähe, Helmut auf dem Sofa und mich, wie ich hilflos neben ihm wache, ohne ihm helfen zu können«, erinnert sich der Expräsident. Schließlich traf der Arzt ein. Er untersuchte den Kanzler, das Herz schlug normal, dann kam der Patient zu sich. »Was ist geschehen?« wollte er wissen. Er lehnte es ab, in sein Hotel zu fahren. Lieber wollte er an einem für den Abend geplanten Essen teilnehmen. Eine Stunde später war der Kanzler wieder im Einsatz – betont agil betrat er den Speisesaal, die Krawatte war wieder festgezurrt. Der Macher, der die Politik brauchte, auch wenn sie ihn krank machte, wollte keinerlei Schwäche zeigen.

Das galt auch für die bevorstehenden Wahlauseinandersetzungen mit Franz Josef Strauß, der sich gegen Ernst Albrecht als

Kanzlerkandidat der CDU/CSU durchgesetzt hatte. Als kranker Mann wollte sich der Kanzler den Wählern nicht präsentieren – das einzige Zugeständnis an die Gesundheit war die Tatsache, daß er sein Laster, das Rauchen, aufgab. Der Wahlkampf wurde mit äußerster Härte geführt. Die Union geißelte den Kanzler als »politischen« Rentenbetrüger und als »Schuldenkanzler«. Der Slogan der Opposition lautete: »Gegen den SPD-Staat – Stoppt den Sozialismus.« Polemik ersetzte wirkliche Sachthemen. Der Kanzler dagegen gab sich als Staatsmann von internationalem Format. Von Carter hatte er sich explizit zusichern lassen, daß der zweite Teil des Doppelbeschlusses auch weiterhin galt – man bot den Sowjets noch während der Nachrüstung ausdrücklich Verhandlungen über den Abbau von Mittelstreckenraketen an. Mit dieser Zusage reiste Schmidt im Juni 1980 nach Moskau. Und er hatte Erfolg: Die Sowjets sagten ohne Vorbedingungen Verhandlungen zu. Der Wahlkämpfer Schmidt triumphierte, aber als »ehrlicher Makler« gab er sich gegenüber Breschnew dankbar und bescheiden: »Ich werde Ihren Vorschlag an Präsident Carter übermitteln. Herr Genscher wird schon morgen nach Washington fliegen.«

Zu Hause im Wahlkampf zehrte er von seinem Erfolg als Friedensstifter. Seinen Widersacher Strauß griff er massiv an: Dieser sei international zwar »friedenswillig«, aber nicht »friedensfähig«. Wenn es nach den SPD-Wahlkampfstrategen ging, sollte der Wähler also glauben, über Krieg und Frieden abzustimmen. Das gerade aufpolierte Image Schmidts, aber auch die eher polarisierende Politik des Bayern Strauß zeigten Wirkung – im Oktober 1980 mußte der Unionskandidat eine schwere Niederlage hinnehmen. Die Opposition blieb zwar stärkste Fraktion (44,5 Prozent), verlor aber 17 Sitze im Bundestag, die SPD gewann vier Sitze hinzu und kam auf 42,9 Prozent der Wählerstimmen. Der Überraschungssieger aber war die FDP, die 14 Sitze hinzugewann und ihr letztes Ergebnis um 2,7 Prozent auf 10,6 Prozent verbesserte.

Rein numerisch stand die Koalition nun gestärkt einer geschwächten Opposition gegenüber. Es sollte sich zeigen, daß diese Wählerentscheidung dem Koalitionsfrieden nicht gerade zuträglich war. Vor allem auf dem Gebiet der Wirtschaftspolitik gab es Reibungspunkte zwischen SPD und FDP: So ging es etwa um die Mitbestimmung in der stetig schrumpfenden Stahl- und Bergbauindustrie. Die SPD wollte am starken Einfluß der

Ich habe nichts dagegen, gemeinsam mit anderen in den Rahmen deutscher Märchen gestellt zu werden. Zu den sieben Zwergen und zu Schneewittchen gehören ja auch die sieben Berge. Wir haben aber nicht sieben Berge bestiegen, sondern einen Gipfel gemeinsam erklommen.

Schmidt

Mir ist erst allmählich gedämmert, daß Helmut Schmidts etwas überhebliche Art der Verteidigungsmechanismus eines eher sentimentalen Mannes ist, der seinen Intellekt und seine Fähigkeiten zur Analyse betonen muß, damit seine Gefühle nicht mit ihm durchgehen.

Henry Kissinger, ehemaliger amerikanischer Außenminister

»*Jimmy – ein schrecklicher Name...*« *Helmut Schmidt und Jimmy Carter im Garten des Weißen Hauses, Juni 1979*

Arbeitnehmer – ihnen standen 50 Prozent der Stimmen im Aufsichtsrat zu – festhalten, die FPD wollte Konzernen, deren Anteil an Stahl und Bergbau sank, erlauben, andere Mitbestimmungsverhältnisse einzuführen. Im Haushalt für 1981 wollten sowohl die FDP als auch die SPD einen konsequenten Sparkurs – man war sich allerdings nicht darüber einig, auf welchen Gebieten gestrichen werden sollte. Die Liste der Streitpunkte war lang. Die SPD wollte Steuervergünstigungen für den Hausbau abbauen, die FDP dagegen den »Paragraphen 7b« beibehalten und Eigentumsförderung im Wohnungsbau noch stärker steuerlich begünstigen. Gleichzeitig sollte der Mieterschutz eingeschränkt werden – das war mit der SPD nicht zu machen. Fazit: In der Wirtschaftspolitik gab es, seit die FDP durch zahlreiche Parteitagsbeschlüsse stärkere wirtschaftsliberale Akzente setzte, erheblichen Konfliktstoff zwischen den Partnern.

Die Wirtschaftsbilanz der gerade bestätigten Regierung war ohnehin alles andere als beeindruckend. Die Zahl der Firmenzusammenbrüche stieg an, die Arbeitslosenzahl erhöhte sich von 889 000 im Jahresdurchschnitt 1980 auf 1,27 Millionen im Jahr 1981. Die Unternehmen investierten weniger, die Sozialausgaben der öffentlichen Hand stiegen.

Auch auf anderen Gebieten gab es Kritik am Wahlsieger Schmidt. Die eigene Partei monierte, daß es dem Politikstil des Kanzlers an Inspiration mangle. So polemisierte sein Parteigenosse Erhard Eppler: »Noch nie hat sich nach einer Regierungserklärung – nicht einmal nach der Ludwig Erhards im Herbst 1965 – eine solche Atmosphäre geistiger Ödnis verbreitet wie nach der Regierungserklärung vom 24. November 1980.« Die Parteilinke, angeführt von Eppler und Hans-Ulrich Klose, sah sich durch die pragmatische Energie- und Nachrüstungspolitik der Regierung herausgefordert. Sie hegte Sympathien für eine idealistische Massenbewegung, die sich außerhalb der parlamentarischen Entscheidungswege selbst das Recht auf »Widerstand« gegen Atomkraft und Atomrüstung nahm.

Gefährlich wurde es für Schmidt, als sich der SPD-Parteivorsitzende Willy Brandt – dem Trend innerhalb der Partei folgend – auf die Nachrüstungsgegner Erhard Eppler und Oskar Lafontaine zubewegte. Ihre Hauptforderung war: Verhandlungen mit den Sowjets ohne vorherige westliche Nachrüstung. Brandt wollte um die vorwiegend jungen Idealisten der Friedensbewegung werben, der Kanzler war für die Abgrenzung – die

Nachrüstung und eine glaubwürdige Bündnispolitik waren ihm wichtiger als Rücksichtnahme auf diffuse Ängste und antiamerikanische Affekte. Der Kanzler betonte, er stehe auch in dieser Frage für Werte wie »Pflichtgefühl, Berechenbarkeit, Machbarkeit und Standhaftigkeit«. Daraufhin bescheinigte ihm sein Parteifreund Oskar Lafontaine, nur »Sekundärtugenden« zu pflegen. Lafontaine in einem Interview: »Ganz präzis gesagt: Damit kann man auch ein KZ betreiben.«

Die SPD-geführte Regierung hatte es nun mit zwei parlamentarischen Oppositionen zu tun: mit der Union und dem Teil der SPD, der Sympathien für die Friedensbewegung hegte. So trat etwa Erhard Eppler als Redner bei der großen Friedensdemonstration im Bonner Hofgarten auf, an der am 10. Oktober 1981 fast 300 000 Menschen teilnahmen. Die dauerhaften Reibereien zehrten an den Kräften des Kanzlers – und er zeigte andere Schwächen. Im selben Monat mußte ihm nach Herzrhythmusstörungen ein Herzschrittmacher eingesetzt werden – die Folge einer lange verschleppten Herzmuskelentzündung.

Die Friedensbewegung und innerparteiliche Kritiker schienen nicht wahrzunehmen, daß auch der Kanzler um Abrüstung und die Sicherheit in Europa besorgt war – genausowenig wie Schmidt registrierte, daß die Rhetorik und das Kalkül der Rüstungsbefürworter vielen friedensbewegten Bürgern Angstschauer über den Rücken jagten. Seit Januar 1981 regierte in Washington der von den Nachrüstungsgegnern besonders angefeindete neue Präsident Ronald Reagan. Nach einem Besuch im Mai 1981 urteilte Schmidt vorwiegend positiv über den neuen, schon betagten Mann im Weißen Haus: »Wir verstanden uns persönlich gut. Das ist alles Quatsch, was über den angeblichen Cowboy aus Kalifornien geschrieben wurde.« Reagan bestätigte ihm, daß die amerikanische Regierung bis spätestens Ende 1981 Verhandlungen mit den Sowjets über die Abrüstung bei Mittelstreckenraketen aufnehmen wolle. Der NATO-Doppelbeschluß – nachrüsten und verhandeln – wurde also auch von den Amerikanern in beiden Teilen ernst genommen: Im November bot Reagan seinem Kontrahenten im Kreml sogar die »beiderseitige Nullösung« an. Bei Abrüstung aller sowjetischen Mittelstreckenraketen würden die USA ebenfalls ihre Waffen dieses Typs auf Null reduzieren. Da die Russen darauf beharrten, daß inklusive ihrer SS 20 bereits ein Gleichgewicht in Europa herrschte, lehnten sie die doppelte Nullösung strikt ab.

Leonid Breschnew kam im November 1981 – ein Jahr vor seinem Tod – zum dritten Mal nach Bonn. Schmidt wollte als »redlicher Dolmetscher« sowohl Reagan als auch Breschnew klarmachen, »daß der andere kein Kriegshetzer ist«. Gleichzeitig gab er Breschnew zu verstehen, daß er als Kanzler vor der Friedensbewegung keinen Millimeter zurückweichen werde: »Im Falle eines Scheiterns der bevorstehenden Verhandlungen werde ich für das Zustandekommen einer westlichen Nachrüstung notfalls die Existenz meiner Regierung riskieren, und jede denkbare Bundesregierung wird der Stationierung neuer amerikanischer Waffen zustimmen, wenn es nicht bis Ende 1983 zu einem Durchbruch bei der beiderseitigen Begrenzung der Mittelstreckenwaffen kommt«, erklärte er seinem Gesprächspartner.

Breschnew war offenbar beeindruckt und bot an, als Geste des guten Willens einen Teil seiner Mittelstreckenwaffen im europäischen Bereich der Sowjetunion zu verringern – er sprach von Hunderten von Raketen. Seine Bedingung: Während über die Mittelstreckenwaffen verhandelt wurde, sollte ein Aufstellungsstopp in Kraft treten. Das war für die Amerikaner kein Problem – sie sahen sich technisch ohnehin nicht in der Lage, ihre neuen Waffen vor dem Herbst 1983 zu installieren. Das Klima zwischen den Großmächten schien sich zu entspannen – und das nicht zuletzt infolge der diplomatischen Anstrengungen Helmut Schmidts. Amerikaner und Sowjets sprachen über ihn miteinander – und er »dolmetschte« im Sinne der Entspannungspolitik.

Entspannen wollte Schmidt auch die Lage im geteilten Deutschland. Im Dezember 1981 besuchte er zum ersten Mal Erich Honecker in der DDR – dreimal war diese Reise bisher verschoben worden. Doch die Eindrücke, die der deutsch-deutsche Gipfel hinterließ, waren zwiespältig. Der Schmidt-Aufenthalt in der DDR wurde von einer peinlichen Inszenierung, die sich die Gastgeber am letzten Tag leisteten, überschattet. Der Kanzler besuchte an diesem winterlichen Adventssonntag die mecklenburgische Kleinstadt Güstrow. Dort erwartete ihn eine gespenstische Szenerie. Die Straßen wurden von einem ununterbrochenen Spalier Vopos gesäumt, die in langen grünen Mänteln und Pelzkappen langsam eingeschneit wurden. Sonst waren die Straßen menschenleer. Das Regime hatte den Einwohnern

Es ist wahr, wir haben an die DDR nichts zu verschenken. Auch in Zukunft muß zäh verhandelt werden. Aber Deutschlandpolitik muß auch in Zukunft durch die sprichwörtlichen kleinen Schritte dazu helfen, daß Deutsche sich treffen können, daß sie miteinander reden können und daß sie sich praktisch als Angehörige eines und desselben Volkes erleben.

Schmidt

Linientreue Zuschauer der DDR-Nachrichtensendung »Aktuelle Kamera« verstanden ihre sozialistische Welt nicht mehr: Helmut Schmidt, Regierungschef des »imperialistischen NATO-Staates« Bundesrepublik, war über Nacht neben SED-Generalsekretär Erich Honecker Star des DDR-Fernsehens geworden. Die Ostberliner Medien-Funktionäre, die den Bonner noch vor Monaten als »Raketen-Kanzler« und »Einpeitscher des Brüsseler NATO-Aufrüstungsbeschlusses« geschmäht hatten, präsentierten Schmidt nun als einen Staatsmann, den nichts mehr bewegt als »die Bewahrung des Friedens«.

Der Stern

»Peinliche Inszenierung...« Staatsratsvorsitzender Erich Honecker gibt Bundeskanzler Helmut Schmidt zum Abschied ein Hustenbonbon, Güstrow im Dezember 1981

Hausarrest verordnet – man wollte jede Sympathiebekundung für den westdeutschen Politiker verhindern. Zu frisch war die Erinnerung an den Brandt-Besuch 1970 in Erfurt, als der damalige deutsche Kanzler euphorisch gefeiert wurde. In Güstrow wurde totale Staatskontrolle inszeniert: Aufsässige Jugendliche wurden vor dem Besuch verhaftet und aus der Stadt gebracht, kritische erwachsene Männer zu Reserveübungen einberufen. Die restlichen Bewohner mußten ein amtliches Schreiben an alle Haushalte unterzeichnen und erklären, daß sie das Haus an diesem Sonntagnachmittag nicht verlassen würden. Der Weihnachtsmarkt von Güstrow wurde dafür von Stasi-Mitarbeitern diensteifrig mit Leben erfüllt. Der Kanzler äußerte sich später ironisch über diese »Volksmassen«: »Das war mehr, als ich erwartet hatte.«

Als Honecker und Schmidt eintrafen, gab es einzelne, bestellte Hochrufe: »Es lebe unser Generalsekretär!« Ein Mitglied der Bonner Delegation durchschaute die Schmierenkomödie schnell. »Das ist so dilettantisch, daß es selbst der Dümmste merkt«, urteilte es über die Inszenierung des sozialistischen »Wintermärchens«. Schmidt hatte die Reise nach Güstrow gewünscht, um das Barlach-Haus zu besichtigen – er war seit langem ein Verehrer des 1938 verstorbenen Bildhauers, Graphikers und Dichters Ernst Barlach.

Nach dem Besichtigungsprogramm endete der Staatsbesuch in der DDR an diesem Tag am Güstrower Bahnhof mit einer scheinbar freundlichen Geste. Honecker reichte dem Kanzler ein Hustenbonbon durch das Zugfenster, der Kanzler lächelte. Das in dem Moment entstandene Pressefoto mußte auf jene, die den Eklat von Güstrow miterlebt hatten, befremdlich und peinlich wirken.

Zuvor waren die politischen Gespräche am Werbellinsee allerdings nicht übel verlaufen. Und so wurde Schmidt, vorher in den DDR-Medien als »Raketen-Kanzler« und »Einpeitscher des Brüsseler NATO-Aufrüstungsbeschlusses« beschimpft, in der SED-Presse plötzlich als Mann gewürdigt, den nichts tiefer bewege als die Bewahrung des Friedens. Schmidts Bemühen, Breschnew wieder in den Dialog mit dem Westen zu bringen, wurde von der DDR-Führung gewürdigt – auch wenn einige Hardliner in Ostberlin erst einen Fingerzeig aus Moskau brauchten. Man redete nun Klartext miteinander. »Gute Nachbarschaft kann nicht gedeihen im Schatten von USA-Raketen«, beklagte sich Honecker. Schmidt monierte, daß die Mindestumtauschsätze für westliche DDR-Reisende von 13 auf 25 D-Mark pro Tag erhöht worden waren: »Ich sah mich durch Sie getäuscht, Herr Honecker, als bei Ihnen die Mindestumtauschsätze erhöht wurden. Mit dieser einseitigen Veränderung habe ich nicht gerechnet. Sie kennen die Folgen für Rentner, für ganze Familien, für Jugendliche und Kinder.«

Eine Annäherung der Standpunkte – etwa auch in der Frage einer Anerkennung der DDR-Staatsbürgerschaft – oder konkrete Ergebnisse wurden bei diesem Gipfel nicht erreicht, aber man hoffte auf langfristige atmosphärische Verbesserungen im deutsch-deutschen Verhältnis. Schmidt gab sich schließlich versöhnlich: »Wir sind uns doch wohl einig, Herr Generalsekretär, daß wir manches ein bißchen anders machen würden, wenn wir allein auf dieser Welt wären.«

Doch die Deutschen in Ost und West waren nicht allein auf dieser Welt. Das zeigte sich am Morgen des 13. Dezember 1980, jenem Adventssonntag, an dem Schmidt nach Güstrow fahren wollte. Noch bevor der Kanzler aufgestanden war, kamen schlechte Nachrichten aus Polen: Das Militär hatte die Regierungsgewalt übernommen und den Kriegszustand über das ganze Land verhängt. Die Führer und Aktivisten der oppositionellen Gewerkschaft »Solidarność« wurden interniert. In den Städten gingen Panzer in Stellung – die Armee nahm das eigene Land in Isolationshaft. Dennoch entschied sich Schmidt für die Fortsetzung des Besuchs in der DDR. In Güstrow wurde er dann durch die zynische Inszenierung seiner Gastgeber daran erinnert, wie frostig und unnatürlich die Lage im Europa des Jahres 1981 war – aber auch daran, wie wichtig es war, gerade jetzt auf Entspannung hinzuwirken.

Von einer entspannten Lage konnte derweil im eigenen Land, innerhalb der SPD/FDP-Koalition, nicht die Rede sein. Seit den Diskussionen um den Etat 1982 gab es Ärger mit der FDP. Genscher wollte Einsparungen durch Kürzungen beim Arbeitslosengeld und durch Abstriche bei der Lohnfortzahlung im Krankheitsfall. Gleichzeitig machten die Gewerkschaften Druck – wegen steigender Arbeitslosenzahlen forderten sie ein Beschäftigungsprogramm. Finanziert werden sollte dies durch eine »Ergänzungsabgabe für Besserverdienende«. Das war mit der FDP nicht zu machen, also schlug man eine Anhebung der

Mehrwertsteuer vor. Die FDP sträubte sich gegen jede Steuererhöhung, erst eine Rücktrittsdrohung des Kanzlers brachte den kleinen Koalitionspartner zum Einlenken. Doch der FDP-Vorsitzende Genscher wurde durch derartig brachiale Politikmethoden abgestoßen.

Zusätzlich provoziert fühlte er sich durch die Vertrauensfrage, die der Kanzler am 3. Februar 1982 stellte – ohne Genscher vorher zu konsultieren. Der Kanzler wollte der Öffentlichkeit zeigen, daß trotz aller Reibungen die Koalition hinter ihm stand. Tatsächlich stimmten zwei Tage später alle Abgeordneten der Regierungsfraktionen für ihn. Dann folgte ein weiterer Befreiungsschlag – eine Kabinettsumbildung: An der Spitze des Finanzministeriums löste Manfred Lahnstein (SPD) Hans Matthöfer (SDP) ab, Klaus Bölling gab seinen Posten als ständiger Vertreter in der DDR auf und wurde wieder Pressesprecher. Doch die Krise ließ sich nicht aufhalten: Zwar war der Kanzler noch populär, doch seine Partei verlor bei Umfragen an Unterstützung – nur noch 33 Prozent der Bürger signalisierten Sympathie für die SPD.

Im Juni 1982 besuchte US-Präsident Reagan die Bundesrepublik und sorgte für gemeinsame Auftritte, die dem Prestige seines Gastgebers förderlich waren. Dabei hatte der Präsident, in der öffentlichen Meinung der Bundesrepublik als »Falke« verschrien, immer wieder Zweifel am Wert der Entspannungspolitik geäußert. Schmidt dagegen war seit Monaten um eine Aufnahme von Abrüstungsgesprächen bemüht. Es ging um den Frieden, um die Entspannung, um die Weiterentwicklung der deutsch-deutschen Beziehungen – und angesichts der Friedensbewegung ging es innenpolitisch um das Schicksal der Kanzlerschaft Helmut Schmidts. Damit hielt der Kanzler gegenüber seinem Besucher nicht hinter dem Berg. Reagan allerdings hatte ihm schon ein Geschenk gemacht: Vor seiner Reise nach Bonn hatte er erklärt, neben den Mittelstreckenraketen auch Interkontinentalraketen in die Abrüstungsverhandlungen einbeziehen zu wollen. Schmidt verbuchte dies als Erfolg seiner Hartnäckigkeit: »Das ist eine Kurskorrektur um mindestens 45 Grad. Ein Erfolg, der ohne unsere Gespräche nicht denkbar wäre.« Bei einer Stippvisite in Berlin stärkte der US-Präsident dem Kanzler weiter den Rücken. In seiner »Berlin-Initiative« formulierte er konkrete Abrüstungsvorschläge. Wenn die Sowjets ihre entsprechenden Raketen abbauten, werde der Westen auf die

Die Generation der heute fünfzigjährigen Politiker aller Parteien hat stets nur Aufstieg und Mehrung des Wohlstands, auch des persönlichen, erlebt. Auf Krisen, Rückschläge ist sie nicht eingestellt ...

Schmidt

Für mich ist die Wahl Gerhard Schröders ein Unglück. Denn bisher war ich der einzige Alt-Bundeskanzler. Jetzt gibt es einen zweiten – Helmut Kohl.

Schmidt

»Mich faszinierte die Person ...« Antrittsbesuch des Neuabgeordneten Gerhard Schröder bei Helmut Schmidt in Bonn, 1980

Stationierung der Pershings und Cruise Missiles ganz verzichten.

Doch diese Art von Erfolgen halfen dem Kanzler nicht mehr im Kampf um das politische Überleben. Seine Kanzlerschaft stand und fiel nicht mit dem Erfolg der Abrüstung und Entspannung – in diesem Herbst 1982 wurde über das Schicksal der Regierung Schmidt auf dem Felde der Innenpolitik entschieden. Zwischen den Koalitionspartnern gab es Differenzen über die Einsparmöglichkeiten für den Etat 1983. Dennoch einigte man sich im Juni 1982 auf einen Kompromiß, der nach einer Abstimmung eindeutig auch von der FDP mitgetragen wurde. Die Liberalen setzten einige Einschnitte im Sozialbereich durch, verzichteten aber auf die Einführung von Karenztagen, die SPD verzichtete auf eine Abgabe für Besserverdienende.

Gegen starken Widerstand in der SPD hatte der Kanzler durchgesetzt, auf ein Beschäftigungsprogramm zu verzichten, das nur über eine höhere Staatsverschuldung oder Einschnitte bei Sozialausgaben zu finanzieren gewesen wäre. Doch Genscher blieb auch nach dem Kompromiß unzufrieden mit dem Zustand der Koalition – er liebäugelte mit einem Wechsel zur CDU. Seine Gründe: Die SPD verwässere alle Sparbeschlüsse, fordere ständig neue Abgaben und Steuererhöhungen und mäkle an einmal beschlossenen Entscheidungen herum. In einem Brief an seine eigene Partei schrieb Genscher am 5. August: »Weitere sozial ausgewogene Schritte« seien notwendig zur »strukturellen Konsolidierung der öffentlichen Haushalte«. In diesem Brief fiel erneut das Wort »Wende« – bereits im Vorjahr hatte Genscher in einem internen Brief diesen Begriff gebraucht.

Die Koalitionskrise eskalierte: In Hessen stand im September 1982 die Landtagswahl an. Die dortige FDP signalisierte, die Landeskoalition mit der SPD zu verlassen und mit der CDU koalieren zu wollen. Bundeswirtschaftsminister Graf Lambsdorff glättete die Wogen nicht gerade, als er in einem Interview in der *Bild*-Zeitung gestand: »Der hessische Wähler entscheidet, was er von einem Wechsel der FDP in eine andere Koalition hält. Das würde für uns in Bonn eine wichtige Erkenntnis sein.« Wichtige Erkenntnisse sammelte in der spätsommerlichen Bundeshauptstadt auch Hans-Dietrich Genscher – er traf sich mehrmals privat mit seinem Duzfreund Helmut Kohl zu Gesprächen unter vier Augen.

Am 25. August sandte der Kanzler einen Brief an seinen Außenminister: »Lieber Herr Genscher, in den letzten Tagen hat eine Reihe von Erklärungen und Kommentaren viel zusätzliche Unruhe und Unsicherheiten in unsere Arbeit gebracht... Für mich gilt auch heute und morgen, ... daß beide Seiten sich während des hessischen Wahlkampfs bemühen müssen, die Arbeit der Bundesregierung und der sozial-liberalen Koalition nicht zu erschweren. Es hat dazu heute im Kabinett keinen Widerspruch gegeben. Es hat auch niemand angedeutet, daß er eine Beendigung der gemeinsamen Arbeit im Kabinett anstrebt... Deshalb gehe ich davon aus, daß Sie mich ansprechen würden, falls Sie inzwischen anders darüber denken sollten...« Doch die Stimmung in Bonn ließ wenig Zweifel daran, daß etwas bevorstand. Bei einem Frühstück der SPD-Minister im Kanzlerbungalow redete der Kanzler Klartext: »Die Wahrscheinlichkeit, daß Genscher aussteigt, wächst von Woche zu Woche, und die SPD muß am Tage X nach 13 Jahren politischer Gestaltung dieser Republik überzeugend dastehen. Es darf nicht eine Kleinigkeit sein, über die sie stolpert.« Die SPD wollte also den Freidemokraten keinen Anlaß zum Koalitionsbruch geben. Aber, so forderte er: »Genscher & Co. sollen endlich die Hosen runterlassen.«

Am 9. September gab Schmidt seinen jährlichen Bericht zur Lage der Nation im Bundestag ab. Ein Kernsatz darin lautet: »Ich klebe nach 13 Jahren Regierungsarbeit nicht an meinem Stuhl. Aber ich bin gegen eine Kanzlerschaft des Kollegen Kohl, weil ich unser Land weder außen- noch sicherheitspolitisch, weder finanz- und wirtschafts- noch sozialpolitisch einer bisher profillosen anderen Mehrheit anvertrauen möchte... Wer nun trotz alledem wechseln will – das ist legitim –, soll das ganz offen und ehrlich sagen.« Und dann ein spöttischer, gleichwohl resignativer Seitenhieb auf die FDP: »Reisende soll man nicht aufhalten.«

Hinter den Kulissen nahm sich der Kanzler dann seinen Wirtschaftsminister Otto Graf Lambsdorff vor: Wenn er etwas an der Wirtschaftspolitik zu mäkeln habe, dann solle er das nicht in *Bild*-Interviews tun, sondern diese Kritik in einem Papier schriftlich niederlegen. Der Graf ließ sich nicht lange bitten. Das »Lambsdorff-Gutachten« schockierte den Kanzler: Tiefe Einschnitte bei Sozialleistungen, Steuersenkungen und Verbesserungen der Investitionsbedingungen forderte der liberale Wirtschaftsminister und veröffentlichte sein Papier. Auf den Kanzler wirkten die Vorschläge einseitig unternehmerfreundlich. »Eine ökonomische und politische Kampfansage an die Sozialdemokraten«, urteilte er. Das »Lambsdorff-Papier« war für ihn ein »Krawallpapier«, ein »gezieltes Scheidungsdokument«. Sollte er den Grafen aus dem Kabinett entlassen? Damit würde er den FDP-Mann zum Märtyrer machen und der FDP den Scheidungsgrund liefern – das konnte nicht im Interesse der SPD sein.

Der Kanzler ahnte, daß die Koalition zerbrechen würde. »Ich habe diese Wackelpartei satt!« zitiert ihn sein damaliger Regierungssprecher Klaus Bölling in dem noch 1982 veröffentlichten Buch »*Die letzten 30 Tage des Kanzlers Helmut Schmidt*«. Die Strategie des Kanzlers und seiner Berater: Man wollte die vier FDP-Minister entlassen, die SPD sollte eine Minderheitsregierung bilden. Das eigentliche Ziel war eine sofortige Neuwahl. Bölling über Schmidts Motive: »Für die Partei und natürlich für sich selber will er klarstellen, daß ein Scheitern der Koalition von den Liberalen verantwortet werden muß.« Die SPD sollte ohne Imageverlust in diese Wahl gehen – die FDP wollte er als »Verräterpartei« unter die Fünfprozenthürde drücken. Doch der ganze Plan bot keine Perspektive mehr für die Regierung Schmidt: Bei einer Neuwahl rechnete man sich keine Chancen mehr aus. Bölling berichtet von einer Art »Bunkermentalität« im Kanzleramt: Der Kanzler habe geäußert, daß jede andere Lösung besser sei, als so wie bisher weiterzumachen, und sich sogar eine absolute Mehrheit der CDU gewünscht.

Doch eine sofortige Neuwahl konnte die SPD nicht erzwingen: Wenn der Bundeskanzler zurücktritt, gestürzt wird oder im Bundestag bei einer Vertrauensfrage keine Mehrheit bekommt, muß das Parlament versuchen, einen anderen, mehrheitsfähigen Regierungschef zu finden. Nur wenn das nicht möglich ist, kann der Bundespräsident das Parlament auflösen und eine Neuwahl ansetzen. CDU und FDP aber hätten bei einer Zusammenarbeit im Parlament einen mehrheitsfähigen Kandidaten gehabt: den CDU-Vorsitzenden Dr. Helmut Kohl. Und dieser Helmut Kohl wollte mit Schmidt keine Abstimmung arrangieren, die ohne Mehrheit geblieben wäre und so eine sofortige Neuwahl erzwungen hätte. Denn der Oppositionsführer hatte Genscher eine »politisch-parlamentarische Überlebensgarantie« gegeben. Er sagte zu, eine sofortige Neuwahl zu verhindern, denn er

»Lotse des Staatsschiffs...« Porträt des Kanzlers mit »Markenzeichen«

Die Geschichte hat ihm übel mitgespielt, weil sie ihm nicht die große Chance gab, die seinem Talent entsprochen hätte. Er konnte diese Gelegenheit nicht selbst schaffen. Er tat, was das Schicksal ihm zu tun erlaubte, und das in einer wirksamen, ehrenhaften und ethischen Weise. Das ist das Höchste, was man über einen Staatsmann sagen kann.

Henry Kissinger

Rätsel scheint Helmut Schmidt niemandem aufzugeben. Er hat sie alle schon selbst gelöst. ...Sein Charakterbild ist längst zum Klischee gefroren. Der Mann wirkt eisklar, kantig, konturiert: Macher, Mütze, Mogadischu...

Volker Zastrow, Journalist

wußte, daß die Stimmung im Land es der »Verräterpartei« FDP schwergemacht hätte, wieder ins Parlament zu kommen. Sein Plan: FDP und CDU wählen nach einem Mißtrauensvotum gegen Schmidt mit ihrer gemeinsamen Mehrheit einen neuen Kanzler, Genscher bleibt Außenminister, eine Neuwahl folgt etliche Monate später. Bundeskanzler Schmidt hatte also in jenem Herbst 1982 nie eine Chance, gegen Kohl eine sofortige Neuwahl durchzusetzen.

Freitag, 17. September 1982: Am späten Vormittag warf der Kanzler in einer Rede vor dem Bundestag der FDP den Fehdehandschuh hin: »Seit Herr Kollege Genscher im Sommer 1981 das Wort von der ›Wende‹ geprägt und seitdem viele Male ausgesprochen hat, war zweifelhaft geworden, ob die FDP bis zum Ende der vierjährigen Wahlperiode an der vom Wähler 1980 eindrucksvoll bekräftigten Regierungskoalition mit den Sozialdemokraten festhalten will... Ich habe bis zu diesem Mittwoch jede denkbare Anstrengung zur Aufrechterhaltung der Gemeinsamkeit unternommen – gegen die Skepsis fast der gesamten deutschen Presse und gegen viele Skeptiker in beiden Koalitionsfraktionen... Aber nach den Ereignissen der letzten Tage muß ich das politische Vertrauen zu einigen Führungspersonen der FDP verlieren. Eine weitere Zusammenarbeit ist weder den sozialdemokratischen Bundesministern noch dem Bundeskanzler zuzumuten...« Der Kanzler forderte eine Neuwahl, war aber Realist genug, sich keine große Hoffnung darauf zu machen.

Mit dieser Rede und der Entlassung der inzwischen zurückgetretenen FDP-Minister aus der Regierung sah er die Rollen klar verteilt: Kanzler Schmidt als »Hüter des Wählerwillens«, Genscher und die FDP als »Wortbrecher«. Der damalige CDU-Generalsekretär Heiner Geißler mußte dem Politstrategen Schmidt dafür widerwillig Respekt zollen: »Er hat seiner Partei damit einen letzten Dienst erwiesen. Mit seinem Rachefeldzug gegen die FDP hat er, was die Stimmung betraf, voll auf die germanische Nibelungenmentalität gesetzt. Er hat einen ganz normalen demokratischen Wechsel, der in der Verfassung unseres Landes vorgesehen ist, als Verrat gebrandmarkt.«

Am Nachmittag des 17. September 1982 nahmen die ehemaligen Kabinettsmitglieder Lambsdorff, Ertl und Baum ihre Entlassungsurkunden entgegen. Genscher war bei diesem Akt nicht anwesend. Das war auch in Schmidts Sinne. »Mit Genscher muß ich mich wirklich nicht noch einmal ablichten lassen«, brachte der Kanzler seine Gefühle gegenüber dem Koalitionspartner zum Ausdruck. Alle FDP-Minister teilten jedoch an diesem Nachmittag ein Schicksal: Keiner von ihnen durfte mehr in der Dienstlimousine nach Hause gefahren werden.

In Bonn stand Helmut Schmidt nun einer Minderheitsregierung vor. Der Kanzler begann, sich auf den Abschied vom Amt vorzubereiten. Wie sah seine persönliche Bilanz aus? Gemessen an den eigenen Ansprüchen konnte er durchaus erhobenen Hauptes seinen Platz räumen. »Ich betrachte mich als preußischer Hanseat, und es bereitet mir Genugtuung, meine Pflicht erfüllt zu haben, und wenn man sagt, ich habe sie gut erfüllt, bin ich froh«, hatte er während seiner Amtszeit bescheiden eingeräumt. Tatsächlich hatte er keine historischen Großtaten vollbracht – wie ein Konrad Adenauer, der die westeuropäische Einbindung Deutschlands unumkehrbar gemacht, oder ein Willy Brandt, der mit seiner Ostpolitik befreiende Akzente gesetzt hatte. Doch immerhin hatte Schmidt beider Erbe unter zum Teil widrigsten Umständen behauptet und miteinander verschmolzen. Und er hatte, als die Entspannung Ende der siebziger Jahre in die Krise geriet, den vollständigen Kollaps der Verständigung zwischen den Großmächten verhindert – der westdeutsche Kanzler machte Außenpolitik, um das zarte Pflänzchen der innerdeutschen Zusammenarbeit am Leben zu erhalten. Und doch sollte seine Amtszeit in erster Linie als Ära der »Nachrüstungsdebatte« in Erinnerung bleiben. Schmidt legte damit immerhin einen Grundstein für die Abrüstungserfolge der späten achtziger Jahre, weil der Westen infolge der Nachrüstung aus einer neugewonnenen Position der Stärke heraus verhandeln konnte.

Doch nun, im September 1982, schien eher Verbitterung über die Art des Sturzes vorzuherrschen als Genugtuung über geleistete Arbeit. Den Kanzler konnte kaum trösten, daß bei der Landtagswahl in Hessen am 26. September die FDP mit nur 3,1 Prozent aus dem Wiesbadener Parlament katapultiert wurde. So gewarnt, arbeitete Genscher nun fieberhaft daran, die eigene, gespaltene Bundestagsfraktion auf die Wahl von Helmut Kohl einzuschwören. Für Freitag, den 1. Oktober 1982, planten er und Helmut Kohl, den sozialdemokratischen Regierungschef durch ein konstruktives Mißtrauensvotum zu stürzen.

An jenem Freitag im Oktober betrat Helmut Schmidt in einem schwarzen Anzug den Plenarsaal des Bundestags. In sich gekehrt nahm er zum letzten Mal auf der Regierungsbank Platz. Kurz darauf verlas er am Rednerpult seine letzte Erklärung als Kanzler vor dem Bundestag: »Mehr als drei Viertel der Bürgerinnen und Bürger sind für Neuwahlen zum Bundestag. Sie empfinden die Art des Wechsels, der heute von Ihnen in geheimer Abstimmung herbeigeführt werden soll, als Vertrauensbruch. Dabei wissen die Bürger, daß das Grundgesetz Ihnen diese Handlungsweise ermöglichte. Ihre Handlungsweise ist zwar legal, aber sie hat keine innere, keine moralische Rechtfertigung... Zur Glaubwürdigkeit der Demokratie gehört der Wechsel der Regierungen. Deshalb beklage ich mich nicht, wenn die sozial-liberale Bundesregierung ihre Verantwortung abgeben muß. Was ich jedoch beklage, ist der Mangel an Glaubwürdigkeit dieses Wechsels«, lauteten einige Kernsätze seiner Rede.

Wenig später richteten sich Fernseh- und Fotokameras wieder auf die Regierungsbank. Dort saß regungslos und mit geschlossenen Augen Helmut Schmidt. Gerade hatten die Abgeordneten des Bundestags ihr Votum abgegeben. Entschieden wurde über die Beschlußvorlage 9/2004: »Der Deutsche Bundestag spricht Bundeskanzler Helmut Schmidt das Mißtrauen aus und wählt seinen Nachfolger, den Abgeordneten Dr. Helmut Kohl, zum Bundeskanzler der Bundesrepublik Deutschland. Der Bundespräsident wird ersucht, Bundeskanzler Helmut Schmidt zu entlassen.« Bundestagspräsident Richard Stücklen verkündete das Abstimmungsergebnis: Helmut Kohl war von den Abgeordneten zum Kanzler gewählt worden – bei vier Enthaltungen und 235 Gegenstimmen konnte er 256 Jastimmen auf sich vereinigen.

Der zweite sozialdemokratische Kanzler der Bundesrepublik Deutschland war abgewählt. Doch in der Niederlage zeigte er Format: Er ging auf seinen Amtsnachfolger zu und gratulierte ihm. Helmut Kohl, der Schmidt an Körpergröße weit überragte, neigte seinen Kopf beim Händedruck – Respekt nicht nur vor der Geste, sondern auch vor dem Mann, der nun abtrat. Um sie herum applaudierten die Abgeordneten des Bundestags, die sich von ihren Plätzen erhoben hatten. Ihr Beifall galt dem alten und dem neuen Kanzler, doch vor allem jener Szene, die sich da vor ihren Augen abspielte: Zwei Kontrahenten begegneten sich nach harten Auseinandersetzungen mit Würde.

Zur Glaubwürdigkeit der Demokratie gehört der Wechsel der Regierungen. Deshalb beklage ich mich nicht, wenn die sozial-liberale Bundesregierung ihre Verantwortung abgeben muß. Was ich jedoch beklage, ist der Mangel an Glaubwürdigkeit dieses Wechsels und dieser Art eines Regierungswechsels.

Schmidt

Der Kanzler Schmidt regierte in den letzten Jahren mehr gegen als mit seiner Partei, und an dieser Spannung scheiterte er.

Thomas Löffelholz, Journalist

Ich hätte so gern Helmut Schmidt beraten, dann wär' er heut' noch Kanzler.

Franz Josef Strauß, ehemaliger CSU-Vorsitzender

»*Der bringt's nicht...*« *Amtsübergabe von Helmut Schmidt an Helmut Kohl im Kanzleramt, 4. Oktober 1982*

Am Nachmittag erhielt Helmut Schmidt im Palais Schaumburg aus der Hand von Bundespräsident Karl Carstens die Entlassungsurkunde. Vorher hatte er sich auf der Hardthöhe von der Bundeswehr verabschiedet – für ihn eine Selbstverständlichkeit, denn während seiner gesamten politischen Karriere hatte er erfolgreich daran gearbeitet, das Verhältnis zwischen der alten Arbeiterpartei und der Armee zu entkrampfen. Am frühen Abend vor der SPD-Zentrale dann ein anderes Schauspiel: Die Lotsenmütze schräg auf dem Kopf, das Kinn energisch vorgestreckt, blickte Schmidt im Nieselregen auf einen Fackelzug, den Anhänger aus dem Ruhrgebiet für ihn zum Abschied organisiert hatten. Hier marschierten nicht die jungen Leute, die man auf den Friedensdemonstrationen sah, sondern jene Industriearbeiter, die Helmut Schmidt und seiner Politik die Treue gehalten hatten.

Den Abend verbrachte der Kanzler a. D. in seinem alten Amtszimmer. Nichts erinnerte mehr daran, daß von hier aus Helmut Schmidt die Republik regiert hatte: Die Nolde-Bilder, die er liebte, waren ebenso abgehängt wie das Porträt von August Bebel hinter seinem Schreibtisch. Berge von Blumen waren ins Kanzleramt geliefert worden, mehr als 1000 aufmunternde Anrufe und Telegramme hatten seine Mitarbeiter dort entgegengenommen. Doch die Stimmung im Haus konnte das nicht ändern. Und so blieb die Bilanz, die der Kanzler in diesen Stunden gegenüber seinem Pressesprecher Klaus Bölling formulierte, nüchtern: »Alles in allem haben wir es gar nicht so schlecht gemacht.«

DER PATRIOT
Helmut Kohl

Dinge aussitzen tut nur ein Trottel. Niemand ist entscheidungsfreudiger als ich

Ich stehe nicht morgens auf und denke: Heute muß ich wieder ein paar Zeilen ins Buch der Geschichte eintragen

Ein Politiker braucht vor allem Charakter

Ich halte es mit Papst Johannes XXIII., der einmal sagte, Giovanni, nimm dich nicht so ernst

Ich gehöre nicht zur Schickimicki-Abteilung der deutschen Politik, die nicht weiß, wie eine Stechuhr aussieht

Ein Bundeskanzler, der mit seiner Arbeit zufrieden ist, ist rücktrittsreif. Ich will alles noch besser machen

Mein Gewicht ist ein Staatsgeheimnis

Kohl bläht, aber er ernährt seinen Mann

Kohl

Eine seiner Stärken war, daß er immer unterschätzt wurde.

Horst Teltschik, Berater Kohls

Der Pfälzer ist eben gern der Paterfamilias. Er sorgt für die Seinen, das bedeutet aber auch, daß sie es alle so machen müssen, wie er es will.

Wolfgang Schäuble, CDU-Vorsitzender

Es gehört zum Phänomen »Kohl«, daß seine Freunde immer kämpfen mußten.

Bernhard Vogel, Ministerpräsident von Thüringen

Er hat einen Blick für große Zusammenhänge, Details mag er nicht, dann verweist er auf Spezialisten.

Lothar de Maizière, letzter Ministerpräsident der DDR

Kohl ist ein starker, prinzipienfester Führer, der den Respekt der Vereinigten Staaten von Amerika erworben hat.

George Bush, ehemaliger amerikanischer Präsident

Er ist ein guter Freund, und er hat sich nicht verändert, seit Deutschland diesen historischen Wandel vollzogen hat.

Felipe González, ehemaliger spanischer Ministerpräsident

Der Mann, den ich aber am meisten bewundere, ist Helmut Kohl. Er ist ein wahrer Staatsmann, dem es in kurzer Zeit gelungen ist, sein Land zu vereinigen und eine fundamentale Rolle in Europa zu spielen.

Flavio Cotti, ehemaliger Schweizer Bundespräsident

Kohl bedarf der Ideologie nicht, er ist das Selbstverständliche. Da ist er anders als seine Vorgänger. Die verkörperten Programme, Traditionen, diese oder jene Werte – und waren im Grunde Kanzler »für« die Bundesrepublik. Kohl ist der erste Kanzler »der« Bundesrepublik.

Jan Philipp Reemtsma, Autor und Philanthrop

Konrad Adenauer würde sich im Grab umdrehen, wenn er seinen Enkel bei der Arbeit sähe.

Oskar Lafontaine, SPD-Vorsitzender

Der hat die Bedeutung der Ökonomie erst jetzt allmählich verstanden. Nach 14 Jahren im Amt. Das wurde auch Zeit.

Helmut Schmidt

Sein entscheidender Fehler war, daß er den Schlußstrich nicht selbst gezogen hat.

Hans-Jochen Vogel, ehemaliger SPD-Vorsitzender

Bei allen Leistungen, vor denen ich durchaus Respekt habe, er ist verbraucht und seine Regierung auch. Das kann man ihm auch nicht vorwerfen. Vorwerfen kann man ihm allenfalls, daß er das nicht früher gesehen hat und Platz gemacht hat für Jüngere in seiner eigenen Partei.

Gerhard Schröder, Bundeskanzler

Mein Mann ist ein politischer Langstreckenläufer.

Hannelore Kohl

Angst hat der vor nichts und niemandem.

Hildegard Getrey, Kohls Schwester

Er ist ein floskelfreier Mensch. Er hat einen direkten Zugang zu einem und trifft genau den richtigen Ton.

*Traudl Herrhausen,
Gattin des ermordeten Bankmanagers Alfred Herrhausen*

Kohl als Mann der Einheit zu bezeichnen, halte ich für nicht gerecht. Auch fast zehn Jahre nach der Einheit heißt es durch den Prozeß, den Kohl gestaltete, immer noch: Deutschland, uneinig Vaterland.

Hans Modrow, ehemaliger Ministerpräsident der DDR

26. November 1989: An diesem Sonntag wurde in einem kleinen, aber nicht ganz unbekannten Ort in der Pfalz Geschichte geschrieben. Tatwerkzeug war eine Reiseschreibmaschine, die vor geraumer Zeit einmal dem Erwerb eines Doktortitels gedient hatte. Tatort war ein Bungalow in Oggersheim bei Ludwigshafen, heimatliches Refugium des sechsten deutschen Bundeskanzlers. Fingerfertig tippte Kanzlergattin Hannelore einen Plan in die Maschine, der wenig später alle Welt in Aufruhr versetzen sollte. Zehn markante Punkte hatte das geheimnisvolle Opus. Ihren Segen dazu gaben schon am Vortag zwei anwesende Geistliche, die Brüder Ramstetter, sie hatten Kanzler Kohl schon des öfteren als Seelsorger und Ratgeber zur Seite gestanden. Zur Sicherheit griff der Kanzler auch diesmal zu seinem liebsten Arbeitsgerät, dem Telefon.

Einer, der nicht mehr im Zentrum der Macht stand, Ex-Verteidigungsminister Rupert Scholz, war jetzt als Professor des Rechts gefragt. Es ging um Formulierungen wie »Föderation« und »Konföderation«, hochbrisante Begriffe im innerdeutschen Gefüge. Die Planzahl »Zehn« entsprang nicht etwa neutestamentarischer Ambition, aber wie der emsige Kanzlerberater Horst Teltschik wußte, machte eine solche Zahl stets Eindruck. Beim Entwurf in Bonn führte er die Feder. Geheim bleiben sollte der Plan bis zu seiner offiziellen Verkündung im Parlament. Nicht einmal Vizekanzler und Außenminister Hans-Dietrich Genscher durfte davon wissen. Nur ein kleiner Kreis war eingeschworen.

Helmut Kohls Zehnpunkteprogramm, sein Stufenplan für den Weg zur deutschen Einigung, von ihm vorgetragen im Deutschen Bundestag am 28. November 1989, verfehlte die gewünschte Wirkung nicht. Der Kanzler konnte sich fortan an der Spitze der Bewegung sehen, war wieder Herr der politischen Lage, die ihm vor Monaten noch zu entgleiten schien.

Zwei Wendepunkte markierte die Initiative: Sie war ganz sicher eine wesentliche Zäsur auf dem Weg zur deutschen Einheit. Und sie bedeutete eine Zäsur in der Karriere des Kanzlers. Einheit und Macht waren von nun an ein unzertrennliches Paar in der Vita Helmut Kohls. Man mag den Bogen weiter spannen und eine Renaissance der »Kanzlerdemokratie« erkennen. Mit dem überraschenden Plan – so Politikwissenschaftler – habe Kohl den Schritt getan aus der von steter Rückversicherung geprägten »Konsensdemokratie« hin zu einem eher vom Kanzleramt geprägten Regiment. Vielleicht brach nun ja auch eine jener Perioden an, in der die »Männer« wieder mehr und die »Strukturen« weniger Geschichte schrieben. Freilich lag die Wende Ost auch im System jenseits des Eisernen Vorhangs begründet.

Die spannenden zwölf Monate zwischen dem 40. Jahrestag der DDR und dem Tag der deutschen Einheit – sie waren ein Epochenwandel, der den Kanzler trug, wie ihn der Kanzler mittrug. Ein Wandel, der einsetzte am Gipfel der Zweistaatlichkeit – 40 Jahre nach dem Ursprung – und schließlich in den Horizont der deutschen Einheit mündete. Am Anfang stand die Düsternis der ersten »Kanzlerdämmerung«, am Ende der sonnige Zenit in der Karriere Helmut Kohls. Den Titel »Kanzler der Einheit« würde ihm von nun an niemand mehr nehmen.

In diesem bewegten wie bewegenden Abschnitt finden sich alle Aspekte, welche die politische Laufbahn des Pfälzers bestimmten: Höhen und Tiefen, Stärken und Schwächen, Erfolg und Versagen, Lob und Tadel. Ebenso sein Verständnis von Macht, sein Regierungsstil und die Einstellung zu seiner Partei.

Helmut Kohl gehörte zu den Regierenden, die in der einen Epoche starteten und in einer anderen landeten, denen das glückliche Los zufiel, in einer Ausnahmesituation eine neue Ordnung mitgestalten zu dürfen. Für den Kanzler wie für die Deutschen war es die wohl atemraubendste Zeit seit dem Krieg.

Zunächst aber stand Kohl vor dem Aus. Im Sommer 1989 schien er schon so weit, das Handtuch zu werfen, sich sogar mit Rücktrittsgedanken zu tragen. Nichts wollte mehr glücken. Persönlich, politisch, innerparteilich und gesundheitlich war er angeschlagen. Ränkeschmiede versuchten, ihn als Parteivorsitzenden auszubooten. Umfragen bescheinigten ihm den Tiefpunkt seiner Popularität – Platz 18 auf der Liste der meistgefragten Politiker – hinter Schröder, Lafontaine, Fischer und Scharping. Die Wahl in Berlin, die Kommunalwahl in Hessen und die Europawahl endeten mit Verlusten für die CDU. Die

FDP suchte im Abwärtstrend ihr Profil durch Widerspruch zu schärfen, und auch von der Schwesterpartei kam Gegenfeuer.

Doch das Schlimmste für Kohl war der schwindende Rückhalt in »seiner« Partei. Diese war für ihn seit jeher nicht nur politische Heimat – sie war auch seine Machtbasis. Nun, so schien es, lauerten überall »Verschwörer«, selbst im engsten Umfeld. Ein alter Weggefährte vergangener Mainzer Zeiten, »Männerfreund« Heiner Geißler, stand mit an der Spitze jener sogenannten »Fronde«, zu der auch Köpfe wie Lothar Späth, Rita Süßmuth und Kurt Biedenkopf gehörten. Die Sorge ging um, ob die nächsten Wahlen mit Kohl als Parteichef zu gewinnen waren – nicht ganz unbegründet nach den Resultaten der Meinungsforschung. Geißler wollte den Befreiungsschlag, die CDU aus ihrer »Erstarrung« lösen, neue Ideen einbringen, mehr Distanz zu FDP und CSU wahren und schließlich einen Ruck nach links vollführen, um der SPD Wähler wegzulocken.

Das war mit Kohl nicht zu machen. Er fürchtete um den Bestand der Regierungskoalition, bei der er immer auf zwei Partner angewiesen war, FDP und CSU. Außerdem zeigten die Republikaner, daß es rechts von der Union Stimmen zu holen gab, und das mußte verhindert werden. Geißler wollte bis zum Bremer Parteitag einen Gegenkandidaten für die Parteiführung aufbauen. Kohl war entschlossen, einen neuen Generalsekretär zu berufen. »Der Mann macht mich krank«, klagte der Kanzler hinter vorgehaltener Hand. »Der kann es nicht« – »Der schafft es nicht«, unkte sein Kontrahent.

War die Partei mehr Werkzeug oder Korrektiv ihres Chefs? Auch diese Frage stand im Raum. Und hier ging es für Kohl ans Eingemachte. Für ihn war die Partei seit jeher Mittel und Weg zu Macht und Einfluß. Ganz anders als sein Vorgänger Helmut Schmidt zog er seine Autorität auch aus seiner Stellung in der Partei. Er war nicht der Charismatiker, der Ehrfurcht durch Distanz erzeugte. Er gab der Parteibasis das Gefühl: »Ich gehöre zu euch.«

Auch in emotionaler Hinsicht war die CDU sein Mutterboden. An ihre Spitze hat er sich emporgeackert, von der lokalen Ebene über die des Landes bis zum Bund. 1930 in Ludwigshafen-Friesenheim als Sohn eines Finanzbeamten geboren, trat er schon als Jugendlicher, sechzehnjährig, in die neugegründete CDU ein. Er wollte Abgeordneter werden, was ihm auch gelang – durchset-

»Ein Gemütsmensch durch und durch...«
Bundeskanzler Helmut Kohl

Vor der Geschichte ist eine Ideologie nichts. Man geht in das Buch der Geschichte ein mit Taten.

Kohl

Kohl ist der einzige Regierungschef, der von sich sagen kann, er habe an den europäischen Überzeugungen beharrlich festgehalten. Hoffentlich ist er nicht der letzte.

Valéry Giscard d'Estaing, ehemaliger französischer Staatspräsident

zungsfähig, dominierend und mitunter frech, so war er halt. Nachdem er als »junger Wilder« im Alter von 39 Jahren das Ministerpräsidentenamt in Rheinland-Pfalz erobert hatte, krempelte er das rückständige Bundesland mit durchgreifenden Reformen um. Doch auch Mainz blieb nur Etappe. Nun schwor er die Bundes-CDU auf sich ein, wurde 1973 ihr Vorsitzender und wirkte mit, sie zu einer modernen Volkspartei zu schmieden. 1976 fuhr der sechsundvierzigjährige Kanzlerkandidat Kohl der Union 48,6 Prozent der Stimmen in die Scheuer, fast die absolute Mehrheit. Die Kanzlerkandidatur seines Konkurrenten und »Männerfreundes« Strauß bei der darauffolgenden Wahl saß er geduldig aus. 1982 wurde er dann Bundeskanzler der christlich-liberalen Koalition. »Kohl ist die CDU«, schrieb eine Zeitung zehn Jahre nach dem Amtsantritt in Bonn. Das traf den Nagel auf den Kopf.

Als er nach dem Mißtrauensvotum gegen Helmut Schmidt seinem Vorgänger die Hand reichte, war für ihn klar: Der Rückhalt für den Kanzler liegt in der Partei – und beim Koalitionspartner. Schmidt, dessen Image als Staatsmann außer Frage stand, dem alle Welt Respekt zollte, der immer seinen Prinzipien treu blieb, am NATO-Doppelbeschluß festhielt, scheiterte, weil die SPD ihm die Gefolgschaft versagte und den Koalitionspartner vergraulte. Kohl zog die Konsequenzen, war lieber ein unspektakulärer Vermittler als eine strahlende, aber gescheiterte Lichtgestalt. So hielt er den Spagat vom rechten Flügel der CSU bis hin zum linken der FDP aus. Bis zur innerdeutschen Wende erschien er eher als der abwartende, konfliktscheue und konsenswillige Kanzler, der möglichst auf Machterhalt bedacht war. So nur ist erklärlich, daß er sich den Vorwurf einhandelte, führungsschwach zu sein. Macht war für ihn aber keineswegs nur Selbstzweck, sie war seine Triebkraft. Wer gestalten wolle, so Kohl, brauche sie eben, möglichst ganz oben – oder gar nicht.

Dabei war die Regierungsbilanz nicht schlecht. Gemeinsam mit Genscher setzte Kohl den NATO-Doppelbeschluß durch – das hatte historische Dimensionen. Zudem: Das Haushaltsdefizit verringerte sich, ebenso die Inflationsrate. Die Konjunktur sprang wieder an – die Arbeitslosigkeit jedoch blieb hartnäckig hoch. An ihr sollte er am Ende seiner Amtszeit scheitern. Die Wörner-Kießling-Affäre, der Parteispendenskandal, Bitburg und der Goebbels-Gorbatschow-Vergleich zählten zum Pannenregister des Kanzlers. Mit Hohn und Spott bekam er die Ausrutscher quittiert, kein »Fettnäpfchen« schien er auszulassen – ein gefundenes Fressen für Karikaturisten. Kaum ein Staatsmann hat jemals soviel Häme über sich ergehen lassen müssen.

Erfolge in der Wirtschaftspolitik konnten Ende der achtziger Jahre nicht darüber hinwegtäuschen, daß sich ein Gefühl von Stagnation breitmachte. Auch die CDU klagte über einen Mangel an Pluralismus und Perspektive. Kohl schien, so behaupteten seine Gegner, nichts davon bieten zu können.

Was tun? Wer ihn stürzen wollte, mußte zunächst die Mehrheit der Partei gewinnen.

Kohl rettete sich mit Ach und Krach in den Sommerurlaub 1989 – wieder an den Wolfgangsee in Österreich. Jedes Jahr derselbe Urlaubsort – das fanden manche sehr beruhigend, beständig und vor allem bodenständig, andere hielten das für phantasielos und bequem. Wollte der Kohl in Sankt Gilgen seine Probleme wieder nur aussitzen? Immer wieder wurde ihm der Vorwurf gemacht, wenn er zu akuten Fragen keine prompten Antworten gab. Für Kohl aber galt die Verhaltensregel, nicht zu früh mitmischen, nicht zu früh festlegen, abwägen, schauen, wie die Konflikte sich entwickeln – dann lebt man länger.

Der Kanzler nutzte die Wochen im Juli und August 1989. Er mixte ein Gebräu, das ihn beflügeln sollte: aus Parteipolitik – und Deutschlandpolitik.

Zunächst die Parteipolitik: Bis in die äußersten Flügel der CDU sondierte er Stimmungen, vergewisserte er sich seiner Bataillone. Landesverband für Landesverband wurde telefonisch abgearbeitet. Der baden-württembergische Ministerpräsident Lothar Späth schien zur Kohl-Nachfolge bereit. »Cleverle«, wie man ihn nannte, rangierte immerhin auf Platz drei der Politiker-Beliebtheitsskala.

Kohl brachte jedoch in Erfahrung, daß die Partei wohl eher zu ihm stand. Dennoch gab es viel Empörung, als er Heiner Geißler dezent mitteilte, seine Zeit als »General« sei zu Ende. Und der Ruf nach einem Gegenkandidaten wurde jetzt erst richtig laut. Doch waren die »Putschisten« in einer schwierigen Lage. Kanzler sein und nicht Parteichef, kam für Kohl nicht in Frage. Zum Doppelcoup fehlten den Gegnern sowohl die Aussicht auf Erfolg als auch der Mut. Späth kandidierte nicht.

Kohl ließ auf dem entscheidenden Parteitag im September 1989 zwar Federn, das Ensemble seiner Widersacher aber ganze

Federwolken. Danach zeigten sich verschiedene Varianten im Umgang mit Parteigegnern – etwa das Angebot, ein hohes Staats- oder Regierungsamt zu übernehmen: Widersacherin Rita Süßmuth wurde Bundestagspräsidentin. Heiner Geißler hingegen hatte die frühere Offerte, Bundesinnenminister zu werden, abgelehnt, er fiel nun völlig in Ungnade. Das Konrad-Adenauer-Haus ließ der Kanzler regelrecht ausfegen.

Lothar Späth bekam Schadenfreude zu spüren. Im ZDF-Gespräch mit Fernsehreporter Günther Jauch sagte Kohl:»Wenn ich auf einen CDU-Parteitag oder einen SPD-Parteitag gehe mit der erklärten Absicht, den Parteivorsitzenden zu stürzen, und packe dies nicht, dann habe ich eben verloren. Wenn ich in ein Fußballspiel gehe und verkünde vorher, denen ziehe ich die Hosen runter, und verliere, wie kommentieren Sie das dann abends im ZDF? Dann sagen Sie, sie haben's Maul aufgerissen, jetzt haben sie verloren. Und genauso passiert's auch in der Politik.«

Daß die große Abrechnung mit dem großen Vorsitzenden in Bremen ausblieb und Kohl schließlich gestärkt aus dem Konflikt hervorging, hatte aber auch einen anderen Grund.

Im Sommer 1989 gewann ein Thema an Bedeutung, das viele Zeitgenossen schon auf dem Kehrichthaufen der Geschichte wähnten: die Frage nach der Einheit der Nation. Die Suche nach politischen Antworten in dieser Zeit fundamentalen Wandels – so schien es – konnte dem Kanzler auch aus seinen Verlegenheiten helfen.

Der erste Schlüsselmoment: Mittendrin im persönlichen Tief ging Kohl an einem lauen Sommerabend im Juni 1989 mit Michail Gorbatschow im Garten des Palais Schaumburg spazieren. Und da glaubte er – wie er immer wieder schildert – so etwas wie welthistorische Bewegung gespürt zu haben.

Gorbatschow hatte eine Revolution losgetreten, ließ die Breschnew-Doktrin fallen und die Staaten im Ostblock zunehmend ihren eigenen Weg gehen. Je mehr DDR-Flüchtlinge über Ungarn und andere Nachbarländer in die Bundesrepublik strömten, desto deutlicher offenbarte sich die Agonie des DDR-Systems, desto offener erschien die deutsche Frage.

Während des Sommerurlaubs in Sankt Gilgen gab ein weiterer Staatsmann ein Signal – per Telefon. Der ungarische Ministerpräsident Miklos Németh stellte in Aussicht, daß er DDR-Bürger, die von Ungarn aus nach Westen ausreisen wollten, nicht zurückschicken werde.

*»... immer der Jüngste und Erste«.
Helmut Kohl als Ministerpräsident von Rheinland-Pfalz im Mainzer Schloß, 1969*

Helmut wollte immer Politiker werden. Bauer wäre für ihn, der ja Tiere besonders liebt, die einzige Alternative gewesen.

Hildegard Getrey, Kohls Schwester

Es gibt die Geschichte, ich hätte immer Kanzler werden wollen – Quatsch. Ich wollte Abgeordneter werden und habe dann gesehen, daß ich Ministerpräsident von Rheinland-Pfalz werden konnte.

Kohl

Kohl erkannte die Chance: noch mehr Bewegung in der Deutschlandfrage. Ihre Inangriffnahme konnte auch die Lösung der eigenen Probleme bedeuten. Gleichwohl hatte er den Traum der deutschen Einheit nie aus den Augen verloren. Und in der Tat: Das Thema sollte nicht nur ihm, sondern auch seiner Partei und der Regierungskoalition eine neue Perspektive geben.

Ein paar Tage später, im August 1989, hätte die Entwicklung eine ganz andere Wendung nehmen können. Kohl befand sich auf dem Rückflug von Berlin in einem zweimotorigen Düsenjet. Kurz nach dem Start erschütterte das Flugzeug ein explosionsartiger Knall. Dem Piloten gelang es, die Maschine sicher notzulanden. Im rechten Triebwerk war ein faustgroßes Loch – Vogelschlag. Eine Krähe war die Ursache des Beinahe-Absturzes und hätte um ein Haar Schicksal gespielt.

Auch politisch hatte Kohl jenes Glück, das ihm auf dem Weg zur Einheit noch des öfteren zuteil werden sollte – wie er gern eingesteht. So bahnte sich an, daß ein weiterer Fortschritt in der Flüchtlingsfrage mit dem Bremer Parteitag zusammenfiel. Ende August hatte die Bundesregierung Ministerpräsident Németh und seinen Außenminister Gyula Horn zu einem Geheimtreffen auf Schloß Gymnich eingeladen. Bewegendes wird berichtet. Ob Ungarn eine Gegenleistung für die Ausreise der DDR-Bürger erwarte, fragte Kohl mehrmals: »Ungarn verkauft keine Menschen«, entgegnete Németh. Die Reaktion des Kanzlers gibt der Ministerpräsident so wieder: »Er hatte beinahe Tränen in den Augen. Er sagte mir: ›Das deutsche Volk wird niemals vergessen, was Sie mit dieser Entscheidung getan haben.‹«

Gleichwohl sorgte Kohl dafür, daß der seit längerem verhandelte Kredit über 500 Millionen Mark bewilligt wurde – unter Beibehaltung einer Schamfrist, um die Budapest bat. Politik war für ihn ein Geben und Nehmen.

Das Schicksal schien den Kanzler dafür mit jener glücklichen Fügung zu belohnen: Der Termin für die Ausreise der Ungarn-Flüchtlinge war für die Nacht vom 10. auf den 11. September 1989 vorgesehen. Und genau an diesem Abend fand der traditionelle Presseempfang vor dem CDU-Parteitag statt. Kohl erkannte die Gunst der Stunde, bat die Ungarn, die Ausreiseregelung erst um 20.00 Uhr bekanntzugeben.

So hatte der Kanzler schließlich die Ehre kundzutun, »...daß ab heute nacht null Uhr Deutsche aus der DDR in ein Land ihrer Wahl von Ungarn aus ausreisen können«. Die Pressemeute, die begierig darauf wartete, Neues über den Streit Geißler/Kohl zu erfahren, wurde geradezu umgepolt. Auf elegante Weise lenkte Kohl die Aufmerksamkeit vom innerparteilichen Streit auf seine Rolle als Regierungschef.

Wer wollte da noch von Putsch reden, als über die Monitore Bilder von glücklichen Menschen flimmerten, die gerade in den Genuß der sehnlichst erwarteten Freiheit gekommen waren?

Kohl schien in dieser weltpolitischen Situation unentbehrlich zu sein, und dieser Eindruck war beabsichtigt. So verdankte der Kanzler auch den ersten Keimen der Vereinigung das Comeback von Bremen.

Dies war eines der frühen Kapitel der Geschichte von Macht und Einheit. Nach dem Parteitag kam die Erschöpfung. Dem Kanzler machte eine verschleppte Prostata-Erkrankung so sehr zu schaffen, daß sich eine Operation nicht mehr verhindern ließ.

In dieser Phase nahte ein weiterer historischer Moment. Über den Gitterzaun des Palais Lobkowicz, des Gebäudes der deutschen Botschaft in Prag, kletterten täglich Hunderte von Menschen – in der Hoffnung, so ihre Ausreise in die Bundesrepublik erzwingen zu können. Ende September waren es bereits über 4000 Flüchtlinge. Es herrschten unzumutbare Zustände, viele Familien mußten unter freiem Himmel kampieren. Die dramatischen Bilder gingen um die Welt.

Bundesaußenminister Genscher und sein DDR-Amtskollege Oskar Fischer trafen sich in unverfänglichem UNO-Ambiente in New York, um einen Kompromiß auszuhandeln. Beide Seiten einigten sich auf die Regelung, die Flüchtlinge von Prag aus per Bahn über das Gebiet der DDR ausreisen zu lassen, Ostberlin nannte es »ausweisen« – aus Imagegründen.

Wer aber sollte den Flüchtlingen vor Ort die frohe Botschaft bringen? Bei allem Gleichklang zwischen Kanzler und Vizekanzler in fast sämtlichen Phasen der Einigung – ihr Anspruch auf Selbstdarstellung ließ sich nicht immer harmonisieren. So kam es mitunter zu Kompetenzgerangel. Innerdeutsche Angelegenheiten oblagen nicht dem Außenamt, da die DDR laut Bonner Rechtsauffassung eben nicht Ausland war. Kohl hatte die Deutschlandpolitik zur Chefsache gemacht, praktisch an das Bundeskanzleramt gebunden. Das innerdeutsche Ministerium spielte eine untergeordnete Rolle.

Jetzt aber ging es um die Botschaft in Prag, und die war nun einmal eine Außenstelle des Außenamts und unterstand dem zuständigen Minister. So wurden die Termine zum Teil in doppelter Besetzung wahrgenommen. Kohl gibt zu, daß es ihn sehr gereizt habe, nach Prag zu fahren, doch die Ärzte erteilten ihm Ausgehverbot.

Kanzleramtschef Rudolf Seiters sollte Genscher begleiten. Der aber schien Seiters an seiner Seite nicht zu wollen, was – wie Kohls Biographen Diekmann und Reuth schreiben – den Kanzler verärgerte. Wollte der Außenminister, wie in Kohls Umfeld spekuliert wurde, die publizistischen Lorbeeren am Ende allein ernten? In Genschers Erinnerungen klingt das anders, er habe nichts gegen den Begleiter aus dem Kanzleramt gehabt. Konnte die Koalition doch so ihren Schulterschluß demonstrieren.

Damit nicht genug der Reibereien: Kurz nach dem Start der Luftwaffenmaschine – mit beiden Politikern an Bord – ging eine Eilmeldung der Agenturen über den Ticker: Der Außenminister befinde sich auf dem Weg nach Prag.

Für Kohl war das ein Affront, denn man hatte ausdrücklich Vertraulichkeit vereinbart. Seiters tauchte in der Meldung gar nicht auf, so lag nahe, woher sie kam beziehungsweise von wo aus sie lanciert wurde. Alle Welt wußte nun: Genscher ist unterwegs.

Es war gleichwohl einer der großen Momente auf dem Weg zur Einheit. Die Szene auf dem Balkon des Palais Lobkowicz: Genscher ging zielsicher auf das Mikrofon zu, ließ einen Moment lang Stille einkehren und rief, nach einigen einleitenden Sätzen, der gespannt lauschenden Menge zu: »Wir sind zu Ihnen gekommen, um Ihnen mitzuteilen, daß heute Ihre Ausreise...« – die Worte gingen unter in einem Aufschrei der Freude und Erleichterung. Die Strophe der Nationalhymne, »Einigkeit und Recht und Freiheit für das deutsche Vaterland«, erklang. »Auch heute im Rückblick der Jahre«, schreibt Genscher, »ergreift mich bei dieser Erinnerung noch immer tiefe Bewegung.«

Kohl war außer sich – aufgrund der Art und Weise, wie Genscher den historischen Moment für sich verbuchte. Kanzler-Mann Seiters war buchstäblich an den Rand des Balkons gedrängt worden, während der Außenminister den Höhepunkt seiner Karriere feierte. Kohl wußte genau, wie öffentlichkeitswirksam die Geste war. Bei aller Freude über die menschlichen

Kohl wird nie Kanzler werden. Er ist total unfähig dazu, ihm fehlen die charakterlichen, die geistigen und die politischen Voraussetzungen, ihm fehlt alles dazu.

Franz Josef Strauß, ehemaliger CSU-Vorsitzender

Der schwarze Riese zeigt seine Kraft. – Der Bundesvorsitzende der CDU hat als Redner an Überzeugungskraft gewonnen.

Jürgen Offenbach, Journalist

»… absolut kooperativ«. Der CDU-Vorsitzende Helmut Kohl im Gespräch mit dem ersten Mann der CSU, Franz Josef Strauß, 1977

Erleichterungen überkam ihn das Gefühl, daß andere die Rosinen gemeinsamer Regierungspolitik sammelten.

Schließlich brach der schicksalhafte 7. Oktober an, 40. Jahrestag der ungeliebten anderen Republik. In Ostberlin gab es Fahnen- und Fackelumzüge. Panzer und Raketenlafetten paradierten durch die Stadt. Es schien so, als sei es das letzte Aufbäumen der alten Machthaber, bevor die Woge der Zeit sie hinwegspülte. Das Regime zeigte noch einmal die Zähne. Es gab nicht nur staatlich verordneten Jubel, sondern auch lautstarken Protest bei vielen Demonstrationen – vor allem in Ostberlin; über 3000 Teilnehmer wurden verhaftet, viele niedergeknüppelt. Vor der »Neuen Wache« machte ausgerechnet der prominenteste Gast dem Regime einen Strich durch die Rechnung, Gorbatschow sprach die Worte: »Wer zu spät kommt, den bestraft das Leben.«
Wie stand es um die Rückendeckung Moskaus für Honeckers SED? Die hatte der chinesischen Führung zur blutigen Niederschlagung des Studentenprotests auf dem »Platz des Himmlischen Friedens« in Peking gratuliert. Es ging die Furcht um, daß bei der nächsten großen Montagsdemonstration in Leipzig, am 9. Oktober, die Panzer rollen würden. Doch dazu kam es nicht – Gorbatschow sei Dank. Kohl ging verhältnismäßig weit mit seinen Vorwürfen an Honecker, als er sagte: »Die DDR allein trägt die Verantwortung für eine Politik des Unfriedens nach innen und außen.« Im Westen wurde die Befürchtung laut, die Bundesrepublik presche nun zu ungestüm in Sachen Deutschland vor. Kohl verstand den Dämpfer, mühte sich um so mehr, dem Kremlchef zu versichern, »daß die Bundesrepublik an einem Chaos in der DDR nicht interessiert« sei, und gab der Hoffnung Ausdruck, »daß die Gefühle dort nicht überschwappten«. Kohl tat gut daran, sich zurückzunehmen. Die Gorbimanie bei den DDR-Bürgern, der Reformdruck durch »Glasnost« und »Perestroika« waren genug Herausforderung für das Honecker-Regime. Die Zeit arbeitete gegen die SED.
Innenpolitisch aber ließ sich der Kanzler das Thema nicht mehr aus der Hand nehmen, sorgte vor allem für die nötige Distanz zur Opposition. Die machte es ihm leicht. Volker Rühe warf der SPD »Wandel durch Anbiederung« vor. Einige Teile der Sozialdemokraten neigten dazu, die DDR auch völkerrechtlich anzuerkennen und ihr eine eigene Staatsbürgerschaft zuzubilligen – im Gegenzug für umfassende Reformen.

SPD-Außenexperte Norbert Gansel erkannte die prekäre Lage und riet den Genossen zur Parole »Wandel durch Abstand«. Doch es kam zu keiner einheitlichen Linie, die SPD hielt nicht Schritt mit der Entwicklung, setzte mißverständliche Signale. Zudem hatte Kohl konzeptionell einen erheblichen Vorsprung beim Thema Deutschland.

Schon in seiner ersten Regierungserklärung 1982 und in der anschließenden Debatte hatte er Position bezogen: »Für uns bleibt Deutschlandpolitik über die deutsch-deutschen Beziehungen hinaus immer die Frage nach der Einheit der Nation... Wir Deutschen finden uns mit der Teilung unseres Vaterlandes nicht ab.« Und weiter: »Die Teilung Deutschlands ist immer zugleich die Teilung Europas. Deutschlandpolitik muß sich deshalb immer auch als Beitrag zum europäischen Einigungswerk ... verstehen.« Dem war eigentlich nichts hinzuzufügen.

Wer allerdings den Schluß daraus zieht, Kohl habe systematisch auf die Einheit hingearbeitet, gibt Legenden Nahrung. Prinzipiell knüpfte die christlich-liberale Koalition an die Deutschlandpolitik der sozial-liberalen Ära an. Eine Akzentverschiebung gab es nach 1982 nur insofern, als der Systemgegensatz zur DDR deutlicher betont wurde. Zudem unterließ es die Regierung nicht, immer wieder auf die Offenheit der deutschen Frage hinzuweisen, was Teile der Opposition zunehmend als »vorgestrig« apostrophierten.

Eine operative Einigungspolitik, wie sie Stimmen am rechten Flügel der Union forderten, lehnte Kohl jedoch ebenso ab wie Genscher. Die Politik der kleinen Schritte – menschliche Erleichterungen für finanzielles Entgegenkommen – wurde fortgesetzt – zum Beispiel durch den Milliardenkredit, den Franz Josef Strauß einfädelte. Hier zeigte sich auch, daß es Kohl gelang, selbst entschiedene Gegner der früheren Ostpolitik auf den moderaten Kurs einzuschwören.

Für den Honecker-Besuch 1987 erntete Kohl auch Kritik in den eigenen Reihen. Den feierlichen Rahmen nutzte der Kanzler allerdings schließlich ebenfalls, um auf den wunden Punkt hinzuweisen: »Die Menschen in Deutschland leiden unter der Trennung. Sie leiden unter der Mauer, die ihnen buchstäblich im Wege steht und sie abstößt.«

Insgesamt aber muß das Fazit lauten: »Deutschlandpolitische Programmsätze« waren bis 1989 – wie andere Politikbereiche – Kohls System der Machtsicherung untergeordnet. Im Herbst

1989 schließlich, nach dem Fall der Mauer, begann er seine Macht für die Vereinigung der Nation in die Waagschale zu werfen.

Als die Massenproteste in der DDR Anfang November ihren Höhepunkt erreichten, der Exodus über die Nachbarstaaten dramatische Formen annahm, entschied Kohl – nach telefonischer Rücksprache mit US-Präsident George Bush und Gorbatschow –, einen grundlegenden Wechsel in der Deutschlandpolitik vorzunehmen. Offerten für umfassende Finanzhilfen koppelte die Bundesregierung nun an das Ende des Machtmonopols der SED. Statt betonter »Nichteinmischung« ging es nun um »friedliche Intervention«.

Dieses Junktim wurde bei einem abendlichen Treffen im Kanzlerbungalow ausgeheckt, Kanzleramtsminister Seiters und Innenminister Wolfgang Schäuble nahmen daran teil. Hier ging es nicht nur um die Sache. Der Vorstoß galt auch dem Ziel, in dieser Phase das Heft in der Hand zu behalten, Kohl sollte nicht in die Rolle des Zuschauers zurückfallen.

Seit längerem schon stand eine Polenreise auf dem Programm. Die heikle Mission sollte am 9. November 1989 beginnen. Niemand konnte ahnen, daß dieser Tag zum Schicksalstag der Deutschen werden würde.

Teltschik bereitete die Kanzlervisite vor – ohne dabei die Dienste des Auswärtigen Amtes übermäßig strapazieren zu wollen. Kein Wunder, daß Genscher den Kohl-Berater überhaupt nicht leiden mochte. Teltschiks Auftritte beim Außenminister beschränkten sich über Jahre hinweg auf einige Konsultationen. Der Kanzler wollte Genscher aus der Polenpolitik heraushalten.

In einer Grundsatzfrage gab es zwischen den beiden Dissens: der Status der deutschen Ostgrenze. Theo Waigel hatte auf dem Schlesiertreffen 1989 den alten Standpunkt bestätigt, daß nur eine gesamtdeutsche demokratische Regierung die Nachkriegsgrenzen auch formal anerkennen könne. Genscher wollte eine definitive Anerkennung durch die Bundesregierung noch vor der Polenreise – respektiert waren die Grenzen ohnedies seit den Ostverträgen und KSZE-Vereinbarungen.

Persönlich neigte Kohl Genschers Standpunkt zu, doch es ging auch um die Machtbasis. Würde er mit der Grenzfestlegung vor einer Wiedervereinigung nicht die Vertriebenenverbände und Teile der CSU gegen sich aufbringen? Das konnte Wähler-

Nun haben wir einen Mann an der Spitze des Staates, der selbstgewiß ist, aber nicht reflektiert, der sich seiner sicher dünkt, aber unsicher denkt, der rational argumentiert, sich aber in den Redefiguren der Irratio bewegt.

Fritz J. Raddatz, Journalist

Österreich ist ein gänzlich unbedeutendes Land mit einem bedeutenden Kanzler, Deutschland ist ein sehr bedeutendes Land...

Werner Schneyder, Kabarettist

Was hier geschieht, hat nichts mit Königsmord zu tun.

Kohl

»...mit seinem treuen Eckermann«. Der frischgekürte Bundeskanzler Helmut Kohl mit seinem Berater Eduard Ackermann im Bundestag, 1. Oktober 1982

stimmen und politischen Rückhalt beim Unionspartner kosten. Und die FDP würde in dieser außenpolitisch so bewegenden Phase sicher nicht abspringen.

Die SPD erkannte die Chance, Öl ins Feuer zu gießen, und packte die Genscher-Position in eine Bundestagsentschließung. Es kam zur Machtprobe. Kohl griff zum Telefon, sprach mit Genscher: Das Ende der Koalition sei gekommen, falls die FDP gemeinsam mit der SPD stimme. Eine Kompromißformel, mit der schließlich beide Seiten leben konnten, verhinderte den Eklat. Die SPD ließ den Antrag fallen, Kohls Kalkül ging auf.

Der Polenbesuch sollte – Grenzfrage hin, Grenzfrage her – vor allem einem Ziel dienen: der Versöhnung beider Völker. Dem Kanzler schwebten Schritte vor, die der deutsch-französischen Annäherung vergleichbar waren – bis hin zu jener geplanten Umarmung Tadeusz Masowieckis, gegen welche die polnische Diplomatie zunächst Einwände erhob. Aber solche Gesten gehörten nun mal zum außenpolitischen Rüstzeug des Kanzlers. Kohl sah sich bei Versöhnungsfragen in der Tradition Adenauers, der die Nähe zu Frankreich suchte und gemeinsam mit de Gaulle dazu beitrug, daß aus alten Erbfeinden Partner wurden.

Dennoch – trotz der Bedeutung der Polenvisite war es Helmut Kohl unangenehm, sich angesichts der aufgewühlten innerdeutschen Lage aus Bonn zu entfernen. Am 9. November reiste die Delegation gleichwohl mit einem großen journalistischen Troß planmäßig nach Warschau ab.

Und am Abend genau dieses Tages sollte ganz unplanmäßig ein Ereignis wie ein Wunder über die Deutschen hereinbrechen. In Berlin fiel die Mauer. Mit dem Entwurf einer neuen Reiseverordnung begann im Ostteil der Stadt eine Kette von Mißverständnissen, die das Bauwerk aus Beton, Stacheldraht und Todesstreifen überflüssig machte.

Die zum Teil auf Irrtümern beruhende Erklärung des für Medien zuständigen ZK-Mitglieds Günther Schabowski konnte so verstanden werden, daß ab sofort alle Menschen aus der DDR in die Bundesrepublik reisen durften. Hunderttausende Deutsche entschieden, die Probe aufs Exempel zu machen. Der Druck an der Mauer nahm zu, die Grenzbeamten – nicht informiert und völlig überrascht – machten die Tore schließlich auf. Es war die Nacht der Nächte von Berlin. Zehntausende aus Ost und West feierten ausgelassen die Öffnung des grauen Monstrums. Fremde Menschen lagen einander in den Armen, lachten und jubelten. Auf dem Mauerabschnitt vor dem Brandenburger Tor, dem Symbol der deutschen Teilung, tanzten die Menschen und sangen: »So ein Tag, so wunderschön wie heute.«

Kohl und sein Gefolge wollten gerade zum eleganten Palais Radziwil aufbrechen, um dort mit dem polnischen Ministerpräsidenten zu dinieren, als die aufwühlenden Nachrichten per Standleitung – einem braunen Kasten mit Kurbel – eintrafen. Wie reagiert ein Kanzler in einem solchen Moment?

»Helmut Kohls Gefühle sind wie immer schwer zu erraten«, notierte Teltschik in sein Tagebuch, »lediglich die raschen Anordnungen und hastiger werdenden Bewegungen verraten Unruhe und Anspannung. Er hat soeben erfahren, was in diesem Moment kaum jemand glauben kann.« Doch bleibt so gut wie keine Zeit, intensiv über die sensationelle Nachricht nachzudenken, die Beratungen müssen beim Abendessen fortgesetzt werden.

Gegen 21 Uhr meldet sich erneut Kohls Pressereferent Eduard Ackermann, der die Ereignisse im westdeutschen Fernsehen mit verfolgte: »Herr Doktor Kohl, halten Sie sich fest«, sagte er, »die DDR-Leute machen die Mauer auf.« – »Sind Sie sicher, Ackermann?« fragte Kohl. Ackermann schilderte ihm, wie immer mehr Menschen von Ostberlin herüberkamen. »Das gibt's doch nicht«, sagte Kohl. »Sind Sie wirklich sicher?« – »Das Fernsehen überträgt live aus Berlin, ich kann es mit eigenen Augen sehen.«

»Wir alle waren mit unseren Gedanken halb zu Hause in Deutschland«, schreibt Teltschik, »obwohl die deutsch-polnischen Beziehungen durch diesen Besuch entscheidend verbessert werden sollten.«

Hier lag die Zwickmühle für Kohl. »Der Kanzler« – so erinnert sich Teltschik – »zögert noch wegen der negativen Wirkung, die ein solcher Schritt bei unseren Gastgebern haben könnte. Andererseits erinnern wir uns an Konrad Adenauer, der am 13. August 1961, am Tag des Mauerbaus, auf Rat der drei Westmächte nicht nach Berlin, sondern zu einer Wahlkampfveranstaltung nach Augsburg reiste. Viele Deutsche haben ihm das nie verziehen...«

Ein Gemisch aus diplomatischer Rücksicht, politischem Handlungsbedarf, schlichtem Machtkalkül – und nationaler Gefühlsaufwallung begann in den Köpfen zu brodeln.

Die Lage erforderte eine Entscheidung: bleiben oder fahren? In Kohls Erinnerungen klingt der Entschluß dann ziemlich resolut: »Für mich stand sofort fest, daß ich meinen Besuch trotz seiner Wichtigkeit unterbrechen mußte, denn der Platz des Bundeskanzlers konnte in dieser historischen Stunde nur in der deutschen Hauptstadt sein, dem Brennpunkt der Ereignisse.«

Bei Teltschik liest sich das etwas anders, Kohl habe die Sache erst einmal überschlafen wollen. Dennoch kam der Kanzler sich vor wie ein vom Geschehen Ausgeschlossener. Gegenüber Journalisten gestand er ein, das Gefühl zu haben, »zur falschen Zeit am falschen Ort zu sitzen«.

Am 10. November morgens fiel der Entschluß zur Unterbrechung der Reise, Kohl berichtet von einem »veritablen Streit«, den er mit dem polnischen Ministerpräsidenten habe ausfechten müssen, denn Masowiecki habe »um jeden Preis verhindern« wollen, »daß ich nach Berlin fahre«.

Kohl dachte an das Adenauer-Beispiel und hatte zudem keineswegs die Absicht, nach Genschers Prager Auftritt noch einmal einem anderen das Feld zu überlassen. Für den Abend des 10. November hatte die Berliner CDU eine Kundgebung vor der Gedächtniskirche vorgesehen – mit Kanzlerrede.

Noch in Warschau platzte eine andere Nachricht wie eine Bombe herein: Berlins Regierender Bürgermeister Walter Momper hatte seinerseits zu einer Kundgebung aufgerufen, vor dem Schöneberger Rathaus, und das ebenfalls mit einer Ankündigung des Bundeskanzlers verbunden: »Helmut Kohl ist außer sich«, notierte Teltschik in sein »Tagebuch«. – »Er weiß von nichts. Momper hat diese Veranstaltung für halb fünf Uhr angesetzt, ohne sich mit dem Bundeskanzler ... abzustimmen. Außerdem haben wir den Verdacht, daß Momper die Kundgebung absichtlich so früh angesetzt hat, damit Kohl es trotz aller Anstrengungen nicht mehr schaffen kann, rechtzeitig in Berlin zu sein. Der Eindruck, den das in der Öffentlichkeit hinterlassen würde, wäre verheerend für den Kanzler, und wir trauen Momper diesen Winkelzug zu.«

Welche Motive den Bürgermeister auch immer dazu veranlaßt haben, für Kohl hatte der Schlagabtausch um Machtanteile im innerdeutschen Prozeß schon begonnen, ihm blieb nichts anderes übrig, als sofort abzureisen. Auf beiden Kundgebungen wollte er sprechen.

Eine Odyssee nahm ihren Lauf. Wie soll ein deutscher Bundeskanzler mit einer Bundeswehrmaschine von Warschau aus nach Berlin kommen? Gar nicht! Die Mauer fiel, aber die Besatzungsrechte hatten weiterhin Bestand. Dank US-Botschafter Vernon Walters gelang es schließlich doch noch, rechtzeitig – mit einer US-Militärmaschine – in die jetzt gar nicht mehr so geteilte Stadt zu gelangen.

»Hoffentlich geht das gut«, sagte Kohl, sorgte sich wegen des Publikums und bat Ackermann, die Berliner CDU solle wenigstens einen Teil ihrer Leute von der Gedächtniskirche zum Schöneberger Rathaus umdirigieren.

Doch es war zu spät. Eine schlimme Überraschung stand bevor. »Ich wurde dann auf die enge Balustrade regelrecht hinausgeschoben, auf der sich Hans-Dietrich Genscher, Willy Brandt, Hans-Jochen Vogel, Walter Momper und andere bereits eingefunden hatten«, erinnert sich Helmut Kohl und macht aus der Verbitterung über das, was dann folgte, keinen Hehl: »Unten auf dem John-F.-Kennedy-Platz tobte ein linker Pöbel, der mich mit einem ohrenbetäubenden Pfeifkonzert empfing.«

Die linke und alternative Berliner Szene war an der Veranstaltung beteiligt, von Kohls Anhängern keine Spur. Einige Teilnehmer schienen nur darauf gewartet zu haben, dem Kanzler seinen Auftritt zu vermiesen.

Walter Momper steigerte den Wutpegel des Kanzlers, als er in seiner Rede sagte: »Gestern war nicht der Tag der Wiedervereinigung, sondern der Tag des Wiedersehens.« Dann sprach er viel von deutscher Zweitstaatlichkeit. »Lenin spricht, Lenin spricht«, zischte Kohl. Viel Beifall gab es für Momper und schließlich auch für Brandt, der historische Worte formulierte: »Jetzt wächst zusammen, was zusammengehört.« Zuspruch ebenfalls für Genscher. Und dann? Als Kohl schließlich als letzter Redner vors Mikrofon trat, wurde er regelrecht niedergeschrien. »Es geht um Deutschland, es geht um Einigkeit und Recht und Freiheit. Es lebe ein freies deutsches Vaterland. Es lebe ein freies, einiges Europa.« Das Pfeifkonzert übertönte ihn.

Da er davon ausging, daß »die halbe Welt« ihm zuschaute, redete er unbeirrt weiter. Das Fernsehen hatte die Übertragung jedoch schon beendet – offenkundig in Übereinstimmung mit dem Pöbel, wie Kohl später argwöhnte. Wieder wurde ihm eine Sternstunde auf dem Weg zur deutschen Einigung verpatzt.

Die Berliner CDU macht er noch heute für das Debakel ver-

»... plötzlich griff er nach meiner Hand«. Bundeskanzler Helmut Kohl und Frankreichs Präsident François Mitterrand auf der Gefallenengedenkfeier in Verdun, 1984

Ich war für seinen rauhen Menschenverstand empfänglich, war beeindruckt von seiner Menschenkenntnis und von seiner Fähigkeit, Schläge einzustecken, beeindruckt auch von seiner Intelligenz, deren Schärfe von zu vielen Intellektuellen unterschätzt wurde.

François Mitterrand, ehemaliger französischer Staatspräsident

In den zehn Jahren, in denen ich im Amt war, standen immer zwei vorne auf der Lokomotive und haben Dampf gemacht: der deutsche Bundeskanzler Helmut Kohl und sein französischer Freund, François Mitterrand.

Jacques Delors, ehemaliger Präsident der EU-Kommission

An Helmut Kohl kommt niemand mehr vorbei. Der Ritterschlag seiner (Duz-)Freundschaft geht um die Welt. Wieso duzt er noch nicht den Papst?

Friedrich Schorlemmer, Theologe und Publizist

Kohl ist ein starker, prinzipienfester Führer, der den Respekt der Vereinigten Staaten von Amerika erworben hat.

George Bush, ehemaliger amerikanischer Präsident

»... ein großer Glücksfall für uns Deutsche«. Bundeskanzler Helmut Kohl und US-Präsident George Bush bei einem Treffen in Houston, 1990

antwortlich, Eberhard Diepgen hat er dies nie verziehen. Bei der Kundgebung vor der Gedächtniskirche gab es dann den erwünschten Jubel, hier aber war das Fernsehen gar nicht erst erschienen.

So versucht Kohl, in schriftlichen Erinnerungen das Bild von jenem Tag zurechtzurücken. »Auf dem Breitscheid-Platz vor der Kaiser-Wilhelm-Gedächtniskirche warteten weit über hunderttausend Menschen auf uns... Hier wollte keiner randalieren, sondern es herrschte aufrichtige Freude.«

Dann die Medienschelte: »Im Anschluß an diese Kundgebung, von der das Fernsehen bezeichnenderweise keine Notiz genommen hatte, fuhren wir noch zum Checkpoint Charlie, dem legendären Kontrollpunkt. Es waren unglaubliche Menschenmengen, die uns aus dem Osten entgegenströmten. Viele kamen auf mich zu und schüttelten mir die Hände.« Teltschik berichtet von »Helmut-, Helmut«-Rufen: »Dem Kanzler gibt das Bad in der Menge sichtlich Kraft. Als wir wieder im Wagen sitzen, sagt er zu mir: ›Hier sieht man, was die Leute wirklich denken...‹«

Und noch ein Kontrast: In der Stunde der Erniedrigung auf der Empore wollte Gorbatschow den Kanzler sprechen. Und zwar, um herauszubekommen, so Kohl, ob die Dinge in Berlin aus dem Ruder liefen und ob denn Informationen stimmten, wonach sowjetische Einrichtungen in Gefahr seien. »Erst später habe ich erfahren, daß Gorbatschow falsch informiert wurde... Ich stand eingezwängt auf dem Balkon des Schöneberger Rathauses und hatte keine Möglichkeit, Gorbatschow persönlich anzurufen – zumal es so ausgesehen hätte, als wenn ich vor dem Pöbel zurückweichen würde.«

Kohl wies Teltschik an, Gorbatschow zu beruhigen, was er tat. »Wie Michail Gorbatschow mir später sagte, habe er daraufhin den Machthabern in Ostberlin unmißverständlich signalisiert, daß die Sowjetunion nicht wie am 17. Juni 1953 mit Panzern eingreifen werde. Ich bin Gorbatschow noch heute sehr dankbar dafür, daß er nicht den Scharfmachern Gehör geschenkt hat.«

Es war eine späte Genugtuung für den Kanzler, auf all das hinzuweisen. Damals aber spielte sich dieses Geschehen hinter den Kulissen ab. Auf der Hand lag, daß sich am äußeren Erscheinungsbild der Kohl-Politik nun definitv etwas ändern mußte.

Das ging nicht ohne Anlaß. In den Tagen nach der Maueröffnung dominierte zunächst der Eindruck, daß die Mehrheit der

DDR-Bürger an der Eigenständigkeit der DDR festhalten wollte, die Bürgerrechtler hatten das Wort. In der *Frankfurter Allgemeinen Zeitung* stand am 15. November: »Die Forderung nach Beseitigung der Zweistaatlichkeit braucht es [das SED-Regime] nicht zu fürchten.« Doch schon auf der Leipziger Montagsdemonstration am 20. November war der Ruf nach Einheit deutlich zu vernehmen. Auf den Transparenten stand, was die versammelte Menge laut skandierte: »Deutschland einig Vaterland«. Die Parole »Wir sind das Volk« mutierte zu »Wir sind ein Volk«. Laut Umfragen sprachen sich in der Bundesrepublik 70 Prozent der Bürger für die deutsche Einheit aus, in der DDR etwa 60 Prozent.

Geradezu bedrohlich mutete der Exodus aus dem anderen deutschen Staat an. Die Leitartikler vom *Rheinischen Merkur* bis zur *Frankfurter Rundschau* forderten von der Politik angemessene Konzepte für Deutschland. Wer würde das Thema besetzen, wer die Meinungsführerschaft übernehmen? Darüber zerbrach man sich auch im Kanzleramt den Kopf.

Kohl brauchte sichtbare Erfolge, seine Umfrageergebnisse waren schlecht. Genscher, Brandt – und Kohls innerparteilicher Konkurrent Lothar Späth – reisten durch die DDR. Sie ließen sich bejubeln, während der Kanzler Zurückhaltung üben und in Bonn bleiben mußte. Teltschik notierte: »Es war der Zeitpunkt gekommen, öffentlich die Meinungsführerschaft zu übernehmen.«

Der Anstoß hierzu kam von Sowjets, ohne daß sie dies so wollten. Am 21. November fand sich »ZK-Konsultant« Nikolai Portugalow, der sich als Emissär zwischen Kanzleramt und Kreml verstand, bei Kohl-Berater Teltschik ein, mit zwei Zetteln von Fragen, um auszuloten, welche Schritte die Bundesregierung in Sachen Deutschland plane, aber auch um zu signalisieren, daß Moskau jede Einmischung in die inneren Angelegenheiten der DDR mit Sorge sehe.

Ohne Wissen Gorbatschows hatte ZK-Funktionär Valentin Falin den Fragenkatalog um »Nichtamtliche Überlegungen« ergänzt, und auch Portugalow nimmt für sich in Anspruch, Formulierungen ins Spiel gebracht zu haben, die nicht autorisiert waren. In dem Gespräch ging es auch um Zukunftsperspektiven, und es fielen Begriffe wie »Neuvereinigung«, »Wiedervereinigung« und »deutsche Föderation«. Daß zudem von Austritt aus der NATO die Rede war, überhörte Teltschik, aber »Wiedervereinigung«? – »Ich war wie elektrisiert«, erinnert sich der Kanzlerberater: »Ich habe nach diesem Gespräch sofort den Bundeskanzler unterrichtet, weil ich ihm gesagt habe, wenn das wahr ist, daß in der sowjetischen Führung solche Fragen diskutiert würden, dann gibt es eigentlich für uns keinen Anlaß, das Thema nun nicht offensiv aufzugreifen« – und siehe da: »Portugalow war unbeabsichtigt Auslöser für den Zehnpunkteplan, mit dem sich der Bundeskanzler an die Spitze der Entwicklung setzte.« Das Schicksal hatte viele Namen.

Am 23. November fand ein Treffen der engsten Mitarbeiter Kohls im Kanzlerbungalow statt, darunter Kanzleramtsminister Seiters, Horst Teltschik, Eduard Ackermann, der Leiter der Redenschreibertruppe, Norbert Prill, Juliane Weber und Wolfgang Gibowski von der Forschungsgruppe Wahlen. Die »leidige Öffentlichkeitsarbeit in der Bundesregierung« war (vorgeschobenes) Gesprächsthema. Viel mehr ging es Kohl konkret um den Stufenplan in Richtung Einheit. Teltschik plädierte für einen Befreiungsschlag. Seiters war skeptisch, Kohl wies jedoch an, daß unter Federführung Teltschiks ein Konzept erarbeitet werden sollte, jedoch niemand, »auch innerhalb der Bundesregierung«, sollte davon erfahren.

Kanzleramtsminister Seiters, unterstützt vom Sachverstand seiner Ressortbeamten, erhob Zweifel, man solle nichts überstürzen, außerdem die Westalliierten konsultieren.

Hier kristallisierten sich verschiedene Beratertypen im Umfeld des Kanzlers heraus. Teltschiks Karriere beispielsweise stand schon immer im Bezug zum Werdegang Helmut Kohls. Der Erfolg des einen war auch der des anderen – bereits seit der Mainzer Zeit. Teltschik sah die Entscheidungen immer auch unter dem Blickwinkel der Machtposition Kohls. Eher »klassische« Ressortbeamte und Berufsdiplomaten im Kanzlerumfeld hatten – verständlicherweise – einen anderen Zugang. Sie reflektierten stets auch die Interessen anderer beteiligter Akteure.

Deshalb setzte Kohl im Prozeß der Einheit vor allem auf engste Vertraute wie Teltschik und Schäuble. Unter Teltschiks Federführung entstand der Entwurf zum Zehnpunkteplan, den ein Chauffeur am Samstag, dem 25. November 1989, nach Oggersheim brachte. Im Kanzlerdomizil erfolgte dann eine mehr als nur redaktionelle Überarbeitung, der Entwurf wurde in der

»...unkonventioneller Regierungsstil«. Der Kanzler Kohl in seinem Zentrum der Macht

Er wurde immer runder und mächtiger. Den kann man nicht stürzen. Den kann man nur wegrollen. Er läßt aber keinen in seine Nähe, der dafür stark genug wäre.

Dieter Hildebrandt, Kabarettist

Er hat einen so festen Stand, daß er alles aussitzen kann. Er ist so empfindlich, daß ihn nichts mehr trifft. Er kann alles vergessen, aber er vergißt niemandem etwas. Er hat Zahlen, Daten und (humorig erzählte) Geschichten davon parat, wie er Geschichte gemacht hat.

Friedrich Schorlemmer, Theologe und Publizist

Seine Vorgänger erschöpften sich darin, Geschichte zu machen. Er konnte es abwarten, Geschichte zu werden.

Adolf Muschg, Schriftsteller

deutschlandpolitischen Zielsetzung zugespitzt – auch wenn die Eigenleistung Kohls in Teltschiks Erinnerungsbuch kaum Erwähnung findet.

Kohl diskutierte den Vorschlag mit Freunden, den anwesenden Pfarrer-Brüdern Ramstetter aus seinem Pfälzer Kreis, und telefonierte anschließend mit Rupert Scholz. Ehefrau Hannelore tippte das Programm schließlich mit der Reiseschreibmaschine neu.

Die endgültige Formulierung des letzten Punktes fand am Montag morgen im Kanzleramt im Beisein von Ernst Albrecht statt: »Wie ein wiedervereinigtes Deutschland schließlich aussehen wird, das weiß heute niemand. Daß aber die Einheit kommen wird, wenn die Menschen in Deutschland sie wollen, dessen bin ich sicher.«

Am 28. November legte Bundeskanzler Kohl das Zehnpunkteprogramm vor. Darin griff er auch Hans Modrows Vorschlag von einer »Vertragsgemeinschaft« auf, ging in seinen Vorschlägen aber weiter. Unter der Voraussetzung einer demokratisch legitimierten Regierung in der DDR sei die Bundesregierung bereit, »konföderative Strukturen zwischen beiden Staaten in Deutschland zu entwickeln mit dem Ziel, eine Föderation, das heißt eine bundesstaatliche Ordnung in Deutschland zu schaffen«.

Damit war ein Pflock eingeschlagen, an dem man nicht mehr vorbeikam. Der Kanzler rechtfertigte sich später: »Hätte ich die zehn Punkte innerhalb der Koalition oder gar mit den Verbündeten abgestimmt, dann wären sie am Ende völlig zerredet worden. Jetzt war nicht die Stunde der Bedenkenträger.«

Schon am Vortag hatte Teltschik unter Journalisten gestreut, der Kanzler werde im Bundestag eine große Rede halten, ohne sich jedoch inhaltlich mehr als nur Andeutungen entlocken zu lassen. Aufmerksamkeit war somit sichergestellt. Die Haushaltsdebatte am 28. November im Parlament diente als Forum für die Kanzleroffensive.

Kohl erntete auch bei der Opposition Beifall. Die SPD geriet in Zugzwang und wandte sich zur Flucht nach vorn. Der außenpolitische Sprecher der SPD, Karsten Voigt, stimmte – im Einklang mit Parteichef Vogel – dem Katalog des Kanzlers »in allen Punkten zu«, bot Zusammenarbeit für das Konzept an, »das auch unser Konzept ist«.

Dann kam das Zurückrudern. Die SPD blieb in der deutschen Frage weiterhin gespalten. Kanzlerkandidat Oskar Lafontaine sprach von »Ko(h)lonialismus« und einem »großen diplomatischen Fehlschlag des Bundeskanzlers«. Die Grünen lehnten den Kanzlerplan eindeutig ab.

Die FDP empfand Kohls Vorgehen als Brüskierung. Kein Wunder: »Ich muß auch mal CDU-Parteivorsitzender sein«, begründete der Kanzler am Morgen der Debatte sein Schweigen gegenüber Graf Lambsdorff. »Helmut, das war eine große Rede«, soll Genscher gesagt haben. Doch Genscher-Vertraute dementieren. In Genschers Erinnerungen findet der Plan nur insofern Würdigung, als er als »in der Kontinuität unserer Außen-, Sicherheits- und Deutschlandpolitik stehend« bezeichnet wird, der Inhalt sei demnach die Fortsetzung alter FDP-Positionen. Wie Genscher bemängelte Lambsdorff, daß nichts über die Ostgrenze drinstehe: Wer so »tapsig« sei, brauche »die außenpolitische Leine der FDP«.

Kohl aber »hatte sich auf den Kutschbock geschwungen und die Zügel fest in die Hand genommen, um sie nie wieder loszulassen. Von jetzt an übernahm er die Führung«, resümiert die britische Journalistin Patricia Clough. In der Tat war es Kohl gelungen, sich des Deutschlandthemas zu bemächtigen und neuen Handlungsspielraum zu gewinnen.

Bedeutsam war der Vorgang auch im Hinblick auf des Kanzlers Regierungsstil und Entscheidungsfindung – nach Meinung des Politikwissenschaftlers Karl-Rudolf Korte ein typisches Beispiel für das »System Kohl«. Offizielle Dienstwege waren für den Kanzler zweitrangig. Er hatte in all den Jahren einen engen Kreis vertrauter Mitarbeiter um sich geschart und Schlüsselpositionen im Kanzleramt mit ihnen besetzt. Er konsultierte nach Kalkül, Hierarchie spielte dabei keine Rolle. Unter Schmidt fungierte das Kanzleramt als eine straff geführte bürokratische Regierungsmaschine, Kohls Regierungsstil war eher spontan und ungezwungen – für Außenstehende meist undurchschaubar und verwirrend. Das hatte Methode. Er holte sich Rat, direkt und von wem er wollte, drückte hier mal jemandem einen Schmierzettel in die Hand, informierte sich dort während eines Flurgesprächs.

Kohls stärkste Waffe aber war das Telefon. Eine neofeudalistische Deutung will wissen, es entspreche seiner »machiavellistischen Grundstruktur: Der Fürst redet jeweils nur mit dem einen, danach mit dem zweiten und schließlich mit dem dritten und so fort. So weiß nur er allein alles.«

Tatsächlich war oft ausschließlich er es, der vollständig und kontinuierlich im Bilde schien. Kaum jemand war in der Lage, seine Entscheidungen genau nachzuvollziehen. Oft besorgte er sich Informationen unmittelbar bei der Parteibasis und nicht selten auch bei seinem Pfälzer Freundeskreis.

Selbst die Bearbeitung der Akten war Indiz für seinen unkonventionellen Stil. Nachfragen wurden nicht als Randvermerke auf den Dienstweg über Vorgesetzte geschickt, wie bei Helmut Schmidt, sondern direkt, telefonisch, durch Anrufe bei den entsprechenden Referenten im Kanzleramt geklärt. Während Adenauer sogar seine Teegespräche protokollieren ließ, ermahnte Kohl die Teilnehmer vertraulicher Runden, keinesfalls Aufzeichnungen zu machen, und kontrollierte sogar, ob keine Stifte im Einsatz waren.

Das Kabinett – im klassischen Sinne ein Kollegialorgan – geriet zum bloßen Beschlußorgan. Meinungsstreit und Meinungsbildung, das alles hatte im Vorfeld zu erfolgen. Für Kontroversen waren die Kabinettsrunden nicht der richtige Ort. Kohl wollte auf Nummer Sicher gehen.

Sein engster Stab war für ihn eine politische Familie. Verläßlich, hingebungsvoll und diskret, hatte sie ihm zu dienen. Dafür genossen die Angehörigen seine Protektion und Zuwendung. Das Kanzlerbüro war Filter auf dem Weg zu Kohl. Am Schalthebel der Informationen saß Juliane Weber, des Kanzlers Referentin und Büroleiterin, schon in Mainz eine Schlüsselfigur. Ebenso direkten Zugang hatte der getreue wie liebenswerte Eduard Ackermann – vor Andreas Fritzenkötter zuständig für Kohls Presseangelegenheiten. Hinzu kamen noch Horst Teltschik und schließlich der kompetente, zuverlässige wie populäre »Kronprinz« Wolfgang Schäuble – früher Kanzleramtsminister, von 1989 an Innenminister, später, nach dem Attentat, CDU-Fraktionschef – sowie Rudolf Seiters.

Des öfteren gegenseitig angebrüllt haben sich Kohl und sein »Männerfreund« Strauß. Für solche Zwecke wurde eine doppelte Tür am Eingang zum Kanzlerbüro installiert. »Er kann auch aufbrausend sein, wenn was nicht nach seinem Sinne in der Zeitung steht«, erinnert sich Theo Waigel. Hinter den Kulissen konnte Kohl wirklich toben. Draußen hielt er sich zurück, mit wenigen Ausnahmen.

Wenn Sie einmal die wirtschaftliche Entwicklung im Bereich des Warschauer Paktes betrachten, dann kann man nur lapidar sagen: Karl Marx ist out, und Ludwig Erhard ist in.

Kohl

Ich stehe im ständigen Kontakt mit Honecker.

Kohl

»... mit allen Ehren empfangen«. Helmut Kohl und sein Gast in Bonn, Erich Honecker, Staatschef der DDR, 1987

Auch jenseits nationaler Reichweite setzte sich Kohls Netzwerk fort. Er verfolgte eine eigene Gipfeldiplomatie. »Immer wenn das Telefon klingelt, weißt du nicht, ob Kohl am anderen Ende der Leitung ist. Es muß nicht immer geschäftlich sein. Manchmal ist es auch nur ein *Chat*. Man tauschte sich über das Neueste aus. Ich glaube, er verbringt die meiste Zeit am Tag mit telefonieren« – so die Erinnerungen des britischen Expremiers John Major.

Kohl gelang es, einen direkten Draht zu weltweit führenden Politikern zu finden und sie für seine Ziele einzubinden. Geradezu ein Muß bei Staatsbesuchen waren der Heimatbesuch in der Pfalz und die Einkehr im »Deidesheimer Hof«, wo Chefkoch Manfred Schwarz ritualgemäß die Leibspeise des Kanzlers, »Pfälzer Saumagen«, servierte. Gleichermaßen Pfälzer, Deutscher, Europäer sein – dieses Bild vermittelte Kohl auch im Ausland. Deutschtümelei war ihm fremd – die Erblast der Geschichte wog für ihn zu schwer.

Beim Zehnpunkteplan aber hatte Kohl keinen seiner auswärtigen Partner vorab konsultiert. Bei aller Anerkennung im Inland gab es im Ausland heftige Schelte. Kohl hatte vorhergesagt: »Wer glaubt, daß unsere Partner und Freunde jetzt in breiter Front zur Unterstützung aufrufen, der täuscht sich.«

»Niemals zuvor und danach habe ich Gorbatschow so bitter erlebt«, erinnert sich Hans-Dietrich Genscher, der den geballten Unmut des Kremlchefs bei einem Treffen eine Woche später zu spüren bekam. Der Plan sei ein »Ultimatum, ein politisches Diktat« für die DDR. Kohl hatte sich in einem Telefonat nach dem Fall der Mauer einverstanden erklärt, »nur durchdachte und abgestimmte Schritte« zu unternehmen. Gorbatschow fühlte sich vorgeführt, wie Genscher berichtet: »Barsch meinte er, dies könne auf keinen Fall hingenommen werden, so werde man in der europäischen Politik nicht weiterkommen.« Der Außenminister stand in Moskau tapfer für den Regierungschef ein und wies jegliche Kritik zurück.

Auch François Mitterrand war ungehalten, Kohl hatte ihm tags zuvor einen Brief geschrieben, aber nichts von dem Plan erwähnt. »Er hat mir nichts davon gesagt! Absolut nichts! Das werde ich ihm nicht verzeihen!« soll der Präsident ausgerufen haben. Sein ehemaliger Berater Jacques Attali schildert den Zorn seines Chefs in den schillerndsten Farben. Mitterrand hat sich später von den Ausführungen seines früheren Mitarbeiters distanziert. Dabei verband Kohl und Mitterrand durchaus Freundschaft. Ihr Jahrhundertfoto – beide Staatsmänner, einander die Hände haltend, im gemeinsamen Gedenken an die Opfer der Kriege vor der Kulisse Verduns – machte Geschichte.

Aber der Franzose war hin- und hergerissen. Würden die Deutschen sich wieder dazu aufschwingen, Europa zu dominieren? Hinter Mitterrand standen Außenminister Roland Dumas und andere Regierungsmitglieder, denen der Nachbar noch unheimlicher war als ihrem Präsidenten.

Mitterrand versuchte, das Einigungsstreben der Deutschen zumindest zu dämpfen. Eine Woche nach der Kohl-Rede reiste er nach Moskau. »Kohl hat die Priorität der Notwendigkeiten verdreht, und das zu Unrecht«, soll er Gorbatschow gegenüber geklagt haben. In einer gemeinsamen Pressekonferenz wurde französisch-sowjetische Einigkeit demonstriert.

Der französische Staatspräsident schien ein Doppelspiel zu treiben. Offiziell sagte er, es sei allein Sache der Deutschen, über ihre Zukunft zu entscheiden. In Moskau und Ostberlin vertrat er – hinter den Kulissen – den Standpunkt, daß die Vereinigung Deutschlands nur im Rahmen einer europäischen Föderation stattfinden dürfe – also am Sankt-Nimmerleins-Tag.

Der Besuch Mitterrands bei Modrow war ein Affront. Das alte Regime wurde aus Bonner Sicht noch einmal international aufgewertet. Es kam später zu einer Aussprache zwischen Kohl und dem französischen Präsidenten – und zu zähen Verhandlungen. Für Mitterrand gab es keine praktische Alternative zur Vertiefung der deutsch-französischen Partnerschaft, doch um so intensiver sollten die Deutschen in Europa eingebunden werden.

Wurde mit dem französischen Präsidenten ein Preis für die Einheit vereinbart? Mehrmals hat Kohl dies dementiert. Doch gibt es eindeutige Hinweise, daß die Aussicht auf eine einheitliche europäische Währung das Einlenken Frankreichs sicher nicht erschwert hat. Soviel jedenfalls steht fest: Für Mitterrand war die Einbindung der deutschen Währung tatsächlich ein entscheidender Faktor, sich mit der Wiedervereinigung abzufinden.

Und für Kohl war es ja ebenfalls kein Widerspruch, wenn es galt, die deutsche und die europäische Einheit gleichermaßen voranzutreiben. Auch hier steht er ganz in der Tradition Adenauers, der nie eine Diskrepanz zwischen seiner Deutschland- und seiner Europapolitik sah. Kohl zählte auch zur Gruppe jener legendären Schlagbaumstürmer, die in den fünfziger Jahren an der deutsch-französischen Grenze für ein einiges Europa demonstrierten. Er war immer ein Gegner nationaler Abschottung gewesen. Aber die Währung – das war doch ein deutsches Heiligtum. Was hätte es seinerzeit für einen Eindruck gemacht, wenn es geheißen hätte, Kohl opfert der deutschen Einheit die Deutsche Mark?

Viele Briten, allen voran ihre Premierministerin Margaret Thatcher, bekundeten ihre Skepsis offen. Im Deutschlandbild der »eisernen Lady« schwang noch einiges vom »Dritten Reich« mit. Thatcher hielt an der alten Idee von der »Balance of Power« fest. Was dieses »Gleichgewicht« zu stören schien, wurde attackiert.

Frau Thatcher fand Kohl »soooo deutsch« und schleuderte, als sie das aussprach, ihre Schuhe ins Flugzeug – dies geschah nach einem Staatsbesuch in Deutschland. Dabei hatte der Kanzler ihrem außenpolitischen Berater in der Krypta des Speyerer Doms kurz zuvor gesteckt, was für ein guter Europäer er doch sei. Sir Charles Powell hielt es nicht für angebracht, dies Madame Thatcher nach ihrer Unmutsäußerung auszurichten.

Ihre Taktik in Sachen Einheit hieß: hinauszögern, solange es geht. Sie forderte, daß neben den vier Siegermächten auch die NATO, die Europäische Gemeinschaft und die 35 Unterzeichnerstaaten der KSZE-Schlußakte von Helsinki über eine Herstellung der deutschen Einheit mitbestimmen sollten. Dies hätte alles verhindert.

Grundbedingung aber war die Einbeziehung ganz Deutschlands in das westliche Bündnis, darauf legten alle Westmächte Wert, insbesondere die USA. Trotz vieler Irritationen, die das Verhalten britischer Politiker und die Kommentare einiger Kolumnisten im deutsch-britischen Verhältnis hervorriefen, schwenkte auch die Politik Londons allmählich auf einen pragmatischen Kurs ein, um den »Zwei-plus-Vier-Prozeß«, die internationale Regelung der Einheit, aktiv mitgestalten zu können.

Zudem gelang es Helmut Kohl und Hans-Dietrich Genscher, sowohl den Briten als auch den Franzosen glaubhaft zu versichern, daß das Streben nach Einheit vom Volk ausging, »von unten« kam und es sich keineswegs um die fixe Idee einiger über-

»... dieser Abend ein Schlüsselerlebnis«. Helmut Kohl mit dem sowjetischen Staatspräsidenten Michail Gorbatschow im Garten des Kanzleramts in Bonn, 1989

Schauen Sie sich den Fluß an, der an uns vorbeiströmt. Er symbolisiert die Geschichte, sie ist nichts Statisches. Sie können den Fluß stauen, technisch ist das möglich. Doch dann wird er über die Ufer treten und sich auf andere Weise den Weg zum Meer bahnen. So ist das auch mit der deutschen Einheit... So sicher wie der Rhein zum Meer fließt, so sicher wird die deutsche Einheit kommen – und auch die europäische Einheit.
Kohl

In Helmut Kohl lernte ich nicht nur einen politischen Pragmatiker kennen, sondern auch einen Mann, der Interesse für Geschichte und Philosophie zeigte.
Michail Gorbatschow, ehemaliger Staats- und Parteichef der UdSSR

mütiger deutscher Politiker handelte. Auch für die Westmächte war unübersehbar: Die DDR blutete aus.

Wie aber stand es mit »Uncle Sam«, der Großmacht Nummer eins? Hier genoß die Bundesregierung einen guten Ruf. Immerhin hatten Kanzler und Vizekanzler den NATO-Doppelbeschluß durchgesetzt und deshalb einen großen Stein im Brett. Die Bundesrepublik war ein verläßlicher Bündnispartner und hielt auch in der Reagan-Ära eindeutig zu Washington. Der Ertrag von 40 Jahren Bündnistreue hieß Vertrauen. Angst vor Deutschland, aus dem Blickwinkel über den großen Teich? Davon keine Spur. Doch auf eines legten die USA Wert: Sie wollten auch nach dem Kalten Krieg eine europäische Macht bleiben. Das war nur möglich über die NATO, und die konnte auf Deutschland nicht verzichten. Die Bundesregierung teilte diesen Standpunkt.

Auch zwischen Helmut Kohl und George Bush gab es den heißen Draht: »Wir telefonierten fast jeden Tag«, erinnert sich der ehemalige Präsident. »Ich sagte, daß wir Gorbatschow nicht in die Parade fahren dürfen. Aber Kohl wußte, daß ich mit meinen Gefühlen bei ihm war. Fest stand, Deutschland würde einen Preis zahlen müssen für die Einheit. Ich war mir aber sicher, daß er sich nicht dafür entscheiden würde, Deutschland aus der NATO auszugliedern.«

Die Zustimmung der vier Mächte war unabdingbar, weil sie als Sieger des Weltkriegs Rechte bezüglich ganz Deutschland hatten. So zählte jeder Zustimmungspunkt bei den Großen Vier. Aber eines mußte ihnen bewußt sein: Für alle galt das Selbstbestimmungsrecht der Völker – für die Westmächte aus alter Tradition und für Gorbatschow, seit er den Ländern des Ostblocks »eigene Wege« zugestand.

Hätten die Mächte den Deutschen die Einheit auf Dauer verweigern können, ohne eigene Ideale *ad absurdum* zu führen? Nein – doch es wäre ihnen möglich gewesen, den Prozeß hinauszuzögern, mit unabsehbaren Folgen.

Wie würde sich nun die Siegermacht im Osten verhalten, bei der seit jeher der berühmte »Schlüssel zur deutschen Einheit« lag? Das Vertrauensverhältnis Kohl/Gorbatschow hatte infolge des Zehnpunkteplans gelitten. Zu Hilfe kam, daß Moskau vor der finanziellen Pleite stand. Für seine »Perestroika« brauchte Gorbatschow immer größere Kredite. Nur an einem Ort würde er Gehör finden: in Bonn. Geld sollte im Prozeß der Einheit noch eine wichtige Rolle spielen.

Bevor Helmut Kohl Gelegenheit hatte, sich im Kreml Klarheit zu verschaffen, stand noch eine andere Visite an. Im Dezember 1989 reiste der Kanzler nach Dresden. »Mein Schlüsselerlebnis auf dem Weg zur staatlichen Einheit«, erinnert sich Helmut Kohl, »war der 19. Dezember 1989.« Als das Flugzeug auf der holprigen Betonpiste des Flughafens Dresden-Kotzsche aufsetzte, will er es bereits gespürt haben: »Wir waren kaum gelandet, da wurde mir schlagartig bewußt: Dieses Regime ist am Ende. Die Einheit kommt!«

Was war das, was ihn so beeindruckte? »Der gesamte Flughafen, vor allem das Gebäude, war bevölkert von Tausenden von Menschen, ein Meer von schwarz-rot-goldenen Fahnen wehte in der kalten Dezemberluft... Als die Maschine ausgerollt war, ich stand auf der untersten Stufe der Rolltreppe, und Modrow stand vielleicht zehn Meter davon entfernt mit versteinerter Miene auf dem Flugfeld..., drehte ich mich zu Rudi Seiters um und sagte: ›Die Sache ist gelaufen.‹«

Wenn es um den Dresden-Besuch geht, ist Helmut Kohl noch immer bewegt. Die Schilderung in seinem Erinnerungsbuch ist nicht ohne Pathos. Er übertreibe, meinen einige Journalisten, die damals mit vor Ort dabei waren. Andere Beobachter melden Zweifel an, ob Kohl in Dresden wirklich schon konkret an eine zügige Wiedervereinigung dachte.

Die Euphorie des Kanzlers ist erklärlich. Nach dem Debakel vor dem Schöneberger Rathaus kam der Jubel von Dresden an dem bitterkalten Tag wie ein warmer Regen über ihn. Tausende Menschen gaben der Freude über sein Kommen Ausdruck, keine Mißtöne verdarben ihm den überwältigenden Eindruck. Mag sein, daß der Kanzler nur sah, was er sehen wollte oder konnte. Teltschik jedenfalls sah mehr als sein Chef: »Während der Rede Helmut Kohls stehe ich am Rande der Menge inmitten junger Leute. Während die Massen vor dem Rednerpult überschäumen und zahllose bundesdeutsche Fahnen schwenken, sind hier die Menschen sehr ruhig.«

Eine britische Korrespondentin schildert im Rückblick. »Wir wußten, daß auf jeden, der eine Fahne schwenkte und ›Einheit‹ rief, viele andere kamen, die weniger begeistert, unsicher oder sogar dagegen waren.«

Die Jubelbilder lassen auch andere Schlüsse zu. Für den Kanzler jedenfalls geriet die Erfahrung zum Erweckungserlebnis. Mit Modrow wollte er eigentlich über die Vertragsgemeinschaft reden, über Kredite und Gegenleistungen sowie das Zustandekommen einer »frei gewählten Regierung« – und dann überall der Ruf nach Einheit. Vor der Frauenkirche kam es schließlich zu einer Kundgebung, die gar nicht vorgesehen war. Teltschik hat sie so beschrieben: »Es ist dunkel geworden, die Scheinwerfer strahlen die Mauerreste der Frauenkirche an. Der Bundeskanzler trifft mit seiner Rede den richtigen Ton. Er weiß, daß die Rede in der ganzen Welt gehört wird, vor allem in Moskau, aber auch in Washington, London und Paris. Jubel umtost ihn. Die Menge skandiert ›Deutschland, Deutschland‹, ›Helmut, Helmut‹ und ›Wir sind ein Volk‹. Dem Kanzler selbst schnürt es die Kehle zu, als er seine Ansprache mit den Worten beendet: ›Gott segne unser deutsches Vaterland.‹« Der entscheidende Satz für die Dresdner aber lautete: »Mein Ziel bleibt, wenn die geschichtliche Stunde es zuläßt, die Einheit unserer Nation.«

Kohl sagt, er habe sich spontan zu der Rede entschlossen. In der Tat gehörte der Auftritt vor der Frauenkirche nicht zum offiziellen Programm. Angesichts der jubelnden Menge, so Kohl, habe er sich »in einer ziemlichen Verlegenheit« befunden, »weil klar war, daß ich irgendwo sprechen mußte«. Ob die Grundidee, eine Ansprache zu halten, wirklich erst vor Ort aufkam, darüber streiten freilich die Chronisten. Teltschiks Erinnerungen zufolge wurde der Entwurf für eine »öffentliche Kundgebung in Dresden« schon am Vortag formuliert.

Erst nach einigem Suchen war die Wahl auf den Platz vor der Frauenkirche gefallen. Helmut Kohl hatte die Befürchtung, daß die Gemüter hochkochen und allzu nationale Töne anklingen könnten. Was wäre, wenn die Menge gar die »erste Strophe der Nationalhymne« anstimmen wollte? Für diesen Fall wurden vorsichtshalber ein paar »Männerstimmen der Dresdner Kapellknaben« zum Schauplatz einbestellt, als Gegenchoral war das Lied »Nun danket alle Gott« vorgesehen.

All das traf vor Ort auf Unverständnis der Organisatoren. Heute lacht Kohl selber darüber: »Wie kamen wir nur darauf, daß die Menschen nach über 40 Jahren Sozialismus die erste Strophe der Hymne oder gar ein Kirchenlied anstimmen?« Auf Anraten des Dresdner Chordirektors verzichtete der Kanzler schließlich auf die Vorankündigung der »Kapellknaben«.

»... beschämend und bestürzend«. Der ausgepfiffene Helmut Kohl mit Willy Brandt und dem Bürgermeister Westberlins, Walter Momper, auf dem Balkon des Schöneberger Rathauses, 10. November 1989

Mit unvergeßlich gebliebener Miene nahm Helmut Kohl 1982 den Kanzlersessel ein und verkündete die »geistig-moralische Wende«. Daß sieben Jahre später die Wende Nr. 2 käme, ahnte nicht einmal Helmut Kohl, und wurde Überraschungssieger der Einheit.

Friedrich Schorlemmer, Theologe und Publizist

Ob Dresden oder Brandenburger Tor. Helmut Kohl macht alles richtig.

Peter Boenisch, ehemaliger Sprecher der Regierung Kohl

Bis ins kleinste Detail erinnert sich Kohl an diesen, »seinen« Jubeltag. Kein Wunder – sein Auftritt wurde mit einer hervorragenden Presse belohnt.

Die deutsche Einheit kam »von unten«, dessen war sich der Kanzler sicher. Auch für Genscher und Schäuble stand fest: Die Menschen geben den Takt an. Modrow, der den Kanzlerauftritt vor der Frauenkirche am Bildschirm mit verfolgte, vermutete nicht zu Unrecht, daß Kohl schon beim Dresden-Besuch innerlich von der »Vertragsgemeinschaft« Abschied genommen hatte. Der DDR-Ministerpräsident selbst sollte ein paar Wochen später nach Moskau reisen, um einen politischen Offenbarungseid zu leisten.

»Betet – morgen machen sie Deutschland«, titelte die *Bild*-Zeitung am 9. Februar. »Sie« – damit waren in erster Linie Helmut Kohl und Michail Gorbatschow gemeint. Am 10 Februar brach die deutsche Delegation zu einem Blitzbesuch nach Moskau auf.

Die DDR stand vor dem Staatsbankrott, der Flüchtlingsstrom riß nicht ab. Angesichts des sich täglich beschleunigenden Verfallsprozesses der DDR sei es »nunmehr unumgänglich, daß die beiden deutschen Staaten sich untereinander über den einzuschlagenden Weg zur Vereinigung verständigen«, sagte Kohl.

Nach der Eiszeit im Dialog mit dem Kreml wegen des Zehnpunkteplans gab es mit Moskau erheblichen Klärungs- und natürlich auch Versöhnungsbedarf.

Zwei Jahre zuvor noch hatte Gorbatschow dem Bundespräsidenten Richard von Weizsäcker gegenüber erklärt: »Es gibt zwei deutsche Staaten. Was aber in hundert Jahren sein wird, entscheidet die Geschichte.« Selbst Kohl und Teltschik dachten Ende November 1989 noch an einen Zeitraum von zehn bis 15 Jahren. Das Wahnsinnstempo der Geschichte aber hatte alle Erwartungen übertroffen.

Kohl hoffte, noch den guten Draht zu Gorbatschow zu haben, den beide bei ihrem Treffen in Bonn im Juli 1989 gefunden hatten. Dort wurde der Knoten, der durch Kohls Goebbels-Vergleich zustande gekommen war, durchschlagen.

»Alles fügte sich so« – erinnert sich Gorbatschow –, »daß uns dieses Bonner Treffen auf eine andere Ebene brachte – auf die Ebene des Vertrauens, und das ist der entscheidende Faktor. Ohne Vertrauen findet keine große Politik statt. An diesem Abend im Bungalow des Kanzlers wurde uns das klar...« Kohl sagt: »Wir hatten ein ungewöhnlich intensives Gespräch, wir sind in den Garten gegangen, und es hat sich so ergeben, es war eine wirklich laue Sommernacht, daß wir ganz einfach da unten am Rhein auf der Mauer saßen. Unten sind ab und zu Liebespaare vorbeigegangen und waren ziemlich erstaunt und bestürzt, wer da auf der Mauer saß. Dann haben wir, und das war eigentlich der Ausgangspunkt, einfach mal darüber gesprochen, wie unser eigenes Leben verlaufen ist.«

Man kam auf die Deutschlandfrage: »Ich sagte ihm, das hat keinen Sinn, drumherum zu reden, die deutsch-sowjetischen Beziehungen werden nicht wirklich Beziehungen unter Partnern und später unter Freunden, wenn die Frage der deutschen Einheit zwischen uns stehen bleibt.«

Und das folgende Zitat holt Kohl schon fast wie ein auswendig gelerntes Gedicht aus der Erinnerung: »... als ich eben auf den Rhein deutete und sagte, dieses Wasser geht zum Meer, und wenn sie den Fluß stauen, geht er über das Ufer und zerstört das Ufer, aber das Wasser geht zum Meer, und so ist es auch mit der deutschen Einheit. Er hat das zur Kenntnis genommen, aber nicht widersprochen.« Gorbatschow erinnert sich dazu: »Ich teile wirklich die Auffassung des Bundeskanzlers, daß dieses Treffen aus uns nicht nur Partner, sondern auch Freunde gemacht hat. Und das hatte eine riesige Bedeutung – vor allem dann, als wir dann von diesem Haufen von Problemen überrollt wurden, die für unsere beiden Staaten wichtig waren, aber auch für die DDR, für Europa und die ganze Welt.«

Von dieser guten Stimmung aber war beim Moskau-Besuch sieben Monate später zunächst wenig zu spüren: Gorbatschow und sein Außenminister Eduard Schewardnadse empfingen die Deutschen eher kühl. Am Tag zuvor kam jedoch ein Abkommen über Nahrungsmittel im Wert von 200 Millionen Mark zustande. Die Versorgungslage in der Sowjetunion war katastrophal. Vermutlich trug die Aussicht auf umfassende Hilfslieferungen mit dazu bei, daß die frostige Atmosphäre auftaute. Teltschik notierte: »Das Gespräch wird nun immer entspannter. Gorbatschow erinnert Kohl an die Einladung in die Pfalz. Dort wolle er mit ihm die gute Wurst essen, die er ihm geschickt habe. Jetzt bin ich absolut sicher, daß der Durchbruch geschafft ist.«

Gorbatschow hatte zuvor eine Erklärung abgegeben, die in der Tat sehr weitreichend klang: »Ich glaube, daß es zwischen der Sowjetunion, der Bundesrepublik und der DDR keine Meinungsverschiedenheiten über die Einheit gibt und über das Recht der Menschen, die Einheit anzustreben und über weitere Entwicklungen selbst zu entscheiden.«

Es blieb die Frage der Bündniszugehörigkeit. Teltschik beschrieb auch hier, wie sich was bewegte. »Wieder eine Sensation, Gorbatschow legt sich nicht auf eine endgültige Lösung fest; keine Einforderung eines Preises und schon gar keine Drohung. Welch ein Treffen!« Es war ein Teilerfolg zumindest in der heiklen Frage der Zugehörigkeit eines geeinten Deutschland zum Westbündnis.

Der Kanzler war weit weniger aufgewühlt als sein Berater – bei der Formulierung der Presseerklärung sah sich Teltschik genötigt einzugreifen: »Der Kanzler reißt die Fenster auf, das Zimmer ist wie immer völlig überheizt. Er beginnt laut zu diktieren. Ich glaube nicht richtig zu hören – es klingt wie ein geschäftsmäßiger Bericht über ein Routinegespräch. Wie kann man einen solchen Riesenerfolg so verkaufen wollen? Ich unterbreche den Kanzler, protestiere und fange selbst an, laut zu formulieren.«

Und schließlich erklärte der Kanzler gegen 22 Uhr Moskauer Zeit vor der internationalen Presse: »Ich habe heute abend an alle Deutschen eine einzige Botschaft zu übermitteln. Generalsekretär Gorbatschow und ich stimmen darin überein, daß es das alleinige Recht des deutschen Volkes ist, die Entscheidung zu treffen, ob es in einem Staat zusammenleben will. Generalsekretär Gorbatschow hat mir unmißverständlich zugesagt, daß die Sowjetunion die Entscheidung der Deutschen, in einem Staat zu leben, respektieren wird und daß es Sache der Deutschen ist, den Zeitpunkt und den Weg der Einigung selbst zu bestimmen. Ich danke Generalsekretär Gorbatschow, daß er dieses historische Ergebnis ermöglicht hat ... Meine Damen und Herren, dies ist ein guter Tag für Deutschland, und ein glücklicher Tag für mich persönlich.«

»Grünes Licht«, so hieß es, für die Wiedervereinigung. Auf dem Rückflug in der Kanzlermaschine knallten vor Fernsehkameras die Korken, und Kohl stieß mit den Journalisten auf den Durchbruch an. In der Presse wurde selbst mit Superlativen nicht gespart: Nicht nur der historische, nein sogar der »historischste« Tag sei dieser 10. Februar. Die *Financial Times* ernannte den Kanzler zum »Wunderkohl«. Welch ein Aufstieg, auch in den Medien – von der vielgeschmähten »Birne« zum »Wunderkohl«!

Er ist ein Mann mit großem Herz, ein Mann großer Gefühle, er liebt das Leben.
Michail Gorbatschow, ehemaliger Staats- und Parteichef der UdSSR

Kohl ist ein Mann, der Entscheidungen reifen läßt, der aber entscheidungsstark ist.
Hans-Dietrich Genscher, ehemaliger Bundesaußenminister

»... die Würfel sind gefallen«. Helmut Kohl und Außenminister Genscher mit Gorbatschow im Kaukasus, 16. Juli 1990

Die Sowjets hatten ihren Widerstand gegen die Wiedervereinigung aufgegeben. Ohne Wenn und Aber, schien es, wollte Moskau ein Gesamtdeutschland zulassen. Das Beten, zu dem die *Bild*-Zeitung aufgefordert hatte – hatte es geholfen?

»Ich hatte nicht so den Eindruck, daß dies der ganz entscheidende Durchbruch gewesen wäre«, sagte Gorbatschow-Berater Nikolai Portugalow im ZDF. Vielmehr habe er sich amüsiert über die Neigung der Deutschen, ständig »Durchbrüche« zu feiern und »Wunder« zu bestaunen. Zwar gab es in der Bündnisfrage Bewegung, doch herrschte hier immer noch Offenheit.

Außerdem soll weniger durch das Zutun Kohls als vielmehr durch eine Stimme aus der DDR Gorbatschow davon überzeugt worden sein, daß der zweite deutsche Staat nicht mehr zu halten war. Ein Blick auf einen anderen Besuch in Moskau, der keine zwei Wochen zurücklag, erlaubt die These, daß der Kanzler zum Teil weit offene Türen einrannte. Am 30. Januar war der Ostberliner Regierungschef Hans Modrow bei einem Kurzbesuch in Moskau mit Gorbatschow zusammengekommen. Am Ende dieses Gesprächs, in dem Modrow die Lage in der DDR schonungslos offenlegte, ließ der Generalsekretär seine Einwände gegen die deutsche Wiedervereinigung sichtlich fallen. Aus einem ostdeutschen Dokument geht hervor, daß Gorbatschow nun endgültig der Auffassung war, daß sich die Einheit nicht mehr verhindern ließ. Sein Berater Tschernjajew sagte, zu dieser Einsicht sei der Kremlchef sogar schon zwei Wochen zuvor, während einer internen Krisensitzung, gelangt.

Modrow bekam nun von Gorbatschow zu hören: »Die Geschichte wird über diese Frage entscheiden. Ich glaube, daß sie bereits ihre Korrekturen anbringt.«

Fand der Durchbruch demnach im Modrow-Gespräch oder sogar schon vorher statt, und nicht beim Kanzler? Ja und nein. Festzustellen bleibt, daß sich in der Zeit bis zum Kohl-Besuch einiges getan hatte. Das Angebot einer Währungsunion stand schon im Raum, und Gorbatschow hatte im Gespräch mit dem Kanzler in einem wesentlichen Punkt Offenheit signalisiert – zum ersten Mal: in der Bündnisfrage. Zum anderen hatten die Aussagen gegenüber dem deutschen Bundeskanzler ein anderes Gewicht als gegenüber einem DDR-Ministerpräsidenten auf Abruf.

Kohl wird es gefallen haben, als die *Süddeutsche Zeitung* schrieb, Gorbatschow habe dem Kanzler in Moskau den »Schlüssel zur Lösung der deutschen Frage« überreicht.

Statt »Deutschland, einig Vaterland« hieß nun für immer mehr Menschen in der DDR »Deutschland, eilig Vaterland«. Viele hatten Angst, zu spät zu kommen. Die Zahl derer, die nach Öffnung der Grenzen ihre Heimat in Erfurt, Dresden, Leipzig oder Rostock verließen und in den Übersiedlerlagern des Westens eintrafen, war in den ersten Monaten des neuen Jahres auf unverändert hohem Niveau. 2000 Neuankömmlinge registrierten die bundesdeutschen Behörden täglich: Zahlen, die 1961 zum Bau der Mauer geführt hatten. Chaos drohte. Zudem machte sich in der westdeutschen Öffentlichkeit Mißmut breit. Die Bereitschaft zur Aufnahme der Übersiedler sank. Es mußte etwas geschehen – hüben wie drüben. Was konnte die Menschen in der DDR zum Bleiben bewegen? Bundesdeutsche Politiker aller Parteien beschäftigte das Thema. SPD-Kanzlerkandidat Lafontaine schlug vor, die Privilegien zu streichen, die Bürger (Ost) im Westen immer noch genossen. Helmut Kohl, Wolfgang Schäuble und Hans-Dietrich Genscher lehnten das strikt ab.

Den einzigen Ausweg, den viele DDR-Bürger sahen, hatten einige Demonstranten in Leipzig auf eines ihrer Transparente geschrieben: »Kommt die D-Mark, bleiben wir. Kommt sie nicht, gehn wir zu ihr.« So wie die Menschen in der DDR das Tor zur Einheit aufgestoßen hatten, so bestimmten sie nun auch das Tempo auf dem Weg dorthin.

Unter diesen Vorzeichen hatte die Kampagne für die erste freie Wahl in der DDR begonnen. Sie wurde vom 6. Mai auf den 18. März vorverlegt, weil man ohne eine demokratisch gewählte Regierung in der DDR der Lage nicht mehr Herr zu werden schien. Laut Umfragen stand – trotz Spaltung in der Einheitsfrage – die SPD als Wahlsieger fest. 54 Prozent, die absolute Mehrheit, wurde den Sozialdemokraten prophezeit. Schon in der Weimarer Zeit hatte die Sozialdemokratie viele Hochburgen im Osten.

Oskar Lafontaine hatte im Saarland gesiegt, 67 Prozent der Bevölkerung meinten laut Demoskopie, der Kanzler treibe die Wiedervereinigung zu schnell voran. Kohl aber setzte auf die Bürger in der DDR.

Nach der schwierigen Geburt der »Allianz für Deutschland«, der neben der Ost-CDU die DSU und der »Demokratische Aufbruch« angehörten, forderten Kohl-Mitarbeiter ihren Chef auf, mit einer Offensive Schwung in den Wahlkampf zu bringen. In ihrer Vorlage empfahlen sie eine Wirtschafts- und Währungsreform in der DDR wie 1948 in den Westzonen. Schäuble hatte das schon vorher angeregt. Das Thema barg Zündstoff. Bundesbankpräsident Karl Otto Pöhl tat heftige Bedenken kund, und das auch noch vor der Presse: »Eine Illusion« sei es, anzunehmen, »die sofortige Einführung der D-Mark in der DDR« könne »auch nur ein einziges Problem lösen«. Nach seiner Erklärung hielten ihm jedoch Journalisten eine Agenturmeldung vor. Aus Bonn kam die Kunde, die Währungsreform sei beschlossene Sache.

Kohl wollte das Thema unbedingt zur Kanzlerangelegenheit machen. Als er erfuhr, daß sich sein alter Rivale, Ministerpräsident Lothar Späth, anschickte, in einer Regierungserklärung ein einheitliches Währungs- und Wirtschaftsgebiet vorzuschlagen, bekam er einen Wutanfall. Ohne sich mit den Fraktionsvorsitzenden abzusprechen, beeilte sich Kohl zu verkünden: »Wir müssen jetzt an die DDR herantreten und einfach sagen, daß wir bereit sind, mit ihr unverzüglich in Verhandlungen über eine Wirtschafts- und Währungsunion einzutreten.« Es gab viele sachliche Gründe, die für den Schritt sprachen. Es galt, den Exodus aus der DDR zu stoppen. Im Kanzleramt aber war man sich einig: Das ist jetzt das Thema.

Die D-Mark war Symbol des Erfolges der Bundesrepublik, galt als Initialzünder des einstigen »Wirtschaftswunders«. Die D-Mark war der »Wahlschlager«. Dennoch gab es in der Öffentlichkeit auch Stimmen, die mehr Probleme als Perspektiven sahen, die Zweifel an einer Besserung der wirtschaftlichen Situation hegten, die Hindernisse auf dem Weg zur Einheit befürchteten und einen »Ausverkauf der DDR« anprangerten. In einer Wahlrede vor dem Erfurter Dom hielt Kohl dagegen: »Die Bundesrepublik ist bereit, gemeinsam mit Ihnen das Land wiederaufzubauen.« Auch wenn nicht der Kanzler für die CDU zur Wahl stand, sondern Lothar de Maizière, es war ein Kohl-Wahlkampf. Das Adenauer-Haus führte Regie, die Werbematerialien – vom Handzettel bis zum Plakat – betonten zwei Motive: die Farben Schwarz-Rot-Gold kombiniert mit einem großen »Ja«. Kohl kümmerte sich sogar um Details, er hatte Zweifel, ob der Kleister (Ost) für die Plakate tauge, und ließ sich erst einmal einen Test vorführen. Zahlreiche Wahlauftritte brachten ihn mit insgesamt fast einer Million Menschen zusammen. Er wollte auf Nummer Sicher gehen.

»... die ›Balance of Power‹ aufrechterhalten«. Kohl und die britische Premierministerin Margaret Thatcher

Der Kanzler ließ einen nie im unklaren, weder als Verbündeter noch als Gegner.

Margaret Thatcher, ehemalige britische Premierministerin

Es ist in nicht unerheblichem Maße das Verdienst Ihres Bundeskanzlers, daß Deutschland heute eine geeinte Nation ist, die in Harmonie mit ihren Nachbarn lebt und im Mittelpunkt der europäischen Bestrebungen steht, das 21. Jahrhundert zu einem Jahrhundert der Demokratie, des Wohlstands und des Friedens zu machen.

Bill Clinton, Präsident der USA

Die Liebe zur Heimat, zum Vaterland – und damit zu den eigenen geschichtlichen und kulturellen Wurzeln – ist eine natürliche menschliche Empfindung. Aus ihr ist uns die Kraft erwachsen, über vierzig Jahre hinweg die Einheit der Nation zu bewahren und die Teilung schließlich zu überwinden.

Kohl

Der SPD-Wahlkampf war uneinheitlich. Lafontaine mahnte ein langsameres Vorgehen bei der Einigung an und warnte vor den Kosten. Die Parole »Hand in Hand mit Willy Brandt in ein geeintes Vaterland« signalisierte eine andere Sprache. Die Ost-SPD berief sich deshalb lieber auf den Vorsitzenden als auf den Kanzlerkandidaten (West).

Dennoch: Kohl blieb unsicher, was den Ausgang der Volkskammerwahl anbelangte. In einer morgendlichen Lagebesprechung kurz vor dem Urnengang sagte er, daß er am liebsten nach »Hause gehen würde«. Das einzige, was ihn noch motiviere, seien »die Menschen in der DDR«.

Die hatten nun die Wahl – und sie stimmten für die »Allianz«. Der offizielle Gewinner hieß Lothar de Maizière, der heimliche Wahlsieger Helmut Kohl. Der Spötter Otto Schily brachte noch einen weiteren Sieger ins Spiel: Im Wahlstudio des Westfernsehens präsentierte er eine Banane. Über Geschmack läßt sich streiten, und Schily bereute den Akt später. Doch war die Botschaft klar: Nicht Parteiprogramme oder Personen, sondern auch die Aussicht auf Wohlstand hatte die Wahlentscheidung beeinflußt. In der Tat wählten die Bürger der DDR die einheitliche Währung. Unabhängig von Konfession, Bildung und Beruf gaben sie ihre Stimme der Partei, von der sie sich den schnellsten Weg zu Einheit und Wohlstand erhofften.

Wer sollte es ihnen verübeln? Am allerwenigsten der Kanzler, der sichtlich gelöst war. In der Wahlnacht suchten Kohl und seine Mitstreiter ein italienisches Restaurant in der Nähe des ZDF-Studios in Bonn auf. »Endlich gibt es Champagner«, notierte Teltschik.

Eine wichtige Hürde war noch zu nehmen – und zwar in Moskau. Beim letzten Besuch des Kanzlers dort war die Frage offengeblieben: Wie steht es mit den Deutschen und dem NATO-Bündnis? Am 14. Juli 1990 flogen Kohl und Genscher zu Gorbatschow.

Die Bilder vom Treffen im Kaukasus sind legendär. Hier ist der Ort, wo die große Entscheidung fiel, lautet ihre Botschaft. In Strickjacke und Pullover stiegen Gorbatschow und Kohl hinab zu jenem reißenden Bergbach. Ein Zusammentreffen am Wasser, so wie im Sommer 1989 am Rhein.

Was sich dort ein Jahr zuvor mit der Parabel des Kanzlers andeutete, schien nun seiner Vollendung entgegenzugehen. Welche

Fügung: zwei Staatsmänner, die Geschichte machten, wie zwei Brüder in der Heimat. Ein Deutscher und ein Russe, 45 Jahre nach dem Ende des Zweiten Weltkriegs – welch ein Eindruck! Nun wird behauptet, das alles soll inszeniert gewesen sein. Eines der Argumente lautet: Das Ja zur NATO-Mitgliedschaft des geeinten Deutschland habe nicht Kohl, sondern Bush als erster zu hören bekommen. In der Tat spielten auch die sowjetisch-amerikanischen Beziehungen eine entscheidende, »sehr wichtige« Rolle, wie Gorbatschow betont. Ohne die Zusicherung Washingtons, daß von der NATO-Mitgliedschaft Deutschlands keine Gefahr ausgehe, hätte der Kremlchef wohl in der Tat nicht zugestimmt. Vieles spricht dafür, daß schon Ende Mai, beim Washington-Besuch Gorbatschows, die Würfel gefallen sind.

In Kohls Moskauer Gespräch – noch vor der Abreise in den Kaukasus – schien sich das zu spiegeln: »Michail Gorbatschow kam nun auf das Kernproblem zu sprechen: die Mitgliedschaft Deutschlands in der NATO. Zu meiner Überraschung sagte er: ›Hier ist die Sache doch klar.‹«

Der Gesprächsbedarf lag dann zwar schließlich nicht mehr in der Grundsatzfrage, aber in der kaum minder bedeutsamen Frage der praktischen Umsetzung. »Deutschland sollte zwar als Ganzes formal der NATO angehören, faktisch aber nur mit dem Gebiet der Bundesrepublik. Zu einem späteren Zeitpunkt könnte sich das ändern, wenn wir erfolgreich über den Abzug der sowjetischen Truppen verhandelt hätten. Entgegen Gorbatschows Beteuerung wären wir also nicht souverän gewesen«, berichtet Kohl.

So gab es durchaus noch Barrieren, die zu überwinden waren. Gorbatschow habe dann vorgeschlagen, im Kaukasus weiterzuverhandeln. »Wir hatten uns schon von unseren Plätzen erhoben, als ich ihn, um ganz sicherzugehen, fragte, ob die Reise ... überhaupt einen Sinn mache. Ich sagte, daß ich nur fahren würde, wenn am Ende unserer Gespräche die volle Souveränität des vereinten Deutschland und dessen uneingeschränkte NATO-Mitgliedschaft stünden. Ansonsten sei es besser, ich reise wieder nach Hause ... Er sagte nur: ›Wir sollten fliegen.‹ In diesem Augenblick wußte ich, daß wir es schaffen würden.«

Also war es nur eine halbe Legende: Die NATO-Mitgliedschaft, das »Was«, war offenkundig schon vor Moskau beschlossene Sache, doch das »Wie« war noch Verhandlungsmasse. Und hier spielten auch die Milliarden eine Rolle, die Gorbatschow zur umfassenden Finanzierung des Truppenabzugs und seiner Reformen erhielt. So gab es doch noch genügend Stoff, um einen weiteren Durchbruch zu zelebrieren.

Nur fand dieser schon in Moskau und nicht im Kaukasus statt, wie Kohl selbst einräumt. Am Holztisch von Archyz ging es um den letzten Schliff. Aber die Einigung im Kreml wurde schließlich wegen der schöneren Kulisse und der symbolischen Gesten zum »Wunder vom Kaukasus« verklärt.

Damit waren sowohl die innere als auch die äußere Bahn zur Einheit frei. Ein enormes Pensum hatten nun Innenminister Schäuble und Außenminister Genscher gemeinsam mit ihren DDR-Amtskollegen bei der Abfassung der Verträge zur deutschen Einheit zu bewältigen – eine Herkulesaufgabe, bei der sie alle sich Verdienste um die Vereinigung Deutschlands erwarben.

Die Bilder vom 3. Oktober 1990, dem Tag der deutschen Einheit, gingen um die Welt. Fast zwei Millionen Menschen waren rund um den Reichstag versammelt, um die Stunde der Vereinigung zu feiern. Kohl selber hatte den Reichstag – symbolträchtiger Ort für die Schicksalsstunden deutscher Geschichte – als Schauplatz ausgewählt. Fackeln, Fahnen, Chöre, Laserstrahlen und riesige Bildschirme. »Helmut, Helmut«, erschollen die Rufe aus der Menge. Es war der Höhepunkt seiner Karriere, als um Mitternacht das Feuerwerk entzündet wurde, die Nationalhymne erklang und ein Meer von schwarz-rot-goldenen Fahnen wehte.

Kohl war jetzt auch ganz offiziell Kanzler der Einheit – Regierungschef im soeben geeinten Deutschland. Auch die große Anerkennung, die er im In- und Ausland fand, mag ihm seinerzeit die Größe gegeben haben, in erster Linie anderen Verdienste um das Einigungswerk zuzuschreiben: Gorbatschow, Bush, den Ungarn und den Polen, die den Weg zur Einheit früh ebnen halfen, und nicht zuletzt dem »lieben Herrgott«. »Manchmal kommt mir das so vor als hätte ich damals vor einem riesigen Hochmoor gestanden, mitten im Nebel, hätte nur gewußt, es gibt einen Weg, und bin dann irgendwie da hindurchgeführt worden.«

Dies ist noch nicht das Ende der Geschichte von der Einheit und der Macht – wer diese auch immer verlieh. Schon bald nach der Euphorie stellten sich ganz irdische Fragen: Würde der Einheitskanzler-Bonus reichen, um auch die erste gesamtdeutsche Wahl zwei Monate später zu gewinnen?

Der Aufgalopp begann mit einer Schlappe. Bei einem Besuch am Wolfgangsee am 1. August 1990 hatte Lothar de Maizière dem Kanzler empfohlen, den Wahltermin vorzuverlegen, weil die ökonomische Lage in der DDR keinen Aufschub mehr dulde. Das bedeutete aber vorzeitige Auflösung des Bundestags – wie 1982. Kohl stimmte zu, ein früherer Termin lag durchaus in seinem Interesse, solange die Stimmung des 3. Oktober noch anhielt. Doch die SPD, deren Einverständnis nötig war, weigerte sich. Bundespräsident Richard von Weizsäcker wollte gleichfalls keine Zustimmung geben. Kohl mußte den Rückzug antreten.

Und auch sonst setzte bald Katerstimmung ein. Ungeachtet vieler Warnungen hatte Kohl immer wieder den Anschein erweckt, die Wiedervereinigung sei praktisch kostenlos, ohne Steuererhöhungen zu haben. Da schwang wohl die Illusion mit, die Wirtschafts- und Währungsunion würde gleichsam wie einst die Währungs- und Wirtschaftsreform Ludwig Erhards zu einem großartigen Aufschwung führen.

Schon beim Staatsakt in der Philharmonie am 3. Oktober mußte Kohl sich gezielte Anspielungen anhören. Bundespräsident Richard von Weizsäcker, der dem Kanzler später Machtbesessenheit und Machtversessenheit vorwerfen sollte, meinte, die Einheit werde durch zusätzliche Abgaben bezahlt werden müssen. »In der Frühphase des Aufbruchs der Vereinigung war die große Mehrheit der Deutschen im Westen zu wirklichen Opfern bereit«, merkt Weizsäcker in seinen Memoiren an.

Altkanzler Schmidt vertritt die Auffassung, Kohl hätte wie Churchill in seiner »Blut-Schweiß-und-Tränen«-Rede den Deutschen eine nationale Anstrengung abverlangen sollen. Das Gegenteil war der Fall – mit Konsequenzen: Noch Jahre nach seiner Rede von den »blühenden Landschaften« mußte Kohl sich dafür Kritik gefallen lassen.

Kohl gesteht Versäumnisse gerade in ökonomischer Hinsicht ein. Schon 1991 erfolgte die Umkehr in Richtung Krisenmanagement. »Kohls Potential an staatsmännischem Verhalten war erschöpft«, urteilt die britische Biographin Clough: »Er fiel zurück in die Rolle des Politikers, dessen vordringliches Ziel es ist, Wahlen zu gewinnen.« Die *Welt am Sonntag* sah es eher aus der Vogelperspektive: »Im Herbst 1989 griff Kohl nach dem

»...Erlebnisse, die nie mehr wiederkommen«. Helmut Kohl bei einer Wahlveranstaltung in Chemnitz, 1990

Für die Menschen in der Bundesrepublik gilt: Keiner wird wegen der Vereinigung auf etwas verzichten müssen. Es geht allenfalls darum, Teile dessen, was wir in den kommenden Jahren zusätzlich erwirtschaften, unseren Landsleuten in der DDR zur Verfügung zu stellen – als Hilfe zur Selbsthilfe.

Kohl

Er ist deutscher Meister im Erfühlen der konservativen Bedürfnisse der Mehrheit im deutschen Volk: wenig Bewegung, leben und leben lassen.

Hans-Jochen Vogel, ehemaliger SPD-Vorsitzender

Die fünf neuen Bundesländer werden – mit regionalen Unterschieden – in drei bis fünf Jahren blühende Landschaften in Deutschland sein.

Kohl

Er war immer sehr draufgängerisch. Erinnern Sie sich nur an die Szene, als er im Mai 1991 in Halle mit Eiern beworfen wurde und er sich die Leute persönlich greifen wollte. Das ist typisch für ihn.

Hildegard Getrey, Kohls Schwester

Es ist wahr, wir haben uns getäuscht, auch ich.

Kohl

»... *selten so zornig gesehen*«. *Bundeskanzler Helmut Kohl im Gerangel mit Hallensern, die ihn mit Eiern beworfen hatten, Mai 1991*

vorüberrauschenden Mantel der Geschichte, wurde hochgetragen und dann unsanft wieder auf den Boden gesetzt.«

Dennoch gewann er die gesamtdeutsche Wahl, wenn auch nicht spektakulär für einen Kanzler der Einheit. Der Bonus für das Geleistete fiel gering aus. Und: Kanzler der inneren Einheit zu werden gestaltete sich weitaus schwieriger und langwieriger, als es beim äußeren Prozeß der Fall war.

Zu den Jubelbildern vom 3. Oktober 1990 kamen solche hinzu, die auch Gegenstimmen zeigen. Zu trauriger Berühmtheit gerieten jene Aufnahmen vom »Eierregen« in Halle. Sie dokumentieren eindringlich, wie der Unmut vor allem in Regionen mit großer Arbeitslosigkeit anstieg. Zu sehen ist darauf ebenfalls ein Handgemenge mit einem Kanzler, der sich wehrt, der sich an einem Tag wie dem von Halle auch einmal ungerecht behandelt fühlen darf.

Weder hüben noch drüben schien man zufrieden mit ihm. Den einen ging der Aufbau nicht rasch genug, den anderen wurde er zu schnell zu teuer. Von gesamtdeutscher Solidarität war immer weniger zu spüren – auch wenn die »Steuererhöhung« für die Einheit schließlich in den »Solidaritätszuschlag« gepackt wurde – ein Begriff, der zunehmend zur Farce geriet. Mag sein, daß der Kanzler vor der Vereinigung Begehrlichkeiten geweckt hatte. Aber gab es, was die politische Schrittfolge anbelangte, so viele Alternativen? Gab es eine Alternative zu einer raschen Wirtschafts-, Währungs- und Sozialunion, die den Deutschen auf dem Gebiet der DDR genügend Gründe lieferte, dort zu bleiben? War das Firmensterben Ost denn aufzuhalten nach 40 Jahren sozialistischer Mißwirtschaft? Sicher hätten viele Betriebe gerettet werden können und somit Arbeitsplätze – aber wer so tut, als habe Kohl und nicht die SED die Pleiten in den neuen Ländern zu verantworten, muß historisch mit Blindheit geschlagen sein.

Hätte er nun zurücktreten sollen? Nach der deutschen wollte Helmut Kohl auch die europäische Einigung vorantreiben. Er wollte freilich nicht wie Adenauer enden, wollte nicht den richtigen Zeitpunkt verpassen, die Macht aus den Händen zu geben. Den Zeitpunkt selbst bestimmen wollte er aber doch. Wann aber war der rechte Moment? Das Attentat auf Wolfgang Schäuble 1990 dürfte seine Pläne durchkreuzt haben. Sicher traute er dem »Kronprinz« zu, auch aus dem Rollstuhl heraus zu regieren. Aber gab Schäuble jemals Signale, daß er wirklich

»... nur der halbe Tag ist Urlaub«. Helmut und Hannelore Kohl bei einem Spaziergang in Sankt Gilgen am Wolfgangsee, 1991

Wer ihn hat, der hat ihn lange.

Hannelore Kohl

Der Kanzler der Bundesrepublik ähnelt in seiner Gestalt dem König der Wälder, der Eiche, die den Blitzschlag und dem Sturm trotzt und nie ihren stolzen Stamm beugt.

Gyula Horn, ehemaliger ungarischer Außenminister

wollte, und wann? Für wann Kohl wirklich einen Wechsel anpeilte, bleibt schleierhaft. 1994 machte er Andeutungen, dies sei sein letzter Wahlkampf. Nach dem knappen Ausgang des Urnengangs war klar, daß ein Nachfolger in der Partei mindestens zwei Jahre brauchen würde, um für die nächste Wahl 1998 gewappnet zu sein.

Doch seine europäische Mission war unvollendet, der Fortschritt der Integration schien seiner nicht entbehren zu können. Den Euro aus der Taufe heben blieb sein erklärtes Ziel. Das hat er erreicht. Die Wiederwahl 1998 nicht. Zum ersten Mal ist ein Kanzler sozusagen direkt vom Volk abgewählt worden.

Die Geschichte der deutschen Einheit aber bleibt seine Geschichte. An der Fixierung arbeiten Kohl-Befürworter und -Gegner. Die Frage, wie groß sein Verdienst im Einigungsprozeß war, bleibt aktuell. Die einen basteln am Bild von einem Kanzler, der die Wiedervereinigung immer gewollt hat und seine Politik zielstrebig darauf ausrichtete. Die anderen sagen, das Einheitslos sei ihm zugefallen, er habe einfach nur Glück gehabt. Beide Positionen führen in die Irre.

Ein Adenauer-Wort, gesprochen auf einem Parteitag im Jahr 1966, weist in die richtige Richtung: »Eines Tages wird auch Sowjetrußland einsehen, daß diese Trennung Deutschlands und damit die Trennung Europas nicht zu seinem Vorteil ist. Wir müssen aufpassen, ob der Augenblick kommt. Aber wenn ein Augenblick naht oder zu nahen scheint, der eine günstige Gelegenheit bringt, dann dürfen wir ihn nicht ungenutzt lassen«. Der damals fünfunddreißigjährige Helmut Kohl hatte dem inzwischen neunzigjährigen Kanzler gut zugehört.

Der Schlüssel zur deutschen Einheit lag in Moskau. Jene, die im Jahr 1989/90 im Kreml das Sagen hatten, können beurteilen, wie Kohl sich bietende Chancen nutzte, was er daraus machte. Einer, der früher einmal zu den Hardlinern im Kreml zählte, ist Exbotschafter Valentin Falin. Lange Zeit war die Kanzlerpolitik ihm ein Dorn im Auge. Er sagt: »Wenn Gorbatschow mit Kohl zusammenkam, hielt er sich nicht an die von uns getroffenen Absprachen. Fast beiläufig schien der Generalsekretär wichtige Positionen aufzugeben. Gab man Kohl den kleinen Finger, nahm er gleich die ganze Hand. Er nutzte jeden Spielraum, oft 120prozentig. Er wollte die deutsche Einheit in möglichst freier Selbstbestimmung. Kohl war ein zäher, zielbewußter Verhandlungspartner, er war immer geachtet, verstand seinen Job, seine Berufung gut, und er nutzte die Gunst der Stunde. Warum auch nicht?«

Kohl schöpfte sich ihm bietende Spielräume nicht einfach nur aus, er wußte sie auch mit beachtlicher Durchsetzungskraft zu erweitern. Das gelang ihm auf internationaler Ebene und im innerdeutschen Prozeß. Keineswegs war er nur Nutznießer, er war wesentlicher Akteur des Geschehens. Hier liegt sein historisches Verdienst.

Wir wissen heute, welche Widerstände es gegeben hat, vor allem in der britischen Regierung. Margaret Thatcher hat erst kürzlich öffentlich bekräftigt, daß sie damals alles mögliche versucht hat, um die deutsche Einheit zu verhindern, weil, so wörtlich, »wir den Deutschen nach wie vor nicht trauen können«.

Nun, Frau Thatcher mag sich irren – aber nicht nur sie: Auch in der alten Bundesrepublik gab es im Jahr 1989 viele, die den Traum von der Einheit als Schimäre auf den Scheiterhaufen der Geschichte werfen wollten. Aber da verbrennen lediglich die Illusionen, nicht die Träume. Heute wird ja oft der Vorwurf formuliert, der ganze Einigungsprozeß sei viel zu überstürzt vorangegangen, er hätte erheblich mehr Zeit gebraucht. Das ist ökonomisch richtig und politisch falsch. Wir leben nun einmal nicht auf einer ruhigen Insel, nur vom blauen Meer umgeben, sondern mitten in Europa. Die Tür zur Einheit stand nur einen Spaltbreit offen – und auch das nur kurze Zeit. Schon im November 1990, nach dem Rücktritt Schewardnadses, wäre manches schwieriger geworden, nach dem Sturz von Gorbatschow im Jahr 1991 sowieso.

Der vielzitierte Mantel der Geschichte wehte nur ein Weilchen. Und so konnte der bewußte Königsweg zur Einheit wohl nur so aussehen, mit angelegten Ohren erst einmal alles unter Dach und Fach zu bringen – wie der Bauer, der bei Blitz und Donner seine Pferde mit der Peitsche antreibt, um die Fuhre um fünf vor zwölf noch in die Scheuer zu retten. Wie man dann die Ernte lagert, welche Mühlen weitermahlen, mahlen dürfen – das ist eine andere Geschichte.

Kanzler-Leben

Konrad Adenauer
* 5. Januar 1876
† 19. April 1967

1897	erstes und 1901 zweites juristisches Staatsexamen
1904	Heirat mit Emma, geb. Weyer († 1916), 3 Kinder
1906	Beigeordneter der Stadt Köln, ab 1909 Erster Beigeordneter
1917–1933	Oberbürgermeister von Köln
1919	Heirat mit Gussie, geb. Zinsser († 1948), 4 Kinder
1921–1933	Präsident des Preußischen Staatsrats
1933	Amtsenthebung als Oberbürgermeister von Köln durch die Nazis
1933–1945	lebte zurückgezogen in Neubabelsberg bei Berlin und ab 1939 in seinem Haus in Rhöndorf, 1934 und 1944 inhaftiert
1945	im Mai Wiedereinsetzung als Oberbürgermeister von Köln, am 6. Oktober Absetzung durch die Briten
1946	Vorsitzender der CDU in Nordrhein-Westfalen
1. 9. 1948	Präsident des Parlamentarischen Rates
15. 9. 1949	Wahl zum Bundeskanzler
1949–1953	erstes Kabinett Adenauer, dieser ist ab 1951 zugleich Außenminister
1953–1957	zweites Kabinett Adenauer
1957–1961	drittes Kabinett Adenauer
1961–1963	viertes Kabinett Adenauer
15. 10. 1963	Verabschiedung im Bundestag
19. 4. 1967	Tod in Rhöndorf

Ludwig Erhard
* 7. Februar 1897
† 5. Mai 1977

1903–1916	Volksschule, Realschule, Kaufmannslehre
1916–1919	Kriegsdienst, Lazarett
1919–1922	Handelshochschule Nürnberg
1922–1924	Universität Frankfurt am Main, Promotion bei Franz Oppenheimer
1923	Heirat mit Luise Schuster, geb. Lotter
1925–1928	Geschäftsführer in der elterlichen Weißwarenhandlung
1928–1942	Mitarbeiter im Institut für Wirtschaftsbeobachtung der Handelshochschule Nürnberg
1942	Eigenes Institut für Industrieforschung
1944	Denkschrift »Kriegsfinanzierung und Schuldenkonsolidierung«
1945–1946	Bayerischer Staatsminister für Wirtschaft
1947	Leiter der »Sonderstelle Geld und Kredit«
1948	Direktor der Verwaltung für Wirtschaft
20. 6. 1948	Aufhebung der Bewirtschaftung und Freigabe der Preise im Rahmen der Wirtschaftsreform
1949–1963	Bundeswirtschaftsminister
1949–1977	Mitglied des Deutschen Bundestags
1957–1963	Vizekanzler
1963–1966	Bundeskanzler
1965	Wiederwahl zum Bundeskanzler
1966	Rücktritt als Bundeskanzler
1972 und 1976	Alterspräsident des Bundestags
5. 5. 1977	Tod in Bonn

Kurt Georg Kiesinger
* 6. April 1904
† 9. März 1988

1924–1930	Studium der Rechtswissenschaft in Tübingen und Berlin
1932	Heirat mit Marie Luise, geb. Schneider (2 Kinder)

1933	Beitritt zur NSDAP, Mitglied im NSKK
1935	nach ungewöhnlich gutem Examen Referendar und Assessor-Rechtsanwalt am Berliner Kammergericht
1940–1945	Mitarbeiter im Auswärtigen Amt, zunächst wissenschaftlicher Hilfsarbeiter, ab 1942 stellvertretender Abteilungsleiter der Rundfunkpolitischen Abteilung
1945–1947	Internierung durch die Alliierten.
1948	nach vollständiger Entlastung durch eine Spruchkammer Rechtsanwalt in Tübingen und Würzburg, ehrenamtlicher Landesgeschäftsführer der CDU Südwürttemberg-Hohenzollern
1949–1959	Mitglied des Deutschen Bundestags, 1950 bis 1957 Vorsitzender des Vermittlungsausschusses, ab 1954 zugleich Vorsitzender des Auswärtigen Ausschusses
1950–1960	Vorstandsmitglied der CDU
1958–1966	Ministerpräsident von Baden-Württemberg
1966–1969	Bundeskanzler der großen Koalition
1967–1971	Vorsitzender der CDU, danach Ehrenvorsitzender
1969–1980	weiterhin Mitglied des Deutschen Bundestags
9. 3. 1988	Tod in Tübingen

Willy Brandt
* 18. Dezember 1913
† 8. Oktober 1992

1930	Eintritt in die SPD
1933	Flucht nach Norwegen; Herbert Frahm nimmt den Namen Willy Brandt an
1940	Flucht nach Schweden
1945	Rückkehr nach Deutschland als Berichterstatter bei den Nürnberger Prozessen
1948	Wiedererlangung der deutschen Staatsbürgerschaft

1949–1957	Berliner Abgeordneter im Deutschen Bundestag
1955–1957	Präsident des Berliner Abgeordnetenhauses
1957–1966	Regierender Bürgermeister von Berlin
1961	Kanzlerkandidat der SPD
1964	Wahl zum Vorsitzenden der SPD
1965	Kanzlerkandidat der SPD
1966–1969	Außenminister und Vizekanzler der großen Koalition
1969	Wahl zum deutschen Bundeskanzler
1971	Verleihung des Friedensnobelpreises
1972	erneuter Wahlsieg der SPD/FDP-Koalition und Bestätigung Willy Brandts als Bundeskanzler
7. 5. 1974	Rücktritt vom Kanzleramt
1976	Präsident der Sozialistischen Internationale
1977	Vorsitzender der Nord-Süd-Kommission
8. 10. 1992	Tod in Unkel am Rhein

Helmut Schmidt
* 23. Dezember 1918

1937–1939	Reichsarbeitsdienst und Wehrdienst
1939–1945	Kriegsteilnehmer und britische Kriegsgefangenschaft
1942	Heirat mit Hannelore, geb. Glaser (Tochter Susanne)
1945–1949	Studium der Staatswissenschaft und Volkswirtschaftslehre, Diplomvolkswirt
1946	Eintritt in die SPD
1947–1948	Bundesvorsitzender des Sozialistischen Deutschen Studentenbundes
1949–1953	erst Referent, dann Leiter der wirtschaftspolitischen Abteilung in der Wirtschafts- und Verkehrsbehörde Hamburg
1952	Verkehrsdezernent
1953	erstmalig in den Bundestag gewählt
1957	Mitglied des Fraktionsvorstands

1958	Teilnahme an Wehrübung, Rauswurf aus Fraktionsvorstand, Mitglied des SPD-Bundesvorstands
1961	Innensenator in Hamburg
1962	Niederlegung des Bundestagsmandats, Hamburger Flutkatastrophe begründet Ruf als Krisenmanager
1965	Wiedereinzug in Bundestag, Wahl zum stellvertretenden Fraktionsvorsitzenden der SPD, Aufgabe des Hamburger Senatorenamts
1967	Schmidt wird Fraktionsvorsitzender, Mitglied des SPD-Präsidiums
1969	Verteidigungsminister im ersten Kabinett Brandt, Atomwaffensperrvertrag
1972–1974	zunächst Wirtschafts- und Finanzminister, ab Herbst 1972 Finanzminister mit erweiterter Kompetenz
16. 5. 1974	Wahl zum Bundeskanzler
1977	Jahr des Terrorismus: Entführung und Ermordung Schleyers, »Landshut«-Entführung
1982	Bruch der sozial-liberalen Koalition, Ende der Kanzlerschaft
1983	Mitherausgeber der Wochenzeitung *Die Zeit*

Helmut Kohl
* 3. April 1930

1947	Mitbegründer der Jungen Union in Ludwigshafen
1948	Eintritt in die CDU
1950–1956	Studium der Geschichte, Rechts- und Staatswissenschaften an den Universitäten Frankfurt am Main und Heidelberg
1953	Mitglied des geschäftsführenden Vorstands der CDU Rheinland-Pfalz
1954–1961	stellvertretender Vorsitzender der Jungen Union Rheinland-Pfalz
1955–1966	Mitglied des CDU-Landesvorstands von Rheinland-Pfalz

1958	Promotion zum Dr. phil. an der Universität Heidelberg
1959–1969	Referent des Verbandes der Chemischen Industrie, Ludwigshafen
1959	Heirat mit Hannelore, geb. Renner (2 Söhne)
1963–1969	Fraktionsvorsitzender der CDU im Landtag von Rheinland-Pfalz
1969–1976	Ministerpräsident von Rheinland-Pfalz
1973–1998	Bundesvorsitzender der CDU
1976–1982	Vorsitzender der CDU/CSU-Bundestagsfraktion
ab 1. 10. 1982	Kanzler der Bundesrepublik Deutschland (bis 1998)
9. 11. 1989	Fall der Mauer in Berlin
1. 7. 1990	Währungs-, Wirtschafts- und Sozialunion zwischen der BRD und der DDR tritt in Kraft
3. 10. 1990	Tag der deutschen Einheit, Teilnahme an den Feierlichkeiten vor dem Reichstagsgebäude in Berlin
7. 2. 1992	Unterzeichnung des Vertrags von Maastricht über den europäischen Einigungsprozeß
27. 9. 1998	bisherige Regierungskoalition aus CDU/CSU und FDP verliert bei der Bundestagswahl die Mehrheit
26. 10. 1998	Ende der Amtszeit als Bundeskanzler, weiterhin Abgeordneter des Bundestags

Literatur

Zu Konrad Adenauer

Adenauer, Konrad: Erinnerungen (4 Bde. 1945–1959). Stuttgart 1965–1968.
Becker, Felix (Hrsg.): Adenauer, Konrad: Die Demokratie ist für uns eine Weltanschauung. Reden und Gespräche 1946–1967. Köln 1998.
Blumenwitz, Dieter/Gotto, Klaus (Hrsg.): Konrad Adenauer und seine Zeit. Politik und Persönlichkeit des ersten Bundeskanzlers. Stuttgart 1976.
Baring, Arnulf: Außenpolitik in Adenauers Kanzlerdemokratie. Bonns Beitrag zur Europäischen Verteidigungsgemeinschaft. München/Wien 1969.
Doering-Manteuffel, Anselm: Die Bundesrepublik Deutschland in der Ära Adenauer. Außenpolitik und innere Entwicklung 1949–1963. Darmstadt 1983.
Kempski, Hans Ulrich: Um die Macht, Berlin 1999.
Koch, Peter: Konrad Adenauer. Eine politische Biographie. Reinbek 1985.
Koerfer, Daniel: Kampf ums Kanzleramt. Erhard und Adenauer. Stuttgart 1987.
Koehler, Henning: Adenauer. Eine politische Biographie. Frankfurt a. M./Berlin 1994.
Meissner, Boris: Moskau–Bonn. Die Beziehungen zwischen der Sowjetunion und der BRD 1955–1973. 2 Bde., Köln 1975.
Morsey, Rudolf: Die Bundesrepublik Deutschland. Entstehung und Entwicklung bis 1969. München 1995.
Ders. Repgen, Konrad (Hrsg.): Adenauer-Studien. Bd. I bis V, Mainz 1971–1986.
Ders./Schwarz, Hans Peter (Hrsg.): Teegespräche (4 Bde. 1950–1963). Berlin 1984, 1986, 1988 und 1992.
Osterheld, Horst: Konrad Adenauer. Ein Charakterbild. Stuttgart 1987.
Schwarz, Hans-Peter: Die Ära Adenauer. Epochenwechsel 1957–1963. Stuttgart 1986.
Ders.: Der Aufstieg 1876–1952. Stuttgart 1986.
Ders.: Der Staatsmann. Stuttgart 1991.
Weymar, Paul: Konrad Adenauer. Die autorisierte Biographie. München 1955.

Zu Ludwig Erhard

Altmann, Rüdiger: Wirtschaftspolitik und Staatskunst. Wirkungen Ludwig Erhards. Bonn 1977.
Barzel, Rainer: Im Streit und umstritten. Anmerkungen zu Konrad Adenauer, Ludwig Erhard und den Ostverträgen. Frankfurt a. M. 1986.
Carstens, Karl: Erinnerungen und Erfahrungen. Hrsg. von Kai v. Jena und Reinhard Schmoeckel. Boppard/Rhein 1993.
Caro, Michael K.: Der Volkskanzler. Ludwig Erhard. Köln/Berlin 1965.

Diehl, Günter: Zwischen Politik und Presse. Bonner Erinnerungen 1949–69. Frankfurt a. M. 1994.

Erhard, Ludwig: Wohlstand für alle. Düsseldorf 1957.

Ders.: Wirken und Reden. Ludwigsburg 1966.

Ders.: Kriegsfinanzierung und Schuldenkonsolidierung. Faksimiledruck der Denkschrift von 1943/44. Frankfurt a. M. 1972.

Ders.: Gedanken aus fünf Jahrzehnten. Reden und Schriften. Hrsg. von Karl Hohmann. Düsseldorf/Wien/New York 1988.

Ders.: Deutsche Wirtschaftspolitik. Der Weg der Sozialen Marktwirtschaft. Düsseldorf u. a. 1992.

Ermrich, Roland (Hrsg.): 100 Jahre Ludwig Erhard. Das Buch zur Sozialen Marktwirtschaft. Ein Jubiläumsband zum 100. Geburtstag. Düsseldorf 1997.

Fack, Fritz Ullrich: Ludwig Erhard. Ordnungspolitiker in großer, Kanzler in schwerer Zeit. In: *Die politische Meinung* 42 (1997), H. 326. S. 5–15.

Geiger, Tim: Ludwig Erhard und die Anfänge der Europäischen Wirtschaftsgemeinschaft. In: Schwarz, Volker/Hrbek. Karl (Hrsg.): Vierzig Jahre Römische Verträge: Der deutsche Beitrag. Baden-Baden 1998, S. 50–64.

Haus der Geschichte (Hrsg.): Ludwig Erhard und seine Politik. Berlin 1997.

Hentschel, Volker: Ludwig Erhard. Ein Politikerleben. München, Landsberg/Lech 1996.

Hildebrand, Klaus: Von Erhard zur Großen Koalition 1963–1969. Stuttgart/Wiesbaden 1984 (= Geschichte der Bundesrepublik Deutschland, Bd. 4).

Hohmann, Karl (Hrsg.): Ludwig Erhard. Erbe und Auftrag. Eine Veröffentlichung der Ludwig-Erhard-Stiftung. Düsseldorf/Wien 1977.

Klein, Hans: Ludwig Erhard. Ein biographischer Essay. In: Klein, Hans (Hrsg.): Die Bundeskanzler, S. 95–164.

Koerfer, Daniel: Kampf ums Kanzleramt. Erhard und Adenauer. Stuttgart 1987, Berlin 1998 (Taschenbuchausgabe).

Kusterer, Hermann: Der Kanzler und der General. Stuttgart 1995.

Laitenberger, Volker: Ludwig Erhard. Der Nationalökonom als Politiker. Göttingen/Zürich 1986.

Lappenküper, Ulrich: »Ich bin wirklich ein guter Europäer«. Ludwig Erhards Europapolitik 1949–1966. In: *Francia* 18/3 (1991), S. 85–121.

Ludwig-Erhard-Stiftung (Hrsg.): Ludwig Erhard und seine Politik. Stuttgart 1985.

Lukomski, Jess M.: Ludwig Erhard. Der Mensch und Politiker. Düsseldorf 1965.

Mende, Erich: Von Wende zu Wende. Zeuge der Zeit 1962–1982. München 1986.

Metz, Andreas: Die ungleichen Gründungsväter. Adenauers und Erhards langer Weg an die Spitze der Bundesrepublik. Konstanz 1998.

McGhee, George: Botschafter in Deutschland 1963–1968. Esslingen 1989.

Noack, Paul: Ludwig Erhard. In: Sternburg, Wilhelm von (Hrsg.): Die Kanzler. Von Bismarck bis Kohl. Berlin ³1998, S. 393–407.

Osterheld, Horst: Außenpolitik unter Bundeskanzler Ludwig Erhard 1963–1966. Ein dokumentarischer Bericht aus dem Kanzleramt. Düsseldorf 1992.

Schröder, Gerhard/Müller-Armack, Alfred/Hohmann, Karl (Hrsg.): Ludwig Erhard: Beiträge zu seiner politischen Biographie. Festschrift zum 75. Geburtstag. Frankfurt a. M./Berlin/Wien 1972.
Schwarz, Hans-Peter: Ludwig Erhard – ein großer Unzeitgemäßer. In: *Frankfurter Allgemeine Zeitung* Nr. 27 (1. 2. 1997), S. 13–14.
Stackelberg, Karl-Georg von: Attentat auf Deutschlands Talisman. Ludwig Erhards Sturz – Hintergründe und Konsequenzen. Stuttgart 1967.
Stoltenberg Gerhard: Wendepunkte – Stationen deutscher Politik 1947–1990. Berlin 1997.

Zu Kurt Georg Kiesinger

Baring, Arnulf: Machtwechsel. Stuttgart 1983.
Bernecker, Walter L. (Hrsg.): Persönlichkeit und Politik in der Bundesrepublik Deutschland. Göttingen 1982.
Brandt, Willy: Begegnungen und Einsichten. Die Jahre 1960–1975. Hamburg 1976.
Dedring, Klaus-Heinrich: Adenauer, Erhard, Kiesinger: Die CDU als Regierungspartei 1961–1969. Pfaffenweiler 1989.
Diehl, Günter: Zwischen Politik und Presse. Bonner Erinnerungen 1949–1969. Frankfurt a. M. 1994.
Günther, Klaus: Die Kanzlerwechsel in der Bundesrepublik. Adenauer, Erhard, Kiesinger. Hannover 1970.
Hermann, Lutz: Kurt Georg Kiesinger. Ein politisches Porträt. Freudenstadt.
Hildebrandt, Klaus: Geschichte der Bundesrepublik Deutschland. Bd. 4: Von Erhard zur Großen Koalition. Stuttgart 1984.
Ders.: Von Erhard zur Großen Koalition – 1963–1969. Wiesbaden 1984.
Hoff, Klaus: Kurt Georg Kiesinger. Die Geschichte seines Lebens. Frankfurt a. M. 1969.
Ihlefeld, Heli: Kiesinger Anekdoten. Esslingen 1967.
Kiesinger, Kurt Georg: Schwäbische Jugend. Tübingen 1967.
Ders.: Stationen 1949–1969. Tübingen 1969.
Ders.: Dunkle und helle Jahre. Erinnerungen 1904–1958. Stuttgart 1989.
Klarsfeld, Beate: Die Geschichte des PG 2633930 Kiesinger. Darmstadt 1969.
Klein, Hans (Hrsg.): Die Bundeskanzler. Berlin 1995.
Knorr, Heribert: Der parlamentarische Entscheidungsprozeß während der Großen Koalition. Meisenheim am Glan 1975.
Kroegel, Dirk: Einen Anfang finden! Kurt Georg Kiesinger in der Außen- und Deutschlandpolitik der Großen Koalition. München 1997.
Niclauss, Karlheinz: Kanzlerdemokratie. Bonner Regierungspraxis von Konrad Adenauer bis Helmut Kohl. Stuttgart 1988.
Oberndörfer, Dieter (Hrsg.): Kurt Georg Kiesinger. Die Große Koalition 1966–1969. Reden und Erklärungen des Bundeskanzlers. Stuttgart 1979.
Ders. (Hrsg.): Begegnungen mit Kurt Georg Kiesinger. Festgabe zum 80. Geburtstag. Stuttgart 1984.
Rummel, Alois (Hrsg.): Die Große Koalition 1966–1969. Eine kritische Bestandsaufnahme. Freudenstadt 1969.
Schmoeckel, Reinhard/Kaiser, Bruno: Die vergessene Regierung. Die Große Koalition. 1966–1969 und ihre langfristigen Wirkungen. Bonn 1991.

Zu Willy Brandt

Baring, Arnulf: Machtwechsel. Die Ära Brandt/Scheel. Stuttgart 1982.
Barzel, Rainer: Auf dem Drahtseil. München 1978.
Bracher, Karl Dietrich/Jäger, Wolfgang/Link, Werner: Geschichte der Bundesrepublik Deutschland, Bd. 5: Republik im Wandel. Stuttgart 1986.
Brandt, Willy: Mein Weg nach Berlin. München 1960.
Ders.: Über den Tag hinaus. Eine Zwischenbilanz. Hamburg 1974.
Ders.: Begegnungen und Einsichten. Die Jahre 1960–1975. Hamburg 1976.
Ders.: Links und frei. Mein Weg 1930–1950. Hamburg 1982.
Ders.: Erinnerungen. Frankfurt a. M. 1990.
Harpprecht, Klaus: Willy Brandt. Porträt und Selbstporträt. München 1970.
Hofmann, Gunter: Willy Brandt – Porträt eines Aufklärers aus Deutschland.
Kempski, Hans Ulrich: Um die Macht. Berlin 1999.
Koch, Peter: Willy Brandt. Eine politische Biographie. Berlin/Frankfurt a. M. 1988.
Marshall, Barbara: Willy Brandt. Eine politische Biographie. Bonn 1993.
Stern, Carola: Willy Brandt. Reinbek 1975.

Zu Helmut Schmidt

Bölling, Klaus. Die letzten 30 Tage des Kanzlers Helmut Schmidt: Ein Tagebuch. Reinbek 1982.
Bracher, Karl Dietrich/Jäger, Wolfgang/Link, Werner: Republik im Wandel 1969–1974 – Die Ära Brandt. Bd. 5/I der Reihe Geschichte der Bundesrepublik Deutschland. Hrsg.: Karl Dietrich Bracher/Theodor Eschenburg/Joachim C. Fest/Eberhard Jäckel. Stuttgart 1986.
Breloer, Heinrich: Todesspiel – Von der Schleyer-Entführung bis Mogadischu. Köln 1997.
Brzezinski, Zbigniew: Power and Principle – Memoirs of the National Security Adviser 1977–1981. New York 1985.
Carr, Jonathan: Helmut Schmidt. Aktualisierte und erweiterte Neuausgabe. Düsseldorf 1993.
Giscard d'Estaing, Valéry: Macht und Leben – Erinnerungen. Frankfurt a. M./Berlin 1988.
Jäger, Wolfgang/Link, Werner: Republik im Wandel 1974–1982. Die Ära Schmidt. Bd. 5/II der Reihe Geschichte der Bundesrepublik Deutschland. Hrsg.: Karl Dietrich Bracher/Theodor Eschenburg/Joachim C. Fest/Eberhard Jäckel. Stuttgart 1987.
Kahn, Helmut Wolfgang: Helmut Schmidt – Fallstudie über einen Populären. Hamburg 1973.
Klein, Hans (Hrsg.): Die Bundeskanzler. Berlin 1995.
Kosc, Stephen A.: Autonomy or Power? The Franco-German Relationship and Europe's Strategic Choices 1955–1995. Westport (Ct.)/London 1995.
Krause-Burger, Sibylle: Helmut Schmidt – Aus der Nähe gesehen. Düsseldorf/Wien 1980.
Nayhauß, Mainhardt Graf von: Helmut Schmidt – Mensch und Macher. Bergisch Gladbach 1988.
Rupss, Martin: Helmut Schmidt – Politikverständnis und geistige Grundlagen. Bonn 1997.

Schmidt, Helmut: Vorwort zu: Kritischer Rationalismus und Sozialdemokratie. Hrsg.: Georg Lührs/Thilo Sarrazin/Frithjof Spreer/Manfred Tietzel. Berlin/Bonn-Bad Godesberg 1975.
Ders.: Menschen und Mächte. Berlin 1987.
Ders.: Die Deutschen und ihre Nachbarn – Menschen und Mächte II. Berlin 1990.
Ders.: Kindheit und Jugend unter Hitler. Berlin 1992.
Ders.: Weggefährten – Erinnerungen und Reflexionen. Berlin 1996.
Steffahn, Harald: Helmut Schmidt. Hamburg 1990.

Zu Helmut Kohl

Apel, Reinhard (Hrsg.): Helmut Kohl im Spiegel seiner Macht. Bonn 1990.
Bickerich, Wolfram: Der Enkel. Analyse der Ära Kohl. 1995.
Busche, Jürgen: Helmut Kohl. Anatomie eines Erfolges. Berlin 1998.
Clough, Patricia: Helmut Kohl. Ein Porträt der Macht. München 1998.
Dettling, Warnfried: Das Erbe Kohls. Bilanz einer Ära. 1994.
Dokumente zur Deutschlandpolitik: Deutsche Einheit. Sonderedition aus den Akten des Bundeskanzleramtes 1989/1990, hrsg. vom Bundesministerium des Innern unter Mitwirkung des Bundesarchivs. München 1998.
Dreher, Klaus: Helmut Kohl. Leben mit der Macht. Stuttgart 1998.
Filmer, Werner/Schwan, Heribert: Helmut Kohl. Düsseldorf 1985, ⁵1991.
Genscher, Hans-Dietrich: Erinnerungen. Berlin 1995.
Geschichte der deutschen Einheit (4 Bde.), Stuttgart 1998/99.
  Bd. 1: Korte, Karl-Rudolf: Deutschlandpolitik in Helmut Kohls Kanzlerschaft. Regierungsstil und Entscheidungen 1982–1989.
  Bd. 2: Grosser, Dieter: Wagnis der Währungs-, Wirtschafts- und Sozialunion. Politische Zwänge im Konflikt mit ökonomischen Regeln. 1988.
  Bd. 3: Jäger, Wolfgang: Die Überwindung der Teilung. Der innerdeutsche Prozeß der Vereinigung. 1998.
  Bd. 4: Weidenfeld, Werner: Außenpolitik für die deutsche Einheit. Die Entscheidungsjahre 1989–1990. 1999.
Gorbatschow, Michail: Erinnerungen. Berlin 1995.
Greiner, Ulrich (Hrsg.): Meine Jahre mit Helmut Kohl. Mannheim 1994.
Kohl, Helmut: Ich wollte Deutschlands Einheit. Dargestellt von Kai Diekmann und Ralf Georg Reuth. Berlin 1996.
Ders.: Der Kurs der CDU. Reden und Beiträge 1973–1993. Stuttgart 1993.
Ders.: Deutschlands Zukunft in Europa. Reden und Beiträge des Bundeskanzlers, hrsg. v. Heinrich Seewald. Herford 1990.
Leinemann, Jürgen: Helmut Kohl. Die Inszenierung einer Karriere. Berlin 1998.
Müller, Konrad R./Scholl-Latour, Peter: Helmut Kohl. Bergisch Gladbach 1990.
Pruys, Karl-Hugo: Helmut Kohl. Die Biographie. Berlin 1995.
Vogel, Bernhard (Hrsg.): Das Phänomen. Helmut Kohl im Urteil der Presse. Stuttgart 1990.

Personenregister

Halbfette Seitenangaben verweisen auf Textschwerpunkte, *kursive* auf Abbildungen.

Abs, Hermann Josef 63
Acheson, Dean 54
Ackermann, Eduard 379, 386
Adenauer, Georg 40
Adenauer, Konrad 7ff., 11f.,
 15, **17–82**, 23, 27, 30f., 35,
 39, *43*, 48f., 55, 59, 65, 71,
 74f., 81, 97f., 102, *103*,
 104–108, 110ff., 114, 116ff.,
 120, 122f., 133, 139f., 143f.,
 158, 166, 168ff., *179*, 185,
 213, 235, 238, 240, *245*, 247,
 315, 355, 379f., 390, 393f.,
 416
Adenauer, Libet 40
Adenauer, Lotte 40
Adenauer, Max 38
Adenauer, Paul 40
Adenauer, Ria 38
Ahlers, Conrad 11, 169, 181,
 184, 186, 266
Albertz, Heinrich 201
Albrecht, Ernst 318, 339, 388
Altmann, Rüdiger 146
Amos [Prophet] 235
Andreotti, Giulio 332
Apel, Hans 300, 314
Appel, Reinhard 208
Arendt, Walter 300
Arnold, Karl 29
Ascherson, Neal 224
Augstein, Rudolf 57

Baader, Andreas 293, 296
Bahr, Egon 210, 248ff., 256, 281
Baring, Arnulf 225
Barlach, Ernst 346
Barraclough, John 25, 28f.
Barth von Wehrenalp, Erwin
 102
Barzel, Rainer 11, 105, 118,
 124, *141*, 173f., 184, 188,
 190, 192f., 196, *207*, 212,
 213, 220, 257ff., 262f.

Bauhaus, Ulrich 279
Baum, Gerhart 354
Bebel, August 322, 358
Biedenkopf, Kurt 364
Bismarck, Otto von 7f., 20f.,
 24, 52, 82, 111
Blank, Theodor 47
Blankenhorn, Herbert 52, 62,
 73
Blessing, Karl 210
Bohnenkamp, Hans 307
Böll, Heinrich 264
Bölling, Klaus 292f., 301, 348,
 352, 358
Bondy, François 197
Börner, Holger 263, 281
Bouverat [Dolmetscherin] 136
Brandt, Carlota 240, *241*
Brandt, Lars 240
Brandt, Matthias *241*, 272, 278
Brandt, Ninja 240, *241*
Brandt, Peter 189, 204, 238,
 240, *241*, 247
Brandt, Rut 236, 240, *241*, 244,
 246, 259, 270f., *273*, 276,
 277, 278
Brandt, Willy 11ff., 15, 21, 78,
 79, *137*, *141*, 143ff., 150, 166,
 182, 185f., 189, *191*, 192,
 202, 205, 210f., *211*, 218,
 222, 224, **227–288**, *233*, *237*,
 241, *245*, *251*, 254f., *260f.*,
 265, *269*, *273*, *277*, 282f.,
 287, 297f., 300f., *302*, 308,
 316, 318, 336f., 342, 355,
 381, 385
Brentano, Heinrich von 62,
 169
Breschnew, Leonid 208, 250,
 273, 310f., 324, 326ff., 337f.,
 340, 344, 346, 368
Brüning, Heinrich 40, 52
Brzesinski, Zbigniew 324

Bulganin, Nikolaj *43*, 71f.
Bush, George 376, *383*, 396,
 409f.

Callaghan, James 332
Carstens, Karl 107, 220, 319f.,
 358
Carter, Jimmy 323ff., 329ff.,
 332, 338ff., *341*
Casanova, Giacomo Girolamo
 24
Castro, Fidel 200
Chruschtschow, Nikita *43*, 73,
 78
Churchill, Winston 20f., 26, 82,
 101, 411
Clay, Lucius D. 96
Clough, Patricia 389, 411
Conally, John 138
Cooper [US-Major] 87

Darchinger, Jupp *321*
Diehl, Günter 104, 121, 180,
 193f., 213, 220
Diepgen, Eberhard 384
Dietrich, Marlene *251*
Dönhoff, Marion Gräfin 76,
 96
Dörries, Ernst Otto 184
Dregger, Alfred 319
Dumas, Roland 393
Dutschke, Gretchen 204
Dutschke, Rudi 202f., 205

Ebert, Friedrich 21, 214
Eckhardt, Felix von 61
Eden, Anthony 66
Ehlers, Hermann 169
Ehmke, Horst 193, 244, 266,
 270, 274
Eisenhower, Dwight D. *48*, 60
Elizabeth II. [brit. Königin]
 119, 142, 172
Emmerich, Klaus 105

429

Ensslin, Gudrun 293, 296
Eppler, Erhard 342f.
Erhard, Augusta 113
Erhard, Elisabeth 86, 90, 114, 153
Erhard, Lore 114
Erhard, Ludwig 8–11, 15, 21, 32f., 61, 78, 80, **83–160**, *89, 93, 99, 103, 109, 115, 124f., 129, 133, 137, 141, 148f., 159*, 173, 184f., 188, 196, 208, 213, 242, 342, 411
Erhard, Luise 86, 90, 101, 114
Erhard, Max 114
Erhard, Rose 113
Erhard, Sabine *149*
Erhard, Wilhelm Philipp 113
Erhardt, Heinz 105
Erler, Fritz *141*
Ertl, Josef 244, 354
Eschenburg, Theodor von 88
Etzel, Franz 111
Eucken, Walter 100

Fack, Fritz Ullrich 105, 144
Falin, Valentin 385, 416
Farah Diba 201
Fischer, Joschka 363
Fischer, Oskar 371
Ford, Gerald 310, 314
Frahm, Herbert Ernst Karl s. Brandt, Willy
Frahm, Ludwig 238
François-Poncet, André 41, 44ff., 54, 68
Frankenfeld, Peter 264
Freisler, Roland 88, 307
Frings, Joseph 22, 24
Fritzenkötter, Andreas 390
Fukuda, Takeo 332

Gansel, Norbert 375
Gaulle, Charles de 10, 20, 28, *49*, 78, 82, 117, 133–136, 151, 172, 196, 200, 210, 378
Gaus, Günter 9, 120, 268
Geißler, Heiner 354, 364, 367f., 371
Genscher, Hans-Dietrich 218, 224, 235, 244, 266, 275f., 300, *313*, 314, 320, 326, *330*, 348, 350, 350f, 354, 362, 371f., 375f., 378, 380f., 385, 392, 394, 400, *403*, 405, 408
Gerstenmaier, Eugen 58, 111, 118, 169, 173f., 186
Gibowski, Wolfgang 386
Gierek, Edward 311f.

Giscard d'Estaing, Anne-Aymone 315
Giscard d'Estaing, Valéry 314f., *331*, 332, 338f.
Glaser, Hannelore s. Schmidt, Loki
Globke, Hans 50
Goebbels, Joseph 177f., 400
Goerdeler, Carl 88
Goldmann, Nahum 51
Gorbatschow, Michail 16, 368, 374, 376, 384f., 392f., *395*, 396f., 400ff., *403*, 404, 408ff., 416f.
Göring, Hermann 144
Grabert, Horst 266, 274
Grass, Günter 145f., 166, 180f., 189, 242, 264
Groeben, Hans von der 42
Gromyko, Andrej 218, 249f., 326, 328
Gross, Johannes 9, 15, 146, 158
Grüber, Heinrich 181f.
Gscheidle, Kurt 300
Guevara, Ernesto 12, 200
Guillaume, Christel 274ff.
Guillaume, Günter 274ff., *277*, 278f., 284, 298
Guillaume, Pierre 278
Gurion, David Ben 20
Guth, Karl 88
Guttenberg, Karl Theodor von und zu 118, 257

Hagen, Louis 38
Hahn, Fritz Gebhard von 180
Hansen, Rut s. Brandt, Rut
Harpprecht, Klaus 194, 275
Hassel, Kai-Uwe von 118, 152f., 259
Hassenkamp, Gerd 105
Hauptmann, Gerhart 174
Haux, Friedrich 170
Hayek, Friedrich August von 160
Heinemann, Gustav 46f., 62f., 192, 214f., 232, 271
Helms, Wilhelm 258, 262
Hentschel, Volker 92, 160
Heuss, Theodor 29, 34, *39*, 82, 102, 107f.
Hildebrandt, Klaus 147
Hilpert [hess. Finanzminister] 33
Himmler, Heinrich 63, 184
Hitler, Adolf 32, 38, 40, 48, 50ff., 87, 96, 176f., 180, 238f., 306
Ho Chi Minh 12, 200

Höcherl, Hermann 192
Hochhuth, Rolf 145f.
Hoegner, Wilhelm 90
Hohmann, Karl 122f.
Honecker, Erich 15, 270, 311, *345*, 346, 374f., *391*
Horn, Gyula 370
Hupka, Herbert 257

Jäger, Wolfgang 300
Jaspers, Karl 180
Jauch, Günther 368
Jelzin, Boris 160
John, Antonius 105
Johnson, Lyndon B. 20, *115*, 138f., 154, 181, 196, 238

Kádár, János 311
Kaiser, Jakob 56, 58, 62
Kant, Immanuel 259, 304
Kapp, Wolfgang 96
Kasimir, Helmut 318
Katzer, Hans 192, 205
Kennedy, Jackie 236
Kennedy, John F. *55*, 82, 139, 172, 236, 238
Kennedy, Ted 264
Kienbaum, Gerhard 257f., 262
Kiesinger, Cecilia *198*
Kiesinger, Kurt Georg 10ff., 34, 86, 123, 144, 153, **161–226**, *167, 175, 179, 182, 187, 191, 198f., 203, 207, 211, 215, 217, 221, 223,* 235, 242ff., 248, *254*, 259
Kiesinger, Marie-Luise *175*, 176, 214
Kiesinger, Peter 217
Kiesinger, Viola *175*, 197, 214
Kinkel, Klaus 278f.
Kissinger, Henry 249
Klarsfeld, Beate 12, 164ff., *171*
Klarsfeld, Serge 164
Klein [US-General] 60
Klein, Hans 86, 113, 116
Klockner [Adenauers Chauffeur] 72
Klose, Hans-Ulrich 342
Klotz [Gatte Elisabeth Erhards] 153
Koch, Manfred 146
Kohl, Hannelore 362, 388, *415*
Kohl, Helmut 14f., 57, *81*, 113, 120, 216, *221*, 222, 224, *283*, 292f., 318f., 339, 350ff., 355f., *357*, **359–417**, *365, 369, 373, 377, 382f., 387, 391, 395, 399, 403, 407, 412f., 415*

Köhler, Erich *31*
Korte, Karl-Rudolf 389
Krone, Heinrich 62, 111
Krüger, Hardy 264
Kühlmann-Stumm, Knut von 257f., 262
Kühn, Heinz *313*
Kulenkampff, Hans-Joachim 264
Kurras, Karl-Heinz 201
Kusterer, Hermann 135

Lafontaine, Oskar 342f., 363, 389, 405, 408
Lahnstein, Manfred 348
Lambsdorff, Otto von 350ff., 354, 389
Langer, Wolfram 102
Leber, Georg 192, 274f., 300
Leber, Julius 239
Lenin, Wladimir Iljitsch [Ulanow] 250, 381
Linge [Hitlers Kammerdiener] 76
Lorenz, Peter 294
Lotter, Luise 113
Lowitz, Siegfried 264
Lübke, Heinrich 62f., 113, 188
Lücke, Paul 193, 213
Ludwig XIV. [franz. König] 95
Luns, Joseph 136

Machiavelli, Niccolò 45
Mahler, Horst 168
Maizière, Lothar de 406, 408, 411
Major, John 392
Mann, Golo 21, 76, 337
Mann, Thomas 174
Mao Zedong 200
Mark Aurel [röm. Kaiser] 304
Marx, Karl 181, 326
Masowiecki, Tadeusz 380
Matthöfer, Hans 300, 348
Maximilian [Markgraf] 172
McCloy, John 41, 44ff., 56, 68
McGhee, George 20
Mende, Erich 101, *141*, 186, 232, 257
Mendes-France, Pierre 66, 68
Meyer-Weisgal [Israeli] *65*
Mischnick, Wolfgang 235, 266, 275, *313*
Mitterrand, François *382*, 392f.
Modrow, Hans 388, 393, 397f., 400, 404
Möller, Alex 244, 268
Möller, Irmgard 296

Momper, Walter 380f., *399*
Monnet, Jean 52
Moore, Henry 322
Muhr, Ella 97
Müller, Gebhard 33, 168
Müller-Armack, Alfred 100ff.

Nasser, Gamal Abd el- 140
Nau, Alfred 259
Németh, Miklos 368, 370
Neusel, Hans 206
Nixon, Richard *191,* 196, 222
Noelle-Neumann, Elisabeth 104
Nolde, Emil 322, 358
Nollau, Günther 276, 280

Ohnesorg, Benno 201
Ollenhauer, Erich 68, 235
Oppenheimer, Franz 91
Osterheld, Horst 122f., 136

Philip [brit. Prinz] 142
Philipp Albrecht von Württemberg [Herzog] 172
Plünder, Albrecht 177
Pöhl, Karl Otto 406
Popper, Karl 304f.
Poppinga, Anneliese 78
Portugalow, Nikolai 385f., 404
Powell, Charles 394
Prill, Norbert 386

Quistorp, Elisabeth 86

Ramstetter [Priesterbrüder] 362, 388
Raspe, Jan-Carl 296
Ravens, Karl 281
Reagan, Ronald 343f., 348
Reuschenbach, Peter 258
Reuter, Ernst 235
Reza Pahlevi [Schah] 201
Ribbentrop, Joachim von 12, 177f., 180
Ristock, Harry 247
Ritter, Gerhard 56
Robertson, Brian 41, 44ff., 54, 68
Röhm, Ernst 176
Röpke, Wilhelm 100
Ruf, Sep 150
Rühe, Volker 374
Rusk, Dean 138
Rüstow, Alexander 100

Schabowski, Günther 378
Schäffer, Fritz 121, 169
Scharping, Rudolf 363

Schäuble, Wolfgang 376, 386, 390, 400, 405, 414
Scheel, Mildred 259
Scheel, Walter 216, 219f., 222, 232, 234f., 244, 246, 250, *255*, 258f., 262, 266f., 271, 300, *313*
Scheufelen, Klaus 174
Schewardnadse, Eduard 16, 401, 417
Schiller, Friedrich 127
Schiller, Karl 11, 192, 195, 220, 244, 268, 307f.
Schily, Otto 408
Schleyer, Hanns-Eberhard 294
Schleyer, Hanns-Martin 293f., 296f.
Schleyer, Waltrude 294, 297, *335*
Schmid, Carlo *30*, 40, 47, 108, 193
Schmidt [Bundestagsabgeordneter] 130
Schmidt, Helmut 7, 11, 13ff., 120, 186, *187,* 190, 192, *195*, 196, 212, 234, 244, 266, 272, 281, **289–358**, *295, 299, 302f., 309, 313, 317, 321, 325, 330f., 335, 341, 349*, 353, *357*, 364f., 389f., 411
Schmidt, Loki 306, *321*, 326
Schmidt, Wolfgang 305
Schmoeckel, Reinhard 212
Schneider, Marie-Luise 176
Scholz, Rupert 362
Schröder, Georg 144
Schröder, Gerhard [Minister] 11, 111, 118, 120f., 136, 140, 150, 153, 158, 173, 184, 192, 214f.
Schröder, Gerhard [Bundeskanzler] 7, 336, *349*, 363
Schüler, Manfred 301
Schulz, Rupert 388
Schumacher, Kurt 8, 25, *30*, 32, 41ff., 44, 56
Schuman, Robert 46, 52
Schwarz, Hans-Peter 76
Schwarz, Manfred 392
Schwerin, Graf von [Militär] 47
Seehofer-Brandt, Brigitte *282*
Seibt, Dankmar 122f.
Seiters, Rudolf 372, 386, 390
Semler, Johannes 94
Sethe, Paul 56
Simenon, Georges 214

Simon, Sven 86
Smirnow [sowj. Botschafter] 78
Sofri, Adriano 206
Spaak, Paul-Henri 67
Späth, Lothar 364, 367, 385, 406
Stalin, Josef 26, 53f., 56f.
Starke, Heinz 257
Steiner, Julius 262f.
Steves, Kurt 105
Stoltenberg, Gerhard 107, 118, 120
Stoph, Willi 206f., 252
Strauß, Franz Josef 11, 29, 33, 58, *71*, 80, 118, 151, 173f., 186, 190, 192f., 195, *205*, 212, *215*, 220, 238, 257f., 308, *309*, 318, 339f., 365, *373*, 375, 390
Stresemann, Gustav 21
Strobel, Käte 193
Stücklen, Richard 130, 356
Süßmuth, Rita 364, 368

Tappert, Horst 264
Teltschik, Horst 362, 376, 379f., 384ff., 388, 390, 397f., 400ff., 408
Thatcher, Margaret 394, *407*, 417
Thorkildsen, Carlota s. Brandt, Carlota
Tito, Josip Broz 210
Tocqueville, Alexis de 193
Trudeau, Pierre 332
Tschernjajew [Berater Gorbatschows] 404

Ulbricht, Walter 73, 140, 209, 210

Valéry, Paul 193
Vogel, Hans-Jochen 300, 381, 388
Voigt, Karsten 388

Waigel, Theo 376, 390
Walter, Friedrich 256
Walters, Vernon 381
Weber, Juliane 386, 390
Weber, Max 304
Wehner, Herbert 11, 56, *141*, 170, *182*, 185f., 189, 192, 205f., 212, 216f., 220, 234f., 244, 246, 259, 262f., 266, 268, *269*, 270f., 274, 280f., 297f., 301, *303, 313*, 336
Weiss [schweiz. Generalkonsul] 29
Weizsäcker, Richard von 214f., 400, 411
Westrick, Ludger 122f., 153
Weyer, Emma 37f., 51
Wienand, Karl 262f., 272
Wildenmann, Rudolf 146
Wilke [Brandts Referent] 275f.
Wilson, Harold 20, 314
Wischnewski, Hans-Jürgen 292, 301
Wünsche, Horst Friedrich 104

Zarapkin [sowj. Botschafter] 209
Zencke, Hans-Henning 105
Zinsser, Gussie 40
Zoglmann, Siegfried 257

Bildnachweis

Archiv für Kunst und Geschichte: 251
Associated Press: 182, 317, 341, 383, 403, 413
Bundesbildstelle: 74, 75, 99, 109, 115, 119, 129, 137, 179, 265, 387, 399, 407
Darchinger, J. H.: 77, 183, 203, 211, 255, 273, 295, 309, 313, 321, 330, 331, 345, 349, 353, 357, 369, 377, 412, 415
Deutsche Presse-Agentur: 43, 48, 69, 103, 141, 175, 187, 191, 207, 215, 221, 245, 282, 302, 303, 382
Eupra: 261
Gerboth, Hans-Joachim: 59
Joker Verlag: 287
Keystone Bilderdienst: 125, 241 l.
Konrad R. Müller/Agentur Focus: 23, 233, 365, 395
Papel, Hilmar: 149
Privat: 27, 93
Sven Simon: 65, 89, 133, 148, 155, 167, 171, 223, 254, 260, 269, 277, 283, 299, 373, 391
Der Spiegel: 325
Stern/Syndication: 198, 199, 335
Stiftung Bundeskanzler-Adenauer-Haus: 39, 79
Süddeutscher Bilderdienst: 30, 31, 35, 124, 237
Ullstein Bilderdienst: 241 r.
UPI: 55
WEREK: 159

Die Rechteinhaber des Fotos auf Seite 49 konnte bis Redaktionsschluß leider nicht ermittelt werden. Der Verlag bittet Personen oder Institutionen, welche die Rechte an diesem Foto haben, sich zwecks angemessener Vergütung zu melden.